21世纪高等学校课程教材

新编语文教学论

何更生◎主编
夏家顺
马长安◎副主编

安徽师范大学出版社
ANHUI NORMAL UNIVERSITY PRESS
·芜湖·

图书在版编目(CIP)数据

新编语文教学论 / 何更生主编 . — 芜湖：安徽师范大学出版社，2018.8（2021.3 重印）
ISBN 978-7-5676-3685-9

Ⅰ.①新… Ⅱ.①何… Ⅲ.①语文课 - 教学研究 - 中小学 Ⅳ.①G633.302

中国版本图书馆CIP数据核字(2018)第146624号

新编语文教学论 何更生◎主编

责任编辑：胡志恒
装帧设计：丁奕奕
出版发行：安徽师范大学出版社
芜湖市九华南路189号安徽师范大学花津校区
网　　址：http://www.ahnupress.com/
发 行 部：0553-3883578　5910327　5910310(传真)
印　　刷：安徽芜湖新华印务有限责任公司
版　　次：2018年8月第1版
印　　次：2021年3月第5次印刷
规　　格：700 mm×1000 mm　1/16
印　　张：24.25
字　　数：373千字
书　　号：ISBN 978-7-5676-3685-9
定　　价：60.00元

目 录

绪　论

顾名思义,“语文教学论”就是关于语文教学的理论,是人们在运用现代课程理论、学习理论和教学理论分析探讨中小学语文教学问题基础上建构的理论体系,也是一个合格的语文教师必须掌握的知识体系。在进入这门理论学科学习和研究之前,必须首先要科学认识如下两个重要问题。

一、语文与语文教学

语文教学论是一个宏大的概念,构成这一概念的两大子概念是“语文”和“语文教学”。要认识语文教学论的学科含义,必须首先要认识“语文”与“语文教学”这两个重要概念。

(一)关于“语文”

语文教育界对“语文”这一概念历来存在不同认识,将各个时期人们对“语文”的阐释综合起来,主要有以下几种观点:

第一,语文即语言文字,语言偏指口头语言,文字代表书面语言。我国老一代语文教育家叶圣陶和张志公等是持这种观点的代表。叶圣陶先生说过:“‘语文’一名,始用于一九四九年华北人民政府教科书编审委员会选用中小学课本之时。前此中学称‘国文’,小学称‘国语’,至是乃统而一之。彼时同人之意,以为口头为‘语’,书面为‘文’,文本于语,不可偏指,故合言之(称为‘语文’)。”[①]张志公先生也说:“这个‘语文’,就是‘语言’的意思,包括口头语言和书面语言,在口头谓之语,在书面谓之文,合起来称为‘语文’。”[②]

第二,语文即语言文学。这种观点的体现是20世纪50年代人们将语文课程分为“汉语”和“文学”。教育部在1956年颁布了初、高中《文学教学大纲(草案)》和《初级中学汉语教学大纲(草案)》,这一新中国成立以来首份正式的语文教学大纲反映了那个时代人们对语文的诠释。当今一些国家的母语教育仍然采用这种课程设置方式,如俄罗斯的母语课分为“俄语”和“文学”就是这个国家人们对语文认识的体现。一些工具书如《现代汉语词典》在解释“语文”时说,语文是“①语言和文字②语言和文学’”;《新华词典》注为“语言和文学”,这些观点反映了语言学者对语文的看法。

第三,语文即语言和文化。21世纪初国家颁布的《全日制义务教育语文课程标准(实验稿)》和《普通高中语文课程标准(实验)》提出“语文是最重要的交际工具,是人类文化的重要组成部分”。在此,“工具”是针对“语”即语言而言的,“文化”是针对“文”而言的。这一阐释集中反映了20世纪末到21世纪初语文教育界对“语”和“文”本质探讨达成的共识。此后,文化论一度成为语文本质问题探讨的代表,一些学者主张,“语文就是文化的存在,文化是语文的‘底座’,语文与文化血肉同构,语文就是文化”[③]。在他们看来不仅“语文”中的“文”是文化,“语”也是文化,因为语言文字是文化的载体,进而推论语言就是文化。

其实,上述观点都是片面的。它们存在共同的问题有以下两点:其一,望文生义。学术概念与表征概念的词语既有联系更有区别,把学术概念作为语言中的词语来解释,这显然是一种简单的做法。其二,脱离教育。自语文课程作为独立的学科存在以来,尤其是“语文”作为学科的名称以来,“语文”作为基础教育的一门课程或学科已经是老幼皆知,不仅经受过系统的学校教育的人对此深信不疑,即使没有接受过学校教育的人也是心有灵犀。割开教育背景和教育实际将“语文”进行过度诠释或狭隘解释,都是有

① 叶圣陶:《叶圣陶集》第25卷,江苏教育出版社1994年版,第33—34页。

② 张志公:《张志公语文教育论集》,人民教育出版社1994年版,第69页。

③ 曹明海:《语文:文化的构成》,《语文教学通讯.高中刊》,2004年7-8期。

百害而无一益的。

那么“语文”的准确含义是什么呢？首先，我们必须明确，在基础教育领域“语文”是一个特定的教育学概念，专指中小学开设的语文课程；或者说，语文即语文课程的简称。那么，什么是语文课程呢?《全日制义务教育语文课程标准（2011年版）》和《普通高中语文课程标准（2017年版）》提出：“语文课程是一门学习语言文字运用的综合性、实践性课程。”这是目前教育界对语文课程最权威的界定。在此，“语文”是学生学习的对象也是学生学习的环境、平台或凭借。教育最大的功能就是通过引导学生学习促进学生身心健康发展。离开了学习，无所谓教育；离开了学习，同样无所谓语文课程。因此，要弄清语文的真正含义，必须借助现代学习理论。

现代学习论也叫学习心理学，是一门研究有机体尤其是人类个体展开学习活动的心理机制、心理特点及其规律的科学。用该理论来看，中学生所学习的“语文”，不仅仅是一门学科，更是具体的学习对象或学习材料。换句话说，中学生是在“语文”（课程）中通过学习“语文”来展开语文学习活动的。作为学习对象或学习材料的语文，实际上包含“语”和“文”两个方面。

1.关于“语”

“语”有两重含义，一是指语言，二是指言语。这两个概念既有区别，又有联系。关于两者的区别，德国著名哲学家和语言学家威廉·洪堡早在19世纪就指出“语言作为其产物的总和，是和言语活动的个别片段有区别的”。瑞士著名语言学家、结构主义语言学的代表人物索绪尔在20世纪初进一步指出了语言与言语的区别。他认为，语言是社会成员必须遵守的规范，是一种社会强加给全体成员的特殊规约，具有约定俗成性、普遍性、稳定性和持久性等特点；相反，言语是“个人的意志和智力的行为”，具有不稳定性、即时性和个别性的特点。[①]总之，语言是一种社会现象，是人们进行社会交际，交流思想感情，进行思维活动的手段或工具；言语则是一种个体行为，是个体利用语言进行交际和认知活动的过程与结果。两者关系十分密切。一方面，任何一种语言只有通过个体的言语活动才能发挥它的交际功能和工具作用，“语言既是言语的工具，又是言语的产物”[②]，离开了言语，

① 转引自《普通语言学教程》，商务印书馆1985年版，第41页。

② 转引自《普通语言学教程》，商务印书馆1985年版，第41页。

语言就会成为失去血肉的空壳；另一方面，个体的言语是借助语言展开的，个体只有借助语言中的语音、文字、词汇、语法等，才能正确地表达思想，准确地接受他人通过语言传递的信息；离开了语言，个体与个体之间的社会交际和思想交流就会存在一定的障碍。

中学生在语文学习中所学的“语”既包括语言也包括言语。一方面，从语言看，主要指母语体系中的各类语言知识，包括语音知识、文字知识、词汇知识、语法知识和修辞知识等。需要指出的是，21世纪初以来，语文教育界普遍存在忽视语言知识学习的倾向。从理论上讲，这种倾向是有悖于语文学习规律的。因为，语文学习的重要目的是让学生获得正确运用语言进行社会交际、展开认知活动的能力；而要获得这种能力，如果不让学生大脑中储存一定的语音知识、汉字知识、词汇知识和语法知识等语言知识，这就如同一栋大厦没有钢筋水泥和砖头瓦片一样，其结果是难以想象的。从现代心理学来看，个体无论是进行读写的书面言语活动还是在进行听说的口头言语活动，本质上都是一种语言符号的信息加工过程，在此过程中，个体需要把长时记忆中储存的有关语言知识提取到工作记忆之中，或者运用语言知识对外部输入的语言符号进行识别判断，建构语言符号的意义；或者运用语言知识对生成的思想观念进行言语转化，再通过语言符号予以输出。在整个过程中，语言知识都发挥着重要的作用。另一方面，从言语看，中学生所学的“语”，不是抽象的语言知识，而是一些语言运用个体（如作家、思想家等）运用语言知识进行交际、表达思想的言语活动结果即言语作品。换句话说，中学生学习的“语”是隐含在一个个言语作品之中的语言。当然，这些言语作品不是普通的言语活动“记录”，而是那些经过专家精心挑选的、社会广泛认可的古今中外典型的言语活动作品。这些言语作品在语言知识运用上，既具有代表性和规范性，又具有鲜明的个性和创新性，是在特定言语交际情境中运用语言知识进行交际活动的成功范例，堪称语言知识运用的典范。学生通过学习这些典范的个体言语作品，既可以体验言语活动者的言语活动的过程，又可以从中学习言语活动者所使用的语言知识。

从现代学习论来看，语言和言语相当于概念规则和概念规则运用的例子。语言中的词汇即概念，语音、语法、修辞即一般规则。中学生学习语言，最终要获得的是运用语言进行社会交际和进行思维活动的能力，这种能力的本质就是运用语言概念和语言规则进行社会交际的能力，因此，学习和掌握语言概念和规则是语言学习的关键所在。那么，如何学习概念和规则呢？现代学习论主张，概念规则学习存在两种学习方式：一种叫"显性学习"，即让学习者接受并建构概念规则的意义，用概念规则支配学习者交际行为和思维过程；还有一种叫"隐性学习"，即学习者不学习概念规则本身，而是学习概念规则运用的例子，通过大量例子的积累、比较、概括，最终感悟出其中所隐含的概念规则及其意义。那么，对中学生的语文学习而言，是采用"显性学习"好呢？还是采用"隐性学习"好呢？现代学习论研究表明，从交际活动和思维活动讲，中学生要顺利解决交际和认知问题必须具备语言运用能力，也就是说必须具备运用语言概念和规则进行交际和认知的能力。而要具备这种能力，前提是掌握一定的语言概念和规则，使语言概念和规则支配他们的语言交际过程和认知过程。从这个角度来说，不学习一定的语言概念规则即不学习语言知识是不行的。但是，现代学习论同时也主张，通过让学习者在概念和规则使用的例子即言语作品中"发现"其中所蕴含的概念规则，比让学习者直接接受概念规则的意义更有利于运用概念规则办事能力的形成。正如美国著名教育心理学家布鲁纳所言，"发现是通往迁移的大道"。这就是说，既要让学生学到一定的语言知识，又要让学生学习一定的言语作品，让学生在典范的言语作品（例子）中"发现"其中蕴含的语言概念和规则更有利于促进学生语言运用能力的发展。

2. 关于"文"

语文教学理论界对"文"的解释可以概括为两种，一种可以叫"泛指说"，认为"文"含有"文字""文章""文学""文化"等多重含义，这种"把'文'视为大箩筐，所有东西筐里装"的做法显然犯了简单化随意化毛病。作为与"语"并列的"文"，其含义一定不是毫无边界的。一种可以称为"特指说"，即把"文"解作"文章"或"文学"。对此，叶圣陶先生在20世纪60年代就曾经提出过异议。他指出"唯'文'之含义较'文学'为广，缘书面之'文'不尽属于'文学'也。课本中有文学作品，有非文学之各体文章，可以证之”,这就意味着,将“文”解释为“文学”是片面的,解释为“文章”也是片面的,因为课本中除了文学作品还有“各体文章”。那么,语文之“文”究竟应该作何解?在叶老看来,只有“理解为成篇之书面语”才与“原意合矣”①。所谓“成篇”的“篇”本义指有组织的文字。古代文章写在竹简上,为保持前后完整,用绳子或皮条编集在一起称为“篇”,如“篇,书也。……谓书于简册可编者也”(《说文》),“著之于篇”(《汉书·公孙宏传》),“世无一卷,吾有百篇”(《论衡·自纪》);“篇”也指整部作品中的一个组成部分,如“篇首”“篇末”等。因此,语文的“文”指的是围绕一定的主题组织起来的有一定结构的书面语言。在我国古代文论中,“文”是“言”与“意”的结合体,或者说是“文”与“道”的统一。而作为学习的对象或材料,“文”则包括以下要素:

其一是“言”,即语言形式。汉语文之“文”是由字词句连缀而成。文中之言与“语”中之言的区别在于:后者是片段化、即时化的,具有可变性和现场性;而前者是整体化、组织化的,具有结构性和稳定性。“文”之作者在缀言成文时,不仅要考虑言之有物、言之成理、言之有据、言“行”(行文)一致,更要考虑言之成文、言之成章、言之合规、言之有“法”。同样,读者在解读文中之言时,不仅要深究其言中深意和“言外之意”,还要将“言”与“文”联系起来,因文悟言,在篇章语境中探究“言”外之意,探究个别言语与整体篇章的关系,在文本情境中解读言语的特定意义。

其二是“意”,文之“意”也叫“道”。文道统一是中国文章的优良传统,“文以载道”“文以明道”是我国历代文论家的共识。唐人柳冕说“君子之文,必有其道。道有深浅,故文有崇替”;宋代大儒朱熹说“道者文之根本,文者道之枝叶”;元代郝经则说“道非文不著,文非道不生”。这里所讲的“道”指的是文章的主旨、事理、意象、情感和意趣等,也就是作品所传达的信息,表达的思想感情。当然,文中之道非“常道”,与政治课、地理课等“意在言外”、重道轻文、旨在学道的学科相比,语文学科中的道乃是一种特殊的“道”,其特殊性首先体现在“道”的零散性即非系统性。语文学科的“文”题材广泛,体裁多样,写人的、状物的、绘景的、叙事的、抒情的、说理的,各类文章所含的道往往自成一体,各不相干。此外,语文之“道”对“言”具有

① 见《叶圣陶答教师的100封信》,开明出版社1989年版,第56页。

极大的依附性。文中之道是作者言下之意,笔下之道,道寓于语,意在言中。《吕氏春秋·离谓》说:“言者,以谕意也。言意相离,凶也。”《墨子·经说上》说:“执所言而意得见,心之辩也。”叶圣陶先生也指出:“思想不能空无依傍,思想依傍语言。思想是脑子里在说话——说那不出声的话,如果说出来,就是语言,如果写出来,就是文字。”[①]因此,中学生学习语文必须因文解道,缘文释道,由言入意,因意悟言;不能无视语言文字“得意忘言”,也不能架空语言文字“玩空手道”。

其三是“法”,即遣词造句、布局谋篇的方法和技巧。当代作家梁衡的《文章五诀》中说:“一篇文章怎样才好看呢?先抛开内容不说,手法必须有变化。最常用的手法有描写、叙事、抒情、说理等。如就单项技巧而言,描写而不单调,叙事而不拖沓,抒情而不做作,说理而不枯燥,文章就算做好了。但更多时候是这些手法的综合使用。如叙中有情,情中有理,理中有形,形中有情,等等。所以文章之法就是杂糅之法,出奇之法,反差映衬之法,反串互换之法。”人们常说“无巧不成书”,同样,无法也不成文。“文”与“语”的区别就在于是否“成篇”;而要“成篇”就要依据篇章的组织规则,包括立意规则、结构规则、行文规则和表达规则等。这些规则虽然隐含在篇章之中,不像“语”那么明显,也不像“道”那样可以通过语感直接领悟,需要学习者通过分析探究才能概括出来;但是这些规则的确是客观存在的,没有这些规则,必将如孔子所言“言之无文,行之不远”,此处“文”即含有行文之法的意思。

在现代学习论看来,“文”的三要素分别代表了三种不同类型的学习:“言”属于基本智慧技能的学习,“意”属于言语信息的学习,“法”属于高级智慧技能和认知策略的学习。每种类型的学习都存在相应的学习规律,包括特定的学习过程、学习方式和学习条件等。对此,本书将在后面的章节中展开深入详尽的论述。

(二)关于“语文教学”

对于语文教学,我们可以借用人们关于科学心理学的描述语句来看待

①《叶圣陶语文教育论集》,教育科学出版社1980年版,第448页。

它，即“有一个漫长的过去，但只有短暂的历史”。中华民族自从有了教育，便有了语文教育，因此，作为一种教育现象的语文教学与我国教育历史同样悠久。但是，在20世纪初语文单独设科之前，语文教学一直和其他学科教学融合在一起，是一种“传道、授业、解惑”的综合教学形式，正如没有严格意义上的语文课程一样，也就没有严格意义上的语文教学。与短暂的语文教学历史相比，人们关于语文教学理性思考的历史则更为短暂。从20世纪20年代人们开始有意识地研究中小学语文教学问题，至今不过百年。在近百年的语文教学研究历史中，虽然公开出版的有影响语文教学理论著作不下百种，但真正对“语文教学”这一概念做过系统界定的论著极为鲜见。“名不正则言不顺”，作为以研究语文教学为核心问题的教育理论著作，不把“语文教学”这一关键概念界定清楚显然是“有碍观瞻”的。

1. 现代教学论对“教学”的界定

要明确语文教学的含义，首先必须明确教学的含义。关于教学，国内外很多教学理论都做过系统阐释。综合这些论述及其所依据的理论，可以概括为两大教学观：一个是哲学取向教学论的教学观；另一个是心理学取向教学论的教学观。

（1）哲学取向教学论对“教学”的解释

哲学取向教学论也叫经验取向教学论，是人们在对教学现象观察和思考，对教学实践经验总结、概括的基础上，由感性上升到理性、由具体上升到抽象而形成的对教学本质的认识。自20世纪50年代初，基于马克思主义哲学观点和方法的苏联的凯洛夫教育学传入我国以来，哲学取向教学论一直在我国教育理论界居于统治地位。因此，国内已有的有关教学含义的解释大多是从哲学取向教学论展开的。把这些解释综合起来，可以概括为两种类型：其一，从教师单边行为角度解释教学含义。如：“教学即教师引起、维持、促进学生学习的所有行为方式。教学是教师行为而不是学生行为；教师行为包括主要行为（如呈示、对话、辅导等）和辅助行为（如激发动机、教师期望、课堂交流、课堂管理等）两大类别。”[①]其二，从教师和学生双边行为角度解释教学含义。如：“教学是教师教和学生学的统一活动。在

① 袁振国主编：《当代教育学》，教育科学出版社1998年版，第158页。

这一活动过程中，教师有目的、有计划地传授、培养和教导，学生积极主动地掌握一定的知识和技能，发展智力和体力，形成一定的思想品德。双方各尽所能，共同完成社会赋予的培养有用之材的神圣使命。”[①]无论从哪个角度对教学含义作哲学探究，得出来的结论都有具有高度的思辨性和明显的抽象性。哲学是世界观，也是方法论。用哲学的观点和方法探究教学的含义，有一定的理论高度和认识深度，能够由表及里，揭示教学的本质，有助于人们形成系统的教学理念，树立正确的教学观念；可以指导人们在纷繁复杂的教学现象中看到教学的本质，提高人们在教学实践活动中发现问题和分析问题的能力。但是，对教学问题过分倚重思辨研究也会导致人们出现远离教学实践的倾向，正如有人所说的，“我国教学论的学科研究和教材建设在繁荣的背后，出现了一种极端的倾向，这就是走向‘教学是什么’的哲学思辨的‘形而上’的‘空中’，而忽视了‘怎样教学’的心理学操作的‘形而下’的教学实践。”[②]

(2)心理学取向教学论对“教学”的界定

心理学取向教学论也叫教学心理学，是20世纪60年代诞生的运用科学心理学(主要是学习心理学)观点和方法探讨教学设计问题的理论。在心理学取向教学论看来，教学即“经过设计的、外在于学习者的一套支持内部学习过程的事件”[③]，是“嵌于有目的活动中的促进学习的一系列事件”[④]。对这一解释可以从以下几个方面理解：

第一，教学是一种事件。哲学取向教学论把教学界定为教师行为或师生双边行为；而心理学取向教学论把教学界定为“一整套”或“一系列”事件。两者相比，不同之处在于：“行为”带有个别性和零散性，每个人的行为都存在一定的个性，是“独特的这一个”；人的一举手一投足都是行为，举手和投足并没有先后关系，你可以先举手再投足，也可以先投足再举手，还可以同时举手投足；而“事件”带有普遍性和程序性，任何人在特定的事件中都要按照该事件的规程做事。例如，旅客乘高铁就是一种事件。在这个事

① 李定仁、徐继存主编：《教学论研究二十年》，人民教育出版社2001年版，第56页。

② 黄甫全、王本陆主编：《现代教学论教程》(修订版)，教育科学出版社2003年版，前言。

③ Gagne,R.M.&Dick,W.(1983).Instructional Psychology.

④ 加涅著，皮连生等译：《教学设计原理》(第五版)，华东师范大学出版社2007年版，第3页。

件中包含着一系列特定的行为，如网上订票、机器前取票、排队进站、检票口检票、月台候车、车门打开后上车、寻找座位落座、列车到站后下车等。这就是说，一方面，只要你乘高铁，你就得有这些特定行为。如果你待在家里睡大觉或者到酒店就餐，虽然也是一种行为，但绝对不是与乘高铁这一事件相关的行为；另一方面，这些系列行为必须全部依次出现才能构成乘高铁这一事件。如果只出现其中某一个行为如只买车票或者某几个行为如取票和检票后却没有上车，这都不能说明存在乘高铁这一事件；同时，这些行为还存在先后顺序关系，即无论什么人都必须按照"订票—取票—进站—检票—上车—进车厢—落座—到站—下车"等规定的程序做事，否则就会出问题。例如，如果不是"到站"后"下车"而是在列车行驶中下车，其结果是可想而知的。作为事件的教学也是如此。教学中涉及的诸多师生活动都有规定的行为系列及其程序。教学论就是要把这些行为系列及其程序揭示出来，让师生按照规定的系列行为和行为程序展开教学活动，这样才能把教学工作做好。

第二，教学有明确的目的。心理学取向教学论主张，教学是"嵌于有目的活动中"的事件，是"为帮助他人习得一种新的性能(capability)所做的任何事情"①。强调教学的目的性是两种取向教学论的共同之处，所不同的是，与哲学取向教学论所描述的教学目的相比，心理学取向教学论所描述的教学目的更为明确，更有针对性。具体体现在：(1)教学旨在"帮助他人"。这里所说的"帮助"与哲学取向教学论所说的"传授、培养和教导"虽然都指向学生，但内涵显然有所区别。一方面，"传授、培养和教导"带有鲜明的居高临下的训导色彩；而"帮助"则更加平等、平和和平民化；另一方面，"帮助"一定是在"受助人"需要帮助的时候才会出现；同时，帮助只能起辅助作用，事情怎么做关键还得靠"受助人"自主进行。"传授、培养和教导"则把对象处于被动地位，做什么事、怎么做事完全取决于施教者，"被教者"是不能自作决定的。(2)教学旨在让学生"习得一种新的性能"，通俗地讲，就是让学生"学到新的东西"。心理学取向教学论的最大特点就是"以学定教"，教学的出发点和落脚点都是学生的学，或者说教学的目的是让学生

① Resnick,L.B.:Toward a Cognitive Theory of Instruction.1983.

"学到什么";而哲学取向教学论着眼点在"教",即教学的目的在于"教给学生什么"。两者区别在于:学生学到的东西来源是多方面的,既有可能来源于教师"教给的",也有可能来源于其他人员如教材编者、课程设计者、课外辅导者、家长等提供的,还有可能来源于同学帮助的,更有可能来源于自主习得的。因此,将教学的目的界定在"学到什么",大大丰富了教学的内涵,扩充了教学的外延,拓展了教学的空间,更加切合新课程的理念和要求。

第三,教学有特定的活动规范。心理学取向教学论对教学这一特殊事件该"怎样做"作了明确具体的规定,即"经过设计"和"支持""促进"学习者。所谓"经过设计",说明教学是一种有意识、有目的、有计划、有组织的活动。教学设计是教学活动的前提和基础,也是教学活动的鲜明特征。在教育史上曾经出现过的"民主主义教学""非设计教学"和"无指导教学"已经被证明是违背教学规律的;新课程改革以来在中小学教学实际中出现的一味强调"生成"而无视设计的重要性的现象也受到有识之士的批判。这些提法和做法都是与教学的本质背离的。所谓"支持"和"促进"是对教学活动性质和特点的高度概括。这就意味着,并不是说只要发生在课堂的事件都是教学,如果教师在课堂中所说的话、所做的事对学生的学习活动没有起到支持和促进作用,说明教师并非在从事教学活动。例如,学生在学习曹禺的剧本《雷雨》时,教师眉飞色舞地给学生讲述自己昨晚所看的电视剧《人民的名义》的剧情。表面上看,这个教师是在联系现实生活;实际上这个教师所说的话对学生学习《雷雨》一文并没有什么实质上的帮助,更谈不上促进他们学习该剧本,因此,这个教师就没有进行教学。

2.基于科学取向教学论的"语文教学"

正如语文学习有广义和狭义之分,对语文教学含义的解释也应该有不同层次和水平;或者说,我们可以依据心理学取向教学论的有关原理,从不同层面、不同范畴和不同视角对语文教学的含义进行界定。我们可以把广义的语文教学定义为:经过设计的、帮助和促进语文学习者习得语文素养的一整套事件。狭义的语文教学可以定义为:经过语文课程专家、语文教材编写专家和语文教师等设计的、帮助和促进学生习得语文素养的一整套事件。除此之外,还可以进一步缩小范围,针对中小学校语文课程中的语文教学进行界定，这也可以说是“专义”上的语文教学。在这个层面上，我们可以把语文教学定义为：在语文课程中发生的、经过语文教师依据语文课程标准和语文教材等设计的、帮助和促进学生学习语文，提高语文素养的一整套事件。要全面深入理解上述定义，我们必须注意以下几点：

首先是学科性。语文教学虽然涵盖了教学所包含的一系列事件，但是，每一事件乃至构成事件的每一种行为都体现着鲜明的语文学科色彩。例如，“布置作业”是一种教学事件，而作为语文教学中事件的布置作业无论在内容上还是在形式上都应体现语文学科的特色，服从和服务于语文学习的需要。从内容上看，必须与学“语”或学“文”相关。例如，初中课文《春》的教学中，教师只有紧紧围绕文本的阅读理解或拓展迁移布置作业，如“作者是怎样写春之花的？你读了文章这一部分有何感受？”这才是在进行语文教学。否则，如果教师布置这样的作业“同学们课后数一数文章中一共写了多少个字”或者“我国南方的春天和北方的春天有何不同？为什么会出现这些不同？”虽然也在进行教学，但不是在进行语文教学。从形式上看，必须与听说读写相关。例如，学生在做“作者是怎样写春之花的？你读了文章这一部分有何感受？”这一作业时，先必须认真阅读文本，再说出或者写出自己的感受。当然贯穿整个作业过程的还有思维，但是，必须指出，这种思维是融合在“读”和“说”或“写”的过程之中的。教师布置这种读思结合、说（写）思结合的作业就是在从事语文教学活动。而学生做“同学们课后数一数文章中一共写了多少个字”或者“我国南方的春天和北方的春天有何不同？为什么会出现这些不同？”这类作业时，涉及的行为是数数或者调用地理知识思考问题。做这类作业虽然也贯穿着思维活动，但是没有展开言语活动或者与文本阅读、写作相关的活动，因此，教师布置这类作业就不是在从事语文教学，而是在从事数学教学或地理教学，是在“种他人的田，荒自己的园”。

其次是主体性。20世纪80年代，在语文教学理论界曾经展开过语文教学主体问题的大讨论，撇开参加讨论各方持“单主体论”还是“双主体论”谁对谁错不说，单是从这一讨论本身来看，就足以说明“主体”问题是与“语文教学”高度相关的命题，或者说是语文教学绕不过的问题。从上述基于心理学取向教学论的语文教学含义阐释可以看出,“语文学习者”(或学生)和“语文学习设计者”(或语文教师)是语文教学中两个不可或缺的重要主体。对这两个主体应该从功能地位上区别对待,不可一视同仁。对“语文学习者”我们应该持这种态度:在主体功能上,语文学习者是能够从事语文学习活动的人,是为了习得语文素养而参与到教学活动之中的人,同时也是能够通过参与语文教学活动提高语文素养的人。因而,语文学习者在教学中带着明确的目的意识,赋有具体的学习使命,具有一定的语文学习潜能。在主体地位上,语文学习者是语文教学的核心,其主体活动贯穿于构成整个语文教学活动的一系列事件之中。语文教学中任何一个事件都是不可或缺的。例如“课外阅读”这一事件中,没有教材编者,学生自己选一本书照样可以顺利阅读;没有教师指导,学生自己通过查字典、参考他人的解读等照样可以读懂文本。但是如果没有学生(语文学习者),这一事件也就成了空中楼阁。对“语文学习设计者”,我们应该看到这两点:其一,参与语文教学设计的主体是多元的,有语文教师,有语文课程设计者或者是语文课程标准研制者,有语文教材编制者,有语文教学研究者,有语文教学评估者,等等。每种设计者都在语文教学中发挥着不同的主体功能,而且都是语文教学有效展开必不可少的。其二,语文教师发挥着特殊的主体功能。其特殊性体现在,语文教师不仅参与教学设计,还通过执行设计来帮助和促进学生学习语文,既是设计者,也是执行者,是设计的执行者,也是执行的设计者,有点像导演与演员集于一身的艺术家。相比之下,语文课程设计者、语文教材编制者等往往是“幕后”的“编剧”或“导演”,对帮助和促进学生的语文学习只能“出谋划策”,不能“亲自操刀”。

再次是系统性。如上所述,语文教学是由相互联系的一系列事件构成的,科学的语文教学论就是要把这些事件及其关系揭示出来。那么,语文教学中究竟包含哪些事件?这些事件先后顺序又是怎样的?以系统论观之,整个语文教学就是一个由若干要素构成的大系统,构成这个大系统的每个要素又是一个单独的子系统,每个子系统又是由若干个要素构成;而每个要素又是一个更下位的系统……关于最大的教学系统的构成要素及其关系,一些心理学家做过分析研究,例如,美国的斯诺(Snow,R.E.)和斯旺森

(Swanson,J)1992年指出,设计一个教学系统应该从五个要素入手:①描绘出想要达到的终点状态或某一领域中的教学目标;②描绘出教学之前学习者具备的初始状态;③阐明从初始状态到终点状态的转化过程;④确定促进这种转化的教学条件;⑤评价学生的作业表现及教学效果。同样,语文教学系统也应该包含这些要素。需要指出的是,五个要素中每个要素都是一个独立的子系统。例如"描绘出教学之前学习者具备的初始状态"也就是要"确定学生现在在哪里",首先要确定每一个学生"现在在哪里",再确定全班学生"现在在哪里"。其中,确定每一个学生"现在在哪里"又包括一系列事件,如观察该学生的课堂表现,研究该学生的作业,分析该学生的语文考试试卷,与该学生本人及其家长进行沟通等。就中学语文教学而言,整个语文教学系统由阅读教学、写作教学、口语交际教学、语文综合性学习指导以及语文研究性学习指导等要素构成,每个要素都是一个系统,如阅读教学就由不同层面的要素构成,也就是说,语文教学中的事件是由不同层次要素构成的复合系统。

二、语文教学论研究对象与学科价值

(一)语文教学论的研究对象

明确了"语文"和"语文教学"的含义之后,我们就对认识"语文教学论"这门学科有了学理基础。顾名思义,语文教学论就是关于中小学语文课程中的语文教学的理论。这里之所以把"语文教学"之前加一个限制词"中小学语文课程",是因为语文教学作为人类一种教育活动或教育现象并非局限于学校教育,家庭教育和社会教育中也存在语文教学问题,但这些不是本学科研究的对象。

那么,作为一种理论,语文教学论研究的对象是什么呢?凡是一种理论,都是科学研究的结晶;而任何科学研究都是围绕一定的问题展开的,都是以发现问题、分析问题和解决问题为基本任务和基本手段。语文教学论无疑也是以研究中小学语文课程中的语文教学问题作为基本的研究对象或研究内容的。在中小学语文教学中，问题十分繁杂，可以这样说：语文教学问题无时不在、无处不有、无人不遇。但是，作为一个学科的理论，并不需要也不可能把所有问题都加以研究。哲学主张解决问题要抓主要矛盾和矛盾的主要方面，系统论强调认识一个系统要抓住关键要素，我国古人也强调做任何事情都要“抓纲带目”，“纲举目张”，研究中小学语文教学问题也是如此，要抓住语文教学中的主要问题、重要问题和关键问题，不可避重就轻，在鸡毛蒜皮的小问题上纠缠不休；更不可隔靴搔痒，不着边际，把一些与中小学语文教学无关的问题拿来唠叨不休。

要弄清中小学语文教学的关键问题有哪些，必须从语文课程和语文教学的本质功能和实践需要出发进行宏观审视。首先，从语文课程功能来看，如前所述，语文课程的基本功能是促进学生学习语言文字。凡是涉及学习，就要解决这些问题：为什么学？学什么？怎样学？学得怎样？和谁一起学？在什么地点学？在什么时间学？等等。作为促进语文学习的语文课程相应要解决如何通过教师和教材等帮助或促进学生的语文学习问题，如教什么、怎样教、为什么教、教得怎样等。其次，从中小学语文教学实际来看，语文教师和中小学生在语文课程中必须要解决的问题也是为什么要教学、教学什么、怎样教学、教学得怎么样、什么样的人教学等问题。据此，本学科的研究对象具体如下：

1.为什么教学语文的问题

一直以来，关于这个问题的研究大多是从语文课程外部观照的。一些研究者往往从政治、经济、社会或文化等视角审视语文教学的意义或功能价值。毋庸置疑，语文教学对政治和经济、对社会发展尤其是对文化繁荣确实具有重要意义；但是，这种研究已经超越了教学论的范畴，属于政治学、社会学或文化学等研究的对象。从教学论来看，关于为什么教学语文的问题应该属于学科功能价值或课程价值与理念目标等问题。从学理上讲，就是关于语文课程价值与语文课程理念目标等问题。一门课程的价值终究是通过其目标彰显和实现的，因此，语文课程理念和目标问题就是有关为什么教学语文问题的核心问题。除此之外，为什么教学语文还包括很多具体问题，如为什么学习识字写字、为什么学习阅读、为什么学习写作、为什么进行口语交际教学、为什么进行古诗词教学等。这些问题会渗透在有关章节进行探讨,不作为独立的章节展开系统研究。

2. 教学什么样的语文的问题

在现代科学取向教学论看来,"教学什么"决定"怎样教学"和"教学得怎样",因此,这个问题是现代语文教学论的重要问题。对这个问题的研究,可以从三个层面展开:一是语文课程层面。该层面的研究着眼于通过构建语文课程内容探讨语文课程"应该教学什么"。二是语文教材层面。该层面的研究着重分析语文课程"有什么可以教学"。三是语文课堂层面。该层面的研究旨在揭示语文课堂实际上"教学了什么"。这三个层面的问题虽然各有侧重,但也存在一定的联系。只有弄清语文课程"应该教学什么",才能弄清语文教材有哪些元素可以教学,哪些元素不必教学——如已经教学过的内容或将来要教学的内容均属于此类问题,进而才能决定语文课堂所教学的内容是否合理和有效。同样,语文课堂教学内容与语文教材内容也是两个彼此相关的问题,语文教材中所有的东西才能变成语文课堂中所学的东西。

3. 怎样教学语文的问题

"语文教学论"的前身叫"语文教学法"或"语文教材教法"。这里的"法"虽然有"方法""法则""法理"等多重含义,但其本义或原初义还是"方法"的意思。由此可见,怎样教学语文的问题应该属于本学科的传统研究对象。随着本学科研究的丰富和发展,研究的对象更加多样化和多层化,但是,无论何时何地怎样教学语文的问题始终都应该是本学科的主要研究对象。该问题包括:①宏观层面。该层面问题的研究属于语文教学方法论的研究。如关于语文教学原则、语文教学过程或教学模式、语文教学手段、方式或方法等问题。②中观层面。该层面问题的研究属于语文教学策略的研究。如阅读教学策略、写作教学策略、口语交际教学策略、语文学习任务群教学策略、整本书教学策略等。③微观层面。该层面问题的研究属于具体操作方法或技术的研究。如讲授法、提问法、练习法、讨论法、诵读法、精读法、略读法等。

4.语文教学得怎么样的问题

该类问题属于语文课程评价和语文教学评价问题。该类问题包括三个方面:其一,语文课程评价问题。在传统语文教育理论中,语文课程评价研究一直是受到忽视的。随着21世纪初《全日制义务教育课程标准(实验稿)》和《普通高中语文课程标准(实验)》的颁布,语文课程评价问题逐步成为语文教学论研究的关注对象。研究内容包括语文课程评价的意义、原则、标准、依据、主体和方式方法等。其二,语文教学评价问题。相对于语文课程评价较多关注语文课程实施的宏大问题,语文教学评价则更多关注语文教学活动中的具体问题,比如,教学目标设计得如何、教学内容确定得怎样、教学方法选用得是否恰当,教学过程安排得是否合理,甚至于包括课堂导语设计得如何、课堂讨论组织得怎样、课堂提问是否有价值、课堂板书是否有效等。其三,语文学习评价问题。该类问题丰富多样,大到语文高考命题的原则、特点和方法,中到如何评价学生的作文或如何进行作文评语的写作,小到如何评价学生的课堂答问、课文朗读情况等。上述三个方面的问题相互关联,实际上都包括三个理论问题:为什么评价、评价什么和怎样评价,也就是评价的意义或功能、评价的原则和内容、评价的方式和方法等。

(二)语文教学论的学科价值

1.语文教学论学科价值的误判

长期以来,无论在学术界还是在语文教育实践中,语文教学论一直处于边缘化的尴尬地位。在教育理论界,且不说与教育学原理、课程学、教学论等“正统”教育理论相比显得“名不正,言不顺”;即使与同为学科教学论的其他学科教学理论如数学教学论、化学教学论等学科相比,也显得相形见绌。在中小学语文教学实践中,人们更加看重的是“语文名人”(文艺家或文学家)和“语文名师”的思想和经验,无视或藐视语文教学论的现象在绝大多数语文教师身上都或多或少存在。导致该问题产生的原因十分复杂,主要原因有如下两个方面:一方面是历史原因。在教育理论界,与其他学科相比,语文教学论的历史是非常短暂的。虽然语文教育的历史几乎与教育的历史同等漫长，但是，由于语文课程的历史只有一百来年，研究该学科教学问题的理论学科当然就更加短暂。从20世纪初一些学者开始系统研究语文教学问题算起，至今不过百年。至于科学理论的形成距今则更是为时很短。在新中国成立之前曾经有过《小学国语教学法概要》（吴研因著，商务印书馆1925年版）、《中学国文教授法》（蒋伯潜著，中华书局1941年版）之类的著作，新中国成立之后至20世纪90年代末，也出版了大量的语文教育理论著作，名称从“语文教材教法”到“中学（或小学）语文教学法”再到“语文教育学”不断变化，但是，严格意义上讲，整个20世纪出版的相关理论著作都不是真正的语文教学理论——要么是语文教学实践经验的概括化和系统化，要么是哲学、美学、语言学和文艺学等理论在语文教育研究中的照搬套用。直到21世纪初以来，人们才有意识地运用科学的课程学和教学论原理深入探讨语文教育问题，本学科才从语文教育实践或其他非教育理论的附庸境地解脱出来。尽管如此，人们长期形成的对本学科的错误看法或偏见——不把本学科当作科学理论看待或者把本学科当作“小儿科”看待的现象很难在短时期得到根本的扭转。另一方面是实现原因。21世纪初实施新一轮语文课程改革以来，语文教育研究日益受到学界和语文教育实践界的关注和重视，研究成果一度呈现井喷式增长。然而，统观十多年里令人眼花缭乱的研究成果不难看出明显存在如下倾向：①重语文课程研究轻语文教学研究。绝大多数理论研究成果都是围绕语文新“课标”所提出的语文课程理念和目标进行阐释或阐发，鲜有探讨语文教学原理和规律方面的成果，以至于老一代语文教育工作者叶圣陶、张志公等人提出的建立科学语文教学理论体系、“实现语文教学科学化”的呼声广受诟病。②重哲学思辨研究轻科学实证研究。一些在学术界颇有影响的学术成果，基本上都是运用哲学、接受美学或文艺学等非教学理论审视探究语文课程或教学问题的结果；国际上学科教学论研究界比较通行的实证研究范式在国内语文教育理论界几乎没有市场。③重语文教学经验研究轻语文教学原理探讨。与语文教学理论研究生长乏力、语文教学论科研人员越来越没有存在感形成鲜明对比的是，语文教育实践经验研究枝繁叶茂，靠研究语文教学出名的中小学语文名师“英雄辈出”，以“某某语文”如“绿色语文”“本色语文”“生命语文”“主题语文”等命名的各种语文教学理论(经验)如雨后春笋;而真正致力于语文教学规律探讨的研究成果在语文教育界越来越没有市场。

2.语文教学论学科价值的定位

语文教学论是运用现代科学的学习与教学理论的有关原理探讨母语学习与教学规律,分析与解决基础教育语文教学问题的学科。其理论本身具有鲜明的针对性、实用性和系统性。该学科无论对高等教育中的教师教育发展还是对基础教育中的语文教育发展都具有无可争议的重要作用和意义。

首先,语文教学论在职前语文教师教育中具有重要地位和作用。党的十九大以后,党和国家高度重视教师教育工作,教育部等部门发布了《教师教育振兴行动计划(2018—2022年)》明确了教师教育的重要地位和工作思路。我们可以满怀豪情地说:教师教育的春天来到了! 学科教学论在教师教育中将发挥重要作用,这是毫无疑义的。同样,语文教学论在语文教师教育中也将发挥重要作用。因为,培养合格的中小学语文教师是语文教师教育的核心目标。合格的语文教师必须具备科学的语文教学观、合理的语文教学理论知识结构和一定的语文教学能力。而这些都依赖语文教学论的学习和运用;可以毫不夸张地说,正如一个医学院的大学生没有学好《内科学》或《临床学》等医学理论而不能成为一名合格的医师、一个法学院的大学生没有学好《法学》《诉讼学》等法学理论而不能成为一名合格的律师一样,一个对语文教学论学得不透、学得不好的大学生是不能成为一名合格的语文教师的。

其次,语文教学论在职后语文教师专业发展中具有重要地位和作用。教学理论学习与教学实践反思是实现教师专业发展的主要途径;而教学实践反思的效果取决于教师的理论水平,因为,教师能否对自身教学实践进行反思,与其发现问题、分析问题和解决问题的能力密切相关,而这些都取决于理论视野和教学理论运用能力。对语文教师而言,具备了语文教学论理论知识和运用能力,一方面可以提高自身的专业知识水平,另一方面可以提高自身的语文教学实践反思能力。教育工作是一个专业性非常强的工作,教师是专业技术人员;专业人员的基本特征就是系统掌握了所属专业的理论知识,是本专业的行家里手。语文教学专业的理论知识虽然包容面广，但语文教学理论无疑是最核心、最重要的理论知识。一个缺乏语文教学理论知识的语文教师专业水平是不可能很高的，甚至是无从谈起的。道理很简单，如果一个内科医生不懂内科学、一个律师不懂诉讼学，人们不可能认可他或她是医师或律师；一个语文教师不懂语文教学论怎么就能说他是个称职的语文教师呢？此外，语文教师在进行语文教学反思时，时时处处都需要以语文教学理论为依据为指导。例如，反思自己的教学设计，包括教学目标设计、教学内容确定、教学过程和教学方法设计等，需要考虑设计得是否符合学生的学习需要，是否有效地促进了学生的语文学习，是否符合课堂操作实际等等，这些反思的内容、反思的过程本身就涉及语文教学论的基本概念如教学目标、教学内容、教学过程、教学方法等，没有掌握这些基本概念，语文教师就不知道要从哪些方面进行教学反思。所以，可以说，一个语文教师对语文教学论掌握得怎样，将在很大程度上决定他或她专业发展得怎样。

再次，语文教学论在基础教育语文课程改革中具有重要地位和作用。随着《普通高中语文课程标准(2017年版)》的颁布，语文课程改革进入了新的时代。与过去历次语文课程改革相比，新一轮语文课程改革最大的特色就是落实立德树人根本任务，致力于提高学生语文核心素养。语文教学中如何落实立德树人？如何提高学生语文核心素养？其中必然存在规律，科学的语文教学论就是以揭示和探讨这些规律为己任的，本书也将围绕这些问题展开系统论述。可以断言，随着新时代语文课程改革的实施和推进，人们将会逐步认识到语文教学论在新课改中所发挥的重要作用。

思考与练习

1. 请举例谈谈你对“语文”的理解。
2. 请结合个人学习经历谈谈你对“语文教学”的认识。
3. “语文教学论”的研究对象有哪些？
4. 请结合实际谈谈“语文教学论”的学科价值。

第一章　语文课程理念与语文课程目标

语文课程理念和语文课程目标既是《全日制义务教育语文课程标准(2011年版)》和《普通高中语文课程标准(2017年版)》中的主要内容,也是语文课程与教学理论中的两个重要概念,还是语文课程改革与语文教学实践中的两个重要问题。这两者既有区别又有联系:语文课程理念反映了人们对语文课程宏观和抽象层面的哲学思考,语文课程目标则反映了人们对语文课程微观和操作层面的科学探究;语文课程理念通过语文课程目标予以落实,语文课程目标是语文课程理念的具体化,也是语文课程理念在教学中落实的保障。

第一节　语文课程理念

"理念"原是个哲学术语,是对观念和信仰的概述,指人们对事物和现象的理性认识和价值追求。它虽然是一种观念形态的主观认识,但其来源是客观现实,是人们在对客观现实分析、思考的基础上形成的观念意识和价值取向。"理念"对人们的行为有重要影响,是行为产生的动因,也是行为的指南和行为有效性的保证。在某种意义上也可以说,人们的某种行为都在一定程度上受其理念支配的。

"语文课程理念"就是人们对语文课程的理性认识和价值追求,即人们在对语文课程现象和语文课程实践分析概括的基础上所形成的对语文课程性质、特点、结构、功能、实施与评价规律等系统、全面的理性认识,是人们从哲学思辨层面对语文课程研制与开发，对语文课程设计与实施以及对语文课程评价等问题的诠释。它主要包括：语文课程性质和特点观、语文课程地位和功能观、语文课程目标与内容观、语文课程设置与实施观以及语文课程的资源观、评价观和主体（学生、教师）观等。

“语文课程理念”一方面存在于语文课程研制者、开发者、设计者、实施者、管理者和评价者的观念形态之中。“语文课程标准”对这种形态的课程理念做了明确的表述。另一方面则体现在语文课程研制、开发、设计、实施、管理和评价的具体行为之中，语文课程的实施和评价实践就是这种形态的课程理念的体现。它既体现了语文课程所应具有的品质、特性和价值，又为语文教育实践提供了一定的理性规范或指导思想，对语文课程研究和实践行为具有目标定向和准则规范等作用。

一、义务教育语文课程理念

《全日制义务教育语文课程标准（2011年版）》提出的义务教育语文课程的基本理念，包括以下四个方面：

（一）全面提高学生的语文素养

《全日制义务教育语文课程标准（2011年版）》规定，九年义务教育阶段的语文课程，必须面向全体学生，使学生获得基本的语文素养。那么，什么是“语文素养”？按一般的理解，“素养”即“平日的修养”，指一个人在学识、造诣、技艺、才能、品格等方面的基本状况。“语文素养”则“是指学生在语文方面表现出的‘比较稳定的、最基本的、适应时代发展要求的学识、能力、技艺和情感态度价值观’，具有工具性和人文性统一的丰富内涵”[①]。以现代心理学角度来看，“语文素养”是语文素质的重要组成部分，是学生在一定的言语交际环境中通过语文学习获得的素质，可以称之为习得的语文素质或者为语文学习结果，包括语文知识、语文技能、语文策略和语文态度等方面[②]。

① 巢宗棋等主编：《普通高中语文课程标准解读》，湖北教育出版社2004年版，第65页。

② 何更生：《语文素质与语文学科中的素质教育》，《安徽师范大学学报（人文社会科学版）》2002年第2期。

在语文课程中全面贯彻落实这一理念，关键在于探索出有效提高学生的语文素养的途径和方法。

首先，要改变过去一段时间片面强调语文工具性相对忽视人文性的做法，充分彰显语文课程的人文价值，强化语文课程的人文熏陶功能。一方面，要引导学生通过阅读和鉴赏我国文化历史长河中熠熠闪光的经典诗文，感受汉民族先贤智者们的伟大心灵、深邃思想、超凡智慧和杰出的创造，受到汉民族博大精深的文化的熏陶和感染。另一方面，要重视丰富学生的精神生活，培养学生的健康个性和健全人格。语文教育活动不仅仅是一个纯粹的语言习得过程，更是教师与学生、学生与学生、学生与文本多向而积极的精神互动过程。听说读写的运用语文活动既是人们物质生产和社会交往活动的一部分，也是人们精神生活的一部分；学生学习听说读写的活动是认知活动和情感活动的统一，也是其个体精神活动的一种方式。例如，学生阅读文本的过程，就是与文本作者心灵沟通和精神对话的过程；学生写作文的过程也是展示自己精神世界的过程。所以，要重视和充分发挥语文课程在对学生精神生活影响方面的特殊作用，通过多重对话，引导学生亲身感受和体验语言的生命意义，使他们在提高语文能力的同时，人格得到熏陶，个性得到张扬，精神得到升华。

其次，要克服过去应试教育体制下片面追求升学率的消极影响，增进语文课程内容与学生成长的联系，实现语文课程在促进人的全面发展和个性发展方面的价值追求。一方面，要改变应试教育体制下那种局限于课堂教学、局限于语文知识记诵、局限于文本意义的接受的语文教学模式，拓展语文学习时空，引导学生积极参与丰富多彩的语文实践活动和社会交往活动，在培养学生运用语文能力的同时促进学生社会交往能力、实践能力和创新能力的发展；另一方面，要转变过去片面强调语文课程的社会价值和升学功能、忽视语文课程对个体自我实现方面具有重要影响的价值观念，在引导学生通过语文学习认识自然、认识社会的同时，更要重视引导学生通过语文学习认识自我、规划人生，促进学生个性的健康发展和人生价值的实现。

（二）正确把握语文教育的特点

“正确把握语文教育的特点”既是语文课程的基本理念也是语文学科一

直以来倡导的基本教学原则。《全日制义务教育语文课程标准(2011年版)》把语文教育的特点概括为四个方面:

1.语文课程内容的人文性

语文作为一种文化存在,其内容包容着丰富的人文知识和人文精神,积淀着丰厚的人文历史;语文又是社会生活的一面镜子,其内容涉及社会文化生活的各个方面;语文课程中还包含着大量生动形象的、带有个人情感和主观色彩的内容。所有这些都将对学生的情感、态度、价值观必然产生广泛而深刻的影响。因此,应该重视语文的熏陶感染和潜移默化作用,注意教学内容的价值取向,引导学生在学习语文基础知识、提高语文基本技能的同时,培养学生热爱我国优秀文化传统、热爱祖国语言文字的思想情感;应重视对学生进行审美教育,培养学生正确的审美观、健康高尚的审美情趣和审美能力。

2.学生对语文材料反应的多元性

从心理学角度看,每个学生都有自己独特的知识结构、生活经验和认知偏好,都是以自己特有的方式去建构世界的意义。在语文学习活动中,每个学生对语文材料都会形成不同的体验和理解,“一千个读者,就有一千个哈姆雷特。”因此,在语文教学中,要引导学生走进文本,展开学生与教师之间、学生与学生之间和学生与文本之间的积极对话。要尊重学生在学习过程中独特的情感体验和有独创性的理解,努力营造一种民主、和谐、宽松的课堂氛围,让学生主动建构文本意义;要创设一种具有思考价值的问题情境,让学生勇于和乐于参与对话过程,并敢于发表自己的独到见解;要重视和呵护学生的个性、灵性和悟性,尊重学生独特的阅读感受,接受学生的标新立异,使学生的个性得到张扬,创新潜能得到开发。

3.语文课程实施的实践性

作为母语教育的语文课程是一门实践性很强的课程。一方面,要提高学生的语文素养,不能局限于书本知识的学习,更不能满足于语文课本的学习。语文课程与社会生活联系密切,“语文的外延与生活的外延相等”,学生生活在母语的环境里,家庭生活、社会生活和学校生活都是提高学生语文素养的良好途径,因此,既要为学生创设课堂语言学习情境,更要引导他们在生活中学习语文,提高语文素养;另一方面,学生学习语文、运用语文的实践机会和资源无处不在,无时不有,这就为学生的语文实践创造了良好的客观条件。因而,在实施语文课程时应注重培养学生的语文实践能力,加强语文实践活动,不宜刻意追求语文知识的系统和完整。应该让学生更多地直接接触语文材料,亲身体验语文知识的运用过程,在大量的语文实践活动中掌握语文学习与运用的规律。总之,要努力构建课内外联系、校内外沟通、学科间融合的大语文教育体系,把学生引向现实的社会生活,引导他们在生活中学习,在实践中学习,实现学语文和用语文的有机统一。

4.汉语言文字及其学习的规律性

汉字、汉语和汉文皆有其自身的规律性,如汉字字理、汉语的词法和句法、汉诗文的章法等均有其内部规律;汉语言文字的学习也存在一定的规律。一般公认的汉语文学习规律有:强调多读多写,如主张"读万卷书,行万里路","读书百遍,其义自见";注重读写结合、以读促写,如强调"读书破万卷,下笔如有神";重视语言积累,强化语言运用,如"纸上得来终觉浅,绝知此事要躬行"等。语文教育只有遵循这些规律,才能大面积提高语文教学的质量和效率。例如:识字教学要体现汉字形声、象形、会意等特点和汉字识记规律,不能一味要求学生死记硬背;写字教学要遵循汉字笔顺、偏旁部首、间架结构等规则和写字技能的学习规律,不能片面强调机械的书写练习;语言教学可利用汉语综合性、模糊性、情境性、多义性和感情色彩强烈等特点,注重培养学生良好的语感,强调通过创设一定的语境和结合典型的语例展开教学,力避脱离言语实践的系统语法知识的讲解和分析;篇章教学要遵循我国诗文阅读重意境把握的特点和学生阅读理解的心理活动规律,注重培养学生对篇章整体把握的能力和个性化解读文本的能力。要克服过去阅读教学中普遍存在的肢解文本、繁琐分析、"讲深讲透"和"题海训练"等弊端,引导学生通过紧扣文本和联系相关背景知识把握整句、整段和整篇的意义,以此丰富学生的语言积累,增加他们的文化储备。

(三)积极倡导自主、合作、探究的学习方式

转变学习方式即变原有单一、被动的学习方式为旨在充分调动和发挥学生主体性的多样化的学习方式,促进学生在教师指导下主动地、富有个性地展开语文学习活动是新课程改革的显著特征。以往的语文教学更多

受接受式教育观的影响，以教师为中心，以课堂为中心，以课本为中心，教学过程成为教师围绕课本知识讲授学生被动听、记的过程，学生缺乏思考和探究的条件，学习的主动性得不到发挥，个性得不到张扬，久而久之，丧失了语文学习的兴趣。为此，《全日制义务教育语文课程标准(2011年版)》明确提出，学生是学习和发展的主体，在语文课程中要引导学生展开自主、合作、探究学习。

1. 自主学习

所谓自主学习是指学习个体自己主宰学习过程并对学习内容和学习过程具有自觉的意识和反应的学习方式。语文教学中的自主学习就是指学生在学习语文的整个过程中有如下表现：①在学习活动之前能够自我设定学习目标，自我制定学习计划并做好具体的学习准备；②在学习活动之中能够对自己的学习过程、学习方法展开自我监控、自我反馈和自我调节，包括能够明确学什么和怎样学，能够确定自己在何时、何地、用何种方法以及和谁一起学，能够独立安排好学习的步骤、重点等；③在学习活动之后能够对学习结果进行自我检查、自我总结、自我评价，能够明确认识自我学得怎样，并在此基础上进行自我矫正、自我完善和自我补救。根据我国一些学者的研究，自主学习一般具有以下特点：

第一，学习活动的自主性。自主性是自主学习的最基本的特征，其他特征都是从此衍生出来的。所谓语文学习的自主性是指在整个学习语文的过程中所有活动都是学习者自主展开的，具体包括：学习动机的自我激发、学习目标的自我设置、学习内容的自行确定、学习方法的自行选择、学习时间的自主计划和管理，学习结果的自我评判，学习环境的自主创设和构建等。

第二，学习结果的有效性。自主学习的目的就是要使其学习结果最优化，而要达到这一境界，学习者在整个学习过程中要尽量协调处理好学习系统中的各种因素，包括学习目标、内容、环境、资源、方式、方法、媒体等因素，使它们能够发挥出最佳的效果。因而，国内有的学者甚至指出："自主学习在某种意义上讲就是采取各种调控措施使自己的学习达到最优化的过程。"[①]

第三，学习内容的选择性。自主学习中的学习内容不是别人"灌输"或

① 庞维国：《自主学习：学与教的原理和策略》，华东师范大学出版社2005年版，第7页。

“填鸭”的，而是学习者自己选择的。学习者首先要自主设定学习目标，然后根据学习目标的要求选择适当的学习内容；同时，学习者在选择学习内容时还要受到自身的知识结构、能力基础和兴趣爱好的制约。学习个体之间存在一定的个性差异，学习者所选择的学习内容势必存在差别，所以，要满足不同学习者自主学习的需求，学习内容必须丰富多样，具有较大的可选择空间。

第四，学习方式的多样性。国内外一些研究表明，自主学习方式具有多样性和灵活性的特点。学习者在进行自主学习时，为了完成学习任务、达到学习目标，往往通过多种渠道、多种途径来获取自己所需的信息，可以运用多种学习方法来加工信息，也可以根据自己的认知风格和学习习惯安排自我的学习活动。

第五，学习资源的丰富性。学习内容的可选择性决定了自主学习必须以充分的信息资源作为保障，要为学习者提供丰富的文献资源、网络资源和实物资源等多种学习资源。一本教材、几本参考书是远远不能满足学生自主学习的需要的。同时，自主学习还需要开放的学习空间，学习场所不限于教室，图书馆、阅览室、自修室、网络教室、实验室等都可以成为学习的场所。除了在校内学习，学生还可以到农村、工厂、博物馆、科技馆、研究所等场所参观学习，在实践和思索中完成学习任务。

第六，学习过程的自控性。自主学习的显著标志是学习者自我监控学习过程，即学习者对学习的进程、速度、节奏、构成环节等进行有的放矢的控制和调整，对学什么和怎样学进行有效的安排和部署。因此，进行自主学习既要求学生有较高的自学能力，又要求学生有合理分配学习时间、及时反馈学习效果、恰当调节学习行为的能力。这就要求教师在教学中要注意对学生进行自学和学习调控方面的训练，否则，就会造成学习过程的混乱和失控，影响学习效果。

2. 合作学习

合作学习就是指在教学中围绕一定的教学目标，通过有明确责任分工的小组互助方式使学生共同开展学习活动，以便在最大限度地促进学生自身发展同时促进他人发展的学习方式。合作学习有以下显著特点：

其一，合作性。这是合作学习最大、最突出的特点。在整个合作学习过程中都始终贯穿合作的思想:学习目标是教师在分析学生的心理特点、学习能力、知识结构的基础上与学生共同协商制定出来的;学习内容是教师依据教学目标,联系学生的实际生活和学习需要,并且在听取学生有意义的并具有创造性的建议的基础上与学生共同研究确定的;学习过程是通过小组内部各个成员互相帮助、互相激励、群策群力、密切配合展开的,也是在小组与小组之间既竞争又合作的交往中实现的;学习评价有组内评价即小组内部对每一个成员的学习情况进行评价,也有组间评价即小组之间互相进行评价,而这两种评价都是学生在分工合作中展开的。

其二,目的性。合作学习是小组成员围绕一定的学习目标展开的,教师要给学生群体布置一个共同的任务,让每一个学生在这任务中积极地承担个人的责任,所以合作学习本质上是一种任务驱动的学习活动。语文教学中的合作学习,其目的性往往体现在解决听说读写各类问题的具体过程之中。首先,教师向学习小组布置需要解决的问题(学习目标)——如对课文的内容、结构和语言的理解展开合作讨论,或合作收集整理有关材料写一篇调查报告等;然后,小组成员以学习目标为导向展开学习活动——进行讨论或小组成员通过分工协作分别履行各自的职责;最后,围绕学习目标对学习的过程和结果展开评估,并作必要的补充、完善、修正和补救。所以,学习目标贯穿合作学习的全过程,是合作学习的核心和指南。

其三,主导性。合作学习是在师生之间的交往中实现的,它的顺利展开离不开教师的组织和引导,离不开教师主导作用的发挥。教师在合作学习中的主导作用主要体现在:首先,教师是学习目标的设定者和学习小组的组织者。教师根据班级情况及全班学生的个性差异组建不同的学习小组,然后再依据“课标”、教材和学生的学习实际为各个小组布置所要完成的学习任务,确定各小组合作学习的目标;其次,教师是学习集体的领导者和管理者。在合作学习过程中,教师引导学生积极参与到集体学习活动之中,调动每个学生的主观能动性,鼓励他们大胆发表自己的意见和看法,为小组集体学习任务的完成贡献自己的力量;再次,教师是人际关系的协调者。在合作学习中,教师通常需要用各种技巧和方法来维持小组成员之间良好的人际关系,使各个小组成员能够和谐相处,互相帮助,团结协作,共同努力完成学习任务;最后,教师还是合作学习结果的评价者、学习活动的参与者、学习材料和资源的提供者以及问题的设计者等。

其四，主体性。合作学习着眼于学生的主体性的发挥，注重对学生主体意识和协作意识的培养，使学生成为学习的主体、交往的主体和解决问题的主体。在合作学习过程中，每个成员都要充分发挥主体作用：一方面要围绕学习集体共同的学习任务，结合自己的学习实际、生活经验、知识能力和兴趣爱好等，充分发挥自己的潜力与特长，独立发现和提出问题，自主建构对解决问题的看法，为小组学习任务的顺利完成提供建设性的和富有创造性的意见和建议；另一方面要充分发挥主观能动性，全身心投入合作学习，在与小组其他成员相互协作、相互帮助中建构知识的意义，达成学习目标。作为学习集体的一分子，每个学习者都要虚心倾听和接受其他同学的观点，积极地与合作伙伴探讨、讨论、商议或争论学习方面的问题，真诚地与他们交流思想感情，在与小组同伴融洽的交往中获得知识、技能，培养情感、态度、价值观。

3. 探究学习

探究学习是一种学生提出问题、拟定解决问题的计划、得出结论并评判结论的学习过程。①在语文教学中，学生的探究学习活动由如下环节构成：首先，学生独立或者合作发现言语情境中的问题，如在阅读中发现文本思想内容（写什么）的问题或结构思路及语言表达（怎样写）的问题；在写作中发现生活中或学习中的问题以及如何表现自己的思想感情的问题。其次，设计解决问题的计划和方案。如在阅读学习中，一个成熟的读者往往要设计参阅相关文本、查阅工具书或与教师和同学讨论来解决本文理解问题的方案。再次，收集有关语言信息和文献资料，探索解决问题的途径和方法。这是语文探究性学习中的一个主要环节。学生在该环节通过阅读课文、注释、参考资料，通过与教师和同学对话，通过独立思考，加工信息，建构证据，寻求解决语文学习问题的答案、途径和方法，最终得出结论，使问题得以顺利解决，同时还获得语文知识和语文能力、情感和态度的发展。探究学习的主要有以下特征：

一是问题性。探究学习也称为“发现（问题）学习”和“基于问题的学

① L.Resinick, et al(1997).Socializing intelligence. In L. Smith, et al. (Ed), Piaget, Vygotsky and beyond. Boston: Koutledge & Keganpaul. P.145-158.

习”，它自始至终都是围绕问题展开的，问题是探究学习的核心。首先，探究学习的形成基于问题的发现，学习者只有在听说读写的过程中产生了问题意识、形成了问题空间才能产生探究的心向或欲望；其次，探究学习的展开依赖于问题的分析或深化，学习者分析问题的过程就是一个探究什么和如何探究的过程；再次，探究学习的成效取决于问题的解决，问题解决得怎样（问题解决的结果）决定学生探究得怎样（探究学习的结果）。

二是实践性。探究学习来源于实践，拓展于实践。一方面，引发探究学习的问题的产生既与学生的语文学习实践有关也与社会生活实践有关。学生可以在听说读写活动发现问题，也可以在社会交往和生活实际中发现问题，诱发探究的兴趣。另一方面，探究学习过程是在学生的社会实践过程中展开的。语文课程中的探究学习不是一种独立的学习过程，而是和学生的听说读写活动、文献收集与整理活动、社会交往活动、集体讨论活动、动手和动口的操作活动等语文实践活动有机结合在一起的。

三是开放性。语文课程中的探究学习，其开放性主要体现在：①学习的内容是开放的。语文学科中的探究学习不以获取一定的语文知识为学习目标，而是着眼于语文能力和探究能力的培养，因此，学生需要获取哪些信息、占有多少材料、思考什么问题等通常不是固定不变的，而是由学生根据学习的实际需要灵活选择的。②学习的途径是开放的。学生在语文学科中进行探究学习的途径是很多的，他们可以围绕课本进行探究，也可以超越课本通过网络和多媒体进行探究；可以在教室进行探究，也可以在阅览室、图书馆、博物馆、科技馆进行探究；可以在课堂情境中探究，也可以在社会交往和日常生活情境中进行探究。③学习的结果是开放的。语文学科中的探究学习注重过程，强调答案的建构性、多样性和解决问题策略的灵活性。因而，语文学习对探究到什么通常没有固定、唯一的答案，而是富有鲜明的个性和针对性。

（四）努力建设开放而有活力的语文课程

树立和贯彻“努力建设开放而有活力的语文课程”这一基本理念，关键在于探索有效的“建设”途径和方法。

1. 建设开放的语文课程

首先，应植根于现实，面向世界，面向未来。要学习世界各国母语教育的先进理论，学习和借鉴国外母语课程改革的成功经验。同时要不断运用教育科学理论研究的最新成果，以科学的教育学理论、心理学理论为指导展开语文课程改革和实施的实践，按照语文教育自身的客观规律改革和实施语文课程。其次，应拓宽语文学习和运用的领域，注重跨学科学习和现代化教学手段的运用，使学生在不同学习内容和学习方法的相互交叉、渗透和整合中开阔视野，提高学习效率。再次，要改变过去语文课程与其他课程、语文课程与社会生活以及语文课程内部各要素之间相互割裂的状况，充分发挥语文课程的“基础工具”作用，树立“大语文教育观”，加强语文学科与其他学科之间的联系和渗透，加强语文课程与现实生活的联系，在拓展学生的思维空间和素材选择的范围的同时，扩大学生理解和运用语文教学的机会和实践领域，广泛利用社会生活中各种语文学习资源，使学生在语文课程中学到其他方面的知识和方法，在其他课程、其他场合也可以学到语文知识、语文能力和语文学习与运用的方法。

2. 建设有活力的语文课程

建设有活力的语文课程关键要构建有效的语文课程管理体制，要打破过去“大一统”“一刀切”的管理格局，构建富有弹性的国家、地方、学校相结合的三级语文课程管理体系。首先，要全面正确地理解、科学有效地实施以国家颁布的语文课程标准为代表的国家语文课程；同时，地方、学校和教师不仅有语文课程的实施权，还有语文课程的开发权。要鼓励和引导地方、学校和语文教师根据本地区、本校以及学生的实际开发地方语文课程和校本语文课程，尽可能满足不同地区、不同学校、不同学生的需求。此外，在课程内容的确定上要根据社会的需要不断创新，在弘扬中华民族优秀传统文化的同时，应当密切关注当代社会信息化的进程，广泛吸收当今世界科技文化发展的最新成果，根据社会要求不断调整和充实语文课程内容，促进语文课程的更新和发展。

二、普通高中语文课程理念

《普通高中语文课程标准(2017年版)》在继续坚持《全日制义务教育语文课程标准(2011年版)》中提出的基本理念的基础上,根据高中语文课程的特点,发展性地提出了四条“基本理念”:坚持立德树人,增强文化自信,充分发挥语文课程的育人功能;以核心素养为本,推进语文课程深层次改革;加强实践性,促进学生语文学习方式的转变;注重时代性,构建开放、多样、有序的语文课程。

(一)坚持立德树人,增强文化自信,充分发挥语文课程的育人功能

新的高中语文课程标准提出:“普通高中语文课程,必须以习近平新时代中国特色社会主义思想为指导,坚持立德树人,弘扬民族精神,融入社会主义核心价值观教育。”立德树人既是语文课程的核心理念也是语文课程的基本宗旨和根本任务。语文课程只有落实好这个根本任务,才能充分发挥好育人功能。语文课程要落实这一根本任务,关键在于正确认识立德树人的科学内涵,明确语文课程落实这一根本任务的途径和方法。

“立德”本出自《左传》,该书中对古代读书人应该具有的人生追求提出了“三不朽”,即“太上有立德,其次有立功,其次有立言,虽久不废,此之谓不朽”。把提高道德修养作为人生首要追求和最高境界。“树人”最早出自《荀子·权修》:“一年之计,莫如树谷;十年之计,莫如树木;终身之计,莫如树人。”在此书中将“人”与“谷”“木”相提并论,旨在突出人的本领、才能和技艺。因此,立德树人是对国家教育方针的高度概括,是把学生造就成德、能、才、学集于一身人才的高度概括。“育人”是语文课程的基本功能;立德树人既为语文课程“育”什么样的“人”明确了方向,也为语文课程如何充分发挥“育人”功能提供了科学依据。那么,语文课程怎样落实立德树人根本任务呢?

首先,要把德育融入语文课程系统的各个要素之中。语文课程是一个包含课程目标、课程资源、课程实施、课程评价等诸多要素的庞大系统;要把以社会主义核心价值观教育为基本内容的德育具体融入语文课程的各

个要素之中。①语文课程目标渗透德育。新的高中语文"课标"把"自觉弘扬社会主义核心价值观，树立积极向上的人生理想"写进了课程的总目标，为各类具体的语文课程目标渗透德育提供了基本依据。在设计各类具体的语文课程目标以及语文教学目标时，都要以此为指导设置相应的德育目标。当然，必须指出，德育目标必须与语文素养中的情感态度价值观目标融为一体，不能回到改革开放之前语文教学"贴政治标签"的老路之上。②语文课程资源融入德育。语文课程资源无处不在，无时不有；尽管如此，语文教材始终是最重要的课程资源。无论是编制语文教材，还是使用语文教材都要贯彻思想性与艺术性统一、"文质兼美"的原则，要把中华优秀传统文化、中国革命文化和社会主义先进文化的传播渗透在语文教材之中，让学生通过学习语文教材感受优秀传统文化的魅力，接受革命文化和社会主义先进文化的熏陶，在以文化人中充分发挥语文教材的"育人"功能。③语文教学活动贯穿德育。语文教学活动是语文课程实施的主要渠道。语文教师在引导学生学习语文、运用语文的过程中，要注意挖掘语文课程内容的思想品德教育素材，把社会主义核心价值观教育如"随风潜入夜、润物细无声"的春雨一般融汇在教学活动的各个环节，使之内化为学生的人生观、价值观和审美观。在语文教学活动中，语文教师要充分发挥立德树人的主导作用，以社会主义核心价值观为指导规范自己的教学行为和教学语言，用优良的师德师风浸润语文教学活动的整个过程，让学生在与教师实质性对话的心灵碰撞中思想受到启迪，人格得到陶冶，品行得到锻炼。④语文课程评价强化德育。课程理念是否得到有效落实，最终要通过课程评价予以检测。语文课程评价的标准虽然是多元的，不同时代的语文课程评价标准也是存在差异的，但是思想品德教育无疑是重要标准，大到国家的语文高考命题，小到对一堂语文课教学效果的评价，都应该把让学生在语文课程中接受社会主义核心价值观教育作为重要的评价指标。当然，在实施语文课程评价时，既要兼顾德育标准，更要依据语文学科的特点和实际，例如，评价语文教师的课堂教学时，要着重评价教师能否以社会主义核心价值观为指导，引导学生学习和运用语文知识、技能、方法和态度分析和解决语言交际中的实际问题；而不能只图表面形式，把思想教育作为课堂教学的必备环节。

其次，要根据语文课程的特点进行立德树人。语文课程最基本的“树人”价值就是全面提高学生的语文素养，离开了这个语文课程的“立身之本”，语文课程也就失去了存在的根基。要全面提高学生的语文素养就要按照语文素养习得的规律展开语文教学活动。主要应该注意如下几点：①加强语文知识教学。语文知识是学生获得语文素养的精神食粮；离开了语文知识，语文素养就会成为无源之水无本之木。高中生的语文知识都是有组织、有主题的图式，要按照图式习得的规律展开语文知识教学。图式习得的基本规律是在两个以上相同或相似的图式例子中习得；因此，语文知识教学要通过典型的语言运用范例展开，做到在“语例”或“文例”中学语文知识，而不要脱离语言知识运用的具体情境空讲知识的含义，搞所谓“系统化知识”的教学。②加强语文技能训练。语文技能是构成学生语文素养的基本骨架，离开了语文技能，学生就不能在真实的社会交际情境中解决与语文相关的问题。语文技能的本质是运用语文概念和规则在言语环境中办事的能力，因此，要提高学生的语文技能必须让学生按照概念和规则的学习规律展开语文教学。概念和规则学习的基本规律有两个，一是要通过例子学习概念和规则，二是要通过练习与变式练习及相应的反馈评价学习概念和规则。因而，语文教学中训练语文技能要突出“篇”“遍”二字。前者强调的是篇目（例子），是对练习内容的要求。篇目要典型（质量）更要有数量要求，“读书破万卷”才能获得“下笔如有神”的高超技能。后者强调的是“遍数”，是对练习和变式练习数量的要求：对语文基本技能的练习要做到“读书百遍”，对语文高技能的练习要突出“举一反三”。③加强语文思维训练。语言和思维相辅相成，相互依赖，思维能力是语文素养的灵魂；离开了语文思维，语文素养就失去了生存的沃土和腾飞的翅膀。人的思维能力是非常复杂的，有先天遗传的智力基础，有后天环境的影响因素，更离不开通过学习获得的思维方法。语文素养中的语文思维主要的思维方法即思维策略，因此要按照思维策略的习得规律训练学生的语文思维。学习思维策略首先要学习各种思维规则（方法），让学生学会想象、联想、推理、比较、分析、综合以及逆向思维、多向思维、立体思维、辩证思维等规则或方法。其次要引导学生进行反思或反省，通过对语文学习内容、学习过程、学习结果、学习行为等的反思，促进元认知的顺利发展。

（二）以核心素养为本，推进语文课程深层次改革

“核心素养”是21世纪初经济合作与发展组织（OECD）提出的概念，指21世纪的学生应具备的适应社会发展和终身发展需要的关键能力和必备品格。语文学科核心素养就是学生应该具备的适应社会发展和个人发展所需要的语文方面的关键能力与必备品格，包括语言建构与运用、思维发展与提升、审美鉴赏与创造、文化传承与理解四个方面。科学认识语文核心素养要着重把握其以下特点：

一是语文核心素养的学科性。语文核心素养是学生在语文方面表现的认知和情感相统一的心理特性，是通过语文学习获得的运用语文知识、技能和思维方法解决复杂社会交际问题的能力和品格，具有鲜明的语文学科特征。其学科性主要体现在两个方面：一方面，语文核心素养是在一定的语文学习环境中获得的。所谓语文学习环境就是由“语”和“文”两大要素构成的学习环境，包括学习的资源、学习的渠道、学习的对象都离不开“语”和“文”。在中国语文教育史上，曾经出现过把语文课上成“政治课”或“科学课”的现象，这种课堂就不是语文学习环境，学生在这种课堂中是绝对不能获得语文核心素养的。另一方面，语文核心素养是在语文情境中表现的。衡量一个人是否具有语文核心素养主要看他在言语情境或文本情境中能否有效解决复杂的社会交际问题。脱离了真实的言语交际情境或语文运用情境是无法判断一个人是否具备了语文核心素养的。例如，如果一个人能够把《唐诗三百首》倒背如流，而给他（或她）一首清代诗歌却不会朗读，不会欣赏，说起话来前言不搭后语，思路紊乱，写起文章来文不对题，语病连篇等，这就不能说这个人具备了语文核心素养。

二是语文核心素养的“核心”性。语文核心素养不同于语文素养或语文能力之处正是体现在其“核心”二字之上。过去，人们一提到一个人的语文素养就想到知识与能力、过程与方法、情感态度与价值观诸多方面，把知识、能力、做人做事风格、人品、道德全部考虑在内，可以说是“语文素养是箩筐，什么东西都能装”；而语文核心素养则是语文素养中的“关键能力”和“必备品格”。所谓关键能力就是在语文能力中的最重要能力。什么是最重要能力呢？如阅读能力包括识字、解词、句子理解、段落分析概括、篇章

分析概括、主题分析、结构分析、写法分析等诸多能力，其中最重要的能力是句子理解能力和篇章分析能力。一个具备了阅读核心素养的学生一定是"一目十行"的人，是能够把整篇文章乃至整本书籍进行正确解读——分析和概括的人；所谓"必备品格"就是与语文学习、运用密切相关的情感态度和价值观，包括对祖国语言文字的热爱、对语文学习的喜爱等。至于做人的品格、处事的品格虽然也很重要，但不是语文学习和运用中必备的。

三是语文核心素养的层级性。语文核心素养包括四个层级(见图1)：

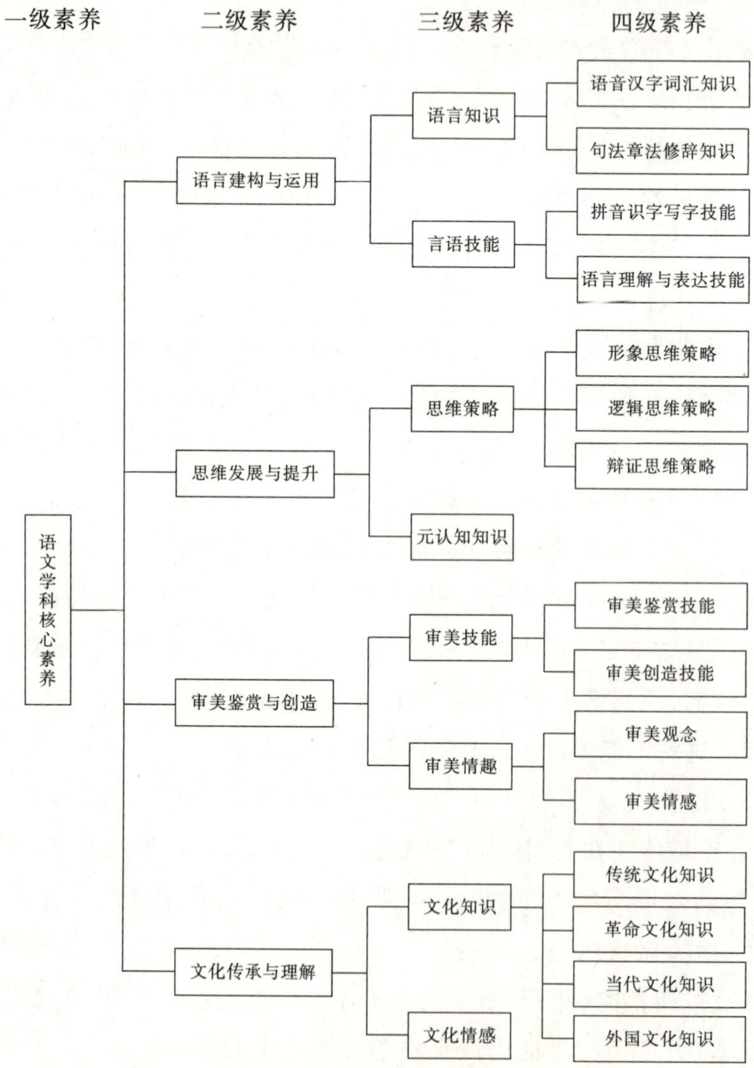

图1　语文学科核心素养的层级图

从图1可见,语文学科核心素养可以分成四级。其中,第一级和第二级属于课程层面的语文核心素养,第三级和第四级属于课堂层面的语文学科核心素养。语文教学要依据课堂层面的语文核心素养展开教学设计。

四是语文核心素养的可学可教性。语文核心素养是可教的,其可教性基于其可学性。从现代学习论看,语文核心素养是学生通过语文学习获得的"性能",也就是语文学习结果。可以根据语文学习结果分类原理揭示语文核心素养的学习结果类型(见表1)。

表1 语文学科核心素养对应的语文学习结果类型

语文核心素养	所属的语文学习结果
语言建构与运用	语文技能、语文知识
思维发展与提升	语文策略(思维策略)
审美鉴赏与创造	语文技能、语文态度
文化传承与理解	语文知识、语文态度

弄清语文核心素养所隐含的学习结果类型之后,就可以确定获得不同类型的学习结果所需要的特定学习内容(见表2)。

表2 语文学习结果对应的语文学习内容

学习结果类型	学习内容
语文知识	语文信息(符号、事实、表象、图式等)
语文技能	语文概念、语文规则
语文策略	语文学习或思维概念、语文学习或思维规则
语文态度	语文信息、反馈信息

明确了语文学习内容即明确了提升语文核心素养应该"学什么"的问题;而"学什么"问题一旦解决了,依据现代学习论中的学习条件理论,"怎样学"的问题就迎刃而解了;再根据现代教学论"以学定教"原则,"教什么"和"怎样教"的问题相应得到解决。

(三)加强实践性,促进学生语文学习方式的转变

语文课程富有鲜明的实践性特性。在中小学语文教学中要体现语文课程的实践性特点,应着重突出以下几个方面:

1.课堂语文教学与课外语文学习结合

课堂语文教学与课外语文学习各有优势,缺一不可。学生要学好语文既要“得法于课内”,也要“得益于课外”。课堂教学重在“精”,课外学习重在“多”;课堂教学重在“学”,课外学习重在“用”。无论是“学”还是“用”都要为学生创设真实的言语活动情境。真实的言语学习情境就是围绕社会生活实际需要的问题、利用来自社会实际生活的学习资源展开的语文学习活动。例如,学习鲁迅杂文《拿来主义》,可以引导学生在学习鲁迅对待文化遗产和外国文化的态度的基础上,思考当下应该如何辩证对待西方文化以及如何树立文化自信等问题;真实的言语运用情境就是在言语交际活动中运用语文课堂所学的知识和技能解决社会交际问题的环境和氛围,例如,春节期间让学生通过运用语文课本所学的有关知识写春联、赏春联就是真实的言语运用情境。

2.语文认知学习与语文活动学习结合

所谓语文认知学习就是着力于记忆、理解、想象和思维等认知活动的语文学习。阅读和写作过程就是典型的认知学习过程。认知学习最鲜明的特征就是运用认知资源对所学习的材料进行深度加工。要进行深度加工必须进行“沉思”和“遐思”的深度思考。一个人在深度思考时,通常是不能有外界干扰的。因此,学生进行认知学习时要给他们提供一个安静的课堂环境,让他们在座位上独自默默地读书,静静地思考。所谓语文活动学习并非不动用认知资源,而是指通过师生之间、同学之间的合作对话开展各类主题活动,如小组讨论、班级故事会、朗诵比赛、演课本剧,文学社团、建立班级语文博客和语文学习微信群、办手抄报、设计专刊专栏、设计校园文明宣传标语等,通过组织丰富多彩的语文实践活动,引导学生拓展语文学习空间,在社会实践活动中学语文用语文。

3.学校语文学习与家庭语文学习、社会语文学习结合

语文学习是一个大系统,学校语文学习、家庭语文学习和社会语文学习都是该系统的构成要素。要通过搭建语文综合实践活动平台把这三个系统有机贯通起来。例如,教学《散步》一文,可以引导学生课内从文本解读中感悟亲情,课外在家庭生活中体验亲情,并运用在课内学习的写作技法

写一篇表现亲情的作文，从而将学校语文学习与家庭语文实践融为一体；教学毛泽东的词《沁园春·长沙》，先在课内通过走进文本走进诗人毛泽东的精神世界，然后在课外通过上网、课外书阅读、影视观摩、实地考察等多种途径收集与毛泽东诗词相关的资料，在此基础上开展毛泽东诗词朗诵竞赛、毛泽东诗词赏析研讨或毛泽东诗词研究性学习等实践活动，实现学校语文学习与社会语文实践的有机结合。

（四）注重时代性，构建开放、多样、有序的语文课程

党的十九大以后，我国进入了教育改革的新时代。新时代的语文课程是开放、多样、有序的语文课程。语文课程“时代性”的含义丰富广泛，主要包括以下几个方面：

第一，语文课程内容的时代性。为了适应社会对人才的多样化需求和学生对语文教育的不同期待，确保全体学生都获得必备的语文素养，语文课程要精选学习内容，构建适应新时代要求和特点的课程内容体系。新的语文课程内容包括18个学习任务群，即：整本书阅读与研讨，当代文化参与，跨媒介阅读与交流，语言积累、梳理与探究，文学阅读与写作，思辨性阅读与表达，实用性阅读与交流，中华传统文化经典研习，中国革命传统作品研习，中国现当代作家作品研习，外国作家作品研习，科学与文化论著研习，汉字汉语专题研讨，中华传统文化专题研讨，中国革命传统作品专题研讨，中国现当代作家作品专题研讨，跨文化专题研讨，学术论著专题研讨。课程内容十分丰富，不仅能满足学生学习、生活和日后工作对语言运用基础能力的需求，还能让学生通过自主、合作、探究等学习方式关注跨文化、跨媒介等语言文字运用的新视角，提升他们的自主学习的能力和语文课程的实践能力。

第二，语文课程结构的时代性。高中语文课程结构分为必修、选择性必修、选修三种类型。这三类课程分别安排7—9个学习任务群，并且中华优秀传统文化、革命文化和社会主义现代文化方面的内容贯穿在必修、选择性必修、选修三类课程之中。新的语文课程结构充分体现了基础性与选择性的有机统一，有序性与开放性的有机统一，规定性与弹性的有机统一。

在保证每个学生获得必备的语文核心素养的同时，为每个学生根据自身人生规划、学习实际和兴趣爱好选择合适的学习内容提供了保障（见表3）。

表3　普通高中语文课程结构

必修	选择性必修	选修（任选）
整本书阅读与研讨	（整本书阅读与研讨、当代文化参与、跨媒介阅读与交流在选择性必修和选修阶段不设学分，穿插在其他学习任务群中）	
当代文化参与		
跨媒介阅读与交流	语言积累、梳理与探究	汉字汉语专题研讨
语言积累、梳理与探究	中华传统文化经典研习	中华传统文化专题研讨
文学阅读与写作	中国革命传统作品研习	中国革命传统作品专题研讨
思辨性阅读与表达	中国现当代作家作品研习	中国现当代作家作品专题研讨
	外国作家作品研习	跨文化专题研讨
实用性阅读与交流	科学与文化论著研习	学术论著专题研讨

第三，语文课程实施的时代性。语文教学是语文课程实施的主渠道。新时代语文教学要充分发挥语文教师实施语文课程的主导作用，充分开发和利用丰富多样的语文课程资源，有选择地、创造性地实施课程。语文教师既是语文课程的执行者更是语文课程的开发者。语文教师应该在语文课程标准的指导下，充分发挥教育教学的主观能动性和创造性，根据学生的语文学习实际和语文学习特点，根据本地区和所在学校的语文教育实际情况，根据自身的教学特长和教学风格，设置合理的语文教学目标，确定合宜的语文教学内容，优化语文教学过程和方式方法，进行有针对性的教学评价。其次，语文教师要把握信息时代的新特点，积极利用新技术、新手段实施语文课程。随着信息技术的飞速发展，实现信息技术与语文课程整合是新时代对语文教育提出的新要求。语文教师要不断提升自身的信息素养和媒介素养，具备适应新时代语文教育需要的、利用新技术、新手段实施语文课程的意识和能力。在语文教学过程中，要根据语文教学的实际需要、根据学生的学情尤其要根据语文教学内容的特点，充分利用现代声光电技术、电脑多媒体技术、网络技术等辅助语文教学，努力提高语文教学的效率和质量。

第二节　语文课程目标

在我国以往的教学理论著作中往往把“课程目标”和“教育目的”混为一谈。近年来,伴随着科学课程论和教学论的构建和发展,一些研究者意识到,这两个概念既有相同之处,也有一定区别:“目的”有“方向”“意图”之意,并带有一定的哲学意味。教育目的则是国家教育主管部门按照国家教育方针和社会发展的要求确定的、对各级各类学校教育教学工作的总体规定和要求。它具有高度的原则性、抽象性、概括性和宽泛性,对教育教学工作发挥宏观上的指导作用。《中国教育改革和发展纲要》中指出:“中小学要由‘应试教育’转向全面提高国民素质的轨道,面向全体学生,全面提高学生的思想道德、文化科学、劳动技能和身体心理素质,促进学生生动活泼地发展……”这段话明确阐明了国家和社会对教育的总体要求即教育目的;“目标”则含有“标准”“指标”的意思,具有一种规范色彩。课程目标则是国家或地方政府按照国家教育方针和教育目的,依据学生的身心发展规律和各门学科的学习特点而确定的、学生在一定课程领域应该完成的学习任务以及他们身心发展的预期状态。它是教育目的的具体化,在微观上对教育教学活动应该达到的水平和应有的质量水平做出明确而具体的规定,具有一定的可操作性、确定性、具体性和可行性。

一、语文课程目标的本质

事物的本质即事物的基本属性。那么课程目标的基本属性是什么呢?传统课程理论主张以教定学,由此把课程目标的基本属性规定为对教育者提出的教学要求或应该完成的施教任务;现代课程论则主张以学定教,相应主张课程目标的基本属性是学生通过一定的教学活动在知识、情感和技能等方面朝着预期方向而发生的变化,或者说是预期的、学生在一定的课程学习中获得的学习结果。本书采用现代课程论的观点。

既然课程目标的本质是对学生学习结果的预期，那么，学生在语文课程中获得的学习结果就应该是语文课程目标的核心；语文学习结果的本质相应也就是语文课程目标的本质。下面，我们就对语文学习结果的本质作具体的分析探讨。

在我国语文教学理论界，有许多语文教育家和语文教育工作者对语文学习结果的本质问题做过论述，其中最有代表性的是著名语文教育家叶圣陶先生和吕叔湘先生的论断，他们早就在有关论著中论述过这个问题。在他们看来，语文学习结果本质上是一种技能的获得。叶圣陶先生曾经明确指出，语文学习“以学生获得实益，练成读作之熟练技能为要”，“阅读和写作的知识必须化为技能……必须在不知不觉之间受用着它，才是真正的受用”。[①]吕叔湘先生也说过：“使用语文(学习结果)是一种技能……任何技能都必须具备两个特点，一是正确，二是熟练。”“只有通过正确的模仿和反复的实践才能养成。”[②]如果说，我国的语文教育家对语文学习结果本质的论述是从感性体验或哲学思辨的角度提出的，那么，以学习心理学为基础的现代教学论则从科学分析和实证研究的侧面对语文学习结果的技能性本质作了更为明确的揭示。现代教学论主张，语文学习是一种复杂的学习现象，对这种复杂的学习现象应该“作分类研究，用不同类型学习的原理解释不同的学习现象”。基于这一观点，我国的一些学者将语文学习结果分为知识(包括文章或话语内容知识和语文知识)、语文动作技能、语文智慧技能、认知策略和态度(包括情感和价值观)五种类型，语文学习过程实质上就是这五类学习结果的获得和转化从而导致个体在内在能力和倾向及外在听说读写的行为发生变化的过程。[③]在这五类学习结果中，语文动作技能和语文智慧技能显然是技能，那么，其他类型的学习与技能有无关系呢？通过进一步分析，我们不难发现，“知识”中的文章(或话语)内容知识涉及日常生活知识、人际交往知识、生产劳动知识和与政治、伦理、历史、地理、军事乃至数理化等其他学科相关的知识，这些知识即通常人们所说的“道”，它们虽与语文学习中对篇章和话语的理解和表达有关联，但实际上

① 叶圣陶著：《叶圣陶语文教育论集》，教育科学出版社1980年版，第744页，第227页。

② 吕叔湘著：《吕叔湘论语文教学》，山东教育出版社1987年版，第52,53页。

③ 姚夏倩、皮连生：《语文学习结果的分类及其教学含义》，《教育研究》2000年第4期。

不是“语文”学习的本身，而是构成其他学科知识体系的重要因素；而语文知识包括字词句知识、语法知识、修辞知识、逻辑知识、文章文体知识、文学知识、作家作品知识等。这些知识从学习心理机制看，其本质是概念和规则，虽然在其学习的起始阶段是以记忆和意义建构的形式习得，但最终都要转化成运用这些知识进行阅读、写作和口语交际的技能，成为语文动作技能和语文智慧技能的组成部分。实际上，从某种程度上说，语文技能的本质就是运用语文知识（包括一定概念和规则的陈述性形式）进行听说读写的能力；换句话说，语文技能本身就包含着一定的语文知识（语文知识的运用）。语文认知策略和语文智慧技能一样，都是一种程序性知识，本质上都是一定语文概念和规则的运用——运用概念和规则调控学习、记忆和思维等内部认知过程，所以人们把认知策略称为执行控制技能，并把它和语文智慧技能共同构成语文认知技能[①]。心理学家的研究结果还表明：在语文学习结果中，态度虽然不属于技能领域，但是态度的形成与技能密切相关。在语文学习中，态度通常体现在两个方面：一方面是对语言所表达的意义的态度即对言语作品中所描写塑造的人物、描绘或说明的事物和景物、叙述的事件、表达的思想观点和情感态度等是赞同还是反对、是肯定还是否定、是接受还是排斥。这种态度是建立在对言语作品字词句的识别、理解的基础之上的，是对言语作品意义建构的结果，与语文认知技能密切相关，且与语文认知技能结合起来构成语文审美技能即伴随着一定情绪和情感体验的听说读写技能；另一方面是对语文运用和语文学习活动的态度。义务教育语文课程标准中提出的“培育学生热爱祖国语文的思想感情”即指这种态度。这种态度虽与语文技能有一定的区别，但是由于“……态度产生于成功的体验……对于数学、作文或演讲的积极态度，伴随于这些活动中取得一次或多次成功经验之后而产生”。[②]而学生能否在语文活动中取得成功显然与他们是否具备一定的语文技能有直接的关系，所谓“知之深爱之切”即说明态度与技能（认知技能）的关系。所以，这种态度的形成也取决于语文技能的水平；或者说，这种态度能否形成与语文技能水平密切相关。

① R·M·加涅著，皮连生等译：《学习的条件和教学论》，华东师范大学出版社1999年版，第170页。

②叶圣陶著：《叶圣陶语文教育论集》，教育科学出版社1980年版，第744页。

综上所述，我们认为，语文学习本质上是语文技能的学习，语文教学就是教师引导学生有计划、有目的的获得必要的语文技能（包括语文动作技能、语文认知技能和语文审美技能）的活动，技能性是语文学习结果的本质属性；而语文学习结果是语文课程目标的核心，语文学习结果的本质决定语文课程目标的本质，由此我们可以得出这样的结论：技能性也是语文课程目标的本质所在。

二、语文课程目标的特点

明确语文课程目标的特点对于我们进一步科学认识语文课程目标的构成和功能并依据语文课程目标有效设置和陈述语文教学目标十分必要。根据现代课程与教学论的观点，语文课程目标具有层次性、阶段性和可行性等特征。

（一）层次性

现代学习论主张，按照认知活动的复杂性和情感活动的稳定性与深刻性等维度的不同，可以将学习结果分成不同的层级；此外，学习结果既是终极性概念，又是阶段性概念——它既可以指一门课程终结之时学生行为、能力和倾向上的变化；也可以指一门课程在某个特定的时段学生的发展变化。这种不同时间跨度的学习结果也必然存在层次上的差别。因此，作为学习结果的语文课程目标相应也就具有一定的层次性，这种层次性体现在以下两个方面：

从语文课程实施过程（时间跨度）来看，语文课程目标可划分为四个层级（见图2）：

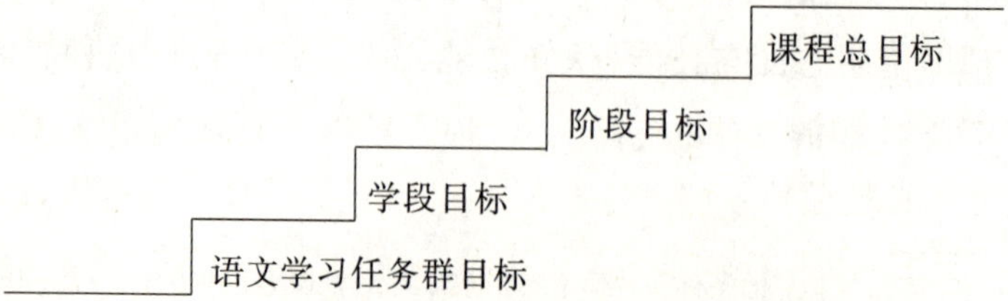

图2　从实施过程看语文课程目标层级

这四个层次的课程目标在教学过程中的时间跨度不同，内涵的抽象程度也不同。其中，“课程总目标”时间跨度最大——涵盖整个基础教育阶段（包括义务教育阶段和高中教育阶段），抽象程度最高——“应致力于学生语文素养的形成与发展”；“阶段目标”即义务教育阶段和高中教育阶段的语文课程总目标，包括“知识与能力，过程与方法，情感态度与价值观”三个维度；“学段目标”是指义务教育阶段的四个学段（1—2年级、3—4年级、5—6年级、7—9年级）的语文课程目标，包括义务教育阶段的“识字与写字”“阅读”“写作”“口语交际”“综合性学习”，也包括高中阶段必修课的“阅读与鉴赏”“表达与交流”课程目标；“学习任务群课程目标”包括高中必修课程中的课程目标和选修课程中的目标，这类目标层次最低。在四个层次课程目标的排列次序中，高层次的目标包括了低层次的所有目标；低层次课程目标以高层次课程目标为指导，是高层次课程目标的具体化。

从认知技能的复杂程度来看，语文课程目标的层级表现如下（图3）：

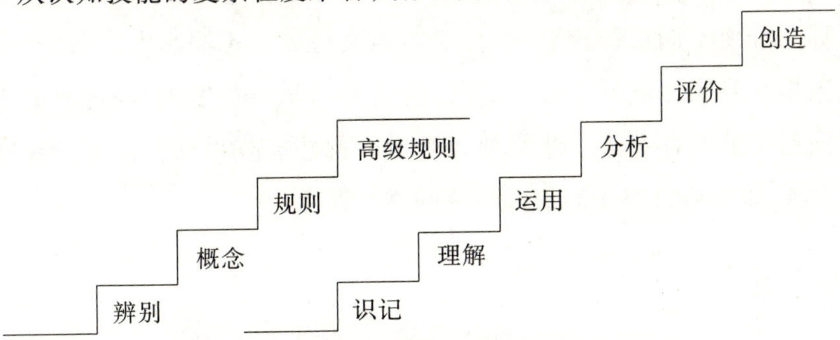

图3 从认知技能复杂程度看语文课程目标层级

在这两个层次中，左边是根据加涅智慧技能学习层级理论设置的目标体系，右边的是根据布卢姆教育目标分类理论构建的认知学习目标系统。这些目标都是由低到高、由简到繁、由低级到高级排列，高一级层次目标包括所有低级层次的目标，低级层次的目标是高级层次目标达成的条件；学生在达到高一级层次目标前，必须掌握低级层次目标所规定的所有技能，然后以它为基础，进一步展开学习活动，才能达到更高一级层次的目标。

明确语文课程目标的层次性是实现语文课程标准所提出的课程目标的重要条件，其意义在于：

第一，有利于构建科学的语文教学序列，使语文教学循序渐进地展开。

将语文课程总目标由高到低分解成一系列不同层级的子目标，能够使抽象的课程理念具体化，便于教师在实施语文课程时，有的放矢地引导学生通过一个个单个的下位目标（子目标）的达成，使学生的语文素养在潜移默化中不断提高，并逐步实现课程目标所要求的语文素养的全面提高。这样就可以使语文教学有“序”可依，有“章”可循，有效避免传统语文教学中的盲目性和随意性现象的出现。

第二，有利于针对学生的个别差异进行因材施教。不同层次的课程目标是标志教学处于不同水平的台阶。语文学习的过程其实就是学习者通过一步一个台阶的学习（一个个目标的达成）向最高层次目标前进的过程。在此过程中，不同学生由于先天遗传、智力、已有知识经验、学习环境资源、学习动机和学习策略等方面的差异，其前进的速度或达成目标所需要的时间是有一定差异的，速度快的可以在较短时间内率先登上高层目标，速度慢的则应在巩固低层次目标后再向更高层次课程目标前进。将课程目标划分成不同层级，就为学生学习语文搭建了不同高度的台阶，便于学生根据自身实际展开学习，确定适合自身的学习速度，按照自身的实际向不同层次的目标迈进。最终使每个学生都能够获得课程标准所规定的语文素养，都能够最终实现最高层次的语文课程目标。

（二）阶段性

语文课程总目标——语文素养的获得需要有一个长期训练和熏陶的过程。因为，语文素养是由语文知识、语文技能、认知策略和情感态度等构成的学习结果，而语文学习结果的获得不是一朝一夕所能见效的。其中，语文知识有其自身的逻辑体系，该知识体系由若干知识群集（如语言知识、文学知识、文体知识、修辞知识等）组成，每个知识群集又包含着若干个知识点。因此，中学生学习语文知识必须由浅入深、由简入繁循序渐进地展开，不能“一口吃成个胖子”；语文技能也是由不同层级的子技能构成的，而子技能的获得是技能学习的前提条件，所以，语文技能的学习也必须由部分到整体、由低级到高级进行，应该逐步累积、逐步提高，不可“毕其功于一役”；认知策略的学习则更是难以通过短时训练奏效，它一方面与学生反省认知的发展水平密切相关（而反省认知的发展是有阶段性的），另一方面，认知策略的学习还有一定的反复性，是一个螺旋上升的过程；情感态度的学习也是十分复杂的。研究表明，情感态度学习存在一个由外到内、由不稳定到稳定、由不深刻到深刻的发展过程，学生在不同发展阶段，其情感态度的系统性、稳定性和深刻性水平是有很大差异的。上述现象说明，作为学习结果的语文课程总目标的实现，需要一定的过程和时间，应该根据学生身心发展规律和语文学习规律，将这一过程的各个环节揭示出来，按照学生的年龄特点和认知结构特征对这些环节加以排列，以确定不同的学习阶段的语文课程目标。

明确认识语文课程目标的阶段性特征的意义在于：

第一，能够针对学生的学习实际展开语文教学活动。因材施教与“教不躐等”是我国传统语文教学的一条重要原则，将这一原则落实到教学实践中，就是要明确每个阶段、每个年级、每个学期、每个单元的课程目标，根据学生的知识、技能、认知策略和情感态度等的发展水平有的放矢地设置切实可行的教学目标，再以教学目标为导向引导学生展开语文学习活动。

第二，能够弄清各个阶段课程目标之间的区别和联系。必须指出，语文课程目标的阶段性和连续性是相统一的，阶段性体现各个阶段课程目标的区别，连续性体现各个阶段课程目标之间的联系，明确这一点，为弄清各个阶段语文课程目标的联系和区别提供了条件。

（三）可行性

语文课程目标通常是以具体的行为来体现的，其陈述的内容大多是学生应该学习的特定知识、技能、策略（方法）和态度（情感）等，具有较强的可操作性。课程目标中有很多内容都可以量化，如每个学段学生需要学习的汉字有多少、词汇有多少，每分钟应该默读多少个字，每个学段的阅读量是多少，能够背诵的优秀诗文有多少篇，在规定时间内能够写多大篇幅的文章，在一定情景中口头表达能够说出什么样的句型，乃至于在规定时间内能够说多少个句子等，这些均可根据学生原有的基础和教师的能力水平提出明确的量化标准。语文课程标准中的大多数课程目标都是这样陈述的，例如:“能熟练地使用字典、词典独立识字,会用多种检字方法。累计认识常用汉字3500个,其中3000个左右会写”,“养成默读习惯,有一定的速度,阅读一般的现代文每分钟不少于500字”,“学会制订自己的阅读计划,广泛阅读各种类型的读物,课阅读总量不少于260万字,每学年阅读两三部名著”,“具有广泛的阅读兴趣,努力扩大阅读视野。学会正确、自主地选择阅读材料,读好书,读整本书,丰富自己的精神世界,提高文化品位。课外自读文学名著(五部以上)及其他读物,总量不少于150万字”,等等。

明确具体的课程目标有利于师生将目标规定的内容有效运用到课堂教学和课外学习之中,可以通过教师的教和学生的学的具体活动将观念性的目标转化为操作性的外在行为和内在思维与情感活动。此外,量化的课程目标有利于教学评估的实施,学生有没有达到课程目标所规定的要求可以通过观察他们具体的操作行为进行测量和评价,这样的测评既有客观性又有针对性。

(四)学科性

语文课程目标的绝大部分内容都是语文学科专有的,如义务教育语文课程目标中的“喜欢学习汉字,有主动识字愿望”,“诵读优秀诗文,注意在诵读过程中体验情感,领悟内容”,“能写简单的记实作文和想象作文,内容具体,感情真实。能根据习作内容表达的需要,分段表述”等;高中语文课程目标中的“加强语文积累”,“具有良好的现代汉语语感”,“提高对古诗文语言的感受力”,“阅读浅易文言文,能借助注释和工具书,理解词句含义,读懂文章内容。了解并梳理常见的文言实词、文言虚词、文言句式的意义或用法,注重在阅读实践中举一反三。诵读古代诗词和文言文,背诵一定数量的名篇”,“能独立修改自己的文章,结合所学语文知识,多写多改,养成切磋交流的习惯。乐于相互展示和评价写作成果。45分钟能写600字左右的文章。课外练笔不少于2万字”等。这些课程目标内容都是和语文学习和语文运用密切相关,是语文学科内部特有的概念体系和话语体系的具体运用,充分体现了语文课程工具性与人文性统一这一本质特点。

认识语文课程目标的学科性特点的意义在于:

第一，语文教育工作者要按照语文学科教学规律实施语文课程。与基础教育其他学科相比，语文教育有着自身的客观规律，如，识字写字教学规律、阅读教学规律、写作教学规律、口语交际教学规律、语文综合性学习和语文研究性学习规律等，实施语文课程要遵循语文教育规律：一方面，要遵循母语教育的一般规律，世界各民族母语教育虽然各有差异，但作为母语教育，存在共同的规律，如具有丰富真实的学习情境、口语学习先于书面语学习等，汉语文教育也必须遵循这些规律。另一方面要遵循汉语言文字学习的特殊规律。汉语文自身特有的学习规律前面已经阐述，在教学中必须按照这些规律展开语文教学。

第二，语文教师要把语文课真正上成“语文”课。在语文教育史上，存在把语文课上成“语言课”“文学课”和“政治课”等弊端，在现实语文教育实践中，也存在把语文课上成“综合课”的现象，这些做法都是片面的和错误的。语文课本质上应该是促进学生语文素养的形成和提高课，也就是引导和促进学生获得语文知识、语文技能、语文学习和运用的策略（方法）以及一定的情感和态度的活动课。因此，要依据语文素养的获得和提高所需要的外在环境资源条件以及内在认知和情感条件展开语文课堂教学和课外指导活动，侧重于“语”的基本技能的训练和“文”的高级技能的教学，达到工具性与人文性的有机统一。那种无视语文课特点随心所欲、搞花架子的认识的做法是极端错误和危险的。

三、语文课程目标的分类

对课程目标进行分类研究是现代课程理论的基本观点和常用研究方法。课程目标分类对于课程的实施尤其是教学目标的设计与陈述具有重要指导作用。

（一）学习结果的分类

如前所述，课程目标是对学习结果的预期，因此，学习结果的分类是课程目标分类的依据。关于学习结果分类问题，当代国内外学者已有诸多研究成果，比较著名的有：

1.加涅的学习结果分类

当代美国著名教育心理学家罗伯特·加涅将学生的学习结果分为五种类型：①言语信息——指能用言语表达的知识。其中又分三个小类：一类是符号记忆，包括人名、地名、外语单词、数学符号等的记忆。一类是事实性知识，如知道“鲁迅是中国现代著名作家”。一类是有组织的整体知识，如关于一篇文章内容的知识。②智慧技能——主要指运用概念和规则对外办事的能力。其中又分五个小类：辨别——区分事物的差异的能力，如区分两个不同汉字的音和形。具体概念——识别同类事物的能力，如从大量花草中识别“杜鹃”和“玫瑰”。定义性概念——指运用概念定义对事物分类的能力，如学生根据各类文体的定义识别某类文体的课文。规则——当原理或定律指导人的行为，人按原理或定律办事时，原理或定律变成了规则，如学生运用语法规则造句。高级规则——由若干简单规则组合而成的新规则，如学生根据审题、构思、表达等一般规则写一篇作文的能力。③认知策略——指运用有关人们如何学习、记忆、思维的规则支配人的学习、记忆或认知行为，并提高其学习、记忆或认知效率的能力。例如，阅读心理学家提出阅读中可采用SQ3R方法。这里S指浏览全文，略知文章大意；Q指提出疑难问题；“3R”中第一个R指带着问题阅读课文，第二个R指对重要文段进行诵读，最后一个R指回顾或复读课文。如果学生用这套方法（或规则）进行阅读，改进了自己的阅读活动，并提高了阅读效果，则可以认为，学生掌握了这种认知策略并提高了阅读学习的效率。④动作技能——指通过练习获得的、按一定规则协调自身肌肉运动的能力。语文学习中的书写能力和朗诵能力就是以动作技能为主的运动能力。动作技能中含有两个成分：一是运动的规则，如书写这项技能中有如何运笔、如何处理汉字间架结构等复杂规则；二是肌肉协调，如朗诵需要口腔、气管、嘴唇、舌头甚至肺部之间肌肉的协调。动作技能学习的实质是通过练习，使运动规则支配学习者的肌肉协调，最后达到自动化。⑤态度——指个体习得的决定人的行为选择的内在倾向，如，学生在阅读一篇文学作品时，对作品中主人公的言行存在两种反应倾向：一是肯定或赞同，一是否定或反对，这两种反应倾向表明学生习得了对不同人物的两种不同态度。

2.乔纳森等人的分类系统

建构主义心理学家D.H.乔纳森等主张，应根据教学研究的最新发展考虑学习结果的分类问题。他把学习结果分为七种类型：①结构性知识。指学生习得的概念或命题的既有多样性但又相互关联的语义网络。一个语义网络是相互关联概念的集合，以及这些概念之间的联结。②心理模型。这是一种在结构性知识基础上建构而成的知识复合体。其中也包括程序性知识、表象知识、隐喻的知识和执行控制技能，它们是知识延伸、问题解决和远迁移所需要的。③不良结构的问题解决。不良结构问题指真实情境中具有多种答案和解答途径，或根本不可解答的问题。在解决这类问题时，对于哪些概念、规则和原理是必要的，或者它们该如何组织等均具有不确定性。④延伸技能。是指用于超越给定信息进行推理的技能，包括进行类比，做出解释，得出推论，建构论据等。延伸技能能够使学生可以在未经研究或训练的情况下生成新知识，从而使学习更高效、更适合个人特点和更具创新性。⑤自我知识。是一种特殊的陈述性知识，是关于自我的知识或关于我作为一个学习者"是什么人"的知识，包括有关自我的学习方式、学习优缺点以及知识水平的自我意识等知识。⑥执行控制策略。常常指反省认知策略，有两种类型：一类由学习计划活动构成，包括诸如评估任务难度、建立目标，选择或决定完成任务的策略、评估先前知识（也是自我知识的一部分）评估目标达成中的进步，检查自己的操作方面的错误。另一类是理解监控，是指学习者评估学习中的进步。⑦动机形成。包括学习的愿望、做出的努力和在学习任务上的坚持性。动机形成贯穿于整个学习过程而不限于学习初始阶段。

3.布卢姆等人的分类系统

半个世纪以前，美国著名教育心理学家B.S.布卢姆等人出版了《教育目标分类：认知领域》，将学习结果（即教育目标）分为认知、情感和心因动作技能三个领域，同时把认知领域的学习分为知识、领会、运用、分析、综合、评价6个层级。半个世纪以后，美国当今一些布氏的理论传承者L.W.安德森（Lorin W.Anderson）和D.R.克里索尔（D.R.Krethwohl）等人运用现代认知心理学和教育心理学的新理论对布卢姆学习结果分类系统进行了修订，构建了知识维度和认知过程维度相统一的学习结果分类框架，并对原先的认知过程维度的学习结果充实了新的内容。新修订的布卢姆学习结果分类系统如下：①知识维度的学习结果类型。该维度的学习结果着眼于描述学生将“学到什么”，也就是学生的长时记忆系统将会获得“什么知识”。知识维度的学习结果由事实性知识、概念性知识、程序性知识和元认知知识等类型构成。其中，事实性知识是一种具体的单个信息组成的知识，包括名称、术语、事物的具体构成成分和事件的细节等知识；概念性知识是较为复杂的有组织的知识，包括类别的知识、原理的知识、理论知识等；程序性知识则是关于“怎么做”的知识，包括技能、算法、技术、方法等方面的知识；元认知知识是关于一般认知和意识的知识，包括关于认知任务的知识、关于认知情境的知识和关于自我的知识。②认知过程维度学习结果类型。该维度学习结果着眼于描述学生将“如何认知”，即学生的工作记忆系统将怎样加工信息，或者说将会怎样运用所学的知识与外界环境发生关系。认知过程维度学习结果由识记、理解、运用、分析、评价和创造构成。其中，识记指从长时记忆中提取相关知识，包括再认和回忆过程；理解指运用已有知识建构口头、书面和图像等信息的意义，包括解释、列举、分类、概括、推断、比较和解说等过程；运用指在特定的情境中运用一定的程序或规则的过程，包括操作过程和应用过程；分析指把一定的材料划分成若干构成成分并弄清各个部分之间以及各部分与整体之间的关系的过程，包括区分、组织和归因等过程；评价指根据一定的标准和原则进行价值判断的过程，包括审核和评判过程；创造指把事物的各个构成要素整合成新的有机整体或者生成一个新产品的过程，包括生成、计划和产出等过程。

（二）语文课程目标的分类

21世纪初国家颁布的语文课程标准从知识和能力、过程和方法、情感态度和价值观三个维度对语文课程目标进行分类。这种分类打破了旧有语文课程的目标单一的设计框架，尤其是强调学习过程与学习方法，有其革新创造的积极作用。但是，从分类学上看却有其局限性，其一，这种分类不能体现语文课程特点，是一般意义上的课程目标分类；其二，从逻辑上讲，"过程与方法"维度同"知识与技能"维度、"情感态度与价值观"维度并不是并列的关系。基于现代学习理论关于语文学习结果的研究，兼顾语文课程标准的设计理念，我们可以将语文课程目标作如下分类：

1.语文知识目标

该类目标着重陈述学生学完一定的语文课程之后"知道什么"或能够"说什么"，其心理机制是能否吸收一定量的信息并能够按照要求运用一定的表象、命题和命题网络以及图式等建构信息的意义。《全日制义务教育语文课程标准(2011年版)》中的语文知识目标有："认识中华文化的丰厚博大，吸收民族文化智慧"，"吸取人类优秀文化的营养"，"积累自己喜欢的成语和格言警句。背诵优秀诗文50篇(段)"，"积累课文中的优美词语、精彩句段，以及在课外阅读和生活中获得的语言材料"，"初步领悟作品的内涵，从中获得对自然、社会、人生的有益启示。对作品中感人的情境和形象，能说出自己的体验"等。《普通高中语文课程标准(2017年版)》中的语文知识目标有："体会中华文化的博大精深、源远流长，体会中华文化的核心思想理念和人文精神"，"初步理解和借鉴不同民族、不同区域、不同国家的优秀文化，吸收人类文化的精华"，"把握书中的重要观点和价值取向……了解本书的学术思想和学术价值"，"把握作品的内涵，了解作者的创作意图"，"感受作品中革命志士和英雄人物的艺术形象，弄清作品的时代背景，把握作品的内涵，理解作者的创作意图"，"增进对人类文明史上多样文化并进的事实及全球化背景下文化多样性的理解"等。

2.语文技能目标

该类目标是语文课程目标的主体，着重陈述学生学完一定的语文课程后能够"做什么"即能否顺利地展开听说读写活动。其心理机制是能否具备一定的产生式或产生式系统并按照要求进行听说读写。该类目标还可以从不同角度作进一步分类：①从语文技能的操作执行形式来划分，可以分为：语文智力技能目标和语文动作技能目标，前者陈述学生能够运用一定的概念和规则进行语言理解的分析和综合活动及语言表达构思活动的能力，如"能初步把握文章的主要内容，体会文章表达的思想感情"，"能复述叙事性作品的大意，初步感受作品中生动的形象和优美的语言，与他人交流自己的阅读感受”；后者陈述学生能够运用一定的概念和规则调控朗读、说话时口腔肌肉的协调活动能力或调控书写、打字时手指和手腕肌肉的协调活动能力，如“自信、负责地表达自己的观点，做到清楚、连贯、不偏离话题”，“能使用硬笔熟练地书写正楷字，做到规范、端正、整洁。用毛笔临摹正楷字帖”。②从语文技能运用时的自动化水平来划分，可以分为语文基本技能目标和语文高级技能目标。前者的心理实质是一定的语文概念和一定听说读写规则的自动化运用（如流利地朗读的技能、流畅地书写的技能、语感技能等）；后者的心理实质则是根据任务要求和情境特点有意识地运用一定的概念和规则的过程（如阅读方法的运用技能、交际规则的运用技能和构思策略的运用技能等）。③从技能运用时信息加工的方式划分，可以分为：阅读与鉴赏技能目标，如“能用普通话流畅地朗读，恰当地表达出文本的思想感情和自己的阅读感受”，“根据语境揣摩语句含义，运用所学的语文知识，帮助理解结构复杂、含义丰富的语句，体会精彩语句的表现力”；写作技能目标，如“进一步提高记叙述、说明、描写、议论、抒情等基本表达能力，并努力学习运用多种表达方式。能调动自己的语言积累，推敲、锤炼语言，表达力求准确、鲜明、生动”，“能围绕中心选取材料，合理安排结构。在表达实践中发展形象思维和逻辑思维，发展创造性思维”；口语交际技能目标，如“借助语调、语气、表情和手势，增强口语交际的效果”，“注意口语的特点，能根据不同的交际场合和交际目的，恰当地进行表达”等。

3.语文策略目标

该类目标着重陈述学生学完一定的语文课程后能够“怎样认知”或“用什么方法学习语文”。其心理机制是学生在学习语文和运用语文时，能否运用一定的方法调控自己的记忆、思维过程，用以提高学习和运用语文的效率。《义务教育语文课程标准（2011年版）》中的语文策略目标有：“初步掌握科学的思想方法”，“会用多种检字方法”，“能较熟练地运用略读和浏览的方法”，“阅读浅易文言文，能借助注释和工具书理解基本内容”，“阅读科技作品，还应注意领会作品中所体现的……科学思想方法。”“能利用图书馆、网络搜集自己需要的信息和资料，帮助阅读”，“多角度观察生活，发现生活的丰富多彩”,“根据表达的中心,选择恰当的表达方式”,“在交流过程中,能根据需要调整自己的表达内容和方式”。《普通高中语文课程标准(2017年版)》中的语文策略目标有:“根据不同的阅读目的,针对不同的阅读材料,灵活运用精读、略读、浏览、速读等阅读方法,提高阅读效率”,“能根据不同的交际场合和交际目的,恰当地进行表达”,“学习鉴赏诗歌、散文的基本方法”,“学习运用科学的思想方法发现问题、分析问题和解决问题”,“学习体验概括、归纳、推理、实证等科学思维方法”等。

4.语文态度目标

该类目标着重陈述学生学完一定的语文课程后能够“赞成或反对什么(或做什么)”或者说倾向于什么(或做什么)。《义务教育语文课程标准(2011年版)》中情感态度和价值目标有:“培养爱国主义感情、社会主义道德品质,逐步形成积极的人生态度和正确的价值观”,“欣赏文学作品,能有自己的情感体验。对作品的思想感情倾向,能联系文化背景作出自己的评价;对作品中感人的情境和形象,能说出自己的体验”,“写作要感情真挚,力求表达自己的独特感受和真切体验”,“学习文明得体地进行交流”等。《高中语文课程标准(2017年版)》中情感态度和价值目标有:“诵读革命先辈的作品,体会崇高的革命情怀”,“以客观、科学、礼敬的态度,认识作品对中国文化发展的贡献”,“深入理解革命志士以及广大群众为民族解放事业英勇奋斗、百折不挠的革命精神和革命人格……感受其无私无畏的爱国精神”等。

四、语文课程目标的作用

现代教学论所倡导的中小学学科教学模式是一种“目标导向”的教学模式。这个基本的教学理念既揭示学科教学的特征,同时也在一定程度上说明了课程目标在学科教学中的地位和作用。语文教学也是一种目标导向的教学,语文课程目标是语文课程结构框架的设计、语文课程内容的确定、语文课程资源的开发利用(包括语文教材的编制和使用)、语文教学过程的安排、语文教学方法和媒体的选用以及语文课程与教学测量评价的实施等的准则和指南。语文课程目标在语文课程实施和语文教学活动中的具体作用有以下几个方面：

（一）整合作用

语文教学是一个完整而复杂的系统，涉及的因素众多而庞杂；即使是一篇课文的教学，往往也涉及字、词、句、篇、语、修、逻、文、听、说、读、写等方方面面的问题。语文课程目标可以有机地把诸多因素紧密结合在一起，使教学活动中的各个因素相互作用、相辅相成，使教学系统发挥出最大效益，实现教学过程的最优化。例如，《白杨礼赞》一课，教师根据语文课程目标设计的认知策略教学目标"学习并能够运用象征手法"就可以把如下诸多问题统摄起来：①课文中是如何运用象征手法的？学生要解决这个问题首先要能够认读课文，理解课文的思想内容。这样一来，生字词问题、语法修辞问题、文学知识问题、写作背景知识问题、作者的思想感情变化过程问题等等都将作为解决这一问题的前提或基础。②课文中的象征手法作用如何？这一问题不仅涉及象征手法本身的特点和功能方面的知识，还要涉及文章结构知识、写作方法知识等因素。③如何运用象征手法进行构思和表达？该问题不仅与课文中的一些知识点有关，还与一定的写作策略性知识和一定的学习方法有关。因此可见，语文课程目标是语文教学系统的核心要素，通过它，可以把零散复杂的问题有机地整合起来。

（二）指导作用

语文课程目标可以引导语文教学朝着既定的方向运作，有效地减少教学中的盲目性和随意性，提高语文教学的质量和效率。

1.指导教师的施教

教师在进行教学设计与指导学生进行课堂学习和课外活动时，可以根据课程目标确定适当的教学过程和教学方法。如何安排语文教学过程？虽然不同的文体、不同的内容，其教学过程会有所不同，但教学过程的安排最终要受教学目标制约。侧重语文知识学习的目标，其教学过程一般包括知识意义的记忆和理解、知识的巩固和知识的运用等教学环节；侧重语文技能学习的目标，其教学过程则包括技能所蕴含的概念和规则意义的学习、技能的练习和变式练习、在一定情境中技能的运用等教学环节。此外，教学方法的运用也是受课程目标制约的。一篇课文的教学究竟是用接受学习的方法进行教学还是用探究学习的方法进行教学历来存在争议。实际上，这两种方法本身的价值并无高低优劣之分，关键是为什么课程目标服务。如果课程目标侧重语文知识的掌握，则宜于选择接受学习方法，与之相应的教学方法是教师的讲述、讲解和演示。如果课程目标侧重是课文意义的理解和建构，则宜于选择探究学习方法，与之相应的教学方法则是预习、提问和讨论等。

2. 指导测量和评价

一节课、一篇课文或一个单元的教学结束后，通常要对教学效果进行测量和评价，测量评价有许多标准，但最可靠和最客观的标准是课程目标是否达到。一方面，教学结果的测量要针对课程目标进行，这样的测量才有效度。例如，一节语文课的目标是侧重朗读技能训练，而测量的重点是阅读理解能力，那么这种测量就是无效的测量。另一方面，对语文课的评价也应围绕课程目标展开。例如，有些经过精心设计的语文公开课，看上去学生学得很活跃，热热闹闹，但是如果我们发现学生在课上并未习得教学目标所规定的知识或技能，那么这种课充其量只能算是练习课而不是严格意义的新课文学习课。

3. 指导学生学习

有效的语文学习活动是一种在一定的课程目标指导下展开的活动，换句话说，课程目标对学生学习语文具有一定的指导作用。首先，明确而清晰的课程目标能引起学生对教学内容的注意，使他们能够明确将要学习什么，哪些知识是重点等。这样可以使他们把精力集中到与课程目标相关的教学内容之上。其次，学生选用什么样的学习方法也是受课程目标制约的。如果是背诵课文，学生往往需要运用记诵的方法；如果是拓展知识面，学生往往需要选择参观访谈、课外阅读或网上收集材料等方法。最后，学生对学习结果的自我测量和评价也是参照教学目标进行的。学生对自己学得怎样进行评价必须要有明确的标准，而课程目标即学生参照的标准。

（三）控制作用

从控制论的角度来看，语文教学过程是一个控制过程；而这种控制是否有序和有效与有无目标以及目标是否合理和明确等有密切的关系。

1.控制教学内容的确定

语文教学内容的分量的多少、难度的大小以及思维坡度的高低等均是受课程目标制约的。一篇课文的教学需要确定几个知识点和训练点，哪些知识该多讲、深讲，哪些知识该少讲、略讲等都要围绕课程目标来确定，这样的教学才能做到有的放矢。

2.控制教学的进程

语文教学过程阶段的安排、时间的长短的确定是根据课程目标达成情况来决定的。一篇课文究竟该上几个教时，哪些地方需要多花时间，哪些地方需要少花时间都要根据课程目标的达成情况来定。一般而言，语文基本技能目标的达成，需要学生在获得概念和规则的基础上进行反复练习，必然需要一定的时间；语文高级技能的获得往往需要进行变式练习，也必须有一定的时间保证。而知识意义的理解和建构目标往往可以在短时间内达成。

3.控制课堂管理

目标管理是现代管理学所倡导的一种科学管理方式。语文课程实施过程离不开课堂管理，而实行目标管理有助于提高课堂管理的质量和效益。在课堂管理过程中，明确了课程目标即明确了教学质量管理的方向和指标，对教师的教和学生的学，就可以实施较为符合教学实际的、针对性和目的性较强的督促和指导。

思考与练习

1. 谈谈你对义务教育语文课程理念的认识。
2. 谈谈你对高中语文课程理念的认识。
3. 说说语文课程目标的本质、特点和作用。
4. 谈谈你对语文课程目标分类的认识。
5. 请从语文课程标准中选择一则课程目标设计出课堂教学目标。

第二章　语文教学资源与语文教材

语文教学资源问题和语文教材问题都属于“用什么教学语文”的问题。严格意义上讲，语文教材属于语文教学资源的一种类型，把它们相提并论是有失严谨的。本书之所以把这两个种属关系的概念放在一起讨论，是因为基于如下考虑：其一，语文教材理论一直是语文教学论的重要组成部分，不研究语文教材或者只把语文教材作为与电脑多媒体、语文板书乃至地方戏曲、地方风俗等相并列的语文教学资源的一种类型加以探讨，就会在一定程度上削弱语文教材理论在语文教学论中的重要地位。其二，在中小学语文教学实际中，相对于其他语文教学资源，语文教材在语文教学中使用的频率、对中小学生语文核心素养的提高所发挥的作用以及各级各类机构教育工作者对其重视程度等无疑都是至高无上的。当然，如果用语文教材来代替语文教学资源，或者只谈语文教材而不谈语文教学资源也是与科学系统语文教学论构建的宗旨不相符合的。

第一节　语文教学资源

一、语文教学资源概述

与语文教学资源相关的概念有两个：一个是语文课程资源，另一个是语文学习资源。这三个概念关系密切,在语文教学实际中,人们往往对它们不予区分。其实,从学理上说,三者还是有一定区别的。语文课程资源是语文课程研制、设计、开发、实施、评价过程中可利用的一切自然资源和社会资源的总称;语文教学资源是语文教师和学生在语文教学活动中,包括教学设计、课堂教学、课外语文学习以及教学评价等各个环节的教学活动中,可供师生利用的一切物质因素和精神因素的总称;而语文学习资源是专指学生在语文学习中可以利用的各种人力、物力、自然、社会等资源的总称。绝大部分的语文课程资源都属于语文教学资源,诸如语文课程专家进行课程研制时所利用的资源就不属于教学资源;同样,语文学习资源也不全是语文教学资源,例如,甲骨文对大学生来说是语文学习资源,但是对小学语文教学来说就不是教学资源。语文教学资源也不全是语文学习资源,如语文教师备课时参阅的教学设计方面的理论书籍就不属于语文学习资源。

(一)语文教学资源的类型

《全日制义务教育语文课程标准(2011年版)》提出:“语文课程资源包括课堂教学资源和课外学习资源,例如:教科书、相关配套阅读材料、其他图书、报刊、工具书、教学挂图,电影、电视、广播、网络,报告会、演讲会、辩论会、研讨会、戏剧表演,生产劳动与社会实践场所,图书馆、博物馆、纪念馆、展览馆,布告栏、报廊、各种标牌广告,等等。自然风光、文化遗产、风俗民情、方言土语,国内外的重要事件,日常生活的话题等也都可以成为语文课程的资源。”这段话是我们进行语文教学资源分类的依据。对语文教学资源的分类,根据不同的视角相应可以分成不同的类型。

1.按照功能作用可分为:必备性资源和支持性资源

必备性教学资源是在语文教学活动顺利展开必不可少的、对教学过程直接发挥作用的资源,包括语文教科书、课外读物、练习册、语文教师的教学语言、语文多媒体课件、语文板书、语文教学图片、语文教学指导用书、语文教学参考用书等;支持性资源是在语文教学中间接发挥作用,不是师生教与学中直接使用的对象,但是也会影响语文教学效果的资源。例如,电子读物、影视作品、家长或其他长辈的指导语言、校园的广播和专栏、街头的广告和宣传标语等。必备性资源和支持性资源的区别在于：离开了前者，语文教学就无法顺利展开；离开了后者，语文教学也可以照常进行，但是，教学中如果有意识地运用了支持性资源，教学的效果会更好。这就好比汽车的汽油和润滑油，没有汽油，汽车将无法行驶（当然电动车等非燃油性汽车除外）；没有了润滑油汽车照样行驶，但是会影响汽车行驶的效果。

2.按照存在方式可分为：显性资源和隐性资源

显性语文教学资源是指具有可以感知的物化形态，人们可以看得见、摸得着直接呈现在语文教学活动中的资源。如语文课本、电脑多媒体、网络、教学挂图、教学板书等。隐性语文教学资源是以潜在的形式对语文教学产生影响，人们不能通过感知器官感知的非物质化资源，如语文课堂教学氛围、班级语文学习风气、师生对话的方式、学生的语文学习方式等。显性资源作为一种物质存在，可以直接操作使用，因而，有没有利用、能不能用、怎么用等一看便知，易于掌控。在语文教学中用得效果如何也可以立竿见影地予以观察测量；相反，隐性资源作为一种非物质形态不能直接作用于中小学生和语文教师，对语文教学活动只是发挥着潜移默化的“润物细无声”影响；尽管如此，这种影响往往比显性教学资源对语文教学影响的效果并不低。

3.按照表现形式可分为：静态资源和动态资源

静态语文教学资源是以相对静止的方式呈现的资源，如各种媒体（如书籍、报刊、板书、屏幕等）呈现的书面文字、挂图、图表、自然景观、人文景观等。在语文教学中，语文教师和中小学生对于这类资源使用时可以自由控制感知过程。例如，语文课本中的文字就是一种静态资源，学生在使用这种资源时，可以一目十行快速阅读，也可以逐字逐句、慢慢品味，一个句子读一遍不理解，还可以重新阅读。一篇千字左右的课文，读得快的，三五分钟解决问题；读得慢的，三天五天也很正常。动态语文教学资源则是以活动的方式呈现的资源，如教师的讲课、师生问答、小组讨论、演课本剧、读书报告会、诗歌朗诵会、语文性游戏活动、影视剧观摩等。这类资源的最大特点就是时时处于活动变化之中。与静态资源相反，师生在使用动态资源时是不可重复性使用的，正如人们“不能在不同时间踏入同一条河流”一样。

也许有人要问:如果一个教师在两个班级讲授同样的内容,不就是重复使用动态资源了吗?这里必须指出,即便如此,依然没有重复使用。因为两个班级教学对象不同、资源的性质绝对不同。即使是同一教师对同一教学对象讲授同一内容,也不是重复使用动态资源,因为,学生第二次听课与第一次听课对教师同一讲授内容接受理解的过程和结果是绝对不会完全一致的。

4.按照资源分布可分为:课内资源和课外资源

课内语文教学资源是出现在语文课堂之中、师生在语文课堂教学中使用的资源,是课堂教学的凭借或载体,如教师课堂教学语言、学生课堂言语活动、语文课本、电脑多媒体、板书、电子黑板、教学挂图或图片、各种教具、教学模型等。根据资源呈现是事先预设的还是课堂教学过程中生成的,也可以将课内语文教学资源进一步分为预设性资源与生成性资源:前者如语文课本、课堂中使用的教案、课件、教学软件等;后者如小组讨论,学生答问、学生朗读、教师范读等。课外资源是广泛分布于课外语文学习活动之中师生在课外乃至校外展开语文教学活动所使用的资源,是课外语文教学的依托或工具。例如,课外读物、课外语文学习活动(故事会、报告会、研讨会、戏剧表演、影视观摩)、课外语文学习场所(图书馆、博物馆、风景名胜、文物古迹)、课外语文学习氛围——风土人情、乡风民俗、乡土文化、社区风貌、城市文化等。根据课外语文教学资源分布的场所的不同还可以进一步将课外资源分为学校资源、家庭资源和社会资源三种类型。学校资源如学校图书馆、阅览室、宣传栏、校园广播、校园网络(课堂使用除外)等;家庭资源如家庭环境、家庭教育方式、家庭语言交流方式、家庭图书、家庭网络、家庭电视等;社会资源包括社会上对语文教学产生直接或间接影响的一切资源,包括各种媒体、各种通信手段、社会风气、社会交往、社会环境、社会文化、社会历史等方方面面。

(二)语文教学资源特点

与中小学其他学科的教学资源相比,语文教学资源种类繁多,形态各异,分布广泛,使用便捷,其外延范围远远大于教学活动本身的外延范围,因此,特点非常鲜明。具体而言,语文教学资源具有以下特点。

1. 语文教学资源的丰富性

语文教学资源的外延范围远远大于语文教学活动本身的外延范围,所以一切有利于学生语文学习,一切有利于学生语文学科核心素养提高,一切有利于语文教学设计、课堂教学、课外语文学习指导以及教学评价与反思的社会与自然资源都可以成为语文教学资源,从这一意义上说,语文教学资源是极其丰富的。从空间上看,语文教学资源有丰富多样的自然资源和社会资源。自然资源包括宇宙太空、名山大川、江海湖泊、飞禽走兽、一花一草、一木一石等皆可为语文教学资源。社会资源包括各类社会群体、各种社会机构、人们的生产生活经验、民风民俗、乡土文化、城市文明、人文景观、广播电视、电脑网络等都是语文教学资源不可或缺的组成部分。各地区、各民族的特色文化,世界各国各地区的异域文化都是语文教学资源的构成要素。可以说,天空有多高远、大地有多宽广、海洋有多广大,语文教学资源就有多广阔博大。从时间上看,五千年中华文明都贯穿着丰富的语文教学资源,四书五经、楚辞汉赋、唐诗宋词、元曲杂剧、明清小说、鲁迅作品、曹禺戏剧、朱自清散文、艾青诗歌、金庸小说无疑都是宝贵的语文教学资源。几千年世界文明史中同样蕴含着极其丰富的语文教学资源,古希腊文学、古罗马作品、莎士比亚悲喜剧、巴尔扎克和托尔斯泰的长篇巨著、欧·亨利和马克·吐温的短篇小说等,都是语文教学资源中的上品。可以说,人类文明历史有多悠久,语文教学资源涵盖的时间就有多漫长。从开发利用的深广度来看,就某种特定的语文教学资源而言,其蕴含的可开发可利用的成分也是非常丰富多样的。我们就以一个简单的汉字“文”为例,这个字既可以作为识字写字的教学资源,也可以作为阅读教学资源,还可以作为写作教学资源和语文研究性学习的教学资源。

2. 语文教学资源的学科性

语文教学资源具有鲜明的语文学科特色富有浓厚的语文色彩,是“语”和“文”的统一,离开了语言、文字、文章、文学和文化,离开了听说读写的语文学习活动,语文教学资源也就名存实亡。因此,严格意义上说,语文课程标准所罗列的语文课程资源只是潜在的语文教学资源,并非现实的语文教学资源;只有把课程资源运用于语文教学活动之中,使之内化为学生的语文核心素养,才堪称名副其实的语文教学资源。例如:山川鸟兽本身并非语文教学资源,只有引导学生把这些客观事物转化成写作素材,它们才能变成语文教学资源。因此,衡量一种自然事物或社会现象是否语文教学资源,关键要看它是否具有语文学科特性,是否具有语文学科价值,是否能够在语文教学中使用。因此,语文教学资源的学科性首要的就是语文性。所谓语文性就是具备语文学科工具性与人文性相统一的特点,能够对学生学习语言文字运用实践活动的开展起到积极影响。语文教学实际中,一度出现"假语文"现象,与一些语文教师把一些非语文特征的课程资源大量用于语文教学过程之中不无关系。如,有的教师把语文课上成了"科学课",突出表现就是用了大量科学技术学习资源,乃至于语文教师的教学语言也隐含大量的科学课程资源。其次是目的性。语文教学资源是为语文教学所用,为促进学生语文学习所用的资源。资源的价值就在于为人所用,但为什么用、用什么、怎么用等一定要服从服务于教学目标,有的放矢地使用语文教学资源。

3.语文教学资源的便捷性

在中小学各门课程中,语文教学资源不仅丰富多样,而且易于开发利用。在语文教学实际中,语文教学资源附着在书面上、课件中、黑板上,语文教师的言语中、同学的对话交流中都有资源,可以说是随手可得,张口就是。首先,语文教学资源的这种便捷性体现在资源依托载体的多样化。在一般人看来,语文教学资源是以书本为载体存在的,其实,除了书本中有大量语文教学资源之外,在人们的口头交流中、在街头标语中、在网络中、在手机中等都存在着语文教学资源。在生产力落后时代,先生以地面为纸、以树枝为笔教学生识字,向学生传授语文知识,地上写的字无疑是语文教学资源;在科技高度发展的当今社会,学生掌中一个小小的手机,就蕴藏着无限丰富的语文教学资源。其次,语文教学资源的这种便捷性体现在资源来源的生活性。人们常说,语文学习的外延与生活的外延相等。其实,也可以这么说,语文教学资源的外延与生活的外延相等,只要有生活的地方就存在语文教学资源。生活与人的关系,就如同鱼与水的关系、身体与影子的关系。学生的生活包括三大领域:学校生活、家庭生活和社会生活,每个领域都有各式各样、异彩纷呈的语文教学资源。在教室,学生在书桌上、黑板上、多媒体屏幕上、语文老师的言语中、同学的发言中等随时都可以获取有益的语文教学资源;在家庭,学生在书包里、书架上、电视广播里、电脑网络里、与爸爸妈妈的交流中等随时都能够利用语文教学资源;在社会,学生在马路上、在村庄中、在商店里、在影院里、在公园里、在图书馆和博物馆等随时都会遇到好的语文教学资源。

二、语文教学资源的开发与利用

在语文教学中,语文教师和中小学生只有“充分利用已有的资源,积极开发潜在的资源”,语文教学活动才能顺利展开。

(一)语文教学资源开发利用的理念

理念是行动的先导,有效开发利用语文教学资源的前提是树立科学的语文教学资源理念。科学的语文教学资源开发利用理念包括:

1.语文教学资源开发利用的目的理念

任何资源有没有价值和功用,其本身并不能决定,关键看它是用来干什么,也就是开发利用它的目的。开发利用目的不清或不当,再好的资源在实际使用中都会出现事倍功半的效果。

开发和利用语文教学资源的根本目的是提高学生的语文核心素养。用现代科学学习心理学来看,语文核心素养就是学生在一定的语文学习环境中获得的语文学习结果;这里的语文学习环境其实就是语文学习资源。优质的资源环境有助于语文核心素养的提高;相反,不良的资源环境则会对学生语文素养的形成和提高起到负面影响。例如,在语文教学实际中,有一些教师把很多反映日常生活内容和其他学科内容的图片、声像等资料“狂轰乱炸”地呈现在学生面前,使时间有限的语文课堂变成了“生活天地”“植物世界”“动物乐园”,这对学生语文核心素养的提高不仅毫无裨益,而且在一定程度上起到干扰作用。这种语文教学资源的利用是违背语文教学根本目的的。

2.语文教学资源开发利用的途径理念

传统语文教学中存在的“以教师中心”“以教材为中心”“以课堂为中心”三“中心”弊端，究其成因，原因很多，但语文教学资源开发利用渠道单一应该是不可忽视的原因。其实，语文教学资源的丰富性、便捷性和分布的广泛性决定了开发语文教学资源开发利用渠道的多样性。主要途径有：一是开发利用语文教科书、教学参考用书、课外书、报纸杂志等文献资源；二是开发利用电影、电视、广播、网络等媒体资源；三是开发利用课堂讨论、课堂练习、报告会、演讲会、辩论会、课本剧表演等活动资源；四是开发利用图书馆、博物馆、纪念馆、展览馆等社会资源；五是开发利用风景名胜、花鸟虫鱼等自然资源；六是开发利用布告栏、报廊、标牌广告、文物古迹、风俗民情等文化资源；七是开发利用语文教师、作家、语文课程专家、家长、教育管理者等人力资源。

3.语文教学资源开发利用的方法理念

方法理念就是方法论，是指导人们如何选择、开发、利用资源的基本原则。开发利用语文教学资源的具体方法有很多，在运用各种方法开发利用语文教学资源时，要遵循如下两个基本原则：

(1)因地制宜原则

语文教师开发利用教学资源时不要一味贪多求高，也不必“跟风”“从众”；而要根据本地区、本学校的实际情况，充分挖掘本地区、本学校现有的语文教学资源，把“资源优势”发挥好，使之顺利转化为语文教学优势。例如，安徽省各地区就存在富有特色的本土语文教学资源，如安庆地区的黄梅戏、池州地区的傩戏、庐江地区的庐剧、宣城地区的皖南花鼓戏、桐城地区的桐城派诗歌等，这些都是难得的地方语文教学资源。这些地区的语文教师就要把这些独特的教学资源充分挖掘出来，在语文教学中灵活使用。

(2)因人而异原则

要充分发挥教师的主导作用和学生的主体作用，充分发挥人力资源这一第一资源的优势。首先，语文教师自身就是宝贵的语文教学资源，语文教师开发和利用好自身的教学资源十分重要。在教学设计中，要充分发挥自己的聪明才智，把自己的智慧融入对教材的解读处理之中；在课堂教学中，要通过创设各种教学情境包括语言情境和非语言情境，为学生学习语文提供充分的条件；在课外语文学习指导中，要从学习方法的指导、学习组织建立的指导和学习效果评估的指导为学生创设优良的课外语文学习环境。其次，要充分利用好学生群体资源。每个学生都是语文学习中不可或缺的资源宝库。要把班级几十个“宝库”的资源充分开发好、利用好。课堂教学中要鼓励学生多交流，畅所欲言，各抒己见，使每一个学生都可以接受到来自几十个不同信息源的信息资源；课外要引导学生多合作，让学生在合作探究的集体智慧中生成更多更好的智力资源和情感资源。

（二）语文教学资源开发利用的路径

1. 人力资源的开发利用

语文教学是语文教师“教”与学生“学”的有机统一。语文教师和中小学生的潜能、智慧和创造力在语文教师过程中发挥着重要的作用，可以说，语文教师和学生是语文教学中最重要的教学资源，是取之不尽用之不竭的资源，也是最难开发利用的资源。说它“难”，是因为与语文教材、多媒体等“现实性的”物力资源相比，人力资源是一种潜在性或可能性的资源，能否把潜在的、可能的资源转化为现实的、已然的资源，需要适宜的教学环境和条件，更需要适当的开发利用路径与方法，其中最重要的路径就是充分发掘师生身上蕴藏的生成性教学资源。所谓生成性教学资源，就是在教学活动中由于师生主观能动性的积极发挥“现场”产生并及时予以利用的资源。与生成性人力资源相对的是预设性人力资源。一般而言，语文教学中的预设性资源状况与语文教师对语文课程理念与目标的理解与把握、对语文教材资源的开发利用等密切相关，对此，本书在相应章节进行专门的讨论。这里着重阐述如何开发利用语文教学中师生生成的教学资源。

（1）教师层面生成的教学资源

严格地讲，语文教师在课堂教学中随时随地都会生成有益的教学资源——教师的话语、教师的板书和课件、教师与学生的互动乃至于教师的一举手、一投足都能够构成促进学生学习的教学资源。这就是广义的教师资源生成观。从广义上讲，本书各章节的内容都涉及教师资源的生成问题，即通过教师的有效教学为学生提供良好的学习资源。这里所讲的是一种狭义的理解，也就是课堂教学中教师“意外”创生的学习资源，这类资源主要有以下两种。

一是突发事件中生成的资源。教师课前对课堂教学设计得再周全，策划得再周密，也总有始料不及的事件会不断发生。面对课堂突发事件，教师如果处理不当往往会弄得手足无措，以至于课堂出现窘态，陷入僵局。如果教师凭借自己的教育智慧和教学机智沉着应对，则可化干戈为玉帛。如某教师讲《小雨沙沙》一课时，正想用电脑演示小雨飘洒的画面，忽然外面下起小雨，学生不由自主把目光转向室外。此时，教师放弃原有的教学计划，干脆让学生走出教室，尽情去享受、体验雨淋的滋味，去品雨、赏雨，然后回到教室说雨、论雨，课堂上弥散着欢乐、畅快的气氛。学《乌鸦喝水》时，学生不小心打破了盛水的瓶子，教师的一句“你帮乌鸦找到了一种新方法”，消除了学生的恐慌，丰富了课堂内容。这种审时度势，抓住契机，利用自然资源获得意外收获就是教育智慧的体现。

二是因势利导中生成的资源。师不必贤于弟子，由于自身的失误或准备不足等原因，教师在课堂上出现错误或让学生问得语塞是在所难免的，此时，教师如果高高在上、盛气凌人，或搪塞遮掩，显然都是不对的；而应该正视现实，不但要有承认错误和自身不足的勇气，更要引导学生挖掘错误原因避免错误再度发生或通过有效的途径去解决问题。例如，教师的字写错了，可以让学生说说错在哪里，该怎样改；自己不了解的知识，可以让大家畅所欲言，集思广益；如果师生都不知道，可以引导学生课下通过各种途径、采取不同的方式去寻求解决的办法。这样可以使学生有针对性地获取一些有益的学习资源。

(2)学生层面生成的教学资源

在班级授课制下，每个学生都是学习资源。课堂中，学生的思想碰撞智慧交融都会生成丰富的教学资源。尤其是以下两个方面：

其一，学生的奇思妙想。面对万花筒般的世界，异想天开、标新立异是少年儿童的天性，也是少年儿童的权利。对学生的大胆想象教师要予以鼓励、诱导和保护。然而，有的教师对学生思维迸发的创新火花却采取漠视甚至扼杀的态度，致使学生生成的宝贵学习资源被弃之不顾。例如，一个教师让学生用"淘气"和"想"造句，学生造的句子是："风很淘气，把水逗笑了""我想听到开花的声音"，结果都被教师否决了。教师今天"枪毙"的也许只是几个自认为有悖常理、不可思议的句子，明天则有可能失去几个极富表现力、创造力的诗人和作家。因为，学生一旦失去了生成语文学习资源的意识和能力，也就失去了语文素养提高的基础。

其二，学生的个体体验。对某一事物的认识和理解，仁者见仁，智者见智，一千个读者心目中有一千个哈姆雷特。例如，一位教师根据学生爱看武侠、言情小说的特点，便把这类小说作为学习专题大胆引入语文课堂。在名为"笑傲江湖，金庸的武侠世界"专题课上，教师事先把学生分为五个小组展开课前准备活动：第1组为"刀光剑影"组，第2组为"恩怨情仇"组，第3组为"江湖门派"组，第4组为"武功秘笈"组，第5组为"我心目中的大侠"组（女生组）。然后组织各小组在课堂上进行"华山论剑"。学生在进行"华山论剑"时，教师发现"每位学生都很兴奋，很紧张，有些按捺不住的学生已经在下面争得面红耳赤了"。各组同学轮流上阵，分别以表演、讲述的形式展示各组的珍贵收藏，教师说："看了五组学生的表演，我不由得佩服不已：为他们准备得充分，为他们分析得到位。"[①]这里所展示的就是每个学生独特的阅读体验，或者说是个体生成的教学资源，学生所生成的教学资源无疑是极其可贵的。

2.自然资源的开发利用

语文课本中有很多内容都是对自然事物的描写、再现或表现。学生如果能够亲身感受和体验各种自然事物，积累大量有关自然世界的感性知识，这对他们深刻理解课文是十分有益的。因此，教师要善于充分利用自然资源来促进学生的语文学习。例如，著名语文特级教师魏书生老师在春天到来时，带学生到双台河边，看花、看草、看树、看水；秋天来临时，带学生到小河里摸鱼；冬天来到时，带学生在雪地打雪仗。他还曾带领学生去开荒种地；让学生通过观察、采访了解自己家乡的变化等。这些做法既增强

① 江志芳：《怎样上好语文辅导课》，《语文教学研究》2006年第5期。

了学生的观察力，又使他们学以致用，关注生活，热爱生活。一位教师教学《故都的秋》一文，曾把学生带到户外，让他们仔细观察、体会身边的秋色，然后再与文中描写的秋景进行对比，加深对文中所描绘的秋景的理解。让教师感到意外的是，课后学生的周记本上出现了很多品秋的文章，一个个平时只知道玩的学生竟学会了品味大自然！一位平时课堂经常“捣蛋”的学生，还根据此次游历写出了一篇妙趣横生的小说，让全班同学为之开怀大笑。从那以后，他的学生更加注意生活中的点点滴滴，更加细心观察生活，发现生活中的真善美，在生活中汲取了有益的学习资源。这些经验和教例都为如何开发利用自然资源作了生动的诠释。

3.社会资源的开发利用

语文教学是母语的教育，学生是在本土学习自己的母语，具有对本国本民族的文化背景熟悉的有利条件，身处在使用这种语言的社会环境之中，有丰富的学习资源和大量的实践机会。把语文学习与丰富的社会实践相结合，会使语文教学变得鲜活起来；语文教学有社会大课堂的广阔背景作为依托，也就有了源头活水。

教师应广泛利用校外的图书馆、布告栏、报廊、标牌广告等各种社会资源，选取与学生学习内部条件相一致的、符合学生身心发展的特点的内容来满足学生的兴趣爱好和发展需要，让学生的听说读写能力得到提高。如一个语文老师在教学《新型玻璃》一课，教师发动学生到校外图书馆、银行等去找找还有哪些新型玻璃，结果不少学生找到了很多好资料，并在课堂上纷纷读了自己找到的有关介绍其他的新型玻璃的文献。如果条件允许，教师再带学生到玻璃厂去参观学习，这样，抽象的课本文字就会变得鲜活起来，一定会收到更好的教学效果。

语言的最基本功能是社会交际的工具；在社会交际实践中学习和运用语言是语文学习的基本规律。在社会交际中，学生可以获得源源不断的语文学习资源。因此，语文教师要鼓励和引导学生走进社会，并为学生创设真实的交际情境。例如，有的语文教师利用课余时间带领学生扮演小记者，深入政府机关、工厂、商场、街道、社区，通过“采访”各界人士，了解阐释精神文明创建情况。这种“采访”过程其实就是获取社会语文学习资源的过程。

4.家庭资源的开发利用

家庭是孩子人生旅途中的第一所学校,父母是孩子的第一任语文教师,每个家庭都蕴藏着丰富的语文学习资源。教师要积极引导学生去关注、开发和利用各自家庭的学习资源。家庭成员间的亲情,家庭成员各自的生活经历,家庭与社会的交往,家庭的藏书、报纸杂志、音像资料,家庭文化娱乐生活等等,都是弥足珍贵的学习资源。它们可以用来促进学生对课文的理解,激发学生的学习热情、拓宽学生的学习渠道。如在教学《散步》时可充分挖掘家庭的亲情资源,让学生撷取记忆中的浪花,说说发生在祖孙三代中的感人事例,体会亲情及尊老爱幼的美德。可以鼓励学生把家庭的藏书带到班级与同学共同阅读,实现资源共享;可以组织学生到某位同学家集体劳动,体验生活;可以指导学生在家有针对性地看某些电视节目,然后在课堂上与同学分享自己的观感。著名语文特级教师赵谦翔早在教改之初就开始尝试指导学生在家看新闻联播、焦点访谈等节目,借以拓宽学生眼界、提高学生认识世界的水平。潘素文老师在"漫游语文世界"综合性活动中,利用班中一学生的爷爷是老教师,对对联颇有研究,擅书写对联,以及他的家中藏有很多对联书的条件,请该生主持对联篇教学环节,展示他爷爷写的对联,介绍他在爷爷指导下收集的对联,让此课锦上添花。①由此可见,只要教师肯动脑筋,家庭语文教学资源完全可以作为学校语文教学资源的有益补充。

5.信息资源的开发利用

现代化教学离不开信息技术手段。信息技术手段借助声、光、影、像,化远为近,化虚为实,把大量的感性材料直接展现在学生眼前,生动、直观、易于为学生所接受,因而赢得了众多师生的青睐,并被广泛应用于语文课堂教学中。但在应用过程中也出现了很多的问题,造成使用效果低甚至起到负面作用,这是教师在选择内容与时机的把握上不够合理导致的。因此,信息技术手段的运用要讲求实效,运用得好,对课堂教学是锦上添花,运用得不好是画蛇添足。要想在语文教学中有效利用信息技术手段,提高信息资源的使用效率,教师应注意以下两点:其一,要精心选择内容。信息

① 潘素文:《揭开隐性语文资源的面纱》,《语文教学与研究》2006年第6期。

技术手段是为教学服务的，因此它的内容必须贴近文本，贴近学生。要从学生的年龄特点、生活经验和兴趣爱好出发，选取合适的内容。例如，一位教师教学《父母亲的爱》，事先准备了两首视频歌曲：《烛光里的妈妈》和《母亲》，出乎教师意料的是第一首歌曲播放的效果远远不及第二首。教师通过冷静思考发现了问题的症结所在：《烛光里的妈妈》是20世纪80年代的歌曲，学生没有听过，歌曲所表达的内涵对于尚未经历目睹母亲因操劳而衰老的中小学生来说是很难理解的，效果大打折扣也就在情理之中了。由此可见，不同的信息内容其效果对学生影响是不一样的。其二，要恰当把握时机。好钢要用在刀刃上。信息技术手段只有用在合适的地方、恰当的时段才能最大程度地发挥它的效力。例如，当教师无论怎样启发诱导学生都无法感悟文意时，使用信息技术资源能收到事半功倍之效。一个教师教《圆明园的毁灭》一文时，为让学生深刻领悟圆明园不可估量的价值和损失，通过提问启发学生想象却收效不大。当借助信息技术手段展示圆明园昔日美轮美奂的画面和令人眼花缭乱的奇珍异宝时，学生发出了一声声的惊叹，再经与圆明园毁灭后的断壁残垣对比，学生在唏嘘中有了深刻感受，这一教学难点便不攻自破了。

必须指出，信息技术这一现代化教学手段是把双刃剑，使用不当会给学生带来一定的虚幻感，拉远与真实生活的距离。例如，有的课件脱离文本内容实际，仅仅发挥电子挂图和电子板书的作用，反而让学生疏于阅读精美的教材；不仅课件制作要花费教师大量的时间，设备使用也会造成教学成本的提高、教学资源的浪费；过多的课件演示还会让教师手忙脚乱，顾不上对学生学习状态的及时反馈；等等。教学内容决定教学形式。使用信息技术这一教学资源，一定要从学生学习实际出发，从语文教材实际出发，不可滥用，要用在非用不可之时、非用不可之处。

第二节　语文教材

建设与新课程理念相适应的科学语文教材体系是建设开放、有序而有活力的语文课程的重要组成部分。建设语文教材，既是语文教材编制专家的事，也是广大语文教师的工作内容。教师要在语文教材建设上充分发挥积极作用，必须掌握有关语文教材建设的理论。

一、语文教材的内涵、构成与功能

（一）语文教材的内涵

从课程论的角度看，教材是课程标准下制定的课程内容在教学活动中转化的产物，它源于实质性的科学、文化、艺术、生活的各个领域，并以计划的形式表现出来；它涵盖了学生在教师指导下通过学习活动在心理上和实践中主动地掌握普通教育和专业教养的物质对象和观念对象。①

从教学论的视角看，教材的内涵主要从三个方面体现出来：②

第一，为使学生形成特定的知识体系，所勾画的事实、概念、法则和理论。

第二，同知识紧密相关的有助于各种能力形成的、系统习得的心理作业与实践作业的各种步骤、方式与技术。

第三，与知识和能力体系紧密相关的奠定世界观基础的并且表现为信念、政治观、世界观和道德观的认识、观念和规范。

语文教材指的是根据语文课程标准或语文教学大纲、语文教学的需要编写或制作的用于教学或与教学有关的丰富多彩的教学资源。“泛指”的语文教材范围广泛，包括社会、家庭、学校中对人的语言文字修养产生影响的一切书面、非书面的材料。“特指”的语文教材是指根据课程标准或教学需要编写，供师生在语文教学中使用的材料，主要包括语文教科书、语文教学参考书、语文学习指导书、语文练习册、语文音像教材、教学软件、语文活动教材、教学挂图、幻灯片等。“专指”的语文教材就是指语文教科书，即课本。

语文教科书在语文教材中占据核心地位，因此，语文课程与教学改革的一项重要任务就是确立新的语文教材编制的理念与原则，并加以实施，以

① 陈旭远：《新课程推进中的问题与反思》，首都师范大学出版社2004年版，第67页。

② 钟启泉等：《为了中华民族的复兴，为了每位学生的发展》，华东师范大学出版社2001年版，第187页。

利于编写文质兼美、体例创新、内容丰富的语文教科书，并顺利实现“知识与能力”“过程与方法”“情感态度价值观”三维目标，全面提升学生的语文素养，优化教学过程，提高语文教学的效率和质量。

（二）语文教材的构成要素

语文教材的内容是依据语文课程标准所规定的课程内容、语文教育的特点和要求、教师的教学需要、学生身心发展水平以及语文发展的规律来确定的。语文教材是由四个互相联系的内容要素构成，它们是：范文系统、知识系统、作业系统、助读系统。

1.范文系统

范文即课文，是语文教材的主体内容，具有独立的系统性，是区别于其他学科教材的标志。其他学科的教材，多以知识系统为主，辅之以作业系统，作为学习知识、培养能力、发展思维、开阔视野、涵养道德情操、建构文化的凭借。范文系统是语文教材的一大特色，它在语文教材中的地位举足轻重，其作用是多元化的。

首先，范文是语文教学的凭借和示例。范文是语文教学的主体，包含了听说读写等语文能力发展的基本规律、方法和技巧。文质兼美的范文在立意取材、遣词用句、布局谋篇、语法修辞等方面是学习文本的典范，内容涵盖了自然美、社会美、科学美、艺术美等诸多方面，大量阅读优秀范文，有利于学生智力开发，思维拓展，情感陶冶；有利于学生感性认识向理性认识的发展；有利于学生从语文初级知识技能向语文高级知识技能和专业知识技能的发展；有利于学生正确理解和运用语言文字的基本规律，提高听说读写的能力。

其次，范文系统是提高语文能力、积累语感、培养反思批判精神的桥梁。优秀范文不仅包含丰富的语文知识，而且承担着提高语文能力的重任。范文是学生从语文感性认知过渡到语文实践能力的中介，起着桥梁的作用。阅读古今中外的名家名篇和各种文体的经典范文。有利于学生汲取丰富的营养，提高语文素养。阅读与写作紧密联系，范文中包含了写作的基本规律和高超的写作技巧与方法，在教学过程中，学生能够从范文学习中循序渐进地提高写作能力。在语文学习训练中，学生进行多边的交流与对话，积累语言素材，培养语感，有利于学生正确地理解和运用祖国语文。在合作讨论和质疑问难的过程中，培养学生的问题意识，变被动接受为主动学习，鼓励学生创造性思维，具备开放的视野和探究的精神。总之，学习范文有利于学生反思性学习和教师反思性教学。

再次，范文系统有利于实施各种隐性教育。优秀范文承载了本民族和世界其他民族的历史传统、人生体验、民族精神、人文道德等知识和文化的养料，有利于"弘扬和培养民族精神，使学生受到优秀文化的熏陶，塑造热爱祖国和中华文明、献身人类进步事业的精神品格，形成健康美好的情感和奋发向上的人生态度"。这些都是隐性教育的良好素材。在教学过程中，隐性的教育目标具有弥散性、普遍性、持久性、积极性的特征，是预期性和非预期性的统合，具有潜移默化的特点。范文中包含了丰富的情感、态度、价值观的内容，因此，学习范文有利于学生认识自然、认识社会、认识自我、规划人生，实现隐性教育目标，促进学生的全面发展。

2.知识系统

语文知识系统是指语文教材所提供的语文基础知识系统。它包括四个方面：听说读写知识、汉语知识、文体知识和文学知识。在语文教学中，学生学习语文基础知识的根本目的是运用知识指导实践，使学生形成听说读写的能力，提高语文素养。因此，编入语文教材的知识必须密切结合语文运用的实践，有利于学生正确理解和运用祖国的语言文字。编写语文教材时对语文知识的处理应遵循三个原则：①规范性原则。语文知识系统非常庞杂，琳琅满目，要选择语言实践中成熟的、规范性的语文知识，不规范的语文知识应坚决摒弃，以消除语文知识中的垃圾，使学生掌握和运用规范的语文知识，提高语文素养。语文知识还要处理好规范性和开放性的关系，及时吸收对学生持续发展有帮助的成熟的现代语文知识，以打破语文知识系统的封闭性。②选择性原则。语文知识是动态发展的，因此，语文知识系统的组成要素的变化会影响语文知识系统的整体功能。编写语文教材应精选语文基础知识，以形成系统完整、逻辑严密、功能齐全的语文知识系统，但对其系统性、完整性的理解，又不应该统得过死，要根据学生的学习需求和教材编写的目的、要求，保持一定的灵活性和开放性。③实用性原则。编入语文教材的知识应该遵循精要、好懂、有用的原则，能很好地结合范文，联系实际，具有多样性、逻辑性和实用性，以利于学生学习、应用，也有利于教师进行学习方法指导。

3.作业系统

语文作业系统也叫语文实践活动系统或训练系统，是指教材为帮助学生复习巩固知识，顺利实现知能转化，提高语文素养，依据语文课程与教学目标，有组织、有计划、有针对性设计的各种思考与训练的内容体系。它有利于教师检测教学效果、调控教学目标，也有利于学生自测学习效果、调整学习目标、监控与反思学习过程。因此，作业系统要适应不同学生的学习需求和学习风格，要有利于教师进行方法的点拨，有利于知识与能力、过程与方法、情感态度价值观三个维度目标的顺利实现。

作业系统从语言表达上分为口头作业和书面作业两种形式。从学习方式上分为记忆性作业、理解性作业、应用性作业和开放性作业。当代语文教材中应加大应用性和开放性作业的数量，强调多元理解、多元解答、加强主观性，而不追求“惟一”答案。

语文教材作业系统设计首先应考虑基础性。作业系统能体现与单元或课文有关的语文基础知识、基本能力和基本方法的应用。起到记忆、练习、巩固、理解与思考的作用；其次应注重序列性。作业安排要有计划，有序列，循序渐进，螺旋上升。语文知识与能力、情感态度价值观的内容在作业系统中要前后勾连，分层推进，整体优化。再次要突出开放性和启发性。语文作业设计要有开放的视野，紧密联系科学发展的前沿，联系社会生活和学生自身的生活实践，多角度建构语文知识与能力，多元化理解与思考问题，能够使学生有所启迪，有所发展，培养学生批判性反思意识和独立自主学习的能力。

4.助读系统

助读系统是指为帮助学生阅读课文，培养和提高学生的自读能力而设计的一系列材料。按照内容分，助读系统分为五类：①注释类，包括注释、作者简介、选文出处，课文背景介绍等；②提示类，包括单元提示、预习提示、助读提示等;③评点类,包括旁批、总批、题解等;④目标类,包括学习重点、难点、教材分配表等;⑤图像类,包括插图、图表、多媒体课件等。

助读系统对学生的语文学习发挥着重要作用。按照奥苏伯尔的先行组织者原理,助读系统为学生的学习做好了铺垫,从而在一定程度上减低了学习的难度,有利于学生自主阅读范文。其实其作用还有许多,概括起来包括三个方面:一是辅助阅读。助读系统为教师教学设计和实施提供了帮助,特别是为学生学习和阅读文本提供了多方位的支持。学生开展自主学习、合作学习、探究学习,使学生的学习能力、学习水平不断提升。二是有利于培养学生的自学能力,养成自学习惯,激发学生的学习兴趣。三是助读系统不仅包含了丰富的知识,还指明了课文的重点、难点、疑点和阅读文本的方法等,体现了科研、教研的新成果和先进的教学理念,成为建构学生认知结构的重要成分。

(三)语文教材的功能

语文教材的功能指其在语文教学过程中起到的作用和效能。施瓦布认为课程由学习者、教师、教材与环境四要素构成[①],就语文学科来说,教学资源的核心成分是语文教材,它是课程内容的物化形式,是课程评估的重要参照,也是语文教学过程中的重要因素,是教师教与学生学的凭借,它具有语料积累、语感培养、语言示范功能;扩展知识、提高能力、开发智力功能;涵养德性、陶冶情感、完善人格功能。

1.语料积累、语感培养、语言示范功能

积累语言材料是提高语文素养的必由之路。积累丰富的语言材料可以培养语感,促进学生在学习语言材料时进行深切的体验与感悟,能有效地承传文化,认识语文现象,把握语文规律,生成新的话语,丰富语文知识,发展学生识字与写字、阅读、写作、口语交际以及语文综合性实践活动能力,顺利实现知识与能力、过程与方法、情感态度价值观三个维度的目标,提高学生的思维能力和思想文化修养。

荀子在《劝学》中说:“不积跬步,无以至千里;不积小流,无以成江海”,

① 张华:《课程与教学论》,上海教育出版社2003年版,第230页。

他强调了积累的重要性。宋代朱熹说:“学者观书,读得正文,记得注解,成诵精熟。”(《学规类编》)就是要求读书人注意积累语言材料。中国传统的语文教育一直强调诵读教学,追求“熟读精思”,因为这对积累语文材料很有效,并能为以后写作打下坚实的基础。

《全日制义务教育语文课程标准(2011年版)》在“课程的基本理念”中要求“丰富的语言积累”,在“教学建议”中要求注重语言的积累、感悟与运用,这些要求必须通过语文教材才能顺利地得以实现。而且在“附录”中提出了“关于优秀诗文背诵推荐篇目的建议”,均能体现语文教材的语言材料积累的功能,在教材编写建议中提出语文教材“要注重继承与弘扬中华民族优秀文化”,“选文要具有典范性,文质兼美,富有文化内涵和时代气息,题材、体裁、风格丰富多样、难易适度,适合学生学习”。要便于学生有效地积累语言材料。

在积累语言材料的过程中要注意语文教材内容的广博性,做到广泛地开发利用语文教材资料;要在积累语言材料的过程中应用语言材料,培养学生高效地搜集、处理信息的能力、语感能力、记忆能力、思维能力、想象能力。借助语文教材积累语言材料要根据教学目标有的放矢,确定目标方向,有意识地积累;积累语言材料的过程中要培养持之以恒的态度,方法应该多种多样,如分类记录法、专题摘抄法、组合抄录法等。

语文教材具有语感培养的功能。所谓语感即语言感受能力。叶圣陶说:“不了解一个字一个词的意义和情味,单靠翻检字典辞典是不够的,必须在日常生活中随时留意得到真实的经验,对于语言文字才会有正确丰富的了解力。”[①]工具性和人文性的统一是语文课程的基本特点,应该十分重视语文教材培养学生语感的工具性作用。《全日制义务教育语文课程标准(2011年版)》在“课程的基本理念”中指出要“丰富语言积累,培养语感,发展思维”,“在教学中尤其要重视培养良好的语感和整体把握的能力”。在“课程目标”中强调“具有独立阅读的能力,注重情感体验,有较丰富的积累,形成良好的语感”。《普通高中语文课程标准(2017年版)》在“课程目标”中强调“具有良好的现代汉语语感,努力提高对古诗文语言的感受力”。实现培养学生良好的语感能力目标的重要途径之一,便是借助于语文教材。

① 叶圣陶:《叶圣陶语文教育论集》,教育科学出版社1980年版,第267页。

语文教材文质兼美，具有丰富的文化和深邃的思想，学生学习语文教材时，能充分感悟到知识的逻辑性、语言的艺术性、情感的丰富性、文化的多元性。刘勰在《文心雕龙》中说："操千曲而后晓声，观千剑而后识器。"学生通过学习语文教材在语言实践中能够培养良好的语感能力。

语文教材的语言示范功能是指语文教材的范文系统、作业系统、知识系统等具备学生学习语言的范例功能，包括课文内容、语言形式、训练活动等的示范功能。语文教材选取古今中外的典范作品作为教材的主体，它们对学生学习语言具有导向性、示范性、训练性。通过规范的语文训练，使学生高效地学习语文知识，汲取语言文化，历练语文能力；通过语文教材作业系统的训练，学生有层次、循序渐进地学习语言，将范文和知识系统的示范功能与训练结合，使学生驾轻就熟地掌握和运用语言。语文教材的示范功能具有基础性，选文要难易适中，教学要求切合实际，训练要恰到好处，作业要有利于语文能力的形成。总之，语文教材应是表达思想、运用语言和训练能力的范例。

2.扩展知识、提高能力、开发智力功能

语文教材具有扩展知识的功能。学生学习知识包括直接经验的学习和间接经验的学习，而间接经验的学习是学生获取知识的主要途径。语文教材包含了丰富的听说读写知识、汉语知识、文体知识、文学知识和异彩纷呈的思想文化，而且涵盖了社会和自然领域的百科知识，学生学习语文教材时，获取了大量知识，开阔了视野，为语文素养的全面提高打下厚重的基础。

叶圣陶在论述语文教材的功能时曾说："国文教学的目标，在养成阅读书籍的习惯，培植欣赏文学的能力，训练写作文字的技能。这些事不能凭空着手，都得有所凭借。凭借什么？这就是课本或选文，有了课本或选文，然后养成、培植、训练的工作得以着手。"[①]这段话阐明了语文教材具有发展学生语文能力的功能，包括培养学生运用语文教材搜集和处理信息的能力，学会对教材中的信息进行识别、筛选、接受、贮存、加工、应用的能力，并使学生逐步发展，具备可持续发展的信息素养。借助语文教材可以培养学生的语感能力。通过学习语文教材和运用语文教材学这两种学习方式的融合，学生可以获得对语言文字的情感体验并对语文教材中的语言文字进

① 叶圣陶：《叶圣陶语文教育论集》，教育科学出版社1980年版，第19页。

行审美,获得审美感受,发展语感能力。运用语文教材可以发展学生的语文思维能力,正确高效地使用教材可以培养学生的形象思维、抽象思维、逻辑思维、集中思维、发散思维、直觉思维、创造思维的能力,促进学生各种思维能力得到和谐发展。

语文教材中包含了识字与写字、阅读、写作、口语交际,语文综合性学习五个领域的内容,因此它有利于发展学生识字写字能力、阅读能力、写作能力、口语交际能力和语文综合性实践活动的能力。语文教材具有人文性、文化性、文学性、艺术性等,它可以培养学生的审美能力与研究能力,使语文教材的学习成为审美鉴赏和积极主动的探索过程,有利于培养学生的创新精神和实践能力。语文教材蕴含着丰富的智力因素和非智力因素,本身就是可以进行多元解读和意义建构的文本,具有开发师生智力潜能的功能。

语文教材的范文系统类型多样,内蕴丰富,兼具知识性、文化性、情感性、典范性的特点,体现语文课程的目标和内容,有利于教师和学生在语文教学活动过程中开展民主平等的多元对话与交往,达到作者、编者、教师、学生情感的共鸣,有利于以文本为基础,建构知识的个人意义与多元理解,开发与启迪教师、学生等多方面的智慧,提高师生的思维品质。思维力是智力的核心,凭借语文教材可以优化教师和学生思维力,提高思维的敏锐性、深刻性、跳跃性、丰富性、灵活性、创造性。培养学生细致的洞察力,拓展学生的想象力和联想力。语文教材助读系统具有导向性、针对性、辅助性、知识性的特点,既概括课文的内容和特点、作者的写作思路、文本的结构,又点拨了阅读方法,有利于学生思维与联想,充分体现了学习过程与方法的指导。知识系统显现了语文教材的丰富性,知识的系统性、逻辑性,体现了知识的多元融合与交叉。它包括了字、词、句、篇、语、修、逻、文,同时也包括了人类的生活经验。知识是智力的基础,智力发展又反过来促进知识的获取与更新,知识的获取与智力的发展是相辅相成、相互促进、相得益彰的关系。作业系统促进了知识积累与巩固,加速知识向能力的转化,体现了学以致用、实践创新的功能,使学生在语文实践的同时,发展智力,培养了学生的创新能力,是学生智力发展的关键环节。

此外,在学习语文教材的过程中还有利于提高学生获取信息和处理信息的能力、系统认识事物的能力、合作交流与解决问题的能力、处理人际关系的能力、协调人与资源关系的能力、运用现代技术的能力、创造文化的能力和探究百科知识的能力等。

3.涵养德性、陶冶情感、完善人格功能

《全日制义务教育课程标准(2011年版)》指出:“培养学生高尚的道德情操和健康的审美情趣,形成正确的价值观和积极的人生态度,是语文教学的重要内容,不应把它们当作外在的附加任务。应该注重熏陶感染,潜移默化,把这些内容贯穿于日常的教学过程之中。”语文教材中的选文文质兼美,不仅能使学生获得知识、培养能力、开发智力,而且在学习教材的过程中获得丰富的精神营养,健全学生的个性,培养学生完美的人格,使学生获得强烈的情感体验,形成正确的世界观、人生观、价值观,树立远大的人生理想、坚定的信念和道德意识,以及民主法制的观念。

在语文教材学习过程中,情感态度价值观的培养应注重以下五个方面:①培养热爱祖国语文的感情,树立学习语文的自信心,养成自主探究、独立思考、实践运用、自我反思、交际互动等语文学习的良好习惯。②认识中华文化的丰厚博大,增进民族使命感和社会责任感,培养爱国主义感情,培养良好的思想道德品质,发展健康个性,形成健全人格。③关注当代文化生活,尊重多样文化,吸取人类优秀文化的精华,参与文化的传播与交流,树立正确的世界观、人生观和价值观,提高文化品位。④培养科学态度,在发展语言能力的同时,发展思维能力,养成实事求是、崇尚真知的科学态度。⑤培养高尚的审美情趣,认识文学作品的丰富性和复杂性,欣赏不同文化背景下的文学作品,注重审美体验,发展想象力和形象思维能力,陶冶性情,丰富心灵。[①]

《普通高中语文课程标准(2017年版)》在“课程的基本理念”中强调“注重语文应用、审美与探究能力的培养,促进学生均衡有个性地发展”。“审美教育有助于促进人的知、情、意全面发展。文学艺术的鉴赏和创作是重要的审美活动,科学技术的创造发明以及社会生活的许多方面也都贯串着审美追求。未来社会更崇尚对美的发现、追求和创造。语文具有重要的审美教育功能,高中语文课程应关注学生情感的发展,让学生受到美的熏陶,培

① 苏立康:《中学语文教学研究》,中央广播电视大学出版社2005年版,第44页。

养自觉的审美意识和高尚的审美情趣,培养审美感知和审美创造的能力。”在必修课程中设计了“阅读与鉴赏”的学习目标,在“课程目标”中注重“感受、鉴赏”,要求“阅读优秀作品,品味语言,感受其思想、艺术魅力,发展想象力和审美力”。“感受艺术和科学中的美,提升审美境界。通过阅读和鉴赏,深化热爱祖国语文的感情,体会中华文化的博大精深、源远流长,陶冶性情,追求高尚情趣,提高道德修养。”

语文教材中的文章蕴含着作者的审美感受、审美鉴赏和审美创造,具备丰富的自然美、社会美、人文美、科学美,极具审美鉴赏功能,有利于学生获得美的感性认识,构建审美意识,发展审美能力,能更好地培养学生的想象能力、鉴赏能力、反思能力、批判能力。学生通过对教材的朗读、品味、领悟、可以培养和提高自己的审美鉴赏能力和审美实践能力。因此,应充分开发和利用语文教材资源。语文审美鉴赏应关注学生情感的丰富和发展,塑造学生美好的心灵,培养学生自觉的审美意识和高尚的审美情趣,以及审美感知和审美创造的能力。

语文教学是知、情、意、行的和谐统一,文以载道,文以传情,塑造和完善人格是语文教育的历史使命。因此,必须凭借语文教材加强思想感情、道德意志的培养和精神的陶冶。语文教材承载着民族文化和民族精神,它对学生政治品质、思想品质、道德品质以及情感意志、人格等个性心理品质的发展起到熏陶感染、潜移默化的作用。语文教师应该凭借语文教材“基于完美人格,为了完美人格,在完美人格中”塑造和锤炼学生的优秀品质,以促进学生的“自我实现”。①

二、语文教材编制的理念、原则与程序

(一)语文教材编制的理念

1.新课程语文教材编制的转型

传统教材编写上的优点是:注意由浅入深、循序渐进。但考察我国教材

① 参阅:张华:《课程与教学论》,上海教育出版社2003年版,第144—145页。

沿革，可以发现，传统的语文教材，更多的是注重知识的呈现，注重用教材反映相应学科的知识系统，教材设计多考虑知识的内在逻辑顺序。而新课程突出强调以学生的发展为本，倡导一种新型的自主、合作、探究的学习方式。因此，以知识呈现为设计主旨、与讲授式教学和接受式学习相适合的原有教材已经不能适应新课程理念的要求。《基础教育课程改革纲要（试行）》对新教材的设计和呈现提出了新的要求，即以学生的学习为中心，为自主、合作、探究式学习提供支撑。可以说，以事实知识的呈现为中心，还是以学生的学习为中心，成了新旧教材的分水岭。

新语文教材的设计和呈现需要进行根本转变，要走向以学生的学习为中心，促进新的学习方式的产生和学生的全面发展。要变“教材”为“学材”，变教师教为学生主动地学，主动地去探究世界和建构知识，使课堂成为学习者自主认知、合作探究、反省思维的场所，还学习给学生，变教师施教为学生主动学习，教材要支撑和促进学生的学习。这样，传统的呈现事实性或信息性知识的教材、为教服务的教材就应该转变为一种为学服务的教材。教材的设计与呈现要实现以学习为中心，以支撑学习为目标，就必须遵循学习的规律，以课程标准确定的目标为旨归，对教材的设计和呈现进行重新审视和思考。教师要有效利用新教材，变“教教材”为“用教材教”，深刻理解新教材在设计和呈现上的创新之处。这些创新包括：①充分考虑学生已有的经验和知识，新旧知识相互作用，学生自主地建构知识。②按照认知螺旋上升的规律，不断拓展和深化学习内容。③重视大学科观念、结构和方法。④将知识与问题、任务、活动相结合，培养学生发现问题、分析问题、解决问题的能力，调动学生学习的积极性。⑤给教师、学生留下了思维和探索的空间。⑥促进师生、生生之间的合作交流与对话。⑦体现时代精神与最新的研究成果。[①]

2. 语文教材编制的新理念

语文教材是语文课程标准目标和要求的具体体现，也是学生学习最重要的资源。语文教材编写必须体现课程标准的精神，《全日制义务教育语文课程标准（2011年版）》与《普通高中语文课程标准（2017年版）》在教材编

① 钟启泉等：《新课程的理念与创新》，高等教育出版社2003年版，第83—91页。

写建议的设计思想和要求方面基本精神是一致的，充分强调了语文教材编制的规范化、多样化、民族化、现代化、生活化、人文与科学统一，社会发展与学生发展并重的特征，也体现了课程改革中语文教材编制的理念创新：

第一，语文教材编制应具有正确的指导思想和鲜明的时代特色。语文课程承担着为国家培养合格公民、社会主义建设者和接班人的重任。因此，语文教材编写要体现“以马克思主义为指导，坚持面向现代化、面向世界、面向未来”，语文教材必须承传中华民族的优秀文化，吸收世界的先进文化成果，并为促进全体学生的全面发展服务。语文教材应具有开放的意识，充满活力，体现时代的精神和追求，选文应贴近时代生活、学生的个人生活、家庭生活，教材应具有现代意识，“代表中国先进文化的前进方向”，反映时代的新观念，让学生接受新思想，形成符合时代精神的价值观；教材还应及时反映语文研究和其他领域的最新成果，传播新知识、新方法。语文教材要充分注意信息技术为基础的新的学习方式，应重视信息技术的运用。总之，语文教材从内容到形式都应具有时代特征，与国际教材建设接轨。

第二，语文教材编制应符合学生身心特点和语文能力发展规律。语文教材的编写应以促进学生的发展为中心，充分考虑学生发展的不同阶段、已有认知水平、学习的兴趣和生活经验。新教材的编写要能激发学生的学习动机，改变知识的呈现方式，提高对学生的吸引力和挑战性，能引导学生进行观察、猜测、想象、联想、推理、判断、对话、反思，为改进学生学习方式提供保证，充分激发学生的参与意识，使学生获得成功感。新教材要适合学生现有的发展水平，选文应考虑题材、体裁的丰富多样，考虑学生不同的学习兴趣，有利于学生个性化学习。新教材要贴近学生生活，实践性强，大大扩展知识面，增加学习内容的广度，要注意从生活、社会现象和问题情境出发引出学习内容。在编制练习时要特别强调联系生活和社会实践，体现学以致用原则。新教材在组织和安排上可以有多种方式，但应符合学生认知发展和语文能力发展规律，由浅入深，则易到难，螺旋上升。并以学生喜闻乐见的方式呈现内容，以激发学生的学习兴趣，调动学生学习的主动性和积极性。

第三，语文教材应注重培养学生的创新精神和实践能力。语文教材编制应着眼于学生的可持续发展，为学生的发展提供基础知识，有利于形成基本能力，并注重未来发展的可能性。因此，新教材要创设问题情境，使学生自主探究，以激发学生的好奇心、求知欲，达到发展学生个性品质的目的。新教材编写要有利于教与学方式的变革，要合理安排语文综合性实践活动，以利于培养学生的创新精神和实践能力，也有利于“形成学生良好的个性和健全的人格”。首先教学内容组织，应有利于学生自主、合作、探究式学习和语文综合性学习。其次，教材中练习设计要有利于巩固学习成果，有利于学生的思考和探究。再次，多种多样的体验性活动和研究性专题的设计应成为新教材的着力点。

第四，语文教材应具有多元性，开放性和一定的弹性。追求多元性有两层内涵：一是教材编制要打破“一纲一本”，提倡“一纲多本”；二是教材内容丰富多样，涉及自然、社会、艺术、科学、文学等人类生活的全域，既继承发展中华民族的优秀文化，又借鉴吸收外国的优秀文化。语文教材应为师生对教学资源的开发留下足够的空间，有利于学生学会学习，有利于学生展开个性化学习，也应有利于激发教师的创造性，使语文教学充满生命的活力。师生能够充分地开展教学对话，体现“教学即对话”的精神，增强教材的适应性。追求开放性和弹性，注重语文教材打破线性思维，具有非线性特征。具备开放性和弹性可以适应不同地区不同程度的学生个性化学习的需要，师生能创造性地根据教学的实际情况开发利用教材，能根据文本进行多元化解读，师生拥有创造性处理和学习教材的空间，教材还能及时吸收现代科学与人文研究的最新成果，教材内容应拥有许多“节点”，通过这些“节点”学生能触类旁通，与课外学习资源形成有效联系，开阔学生的视野，启迪学生多元思维，丰富学生的知识，增强学生的问题意识。

第五，语文教材应正确处理必修课程与选修课程的关系。语文课程标准强调开设必修课程和选修课程，强调加强语文综合性学习。选修课程教材应体现选择性和提高性；必修课程教材要突出基础性和均衡性，要有利于培养学生良好的思想文化修养和较强的运用语言文字的能力，使学生在语文的应用、审美、探究方面协调地发展。要符合学生个性化学习的需要，有利于学生兴趣特长的发展，致力于让学生有选择地学习，促进学生有个性地发展和综合性实践活动能力的提高。无论必修教材,还是选修教材,都应考虑模块与模块之间的顺序来编制,也应根据实际情况和学生的学习需求灵活实施。

(二)语文教材编制的原则

明确语文教材编制的原则,对于语文教师科学认识语文教材、正确使用语文教材十分必要。

1.语文教材编制的一般性原则

语文教材编制的一般性原则包括:①人文性原则。任何一部语文教材,都必须着眼于21世纪现代人应具备的全面的人文素质的培养,它远比单纯的知识传授和能力培养重要。所谓人文素质,主要是指对21世纪现代人的命运、存在状态、心灵自由与净化、自我人格的实现、审美理想、人际关系的和谐、人与社会以及大自然的和谐等的最大关注和终极关怀。人文素质的提高,人文情怀的培养,都必须要依靠人类先进文化的滋养。作为文化重要组成部分的语文教材,其选文应尽可能全面反映新世纪最新的文化思考。②文学性原则。语文教材的选文应该是古今中外文学作品中的名篇。因为中学生天然地爱好文学,要使学生对语文课感兴趣,首先选文就必须引起他们的兴趣。而正确的是非观、价值观、人生观、世界观、审美观等在文学作品中都有反映。所以,学生的健康心理和健全人格的培养也离不开文学作品。另外,文学作品的语言是十分丰富鲜活的。中学生必备的语法、修辞、逻辑知识,除了通过相关的"教科书内容"去了解外,更要通过文学作品的反复阅读鉴赏去印证、领悟和掌握。③时代性原则。遵循时代性原则,就是要求教材的编写者能够运用唯物史观,敏锐而准确地把握时代精神,在政治思想、历史观念上,站在时代的潮头。遵循时代性原则,还要求教材的编写者能够运用体现时代精神的学术眼光,构建能够反映当代人对人文科学及自然科学的最新研究成果的教材框架。④基础性原则。一套成功的语文教材的选文所承载的育人功能及提高语文素养的功能是繁多而又合情合理的——逐步培养正确的人生观,养成健康的人格,具有一定的审美水平不断提高包括读写能力、写作能力、思维品质、创造能力在内的语文能力。然而在搭建教材的框架时,必须考虑不同年龄阶段的学生在知识、能力和心理方面的差异,从而根据学生的认知水平、心理成熟度特别是接受能力的实际来编排教材。⑤兴趣性原则。这里所说的兴趣性原则,除了一般意义上的选文学生爱看、知识学生爱学、习题学生爱做外,主要是指:第一,选文中说理的文章,尽可能有理趣,抒情的文章尽可能有情趣,文学作品要有较高的审美趣味。第二,所选的某些文艺性作品要有一定的趣味性和幽默性,要有利于培养学生的幽默感。⑥系统性原则。要遵循汉语自身的特性和语文学科本身的逻辑性,发展语文能力,提高思维和价值观念。要把语文学科的教材编选与其他的学科的知识相结合,使语文教学形成一个完整的系统,从而使语文学科的学习更具有系统性和全域性。

2.语文教材编制的特殊性原则

语文教材编制的特殊性原则有:①语文教材编写要以马克思主义为指导,坚持面向现代化,面向世界,面向未来。马克思主义是影响中国现在以及未来的正确的先进的观点,以马克思主义为指导,可以保证语文教材的正确性和先进性。②语文教材应体现时代特点和现代意识,关注人类,关注自然,理解和尊重多样文化,有助于学生树立正确的世界观、人生观、价值观。语文教材通过其特殊的教育性,可以使学生对文化具有更深刻的理解能力,从而让学生可以透过文化的表层理解其更深刻的含义;同时,可以使学生在文学作品中学习如何做人,如何对待周围的人和事物,如何处理不同文化之间的差异性,如何对待我们生活的大自然。语文教材要注重继承与弘扬中华民族优秀文化,有助于增强学生的民族自尊心和爱国主义感情。通过对中国古代优秀文学作品的学习,可以使学生了解中国丰富的古文化,从中汲取丰富的知识,也可以使学生的民族自尊心和爱国主义情感得到提升。③语文教材应符合学生的身心发展特点,适应学生的认知水平,密切联系学生的经验世界和想象世界,有助于激发学生的学习兴趣和创新精神。④语文教材选文要具有典范性,文质兼美,富有文化内涵和时代气息,题材、体裁、风格丰富多样,难易适度,适合学生学习。由于学生的学习任务较为繁重,因此语文教材是他们了解时代意义的一个重要途径。

语文教材的选文对学生思想的影响是很重要的。同时语文教材的选文不能超出学生的承受范围,使学生在学习的过程中不感到晦涩难懂。⑤语文教材应注意引导学生掌握科学的语文学习方法。语文知识、课文注释和练习等应少而精,具有启发性,有利于学生在探究中学会学习。语文教学不适合“填鸭式”,正确的教学方法应该是让学生学会学习,获得学习能力,因而语文教材的编制也不应该重量不重质,一味地用大量的题海来强迫学生学习;而要使学生能在启发中展开语文学习。⑥语文教材内容的安排应避免烦琐化,简化头绪,突出重点,加强整合,注重情感态度、知识能力之间的联系,致力于学生语文素养的整体提高。⑦语文教材呈现的体例和出现方式应灵活多样,避免模式化。注意为学生设计体验性活动和研究性专题,重视运用现代信息技术。⑧语文教材要有开放性和弹性。在合理安排基本课程内容的基础上,给地方、学校和教师留有开发、选择的空间,也为学生留出选择和拓展的空间,以满足不同学生学习和发展的需要。

(三)语文教材编制的程序

语文教材编制的程序主要包括以下六步:

第一步,调查。

深入学生中去,了解学生的兴趣爱好,从而使教材的编制尽可能符合学生的兴趣和需要,能够弥补学生存在的不足,使编制的教材更具有实用性。可以通过对教师的课堂教学的实践情况的掌握,编制出更合理的、更适合课堂教学的教材。可以通过对社会经济政治发展现状的分析,使教材能够与时俱进,符合社会政治经济发展的需要,同时也符合社会精神文明的发展。

第二步,编排。

通过对调查所得资料的整合,由浅入深,由表及里,在充分考虑学生心理成熟度及认知接受能力的基础上合理地安排教材编制顺序,使教材能够既符合实际又能够具有很高的实用价值。

第三步,审定。

当教材编排完成后,应该把已经成型的教材送给有关语文教育专家、教育部的有关专家审定，从而从理论上验证教材的合理性及可行性。

第四步，试用。

教材的编排、审定等工作完成后，可以先选择若干学校或者在一定范围内试用教材，在使用的过程中查看教学效果及学生的使用反映，从实践上来论证教材的可行性及可推广性。在适用过程中还可以及时更正教材的不足之处，在实践中完善新教材，尽可能使教材做到完美无缺，为其进一步的推广打下基础。

第五步，推行。

当教材的一系列编制、审定、试用等工作完成后，确定教材具有真正的可行性、实用性时，就可以将教材在一定范围内推广使用。

第六步，更新。

随着时代的进步，语文教材不可能处于一成不变的状态之中，它应该根据时代的变化随时更新内容，使教材更加适用于社会的需要。在更新的过程中，依然要按照以上的五个步骤，“从学生中来，到学生中去”“从教师中来，到教学中去”“从实践中来，到实践中去”。

总之，在语文教学中，教材处于十分重要的地位，因此在语文教材的编制中，要紧抓原则，扣紧程序，注重教材编制的合理性、实用性和时代性。

三、语文教材使用的原则与程序

语文教材是重要的教学资源，教师和学生不是被动地接收语文教学资源，而是要利用语文教学资源，开发语文教学资源，创造语文教学资源。语文教材的使用具有科学性和艺术性，具有一定的使用原则和使用程序。

（一）语文教材使用的原则

语文教师在使用语文教材时应该遵循如下原则：

1.整体把握，灵活运用

使用语文教材首先要研究它的编辑意图，整体把握整套教材及其各个局部的编辑意图。编写意图体现在编写体系和整体结构中。对任何一项教学内容，都要把它放在编辑体系和整体结构中来确定它的教学目的和教学方法。苏联教育家巴班斯基指出："对任何单个课堂教学的分析和评价，都应该从该课堂教学在教学大纲课程系统中的地位来开头。只有从教学大纲所规定的课程系统中才能确定某一堂课教学的内容、方式、方法的优劣高下。"语文教材的体系是深寓在表面上互不联系的单篇课文或单元组合之中，认识和掌握都有一定的难度，所以整体把握语文教材的编辑体系和结构，是使用语文教材的科学和艺术的关键，是决定教学成败的第一要素。此外，还应该灵活运用教材。语文教材是相对稳定的因素，而教师与学生则是活动着的、变化着的因素。语文教材是大体划一的，而教师与学生是各不相同的。这需要语文教师灵活对待教材，时时引进时代的活水，去适应不同的、变化的教学对象和教学情境。主要方法有：一是历史性的教材中注入新的观点。有些语文教材内容是历史上发生的真人、真事，随着社会的变迁和科学文化的发展，对其认识和评价有了新的观点或吸收科学文化的前沿研究成果，在语文课堂教学中应及时地吸收、借鉴。二是自组单元，显示新意。如把朱自清的《春》、峻青的《海滨仲夏夜》、郁达夫的《故都的秋》、老舍的《济南的冬天》组成"春夏秋冬"单元，大自然的美在不同的季节展现了不同的风姿。三是适当地抽换教材。抽掉一些已经失去生命力的内容，补充一些时代色彩强烈的内容，这样才能保持教材的时代感和鲜活性，不但学生学习起来有积极性，教师也会教得更有劲。

2.熟悉课本，明确重点

要认真研究即将使用的这一册课本的各部分教学内容和教学重点。只有熟悉了整本书，明确了这本书的教学重点和各单元的内容，设计教学才能胸有成竹。此原则主要表现在单元处理艺术和篇章处理艺术上。要特别注意以下几点：一是根据教学单元制订学期教学计划。一般每册课本八个单元，每学期授课时间18周。每两周讲授一单元，共16周。剩余两周机动使用。每单元8—12课时，知识讲授1课时，阅读训练8—9课时，作文训练2—3课时。注意单元之间、各册之间、各学年之间和各学段之间的内在联系。二是处理好讲读课文、自读课文与课外自读课文三者之间的关系。要理清学段、学年、学期教材内容之间的内在联系，找到每一个单元在整个教材体系中的位置,最后确定每个单元的教学内容和教学方法。讲读课文教师要起引导作用,带领学生理解和掌握规律性的知识和能力;课内自读课文教师起指导作用,指出达到目标的方向和途径,让学生自己去走;课外自读课文教师要起监督作用,只提最后目标和原则要求,让学生自己寻找道路,自己去走。讲读课文大都是课程标准规定的基本课文,基本上是教材,集中体现单元教学要求,起着带动其他课文的作用。要采用精讲示范授之以渔的方法教会教懂。课内自读课文是"教材兼学材",要在教师指导下学生在课内自读。教师的指导要紧紧抓住与单元教学要点密切相关的要点,大胆取舍,突出重点。要指导学生把从讲读课文中学到的读书方法在自读课文中加以实践和运用,要充分保证学生阅读的时间和自主性,使学生生动活泼地得到发展。课外自读课文是供学生自学的,目的是通过增加阅读量,在扩大知识面和训练能力方面有不可缺少的作用。三类不同课文在教学时间上也要有不同的分配,一般讲读课文每篇二到三课时,课内自读课文每篇一课时,课外自读课文在课堂上只作布置、指点和必要的检查。三是精心设计篇章处理艺术。篇章处理艺术最能体现教师的综合能力和教学风格。例如说明、议论类的文章要着重用事理去启迪学生,文学作品类的文章要着重用形象去感染学生。教不同作者的文章也要体现不同的特点,例如司马迁的文章是"无韵之离骚",韩愈的文章"出入变化不可纪极",柳宗元的文章"如奇峰异嶂层见叠出",李白诗歌恣肆汪洋,杜诗犹如史诗,鲁迅作品深沉犀利,郭沫若作品气势磅礴,茅盾作品细致入微,巴金作品亲切自然等。教师能够发挥自己的特长,面对不同的学生,对不同的教材采用不同的方法,创造性地完成教学任务,也就显示了自己的教学风格。

3. 坚持工具性和人文性的统一

语文教材本身是文与道的统一,是工具性与人文性的统一。因此,在使用语文教材时注重工具性的同时必须注重人文性。在语文教学中,在使用教材的每一个环节中,都不存在单纯的工具性,也不存在单纯的人文性。正如巢宗祺所说:"我们相信科学与人文的统一,工具性与人文性的统一,可以成为人们的共识,也反映了社会各界对语文教育的共同期望。'工具性和人文性统一'的提法符合当前课程改革的基本理念,也有利于课程目标的展开和实施。"布鲁姆也说过:"事实是应该最清楚的,即认知领域和情感领域是密切交织在一起的。每一种情感行为都有某种类别的认知行为与之相适应;反之,亦然。我们在情感领域和认知领域的划分,是为了方便分析,完全是带有主观任意色彩。"换句话说,语文教学的知识、技能是和在训练这些技能、获得这些知识的过程中所体现出来的思想、态度、人文、情感紧密相连的,也就是说,在语文教学中,在语文教材使用的每个环节中,都不存在单纯的工具性,也不存在单纯的人文性;任何一种技能的训练,任何一种知识的获得,任何一个教学环节的具体实施,都沾染着特定价值观的色彩。但是,在新教材的使用过程中往往容易陷入一个误区:人文性和工具性这对概念在具体的语文教学实践中往往被实体化,也就是说,工具性和人文性都被认为是两类均可实指的客观事物。这就把两者完全割裂开来,是不科学的,这两者应是统一的,无法分割,因此,在语文教材使用中必须坚持工具性和人文性的统一。

(二)语文教材使用的程序

语文教材的使用要讲究科学性和艺术性,按照一定的程序循序渐进地展开,以下我们总结了五个步骤:

1. 把握体系,领会编辑意图

每套教材都有总体设计,每册课本都有结构体系,使用者首先要把它们弄清楚。课本的"编辑大意""编者的话""说明""前言",教学指导书或教学参考书中类似的内容,以及教科书编审者在报刊上发表的文章,都要认真阅读,深刻理解,借以领会教材编辑意图,力求做到:了解一套,熟悉一本,明确一单元,备好一课。

2. 尊重编审,刻苦钻研文本

教材的编审在编制语文教材时一般都是严肃认真、字斟句酌的,使用教材时不要轻易否定,特别是对比较成熟、相对权威的教材,更不能自作主张地随意取舍增删。要"以本为本",刻苦钻研,切忌浮光掠影,浅尝辄止,有的精品甚至要求熟读成诵,倒背如流。

3.完善编排,局部修订篇目

教科书非金科玉律,局部地方出现纰漏在所难免;有了错讹定需修改,以免以讹传讹,误人子弟。根据当前课程改革和教学的实际需要,课文次序可以调整,有的单元可以重组,基本篇目以外的自读课文也可以取舍增删。目前,实施国家、地方、校本课程三级管理,教材的使用具有更大的自主性和灵活性。当然,这样做一定要态度审慎,行之有据,不可草率从事。

4.精选范文,编印补充读物

除了推行校本课程和校本教材外,就是对于正式选用的国家级规划教材,根据本校本班的实际情况,可以增编乡土教材,也可以补充一些充满时代气息、足堪学生效法的文质兼美的时文。

5.悉心探究,总结研讨心得

长期使用教材,对于教材编排的利弊得失,对于课本编辑的错讹疏漏,总会积累一些心得。作为一名语文教师,要善于思考,勤于总结,并把长期探究的心得写成研讨文章,或在教研组内交流,或投语文报刊发表,用以推进语文教材的改革和发展。

思考与练习

1. 语文教学资源有哪些类型和特点?
2. 举例谈谈如何开发和利用语文教学资源。
3. 新课程改革背景下语文教材编制的新理念有哪些?
4. 简要分析语文教材编制和使用的原则与程序有哪些。
5. 试运用所学的语文教材原理分析一套新课程语文实验教材。

第三章　语文教学原则与语文教学方法

前面几章着重探讨语文教学“教什么”的问题，这个问题解决以后就要解决语文教学“怎么教”的问题。语文教学原则和语文教学方法就是与语文教学“怎么教”密切相关的。

第一节　语文教学原则

语文教学原则反映了语文教育规律，是用以指导语文教学实践的基本准则，它是语文教育理论中最基本、最重要的部分，在语文教育理论系统中处于重要地位。

一、语文教育理论界对语文教学原则论述的视角

语文教学原则是语文教学实践中必须遵循的基本要求和准则，它反映语文教学过程中的基本规律，是处理语文教学中各种矛盾的依据。在语文教学中存在着参与教学过程的各个因素之间的本质联系，这种联系呈现出规律性，语文教学原则是人们对这些教学规律的认识、总结、提炼、概括以后制订出来的行为准则，它是从语文教学的全过程中总结出来，又用于指导教学实践的理论成果，是教的准则，也是学的准则。语文教学原则的提炼、研究是为实现教学目的服务的，它建立在语文教学实践之上，建立在人

们对教学规律的认识之上。然而，语文教学实践是丰富的，是发展着的，人们对语文教学规律的认识是有经验背景的。这样，由于语文教学实践的发展，由于人们认识语文教学现象的理论视角不一致，对语文教学原则的论述呈现出差异和冲突，呈现出多样性和复杂性。

在先前的语文教育学科研究的论著中，许多学者都把语文教学的原则作为语文学科教育学的重要问题来论述，他们提出的语文教学原则有多种不同的理论视角。下面对他们提出的语文教学原则的分析，主要是从他们论述语文教学原则的整体倾向而言的。

（一）从我国语文教学历史传统的理论视角出发的论述

我国古代的语文教育以伦理道德为基本教育内容，倡导"文道统一"。"载道"是中国古代对语文课程与教学内容的要求，记诵模仿、整体把握是传统语文教育的教学方法。闫立钦教授主编的《语文教育学引论》提出四项原则：文道统一的原则；听说读写互相促进的原则；语文训练和思维训练相结合的原则；课内外语文学习相结合的原则。[①]这四项原则蕴含着中国语文教学历史传统中"文道统一"和综合性训练的教育精神。

（二）从行为主义心理学的理论视角出发的论述

行为主义心理学主张学习结果是刺激与反应之间的联系而建立的联结；学习过程是有机体在一定条件下因刺激与反应之间的联系而获得新经验的过程。张鸿苓教授主编的《语文教育学》提出了语文教学的五项原则：语文训练和思想教育统一的原则；听、说、读、写教学相互配合、互相促进的原则；语文训练和思维训练相结合的原则；语文基础知识指导语文基本技能训练的原则；课内语文教学与课外语文活动互相促进的原则。[②]在张鸿苓教授提炼语文教学原则中表达着行为主义心理学与语文课程的联系。

（三）从人本主义心理学的理论视角出发的论述

人本主义心理学主张学生是学习的主体，教师是学习的促进者，强调在

① 闫立钦：《语文教育学引论》，高等教育出版社 1997 年版，第 127 页。

② 张鸿苓主编：《语文教育学》，北京师范大学出版社 1993 年版，第 86 页。

教学中挖掘学生的潜能，促进学生个性的发展。彭小明教授在《语文教学专题研究》中提出七项原则：重视工具理性与强调人文内涵相结合的原则；强调教师主导与强调学生主体相结合的原则；遵循学生身心发展规律与遵循语文学习规律相结合的原则；重视智力开发与重视非智力开发相结合的原则；强调学生全面发展与强调个性发展相结合的原则；注意课堂语文学习与注重语文综合实践活动相结合原则；重视培养学生基本素质与强调培养创新能力相结合原则。[①]彭小明教授把人本主义心理学与语文课程联系起来，以学生主体能力和主体人格的发展作为语文教学的出发点，强调在语文教学中相信学生自我发展的需要和潜能，强调根据学生的认知、情感和身心特点来确立语文教学策略、计划、方法、步骤，在语文学习过程中发展学生的个性。这种语文教学原则的倡导，尊重了学生的看法、做法和学生本身，倡导启发学生的自我意识及发展自己的动力。

（四）从认知心理学的理论视角出发的论述

认知心理学主张学生的学习过程是运用已有知识加工由外部环境输入新信息的过程，教学的组织要有助于学生通过知识的学习获得或形成认知结构。李景阳教授主编的《语文教学论》提出语文教学的九项原则：以积累为主的教学原则；读思结合的教学原则；整体把握与局部分析相结合的教学原则；模仿到创造的原则；由放到收的原则；读写结合的原则；切磋琢磨的原则；课内外结合的原则；勤写多练的原则。[②]在李景阳论述的九项语文教学原则中，我们看到他极力主张语文课程要按照学生加工语言文字信息的规律、按照学生认识活动的特点实施教学。

（五）有建构主义理论色彩的语文教学原则的论述

建构主义心理学主张学习的过程就是知识的建构过程，强调学生自主探究和合作学习的教学模式，针对不同学生、不同学习情境安排差异性的学习内容、学习步骤。朱绍禹教授主编的《中学语文课程与教学论》中，提出四项语文教学原则：言语训练与语言教学相互协调的原则；言语形式与

① 彭小明：《语文教学专题研究》，当代中国出版社2002年版，第53页。

② 李景阳编著：《语文教学论》，陕西师范大学出版社2003年版，第214页。

言语内容互为表里的原则;阅读、写作与口语交际相辅相成的原则;学校语文学习与家庭、社会语言学习结为一体的原则。[①]这些原则的提出把建构主义心理学与语文课程联系了起来。

上述这些专家对语文教学原则的论述,是我国语文教育教学实践的理论总结,对指导语文教学实践起到了积极的作用。建立在前人研究成果的基础上,我们应该对语文教学原则的提出、提炼,概括有更清晰的认识。那么我们判断上述语文教学原则是否科学、是否准确的依据是什么?提出、制订语文教学原则的科学依据是什么?这是需要深入研究的问题。

二、语文教学原则制定的依据

(一)依据语文学科的课程目标

语文学科的课程目标是整个语文教学工作的出发点和归宿。语文课程目标,是指语文教学预期达到的目的标准,有了这个目标,全国范围内各地中学语文教学、教学评估、学生学习语文质量的检验才有统一的要求和标准。它决定着语文教学的内容、过程、方式、方法,也决定着语文教学的原则。它是制定语文教学原则的出发点。

《全日制义务教育语文课程标准(2011年版)》中明确提出的语文课程目标是从知识和能力、过程和方法、情感态度和价值观三个维度加以具体展开,改变了单纯从知识技能一个维度制定目标的倾向。在课程教学的要求方面,不仅有明确具体的结果性目标,也提出了一系列过程性目标和体验性目标,以期达到学生在获得知识的同时学会学习,并形成正确的价值观。《普通高中语文课程标准(2017年版)》提出:“学生通过阅读与鉴赏、表达与交流、梳理与探究等语文学习活动,在语言建构与运用、思维发展与提升、审美鉴赏与创造、文化传承与理解几个方面都获得进一步的发展;坚定文化自信,自觉地弘扬社会主义核心价值观,树立积极向上的人生理想,为

① 朱绍禹主编:《中学语文课程与教学论》,高等教育出版社2005年版,第141页。

全面发展和终身发展奠定基础。”[①]具体分为十二方面的课程目标，分别是语言积累与建构、语言表达与交流、语言梳理与整合、增强形象思维能力、发展逻辑思维、提升思维品质、增强对祖国语言文字的美感体验、鉴赏文学作品、美的表达与创造、传承中华文化、理解多样文化、关注参与当代文化。语文课程目标中体现了学生学习方式的变革，把教学过程看成师生交往、共同发展的互动过程，尊重学生个体差异，满足学生不同的发展需要，使每个学生都能得到充分发展。同时，强调重视语文作为母语教育的精神哺育功能，强调德育、美育在语文学科各个教育环节中的渗透。此外，语文学科的教学目标还反映语文学科的特点，反映社会、学校对语文学科的特殊要求。

依据语文课程目标而制订的教学原则，体现了语文学科的特殊性，即与其他学科不同的“个性”。因此，语文教学原则不可能与其他学科的教学原则完全相同。

（二）依据语文学科的基本特点

那么，语文课程的特点是什么呢?《普通高中语文课程标准（2017年版）》开明宗义地指出：“语文课程是一门学习祖国语言文字运用的综合性、实践性课程。工具性与人文性的统一，是语文课程的基本特点。”从这一基本特点出发，我们分析语文课程具有综合性、实践性、人文性、工具性的特点。制订语文教学原则，要从这些特点出发。

（三）依据中学生学习语文的心理特点

学生学习语文的心理特点对整个语文教学都有重要意义。确定教学目的、教学要求、教学内容，选择教学方法，都要考虑到学生学习语文的心理特点，制订语文教学原则也要以它为依据。学生学习语文的心理过程有如下三个特点：

一是自主的积累过程。学生学习语文有着不同的个人兴趣、能力和特长，有选择语文学习内容、学习方式、学习管理的自主性。个性化的学习方

① 中华人民共和国教育部制订：《普通高中语文课程标准（2017年版）》，人民教育出版社2018年版，第1页。

法。要根据学生身心发展的不同阶段,鼓励学生自主阅读,自由表达,激发问题意识,引导他们体验发现问题,解决问题,不断扩展自己的语文积累。将自己的积累用于语言理解与表达。因此,要根据这一特点来制订语文教学的原则。

二是多侧面交织的系统过程。学生语文听、说、读、写活动有着四种不同的过程和状态。但是,它们之间又有共同点,那就是它们都是运用语言的过程。具体地说,听话和阅读都是把外部言语转化为内部言语加以理解和吸收的。说话和写作都是将内部言语转化为外部言语来表达的;听话和说话都是运用"语言"来吸收和表达的,阅读和写作都是运用"文字"来吸收和表达的。因此,语文听、说、读、写的学习活动是相通的,它们之间有着相辅相成、相互促进的关系。语文教学中听、说、读、写相辅相成的原则就是根据学生学习语文这一心理特点制定的。

三是分阶段的发展过程。语文教学中的原则是从不同角度、不同层次提出来的,例如有关语文教学整体的原则与语文教学的局部原则体现了不同阶段的教学要求。

(四)依据语文教学内部各种因素的相互作用

分析语文教学内部各种因素的相互作用是制订语文教学原则的关键。从语文教学内容看,有听、说、读、写诸项,有知识、能力、智力、思想、情感等方面;从语文教学途径看有课内教学与课外教学之分;从听说读写本身看,有内容和形式两个方面。这些方方面面的因素都统一在语文教学中,因而语文教学过程中充满矛盾。根据那些主要的、涉及全局的语文教学关系,制订出处理这些关系的原则,就是语文教学的原则。

(五)依据教育理论和教育技术的发展

随着教育教学实践的发展,教育理论在更宏观层面上形成一些新观点、新理念、新思维。语文教育教学实践一方面为教育理论的研究提供鲜活生动的内容,另一方面,这些教育理论新成果,反过来指导语文教学实践的发展。依据已经出现的教育教学理论提出语文教学的原则,是更具有建设性、创造性的探索。不仅如此，要积极探索信息化环境下的语文教学模式，探索基于网络的语文教学改革，利用具有交互功能的网络学习空间，创设线上线下一体化的混合式学习生态。在信息化环境下，语文教学需要进一步探索教学原则、教学方法、教学流程、资源支持、教学支持、学习评估等影响学生学习的各种要素所发生的新变化。

三、语文教学的共性原则

语文教育学科理论界对语文教学原则有多种表述，促进了教学理论的发展，促进了语文教学学科理论的发展。在发展中，有的语文教学原则随着语文教学实践的发展被淡化了，比如20世纪80年代提出的语文教学读写相结合的原则，随着80年代后期语文教学大纲明确提出培养学生听话、说话能力，并把听说的能力和读写的能力培养并列，这样，语文教学读写相结合的原则由于落后于教育理念的发展而被修改。有的语文教学论著中强调语文教学教师主导与学生主体相合的原则，这是中学各科教学都要遵循的教学原则，是具有共性的教学原则。语文教学作为学科教学的一种，它的教学原则不仅具有各学科教学原则的共性，而且也具有语文学科特殊的个性特征。从这个意义上说，我们要把语文教学的原则论述清晰，既要分析学科教学的共性原则，也要分析语文学科教学的个性原则，从而才能够从整体上认识语文教学原则的全貌。

（一）科学性和思想性相统一的原则

科学性和思想性相统一的原则，是指在教学过程中学生掌握科学知识的同时，对学生进行社会主义品德、辩证唯物主义思想和心理健康等方面的教育，这是中学各科教学中都必须坚持的第一条教学原则。

科学性是指教学内容必须是正确的、科学的，教学方法、教学组织形式也应该是科学的。思想性是指结合教学内容适切地对学生进行思想教育。在我国的学校教育中，教学的科学性与思想性是一致的。科学性是思想性的基础和前提，思想性又是科学性的灵魂，是提高科学性的保证。这条教学原则反映了我国教育方针的基本精神，我们应该培养德、智、体、美等全面发展，具有独立个性的，适应社会主义现代化建设的“四有”公民，这样的公民必须德才兼备，不仅学识渊博，有开拓创新精神，还要有为人民服务的高尚品德。

在语文教学中的科学性与思想性的统一，表现为语文学科教育工具性与人文性的统一。语文课程的工具性着眼于语文课程培养学生语文运用能力的实用功能，着眼于课程的实践性特点；人文性着眼于语文课程对学生思想感情熏陶感染的文化功能，着眼于课程所具有的人文学科的特点。语文课程工具性与人文性的统一，反映了社会各界对语文教育的共同期望，有利于课程目标的展开和实施。

（二）理论联系实际的原则

理论联系实际原则，是指教学必须坚持理论与实际的结合与统一，用理论分析实际，用实际验证理论，使学生从理论和实际的结合中理解和掌握知识，培养学生运用知识解决实际问题的能力。这是中学各科教学都必须坚持的第二条教学原则。

教学中理论联系实际原则是教学过程中学生活动特点的反映。中学生学习的对象，主要是书本知识，是间接经验，是前人长期实践经验的总结，是人类的已知真理。学生在有限的时间内学习，不可能事必躬亲，而是在教师的指导下，迅速掌握课本中的基础理论，理解和接受前人的认识成果。这就要求教师联系学生的知识基础和思想状况，联系实践活动，用丰富的实际事例去论证书本知识，去引导学生理解书本知识，使学生从具体到抽象，领会科学知识，用于实践。

在语文教学中理论联系实际，首先要加强语文基本知识、语文学科基本结构、语文知识相互关系的教学。其次是根据学科教育内容、任务及学生特点采取有效的方式联系实际，采用直观式的教学手段，比如，联系现实生活中的语文事例、语文现象，组织学生认识语文现象，练习语文技能，实践语文知识与能力。教学中理论联系实际的目的，主要是使学生更好地掌握这些基础知识并形成基本能力。

(三)传授知识与发展能力相统一的原则

传授知识与发展能力相统一的原则,是指在教学过程中要传授系统的知识,同时培养学生多方面的能力,知识与能力的发展相得益彰,共同提高。这是中学各科教学都必须坚持的第三条原则。

这一原则反映的是知识与能力的高度联系性。在教学过程中,学生掌握知识和发展能力是密切联系、相互促进的。一方面,掌握知识是发展能力的基础,无知便无能。另一方面,能力发展是掌握知识的必要条件,能力发展水平制约着学生掌握知识的速度和质量。传授知识与发展能力二者互为重要条件,必须同时并进,不可轻此重彼。

在语文教学中,语文技能的形成和发展必须有一定的语文知识作基础。侧重传授语文知识的教学单元,不能忽视培养学生的语文能力。侧重语文技能训练的教学单元,不能忽视传授一定的语文知识。那么,在语文教学中必须统筹安排语文知识教育和语文能力教育,使知识迁移成技能。

(四)教师主导作用和学生主体性相结合原则

教师主导作用和学生主体性相结合原则是指在教学过程中,教师既要充分发挥主导作用,同时要善于调动学生学习的自觉性、主动性和积极性,使教学过程成为师生双方密切配合、协调共进的过程。这是中学各科教学中都必须坚持的第四条原则。

教师主导作用和学生主体性相结合原则,是师生各自的地位和特点决定的,是教与学相互影响的反映。教师的主导作用是指教师在教学过程中处于领导者、组织者和教育者的地位,把握教学方向和教学目标,控制教学进程,指导学生学习。学生的主体性主要表现为学习动机、学习兴趣、学习态度和已有知识经验的质量。学生在教师的引导下主动地学习,积极地感知、思维和活动,自觉地理解、消化知识。教学是教师的教和学生的学的双边活动。教学任务的完成,首先取决于教师。教是为学而存在的,教师要使自己教的东西化为学生的东西,必须善于启发诱导,把学生学习的主动性调动起来。学生的学,是在教师的指导下进行的。教师主导作用是以

“学”为落脚点，学是学生自己独立自主的活动，教师无法包办代替。

在语文课程教学中，教师的主导作用与学生的主体地位是统一的。语文教师是语文学习活动的组织者和引导者，学生是学习和发展的主体，学生是语文学习的主人。语文课程应该积极倡导自主、合作、探究的学习方式，促进学生在老师指导下主动地富有个性的学习，满足不同学生的学习需要，构建开放而有活力的语文教学。

（五）统一要求与因材施教相结合原则

统一要求和因材施教相结合的原则是指教学要面向全体学生，坚持培养的质量规格，保证课程标准要求的实现，又要根据学生的实际情况，有的放矢地进行个别教学，使每个学生的个性得到充分发展。这是中学各科教学都必须坚持的第五条原则。

统一要求与因材施教相结合原则反映了教育目的要求。我国中学教育目的要求每个学生德、智、体、美等方面全面发展并具有一定个性，这是学生社会化和个性化的统一。这样，必须要求教学中既要有统一的培养规格，使全体同学都达到课程标准的要求，又要根据学生的兴趣、特长、爱好因材施教，发展个性特长。

统一要求和因材施教相结合原则也是教学要适应并促进中学生身心发展规律的反映。学生的身心发展在一定年龄阶段具有一定的稳定性和普遍性，这是统一要求的基础。但是，同一年级、班级的中学生，身心发展有着个体的差异，所以要求教学因材施教。因此，教学原则要充分考虑处于一定发展阶段的中学生身心特点的规律，既要充分发挥班级授课制的优点，同时又以个别施教作为集体教学的必要和必然的补充，把集体教学与个别教学结合起来。

语文课程标准提出语文课程“必须面向全体学生，使学生获得基本的语文素养”。同时强调必须根据学生身心发展和语文学习的特点，关注学生个性差异和不同的学习需求。

上述这五个方面的教学原则，是中学各科目教学共性的教学原则，在一些语文教育学理论著作中，有论者把这些共性的原则作为语文教学的原则予以论述，这并不错误，只是没有理得清晰。

四、语文教学的个性原则

在明确了语文教学与其他学科教学共性的教学原则之后，我们还要考察语文教学的个性原则。正是这些个性的教学原则，使得语文教学与其他学科教学有明确的区别。

语文教学的个性原则是建立在语文学科本身特征的基础之上的。工具性与人文性的统一，是语文课程的基本特点，这一基本特点在语文教学中表现为三个方面，一是语文学科的审美性。无论从培养目标还是从课程内容考察，审美教育都是语文学科教育的题中应有之义。二是语文学科的社会应用性。语言的运用随时随处，语文的学习也是随时随处，运用与学习、学习与运用是紧密地联系在一起，螺旋式地发展着学生的语文素养。三是语文学科的基础性。这种基础性一方面是学生学语文是学习其他学科课程的基础，另一方面可以理解为学生社会化的基础。这些语文课程的特点涉及语文教育的民族性、语文教育的综合性、学生学习语文的实践性等问题。我们对语文教学个性原则的认识就是建立在这些特征上的。需要进一步指出的是，对中学各学科共性的教学原则的认识，都可以转化为对语文学科教学原则的认识，都可以转化为加深对语文教学性质、过程的理解。

（一）语文教学的美育原则

《普通高中语文课程标准（2017年版）》从语文学科的性质、特点出发，鲜明地提出培养学生具有正确的价值观、高尚的审美情趣和审美品位，这样，国家就从语文教学“基本法”中规定了语文教学的美育任务，这一任务是区别于中学其他科目教学任务的。

《普通高中语文课程标准（2017年版）》在课程性质中提出：“语文课程应引导学生在真实的语言运用情境中，通过自主的语言实践活动，积累言语经验，把握祖国语言文字的特点和运用规律，加深对祖国语言文字的理解与热爱，培养运用祖国语言文字的能力；同时，发展思辨能力，提升思维品质，培育社会主义核心价值观，培养高尚的审美情趣，积累丰厚的文化底蕴，理解文化多样性。”高中语文课程应在义务教育的基础上，进一步提高学生的语文素养，形成良好的思想道德修养和科学人文修养，为终身学习和全面而有个性的发展奠定基础。同时，《普通高中语文课程标准(2017年版)》在语文课程的学科核心素养中，强调学生在语文学习中，通过审美体验、评价等活动形成正确的审美意识、健康向上的审美情趣与鉴赏品位，并在此过程中逐步掌握表现美创造美的方法。在课程目标中强调学生感受和体验文学作品的语言、形象和情感之美，能欣赏、鉴别和评价不同时代、不同风格的作品，具有正确的价值观、高尚的审美情趣和审美品位。能运用祖国语言文字表达自己的审美体验，表达自己的情感、态度和观念，讲究语言文字表达的效果及美感，表现和创造自己心中的美好形象。

语文具有重要的审美教育功能，语文课程应关注学生情感的发展，让学生受到美的熏陶、培养自觉的审美意识和高尚的审美情趣，培养审美感知和审美创造的能力。可以看出，在语文课程标准中多次提出培养学生的审美能力、审美素养、审美意识、审美情趣，这就形成了语文学科教育目标突出的特点，也就是说，语文审美教育的目标、功用始终贯穿于语文课程体系之中。语文课程标准与其他学科课程标准相比较，突出了语文审美教育的功能，明确了语文审美教育的使命。这样，中学语文教学的审美性原则就被确立了，而且成为语文教学鲜明的个性化的教学原则。

在语文教学中遵循审美教学原则，语文教师必须从语文教学目标出发，深入挖掘语文教材中的审美因素，从审美的角度进行课堂教学设计，安排教学活动，创设审美情境，使学生在语文学习中受到审美感知、审美想象、审美情感、审美理解、审美创造能力的培养。

(二)听说读写综合性训练原则

语文教学的听说读写综合性训练原则的提出是从语文教学的任务出发的。语文教学的主要任务之一是培养学生的语文能力。语文能力包括听、说、读、写四种能力。听话和阅读活动通过语言文字达到理解和吸收，说话和写作活动通过运用语言文字进行倾吐和表达。从理解和表达的角度来认识，听和读、说和写它们两者之间是相通的，是互相促进的关系。提高了听和说的能力，有利于提高读和写的能力；反过来，读和写的能力提高了，也有利于听和说能力的提高。从语言与文字的关系来认识，听和说借助言语，读和写借助文字，它们两者之间又是互相促进的关系，听读是说写的基础和前提，说写对听读起消化和促进作用。总的说来，听、读、说、写这四种语文能力之间是互相联系、互相依存、互相渗透又相促进的关系。顺应这条规律，在语文课程教学过程中，必须贯彻听、说、读、写教学相互配合，相互促进，综合训练的原则。

我国著名教育家叶圣陶先生在《语文教育书简》中早就明确指出，语文学科"'听'、'说'、'读'、'写'宜并重，诵习课本，练习作文，固为'读'、'写'之事，而苟忽于'听'、'说'，不注意训练，则读写之成效亦将减损。"[①]叶圣陶先生的论述也论证了听说读写这四种语文能力之间的辩证关系是相辅相成、互相促进，语文教师在教学中应同等重视，全面训练。不论是在阅读教学中，还是在写作教学中都要贯彻听说读写综合训练的原则。

（三）语文教学课内外相结合的原则

课内语文教学和课外语文活动相结合的原则是由语文的工具性和社会性决定的。语文是社会交际的工具，要掌握语文这个工具，必须在社会交际的实践中学习和运用。课内语文学习和课外语文学习是语文教学的两个重要方面。"课内"是指语文的课堂教学活动；"课外"是指课堂教学之外的语文学习活动。课内外语文学习各有其作用，只有密切结合，才能取得更好的效果。语文学科虽然在中学所有学科中课时最多，但课内时间毕竟有限，而语文课堂之外却有着比课内多得多的时间，广得多的活动空间。学生在其他学科教学的课堂上、在家庭中、在社会活动中，都是以语文作为交流工具，作为学习和工作工具的，因而这些场所也都是学习语文的"课堂"。

从大语文教育观来看，学校语文教育、家庭语文教育、社会语文教育是一个大系统。在学校语文教育中，课堂教学是语文教学的主要形式，有统一的教学计划、内容和评估标准，它对学生进行语文教育的作用是其他教学组织形式不

① 叶圣陶：《语文教育书简》，载《叶圣陶语文教育论集》（下册），教育科学出版社1980年版，第730页。

能取代的。但课堂教学也存在着不能充分因材施教,学生个性得不到充分发展等不足之处。课外活动则是课堂教学的必要补充,它能扩大和加深课内所学的知识,满足和发展学生的求知欲,使得学生的专长和才能得到充分发展。因此,从发挥教育的完整功能和作用,有利于人才的培养来说,课内外学习的结合是语文教学必须坚持的原则。

(四)语文素养积累性教学原则

《普通高中语文课程标准(2017 年版)》进一步强化了全面提高学生的语文素养这一教育理念,提出:“普通高中语文课程,应使全体学生在义务教育的基础上,进一步提高语文素养。”“语文素养”这一概念的提出,是对语文教育培养目标认识的深化。语文素养,是指学生在语文方面表现出的比较稳定的,最基本的、适应时代发展要求的学识、能力、技艺和情感态度价值观,具有工具性和人文性统一的丰富内涵。进一步理解语文素养是指在语文方面长期形成的修养,主要包括:字词句篇的积累,语感,思维品质,语文学习方法和习惯,识字写字,阅读、写作和口语交际的能力,文化品位,审美情趣,知识视野,情感态度,思想观念等内容。

语文课程的教学,应该考虑汉语言文字的特点对识字、写字、阅读、写作、口语交际和学生思维发展等方面的影响,尤其要重视培养良好的语感和整体把握的能力。

语文素养获得的途径是一滴一点的长期积累,这就决定语文教学必须在教学的各个环节注重学生语文素养的日积月累。

五、贯彻语文教学原则的途径

(一)在备课过程中贯彻语文教学原则

一是要认真学习《全日制义务教育语文课程标准(2011 年版)》和《普通高中语文课程标准(2017 年版)》。教师要注意及时学习修订后新的语文课程标准,掌握语文教学的目标、任务、方法、途径,把全日制义务教育初中阶段语文课程标准与高中语文课程标准联系起来学习。二是要深入钻研语文教材，不仅要看自己所教年级的教材，而且要前瞻整个义务教育阶段语文教材，后顾整个高中阶段语文教材，把握所教课文在整个教材体系中的位置、作用、意义。从课文和其他训练材料、导语、语文知识、注释和思考练习题中，把握语文训练序列以及蕴藏其中的丰富的语文素养因素和思想教育因素，以便在教学过程中有计划地作出统一的安排。

（二）在课堂教学中贯彻语文教学原则

语文课堂教学的基本任务是激发学生对语文的兴趣，培养学生学习语文的方法，学习语文基础知识，提供学习语文的标准范例，进行语文基本技能的训练。课堂教学中每一项任务的落实，每一个教学环节，都必须贯彻语文教学的共性原则和个性原则。

（三）在学生课外语文学习活动中贯彻语文教学原则

课外语文活动是课内语文教学必要的补充，在学生语文修养的积累和发展学生个性方面起到重要作用，中学生的课外语文活动在全校层面上，可以组织文学社团活动，比如文学社（诗社、剧社等）、新闻社活动；组织各种语文比赛活动，比如朗读比赛、墙报比赛、征文比赛；开展社会调查等。在班级和小组层面上，可以组织读书会、报告会、朗诵会、各种展览会。对学生个体，可以组织学生写观察日记、读书笔记、读后感、读书评论，办墙报，编辑刊物等。在这些活动中贯彻语文教学原则，进一步激发学生学习语文的兴趣，并使他们的语文能力得到锻炼和发展。

第二节　语文教学方法

在教学设计中，目标的确定、内容的选择、过程的安排等都非常重要。但我们也应该认识到，教学方法的运用对教学也起到举足轻重的作用。教学目标、教学内容等决定着教学方法的选用，而教学方法也会对教学目标、教学内容等起着很大的制约作用。美国教育学家、心理学家布卢姆说:“当人们把教学法应用于数学、科学、哲学、社会科学以及其他范围(学科)中十分复杂的新概念时,才会瞥见他的巨大力量。爱因斯坦的相对论,DNA遗传编码以及集合理论,都是重要信件界的例子。当这些新见解最初出现时,只能被相应学科范围中为数不多的学者所理解。现在,数以百万计的中学生都理解了这些见解,因为课程编制者与教师已经找到了向各种学习者解释这些见解的方式。”[①]由此可见,教学方法是整个教学过程中事关成败的重要环节,恰当地使用各种教学方法,教师可以引导学生感知知识,掌握知识,发展思维,开发智力,进而形成技能、技巧,并能使学生在情感、道德、价值观、审美意识等方面得到全面的发展。

一、语文教学方法及其选用的依据与原则

(一)语文教学方法的内涵

国内外学者对教学方法进行广泛而深入地研究,从不同角度、不同层面揭示了教学方法的内涵。

威斯顿和格兰顿依据教师与学生交流的媒介和手段,把教学方法分为四大类:教师中心的方法,主要包括讲授、提问、论证等方法;相互作用的方法,包括全班讨论、小组讨论、同伴教学、小组设计等方法;个体化的方法,如程序教学、单元教学、独立设计、计算机教学等;实践的方法,包括现场和临床教学、实验室学习、角色扮演、模拟和游戏、练习等方法。

李秉德教授主编的《教学论》,按照教学方法的外部形态,以及相对应的学生认识活动的特点,把常用的教学方法分为五类:“以语言传递信息为主的方法”,包括讲授法,谈话法,讨论法,读书指导法等;“以直接感知为主的方法”,包括演示法,参观法等;“以实际训练为主的方法”,包括练习法,实验法,实习作业法;“以欣赏活动为主的教学方法”,例如陶冶法等;“以引导探究为主的方法”,如发现法,探究法等。由于时代的不同,社会背景、文

① [美]布卢姆:《教育评价》,华东师范大学出版社1987年版,第14页。

化氛围的不同，研究问题的角度和侧面的差异等，中外不同时期的教学理论研究者对“教学方法”概念的界说也不尽相同，但不同界定之间还是有共同之处的：①教学方法体现特定的教育、教学的价值观念，指向实现特定的课程目标和教学目标要求。②教学方法受到特定的课程内容、教学内容、具体的教学组织形式和教学物质条件等的影响和制约。③教学方法是教学活动中师生双方共同完成课程内容、教学内容的行为方式特点的总和。

因此，我们可以说，语文教学方法，就是教学过程中语文教师与学生为实现语文课程目标、教学目标，完成语文课程内容、教学内容，所采取的行为方式的总和，是语文教师传授语文知识、培养学生自学语文的能力和开发学生智力的重要手段。

（二）语文教学方法选用的依据

教学所使用的各式方法是达成教学目标的“手段”，或言“媒介”。教师不仅运用适当的技术去刺激、鼓励、指导学生的思考和自动学习，亦应视学生的学习兴趣、需要、能力和教材的内容，甚至教学的环境等，来决定采用的教学方法。Kenneth O.Gangel主张教师决定选择任何一种教学方法时，要考虑几个事实：课程目标，学生年龄，课程内容，教具设备，学生教育背景和时间分配。

1.根据语文课程目标和教学目标

语文课程目标，是关系语文教学全局的一个根本问题。虽说当前对语文课程目标还存在着争论，21世纪颁布的语文课程标准在语文课程目标方面有了新的体现：确定新的学生观，突出学生在语文学习中的主体地位；确立新的知识观，突出现代社会对语文能力的新要求；确立课程与社会生活的联系，突出语文课程的实践性的本质。根据新课程目标精神选择教学方法应该立足于努力提高学生的语言理解能力和语言表达能力，全面提高学生的语文素养，为终身学习和有个性的发展奠定基础。语文课程目标是通过每一堂语文课的教学逐步实现的，每堂语文课的教学目标，都应该是语文课程目标的具体化。选择每堂语文课的教学方法都要首先考虑语文课程目标的要求。

2. 根据语文课程内容、语文教材内容和教学内容

语文教材是语文课程内容的物质体现，又是语文教学的主要依据。语文教材的内容是丰富多彩的，“教法因文而异”。不同体裁、不同内容文章的教法各异。文言文有文言文的教法，语体文有语体文的教法；记叙文、说明文、议论文、诗歌、散文、小说、戏剧等也有不同的教法。风格明快豪放的文章与风格含蓄深邃的文章教法不同，篇幅很长的文章与篇幅短小的文章教法有异。语文教师应当熟悉语文教材，不仅要熟悉钻研教的那篇教材，而且要熟悉整套的教材，了解教材的编辑意图。教材不熟，钻得不深，是不可能选择到恰当的教学方法的。

3. 根据教学对象（学生）的实际特点

学生是学习的主体，任何教学方法效果的验证都是要通过学生才能够反映出来的。德国教育家第斯多惠说过：“教学必须符合人的天性及其发展的规律，这是任何教学的首要的、最高的规律。”① “人的天性及其发展的规律”主要就是指学生的实际情况。学生情况包括其知识基础、思维感知基础、个性爱好、生活学习习惯、家庭情况、班级环境情况（包括班级的大小、优差生分布、纪律情况、学习气氛、团结情况和情感趋向等），前任教师的教学情况（包括前任教师的施教方法及习惯，学习的适应程度和接受情况等），还有学生对外界影响的反映情况等。无论准备采用什么教学方法，都必须以学生为主要对象，以学生对教材的承受能力为主要根据，以发展学生思维、培养学生学习上的创造力为主要目的。而要真正做到这些，就必须先对学生实际状况进行了解和掌握。对学生实际情况的了解，决定和体现着语文教师的教学方法的生命力。

4. 根据教师自身的素质和特长

语文教学是科学，也是艺术。语文教学方法要百花齐放，形成不同的风格和流派，就必须充分发挥语文教师的特长。年龄不同，个性不同，受过的训练不同，教学经验、教学态度以及教师自身的个性素养及风格的不同，都会影响教师对教材的处理和对教法的选用。即使对同一个教材，不同的教师也会采用不同的教学方法。因此，教师必须在执教之前，深入地研究自

① ［德］第斯多惠：《德国教师培养指南》，人民教育出版社2005年版。

我,发现自我,界定自我,寻找自己的个性特色,把握自身的客观实际情况,结合学生实际和教材性质及内容去进行教法上的深层和广阔的思考选择。倘若我们凭主观臆想办事,不管自身情况如何,强行运用某种对自己并不适合的教学方法,或者盲目模仿某种教学方法的框架,“东施效颦”,那势必会落得个“邯郸学步”的结果。

5.根据教学环境、组织形式、教学时间、设备条件

教学环境包括大环境(即社会环境),也包括小环境(即校园环境)。大环境包括社会发展趋势及对教育的要求,社会氛围及社会风气对教育教学的影响等,既有正面影响,又有负面影响。校园环境更直接地影响着教学,这主要是指学校领导的教育教学观念的先进与陈旧,整个学校对于应试教育和素质教育的态度看法等,都直接地制约着教学方法的选择。

教学组织形式的不同,如个别教学、小组教学或班级教学等,就应选择不同的教学方法。教学时间、学校的设备条件等也对教学方法的选择起到一定的影响,如时间比较充裕和时间比较紧张,采取的教学方法就应有所不同。

综上所述,不管哪一位语文教师,不管采用哪一种教学方法,都应该而且必须从以上几个方面出发认真研究,认真思考,认真备教。对教学法的选择,既不能一哄而起的刻意模仿、生搬硬套,又不能墨守成规,不敢越雷池一步,更不能仅凭一时的热情冲动,而应该经深思熟虑、反复摸索之后,慎重选择出既符合学生实际,又体现自己教学个性的行之有效的教学方法。但不管怎样,教学方法的选择,必须遵循语文教学的规律和语文教学的原则。最佳的教学效果,应该是任何教学方法所永远孜孜以求的永恒的目标。

(三)语文教学方法选用的原则

1.针对性原则

素质教育提倡因材施教。要因材施教,语文教学方法就必须有针对性。教师在进行教学时,要针对不同对象和特点,不同的目的要求,采取不同的态度,选择不同的教学方法。任何一种教学方法,既有优点,也有缺

点，根本不存在绝对好的方法或绝对坏的方法。正如巴班斯基所说的：每种教学方法就其本质来说，都是相对辩证的，它们都既有优点又有缺点。每种方法都可能有效地解决某些问题，而解决另一些问题则无效，每种方法都可能会有助于达到某种目的，都妨碍达到另一些目的。所以，最好的语文方法就应该是最有针对性的教学方法。教师对教学方法掌握得越多，就越能找出适合特定情况的教学方法。

2. 多样性原则

语文课程教学内容的综合性、开放性和教学目标的多元性决定了语文教学方法的多样化。传统的语文课程结构简单、内容僵化，在教学中往往采用单一的教学方法，形成一套固定的模式，这种注入式的教学割断了语文与生活的联系，只能抑制学生的思维，削减学生学习语文的兴趣，影响语文教学目标的实现。近三十年来，随着教育改革的深化，语文课程的发展呈现出生活化、多样化趋势，也导致了教学方法的多样性和丰富性。语文教学方法的多样性是语文课堂教学科学化、现代化的必然选择，也是语文课程发展的必然要求。

3. 双边性原则

现代语文课程的发展则一改传统课程的特征，具有综合性、实践性和开放性等特点。与之相应，当代语文教学方法与传统的只注重教师的主导作用而忽视学生的主体作用的教学方法理所当然有所不同，其特征正如美国心理学家布鲁纳所说是“教师与学生合作”。如导学式教学法、启发探究教学法、问题讨论法、欣赏法等教学方法都十分重视教学过程中教师和学生的双边活动，一方面强调教师的主导作用，另一方面又重视学生的主体地位。坚持双边性原则的关键在于落实“启发性”，在重视发挥教师的主导作用又要防止片面强调教师的权威性的情况下，充分尊重学生的自觉性、主动性，要特别注意启发学生“内在动力”，通过教师的启发引导，培养学生学习的兴趣、求知的欲望、探索的精神。教学方式方法千变万化，种类繁多，但其本质都应是对学生具有“启发性”的。

4. 综合性原则

学科发展中的分化和综合的趋势，对语文课程设置提出了综合化的要求，而语文课程的综合性则要求多样化的教学方法的交织使用，这势必形成语文教学方法改革呈现出的综合性的特点。当代语文课程所包含的教育教学的目的任务是多方面的，教学过程是由许多环节组成的。既不能用一种教学方法去完成多方面的教学任务，也不能在教学过程中自始至终都使用一种教学方法。要实现某一方面的教学任务，就要选择与之相适应的教学方法，教学进行到某一环节就要使用适应于该环节的教学方法。正如巴班斯基所说："要有目的地选择每一课题的主要方法，所选择的教学方法要能很好地完成相应的教学和教育任务。要让学生掌握知识，就用讲述和谈话法；要检查学习情况就用提问或答卷；难的要讲，中等难度的可用探讨启示法。"[①]所以在语文教学中，以某种方法为主、其他方法为辅、多种教学方法交错使用的情况是常见的，这也是语文课程发展的综合性的特点所决定的。

5. 最优性原则

现代语文课程的生活化、综合性、跨学科性等发展趋势，使语文课程的结构更加合理并趋于优化，而仅有课程的趋优化，没有教学方法的最优性，要做到既能节省时间和精力，又能全面提高教学质量，是不太可能的。对教师来说，要选择能最有效地解决相应任务的组织学习、刺激学习和检查学习的方法和手段，对学生来说，要在学习中合理地自我组织、自我砥砺、自我检查。近十多年来，世界各国母语教育工作者在继承传统教学方法的精华和借鉴别国先进教学方法的基础上，正在创立或试行各种最优化的教学方法，如引导发现法、暗示法、情景法、六课型单元教学法、问题教学法、愉快教学法、分组教学法、综合教学法、自学指导法、研究性学习法等，这些教学方法的共同特点是：重视引起学生的兴趣，重视发挥学生的主体作用，重视发展学生的智能，重视指导学生的自学方法，重视学生的合理负担。总的精神是要使学生耗费较少的时间和精力，取得最大最好的学习效果。

总之，语文教学活动是多变的，要求语文的教学方法也应该是灵活多变的。最重要的是，在教学中根据实际情况对已有教学方法进行改造、组合，使之适应新的教学情景，发挥最大的功能。语文教学方法使用的原则最根本的是要具有生成性、灵活性和创造性。

---

① [苏联]巴班斯基：《教育过程最优化》，人民教育出版社1980年版。

二、基本语文教学方法

现代语文课程建立一百多年来，许多有志之士对语文教学的方法进行了广泛而深入地探讨。近二三十年来，涌现出一批在语文教学方法改革方面成就显著的语文教育家，如上海的于漪和钱梦龙、辽宁的魏书生、北京的宁鸿彬等。下面着重介绍几种在目前语文教学中比较广泛使用的语文教学方法。

1.单项语文教学方法

(1)讲授法

讲授法主要是教师通过口头语言并辅以板书等向学生系统地传授语文知识、发展学生的智能、陶冶学生的性情的一种基本教学方法，主要用于一切必须由教师介绍的新知识，以及学生求知过程中经过努力无法解决的某些问题。它是教育历史上最悠久的方法之一，是其他教学方法的基础。按讲授内容的不同，可大体分为描述法和论证法；按逻辑的性质，可分为归纳法和演绎法；按认识事物的侧重面不同，可分为分析法和综合法；按讲授的形式，又可分为讲述法、讲解法、讲读法、讲演法、讲评法、串讲法、评点法等。

在语文教学中，讲述得法，同样具有启迪思维的作用，尤其是下面这些情况下的讲述：①学生有获得某些知识的欲望，而又处在求而未得、心愤口悱的状态，这时教师的讲述必能使学生获得“茅塞顿开”“豁然开朗”的体验，有利于激发学生进一步求知的兴趣和欲望；②讲述的内容具有科学性、系统性和思想性，主题明确，判断准确，有严密逻辑性，层层推理，步步深入，或在讲述中随时设置问题情境，引导学生边听边想，带有思维训练的因素；③讲授要立足于发展学生的智力，注意使学生掌握发现问题、分析处理问题和解决问题的方法。尤其是两篇写法相近的文章，或一篇文章中写法相近的两个部分，教师先讲清一篇或一个部分，并要求学生听讲时做好试讲另一篇或另一部分的准备，讲授起了方法上示范的作用，带有启发性。④讲述的语言准确、清晰、简练、生动、有趣，通俗易懂具有启发性，要善于用语言调节课堂气氛，课堂既要严肃认真又要生动活泼，能唤起学生丰富的联想或想象。

讲授法的主要缺点是:①教师活动多,学生活动少,容易使学生处于被动,形成“满堂灌”;②教师讲得多,学生及时消化困难,容易使学生产生“假知”,从而导致知识与能力的脱节;③教师讲授的内容主要面向大部分学生,不能照顾个别学生的需要;④容易使学生产生依赖和期待心理,从而抑制了学生学习的独立性、主动性和创造性。

总之,讲授法是一种经济、高效的教学方法,有利于充分发挥教师自身的主导作用,便于教师对教学过程进行控制;适合于传授知识,学生比较准确、系统的接受新的语文知识;又比较节省教学时间,有利于班级教学,大幅度提高课堂教学的效果和效率;但毕竟代替不了教学过程中学生的独立思考和操作实践(这在具有工具性的语文学科中尤其重要),因此讲授法的运用应受到适当的限制。

(2)谈话法

谈话法是教师通过师生问答帮助学生获得新知识的一种教学方法。教师通过连贯地提问来引导学生的思维,激发学生的思维活动,营造一种愉快、活泼的学习氛围,促使他们独立得出结论,有利于学生智力的发展,有利于训练学生的语言表达能力。谈话法包括提问法、问答法、疑问法、析疑法等,其核心是提出问题,故又可称为问题教学法。

谈话法是以学生为中心的教学法,目的在于刺激学生的思考能力。其优点是:①可引起学生自动的学习兴趣或好奇心。②可激发与集中学生的思考。③可激发学生继续去解决下一个问题的动机。④可增加学生参与讨论的机会。⑤可提供复习的机会。⑥可增加学生对问题相关知识的了解。⑦可加强学生在生活中应用知识的能力。⑧可借此考核学生的领悟与吸收的情况。

在语文教学中,运用谈话法应注意:①设计问题要注意避免的是:太过简单,学生不必思考即可将答案归结的问题;太过抽象,学生不能把握与理解的问题;超出学生认知与理解程度的问题等。②先向全体学生提出你的问题。在你提出问题之前,不可先指名叫特定的某位学生。③如果你已经把问题说得很清楚了,就不必再重复说一遍。反复说问题会干扰学生的思考。保持沉默,好让学生在思考时,不必分心去听你的话。④当你注视全班时,要面带笑容。笑容不仅可以使学生的情绪松弛下来,更可以让学生勇于发表自己的看法。⑤正确评价学生的回答,有民主态度,以表扬为主,通过评价使学生获得规律性的知识。⑥正确对待学生的提问,对那些有关课文宏旨,对学生运用知识和发展智力有较大价值的关键性问题,要给提问者以表扬,并引导学生深入钻研。运用谈话法,关键在于教师善于设计问题。必须避免直问、呆问、死问,或问得过于笼统,大而无当。凡有启发性的问题,大多提问的角度较新,难易适中,能吸引学生情不自禁地进入问题情境。同讲述法一样,谈话法的运用也应有一定的控制。要避免为问而问,问得太滥。

一位美国教学法专家曾说过:“教师教学效率的高低,大部分可以从他们所提的问题的性质和发问的方法考查出来。中小学教师若不谙熟发问的技巧,他的教学工作是不易收到成效的。”由此可见,提问不只是一种教学方法,也是一种比较复杂的教学艺术。语文教师必须认真地去设计各种问题,以使学生达到有兴趣集中学习注意力去思考和积极回答等目的。

(3)讨论法

讨论法是在教师指导下,由全班或小组学生围绕某一中心议题,各自发表意见,集思广益,以进行互相启发、互相学习的教学方法,是一种学生与学生、学生与教师之间进行多向信息交流的活动方式。讨论法包括议论法、辩论法、研讨法、座谈法等。讨论的规模可大(全班讨论)可小(小组讨论)。在讨论教学的条件下,学生面对面交流,可以自由发言、提问,也可以立即做出回答;教师也可参与讨论。教师的职责主要是指导、组织和提供信息以及小结等。

讨论法作为一种课堂教学法起源于对讲授法缺点的批评,其传递信息的功能不能与讲授法相比,不过,讨论法也有其独特的优点:①培养学生批判性思维能力。围绕同一个问题展开讨论,迫使学生不得不学会基于事实、概念和原理的推理来维护自己的意见,同时学会从不同的角度考虑问题。②有助于转变个人的态度。学生在群体讨论过程中进行思维碰撞,互相启发,互相补充,有益于摆脱自我中心,增长才智。③培养集思广益的技能。讨论可以促进学生的交往,促进他们掌握各种社会技能,如参与倾听、表达、协作、竞争等;④培养口头表达能力。讨论需要学生用清晰的语言阐明自己的论点,在很多场合还必须即兴发挥。

运用讨论法的基本要求是:讨论前,教师应提出讨论的题目、方法和讨论的具体要求,指导学生阅读课文或参考材料,或进行调查研究,编好发言提纲,认真准备讨论意见;讨论中,要求学生普遍发言,教师要启发诱导,鼓励学生只要持之有据,言之有理,就大胆地发表意见,又要抓住问题的中心,联系实际,把讨论引向深入;讨论结束时,教师要全面总结,对讨论中的不同意见,要进行辩证地分析,做出科学的结论,也可根据实际情况,提出需要进一步探讨的问题。供讨论的问题,可以由教师提出,也可以由学生提出。在教学中应经常鼓励学生发现问题、提出问题,经老师筛选后提交全班讨论。学生提问的质量,标志着他们对课文理解的深度。

讨论法有助于促进高水平认知技能的获得,但在应用时必须考虑教学内容的特点和班级的特点。讲述、谈话、讨论三种方法各有长处和短处,讨论法虽有不少优点,但也有比较费时和讨论过程不易调控等缺点,因此,各种方法之间应该是一种互相补充的关系,既非互相对立,也不能彼此取代。在具体运用上,贵乎根据实际的需要灵活选择,要避免走极端或为方法而方法等形式主义的偏向。

(4)练习法

练习法是在教师指导下,学生运用所学知识、技能解决同类课题的方法。其特点是,教师引导学生在完成口头作业和书面作业的过程中阅读和理解课文,从中获得知识,并把知识转化为技能和熟练技巧。练习法包括巩固法、总结法、复习法、智力竞赛法、测验法等。以学生的独立活动为主,但不排除必要的研究和讨论,也不能脱离教师的引导。

语文教学练习法的主要方式有朗读、背诵、默写、填空、答题、智力竞赛、作文等。篇章教学的检测阶段、巩固阶段和运用阶段,单元复习和学期复习等,都经常采用练习法。使用练习法主要是用来巩固和检查学生对课程和教材的了解程度。因而,也可以说练习是一种考核的做法。

从学生方面来看,学生经过练习的检测,了解了自己的学习情况,好的希望继续保持或更好;差的希望迎头赶上或力求进步,这两种情况皆可激发继续学习的动机;尤其是有好成绩者,对于知识的熟悉与成就的喜乐,就是最好的再学习动机(亦即学生获得了正面的加强)。练习法除了能提供学习的动机之外,还有以下数种的优点:①练习是复习功课的最好机会。②练习可以澄清课程与教学过程中的问题。③练习可以明白学习上的得失。④练习可以发觉学生自我一部分的潜力。⑤练习可使学生的学习注意力集中,这也是一种适当的驱策力。

从教师方面来看,练习法也能对教师的教学效果显示一些值得参考的意义,教师可由学生练习的结果明了是否达成教学的目标,教材是否选择得当,施教的方法是否正确,学生有什么学习困难等。教师练习题的设计是决定成败的关键,设计时应考虑:体现学习的目标,体现学习的知识和能力要求,本于教材而又有一定的综合性和灵活性,创造性和迁移性。

实施练习法需要注意:①事先通知学生做练习的目的与时间,给学生复习的机会。②避免过多需要死记的知识,而是注重思考与应用的问题。③尽快评定练习成绩,使学生对自我的学习情况有所了解,并再作温习。

学生通过其他方法学会的知识和技能往往比较抽象、概括,而在练习法中,学生通过对课题中的具体事物进行一系列的分析,从中找出与抽象的知识、技能所反映的这类事物的本质因素等,达到对知识、技能的深入理解和巩固。此外,练习法在培养学生克服困难,形成认真负责的工作态度方面也有重要作用。

(二)综合语文教学方法

1. 目标教学法

目标教学法,就是以大面积提高教学质量为目的,分解和设置系列教学目标,运用科学的评价方法,构建和组织实施一系列教学活动的一种方式方法。目标教学的理论和实践告诉我们:目标教学一般由制定教学目标、展示教学目标、教师指导学生达标、检测达标情况、补救失误保证达标、最终实现教学目标等几个部分组成。

(1)遵循教学规律,科学的制定课时教学目标是目标教学的首要环节研究语文课程标准，语文教材的编排体系和知识结构的分布情况，教学对象的情况和教学实情等，是科学制定教学目标的前提。要把目标定得明确、具体、恰当，便于在课堂教学的时候操作，切忌模棱两可、含糊不清、不好操作，以致影响操作达标。能操作、好操作的教学目标，既是教师进行目标教学的操作把手，又是学生进行目标学习的源点，还是测量学生学习效果的依据。制定的教学目标，要有坡度，难易适宜，能引起共鸣，符合客观实际，引发学生的激情，激发学生的兴趣，使其自愿达标。科学制定教学目标是目标教学活动的首要环节，它直接关系到整个教学活动的方向和目的，起到导向和引路的作用。

(2)展示教学目标是目标教学的重要环节

把教学目标明确地展示出来，就等于把教师教的目标转化为教师的教和学生的学的共同目标，或者主要是学生学的目标，这样更能调动学生学习的主动性和积极性。展示教学目标的方式方法是多种多样的。就时间来说，有的可以在课前展示，有的则可以在课上，还有的可以在课堂教学结束时或课后；就层次来说，有的教学目标可以一次性整体展示，有的则应在教学过程中分层次逐步展示；就展示方式来说，有的可以口头说明，有的可以用问题提出，有的可以直接板书出来，有的可以通过出练习题或思考题等。

(3)优化目标教学过程是实现达标任务最为关键的环节

教学目标实现的一个重要环节，就是课堂教学的实际操作，只有通过实际操作，才能促进教学目标的完成；只有通过实际操作，才能发现问题，及时补救。

首先，教师在组织课堂教学的过程中，要能体现目标教学的规定性原则。教学目标明确展示以后，它就规定了课堂教学所应该完成的内容，统帅教师的教学活动，学生应围绕教学目标去学习。教师要做到心中有目标，讲导围绕目标，练习围绕目标，把整个教学活动的着力点落脚到目标上，学生也应自觉把教学目标转化为学习目标，做到心中有数，主动配合老师的教学，为完成目标任务而学习。

其二，在目标教学的过程中，还应体现目标教学的调控性原则。由于课前制定了教学目标，这就主动把教学过程变成了在教师指导下学生自觉进行语文训练的过程。因而，每一个教学环节都是教师和学生密切配合、协作的训练项目。一端是教师在按照目标进行训，另一端是学生在按照目标进行练，训和练的连接器便是目标，这样循环往复，不断增强教师和学生之间的信息交流，反馈和调控更为及时，矫正更加得力，改变了由教师完全控制教学进程，把学生放在被动位置上的局面。

其三，在目标教学的过程中，要充分体现目标教学的补救性原则。目标教学的核心是明确目标，最终实现目标。要想知道是否达标，必须随时掌握学生的学情，及时反馈课堂教学的信息，加强达标效果的回收，然后做出准确的判断，不断调整和改进自己的教学方法。对学生来讲，是根据反馈信息发现、理解、纠正学习上的错误，纠正学法上的错误；对老师来讲，是帮助学生发现理解、学习上的错误，指导他们纠正错误，从中找出原因，改进教法。补救没有达标的问题，要做到既充分又适度。充分，就是应贯穿于教学的全过程；适度，就是要因材施教服务于学生达标，注意防止因课堂时间有限而走过场。补救的方式要因教学内容和达标人数不同而异。属于识记一类的问题，可直接宣布答案，纠正错误记忆；属于理解、运用水平的问题，更应明辨解题思路，知其所以然。对普遍性的问题，要集体矫正，教给方法，理清线索，点拨关键；对特殊问题，要个别辅导，优生帮差生，自我矫正。

(4)及时评估检测是促进目标教学的重要环节

达成目标最为关键，是课程要求、教材内容、知识训练的落脚点。要想准确知道自己的教学活动是否达标，必须采用及时评估和检测的方法。及时评估检测，不但能及时发现问题，随时调整教学方法，弥补缺漏，防止问题的堆积，影响后面的学习，而且还能推动下一次教学目标的制定更加科学，下一次课堂教学更加优化，下一次目标达成更加接近。根据语文教材的编排体系和文体特点，应采用不同的评估检测方法。有的可以在一节课的时间内得到解决，有的要通过教完一篇课文才能得到解决，还有的则要通过几篇课文或者一个单元才能彻底解决。通过教师为目标而教，学生为目标而学，促进每一级目标不断“升值”，从而提高教学质量。

及时检测目标是教学活动的重要环节，它直接关系到目标教学的量化与评估，起到反馈与调整的作用。制定目标、实施目标、检测目标，构成了一个循环往复，相互作用的不可分割的教学整体。

2. 导读法

导读法是目前语文教学常用的有效方法之一。它是以学生的自读为课堂教学的主要形式，以老师的指导、点拨为条件，以培养学生的自能阅读能力为主要目的的，师生相互作用的一种教学方法。所谓导读，是指教师运用某种教学手段引导学生自己认真阅读，深入思考，发掘问题，主动领悟，逐步提高阅读能力。在一般情况下，导读的实现是凭借质疑的手段进行的。“质疑—思考—领悟”这一思维过程，反映了人类思维的一般规律。因而，课堂导读的基本活动程序也应如此，课堂导读的核心应主要使用质疑的手段，激发学生思考。通过质疑，引导学生积极思维，使之高效率地获取知识，训练阅读能力。导读法包括教读法、点拨法、探讨法、发现法、自读法等。

语文导读法是吸收国外教学流派的先进思想发展起来的。赞科夫和布鲁纳是现代教学思想的代表，他们均把学生的智力发展提到教学首要地位，不仅强调老师的教，更强调学生的作用和地位。以钱梦龙和黎见明为首的新中国第一代语文教师自改革开放以来，逐步完善的语文导读理论体系和教学模式，或多或少的打上了国外教育理论的烙印。黎见明20世纪80年代初写了40多篇有关导读的文章，于1984年结集出版了《读写新编》；又经过潜心研究，于1987年出版《语文导读》和1990年出版《语文导读和创造学法》，对“导读”的理论基础、基本原则、方式方法等均做了大量的阐述。钱梦龙1985年《语文导读法探索》、1995年《导读艺术》，使语文导读理论更加完善，更加圆通，更加艺术。

我国著名特级语文教师钱梦龙的语文导读法主要包括“三主”“三式”。“三主”即：“以学生为主体”，就是确认学生在教学过程中是学习的主体、认识的主体、发展的主体。“以教师为主导”，就是明确把教师的角色定位于教学活动的组织者、启发者、指导者、辅导者。教师的主导作用，最主要的、最根本的就在于促进和完成学生由“需要教”向“不需要教”转化，而不在于每节课上讲不讲，讲多少，所以教师必须潜心研究“导”艺术。“以训练为主线”，“主要指教学过程中学生主动获取知识，应用知识，培养能力，发展智力的各项学习活动；其基本形式是以思维训练和语言训练为核心的听、说、读、写训练。这种训练应该贯穿于语文教学的始终，所以说它是‘主线’”。“三式”指在教学结构（或教材程序）上存在三个导读基本式：“自读式”，是以学生的独立操作作为的一种阅读训练形式。“目标”和“计划”是自读取得成效的决定因素，也是教师在自读式教学中发挥主导作用的两个主要方面。阅读训练是以“阅读步骤”为主轴，“初读感知—辨体析题—定向问答—深思质疑—复述整理”，就是最基本的“阅读步骤”。“教读式”，是学生在教师的具体指导下进行的阅读训练，就是“教”学生“读”。“教读”要做好下面几件事：①激励、唤醒、鼓舞。②组织好教学过程。一是选准“突破口”。二是确定“聚集点”。③授之以法，随机点拨。④灵活运用各种教学方法，不拘一格。“复读式”，是一种复习性的阅读训练形式。复读有两种情况，一种是“单篇复读”，一种是“单元复读”。这几种基本导读式，连起来是一个教学序列，这个序列可以全用，也可以适当省略，次序可做调整，具有多种变式而不是僵硬的模式，灵活多变。“三式”，与“三主”共同构成语文导读法的理论与实践框架。

简括地说，语文导读法以“学生为主体，教师为主导，训练为主线”为理论框架，以“自读”“教读”“复读”为基本课式来设计语文教学。“导读”是否有效，取决于教师的“导”是否“有力”、学生的“读”是否“得法”，以及两者是否能在一个大体有序的“训练”过程中达到和谐的统一。

语文导读法的主要特点表现在四个方面：①教学的人道化。学生的独立人格受到尊重，师生情感能够融洽交流。②教学的民主化。强调学生的参与，教学过程成为师生合作的过程。③教学的科学化。认为教学是一个有规律、可控制的过程，重视导读过程的可操作性。④教学的艺术化。强调教师“导”的艺术是学生实现其主体地位的最重要的条件。

钱梦龙反复强调，“导读”的根本目的在于培养学生“不待老师讲”而“自能读书”的能力；“导读”的核心问题是教会学生读书；“会读书”的具体内容包括四个方面：①科学的阅读方法；②浓厚的阅读兴趣；③良好的阅读习惯；④相当的阅读能力。语文导读法的“战略目标”之所在，就是想从理论和实践上找到一条通向“不教”之境的桥梁，以便使学生逐步摆脱对教师的依赖，成为不仅在学习上能够自立，而且在观念上、意志上以至整个人格上都能够真正自立的人。①

导读法灵活而多变，不同的老师，由于对教学的认识和对学生的认识不一样，以及学生自身的整体素质的不同，可在对导读法的全面认识下，衍生出诸多不同的全新的方法和模式。如文眼导读法、提纲导读法、问题导读法、四步导读法、八步导读法、视听导读法、暗示导读法、比较导读法、列表导读法等。

3.情境教学法

情境教学法是在现代教育培养全面型人才理论指导下的创新型教学方法，集中体现了教与学的统一。语文情境教学法是指语文教师充分利用各种教学手段，如图片、幻灯、投影、电视、电影、录音、录像、计算机、CAI课件、生活场景、演课本剧等，创设具体生动的教学情境，使学生在具体直观的情境中观察、体验、思考、练习，引发学生的情感体验，从而深刻地理解课文内容，获得美的享受。情境教学法突出了语文教学的审美特性，以情动人，以美感人，注重培养学生的审美情趣和审美能力，从而丰富学生的精神世界，促进学生主动和谐、生动活泼地全面发展，优化了语文教学效果。情境教学法能激发直接兴趣，减轻、消除学生的心理压力，发挥其内在潜能，学生在“我想学”“我要学”“我爱学”的氛围中，愉快地学习语文知识，提高语文能力。

运用情境教学需用“着眼发展”的观点，根据教学任务、班级特点及教师本人素质，选择创设情境的途径。创设情境的途径大体可以归纳为六种：①生活展现情境。即把学生带入社会，带入大自然，从生活中选取某一典型场景，作为学生观察的客体，鲜明地展现在学生眼前。②实物演示情境。即以实物为中心，略设必要背景，构成一整体，以演示某一特定情境。教师充分利用实物指导学生进行细致的观察，加深对课文内容的感受和理解。此法尤其适用于中低年级语文教材中常识性课文的教学，如教材中涉及的山川日月、花鸟鱼虫等教学内容。③图像再现情境。教师根据讲解的需要，可运用电教手段，如放幻灯和录像带，使学生获得形、声、色的直观感

① 钱梦龙：《导读艺术》，人民教育出版社1995年版。

觉;或出示相关的摄影、图画,如课文插图、特意绘制的挂图、剪贴画、简笔画,再现教材中的情境。这样,能化静为动、化远为近、化抽象为具体,寓教于趣,寓教于乐,提高教学效果。④音乐渲染情境。音乐的语言是微妙的,也是强烈的,给人以丰富的美感,往往使人心驰神往。它以特有的旋律、节奏,塑造出音乐的形象,把听者带到特有的意境中。用音乐渲染情境,并不局限于播放现成的乐曲、歌曲,教师自己的弹奏、轻唱以及学生表演唱、哼唱都是行之有效的办法。关键是选取的乐曲与教材有基调上、意境上以及情境的发展上要对应、协调。⑤表演体会情境。情境教学中的表演有两种,一是进入角色,二是扮演角色。"进入角色"即"假如是课文中的××";扮演角色,则是担当课文中的某一角色进行表演。由于学生自己进入角色,扮演角色,课文中的角色不再是在书本上,而就是自己或自己班集体中的同学,这样,学生对课文中的角色必然产生亲切感,很自然地加深了内心体验。⑥语言描述情境。指教师通过生动形象的语言描述,激发学生的思维和联想,体会其情境。上述五种途径,都是运用直观手段,而情境教学十分讲究"直观手段与语言描绘的结合"。在情境出现时,教师伴以语言描绘,这对学生的认知活动起着一定的指向性作用,提高了感知的效应,情境会更加鲜明;并且带着感情色彩作用于学生的感官,学生因感官的兴奋,主观感受得到强化,从而激起情感,促进自己进入特定的情境之中。

运用情境教学法大体可分为三个阶段:首先,导其入境,就是引导学生进入所创设的情境中。教师可以播放相关音乐,利用音乐的感染力,使学生沉浸在美的氛围中,帮助学生入境;也可以充分利用教材中许多文章朗朗上口,适于朗读,让学生在朗读中去感受语言文字所表达出来的意境,在朗朗吟诵中入情入境;还可以借助电化设备,提供与课文有关的视听形象导其入境,又可以借助诗意的或是描摹的语言,将学生带入创设的情境中。根据作家所描绘的画面、人物、情调或气氛所创设的情境,不引导学生进入其境,就不可能使其有对美的强烈感受和尽情想象。其次,激其融境。将学生带进所创设的情境后,应尽快地让其与情境融为一体。如教《岳阳楼记》《醉翁亭记》等,通过幻灯、图片或多媒体等把学生带入所创设的情境后,可以让学生试着将课文改编成导游词来演示那些情境;又如教学话剧《雷雨》《窦娥冤》等，通过播放电影、电视或戏剧等情境后，也可以让学生上台扮演角色。创设课堂情境正是为了激发学生的创造欲、表演欲、探究欲。在情境教学过程中要善于在无疑处设疑，投石激浪，创设探究情境，培养学生的思维能力。使语文的课堂成为学生表演的舞台，放开手脚让学生自由发挥，让学生的创造力放射光芒，从而增强他们的实践能力，提高语文素养。最后，领其出境。教师应清楚教学情境的创设是为了帮助学生更好的阅读课文，理解课文，欣赏课文。最后应带领学生落实到课文的阅读上来，不能喧宾夺主，让教学情境的欣赏代替了课文的学习。在引导学生通过教学情境而能对课文感知、理解的基础上，还要引导学生作出正确的审美判断，识别真、善、美和假、恶、丑，提高审美鉴赏力，使感性认识上升到理性认识。

总之，利用情境教学，能寓理于情，寓教于乐。润物无声，不仅能使学生产生浓厚兴趣，而且使学生获得情景感受，加深了对问题的理解，化难为易，在审美愉悦中主动愉快地学习语文知识。

4.单元教学法

在现代教育中，为了提高教学效率，越来越重视单元教学。而现代语文教材的编写体例大都是由一个个单元组成，这也为实施单元教学法提供了便利。单元教学法，就是从整个学习单元的整体出发，来制订学习的目标，确定学习的内容，安排学习的步骤、方法和时间等，把教读和自读有机地结合起来，体现整个单元学习的完整性、统一性和层次性的一种教学方法。

单元教学法的主要特点是：①目标的制定不是着眼于一篇文章，而是着眼于一组有一定联系的文章；不是每一篇课文的学习目标的简单相加，而是根据单元的特点，几篇课文的共同点来制定目标。②教学设计不是只考虑一篇课文怎么教，而是要考虑几篇课文作为一个有机的整体怎么教，要通盘考虑一个单元的知识重点、能力培养、素质教育等问题，要把整个单元的课文作为一个整体来构架教学的过程，选择恰当的教学内容，选用适合的教学方法。③教学评价也应该从单元全局考虑，而不是只抓住某一篇课文；要考查学生是否从单元课文的有机联系中认识其特征，是否掌握其主要知识要领，能否通过单元的学习把所学的新知识转化成一定的能力，或通过单元课文的体会感悟更深入地理解了生活，丰富了情感。

单元教学法最主要的特点就是把一组有一定联系的教学内容作为一个教学的整体，制定总的教学目标，设计总的教学过程，进行整体检测评价，至于具体的每一堂课所采用的教学方法往往是多样的、灵活的，教学方式也没有固定的模式。一般多采用下面几种基本方式：①目标控制式。这种方式是目标教学法和单元教学法的有机结合，由一篇课文的目标教学扩大到一个单元的几篇课文在一起进行目标教学。这种方式的关键点在于根据单元内容、学生特点等制定出科学合理的教学目标；然后依据目标优化教学过程，选择最适当的教学方法，在老师的指导帮助下，让学生完成学习目标；最后通过练习、作业等方式对学生达标情况进行全面系统的监测和评价，等绝大部分学生完成了学习目标才能结束了本单元的学习。②举一反三式。这是导读教学法与单元教学法的有机结合，由一篇课文的或自读，或教读，或复读，到整个单元课文整体进行导读设计，把教读、自读和复读三种基本的导读模式有机地结合起来，运用到一个单元的教学中去。老师要从一个单元中选好教读的课文，这样的课文应能集中体现单元教学要求，比较典型，富有代表性。教师通过这样的课文的教授，能激发学生学习本单元的热情，能把本单元的主要知识传授给学生，能让学生了解学习本单元的方法等。学生通过这样课文的学生和老师的指导，不仅了解了知识，更初步培养了阅读单元课文的能力，学习了阅读本单元课文的方法，为下一步的自读打下了基础。自读是对教读的巩固和加强，是刚学到的知识得以运用的过程，是刚了解的学习方法得以实践的过程，是转化成能力的过程，是语文素养得以全面提高的过程。复读是对教读和自读效果的检验，看看通过“举一”(教读)和“反三”(自读)有没有完成单元教学的目标，同时也是对教学任务的进一步强化和巩固。③比较式。虽然组成一个单元的课文肯定有某些方面的相同或相近之处，能形成共同的教学目标，但各篇课文毕竟不可能完全相同，因此在进行单元教学时可采取比较法。将单元中的两篇或多篇课文进行比较，异中求同，或同中求异，把相同点归类，将不同点区分，在这种比异求同中，加深了对单元知识的理解，更有利于学习目标的完成。④知识为纲式。就是在单元教学中把本单元要学习的知识作为教学的纲领，作为教学的目标，课文的学习是为了更清楚地了解要学的知识，课文只是某类语文知识的“例子”“样本”或“用件”。语文知识可以是集中讲解，也可以分散在学习过程中；可以是明确地说明，也可以是隐藏在教学活动之中。

上面介绍的是几种最基本的、最常见的语文教学方法，在语文教学的实际运用中，教学方法肯定是各式各样、千变万化的，这就是所谓“教无定法”；而且一堂成功的语文课，也往往是几种教学方法综合运用的。好的教学方法应是能让学生学得主动的方法，让学生变得聪明的方法，让学生既学得艰辛又生动活泼愉快的方法。一名语文教师如使自己的教学方法富有创造性，富有美感，不仅新颖独到、别具一格，而且富有魅力，能吸引学生，那么他的教学方法就可以说达到了教学艺术的境界。

思考与练习

1. 制定语文教学原则的依据是什么？
2. 语文课程与其他学科课程共性的教学原则有哪些？
3. 语文课程个性化教学原则有哪些？
4. 语文教学方法选用的主要依据是什么？使用时应注意哪些基本原则？
5. 讲授法在现代语文教学条件下使用的意义是什么？
6. 谈话法和讨论法的基本要求各是什么？两者的主要区别是什么？

第四章　阅读教学

阅读教学是语文教师引导学生通过阅读语文教材中的选文等相关文本以学习阅读并提高阅读素养的过程，它是语文教学的重要组成部分，对提高学生语文核心素养具有重要意义。其重要性主要体现在三个方面：首先，阅读教学是培养学生阅读能力的主要途径。阅读能力是现代公民的必备素质之一，“不具备有效阅读技巧的成人在现实中则会处于较大的劣势”①，阅读能力也是构成学生语文素养的关键因素；而阅读教学是提高学生阅读能力主要途径。其次，阅读教学是写作教学、口语交际教学的基础。从信息加工机制上看，阅读和听话都是语言意义的接受理解，阅读和写作都是个体对书面语言信息的加工，它们之间都存在关联。因而，提高阅读能力对提高写作能力和口语交际能力有促进作用；此外，写作教学和口语交际教学通常要借助阅读展开，即以读促写，以读促听说。再次，阅读教学对提高学生的科学文化水平和综合素养具有重要作用。阅读是学生开阔眼界获取科学文化知识的主要渠道，同时，阅读对培养学生的人生观、世界观，对学生思想道德品质的形成、人格和个性的发展均有重要影响。其他学科的教学，如政治、历史等社会学科，也需要借助阅读展开；即使是数学、物理等自然学科也需要以阅读为基础。因此，阅读教学不仅在语文教学中具有核心地位，在整个基础教育中的地位也不可小觑；人们常说“得语文者得高考，得阅读者得语文”，由此可见其重要性。

根据不同视角可以把阅读教学分为不同类型，如，从语体角度可以分为

① M·W·艾森克、M·T·基恩著，高定国、肖晓云译：《认知心理学（第四版）》，华东师范大学出版社2004年版，第479页。

现代文阅读教学和文言文阅读教学;从文体角度可以分为论述文阅读教学、实用文阅读教学和文学作品阅读教学。本书根据中小学阅读教学中的实际情况,将阅读教学分为单篇课文(简称单篇)阅读教学、群文阅读教学和整本书阅读教学。

第一节　单篇阅读教学

单篇阅读教学即语文教师通过引导学生学习单篇课文提高阅读素养的过程,是中小学阅读教学的基本形式。单篇课文即入选到中小学语文教材的一个个独立文本,往往是一篇完整的文章或作品,即使是作品节选也是经过编者加工而成的一个完整的教学系统或教学单位。因此,与群文和整本书相比,单篇的篇幅虽然不长,但是作为一个完整的教学单位,其教学必然涉及诸多方面,如谁教与谁学——教学主体、教学什么——教学内容、怎样教学——教学过程与方式方法、教学得怎样——教学评价等。然而,在中小学阅读教学实际中,单篇教学最突出的问题通常有两个,即教学什么和怎样教学,因此,本书着重围绕这两个问题展开论述。

一、单篇阅读教学内容

一篇课文是一个包含诸多因素的复合系统,涉及方方面面问题。在实际教学中,有很多教师在确定课文教学内容时往往感到很茫然,要么什么都教,字词句篇、语修逻文、听说读写、知(知识)能(能力)情(情感)法(方法)面面俱到,把课文教学变成"满汉全席"式的大杂烩;要么任意为之,想教什么就教什么,把语文课上成了政治课者有之,上成历史课者有之,上成科技常识课者也有之。在我国语文课程发展历程中,这两种确定课文教学内容方式的弊害早已为很多有识之士所揭示。

现代教学论主张,教学是"……教师引起、维持或促进学习的所有行为”[①]，其中，教“是学习的外部条件，为学服务”[②]，“学什么”决定“教什么”。所以，确定课文“教什么”要依据学生“学什么”。具体就一篇课文的教学内容设计而言，可以从以下几个方面着手。

（一）依据课文教学目标

“教学目标的本质是对学生学习结果的预期”，一篇课文的教学目标就是预先对学生学完课文后将要学得的知识、能力、情感态度、听说读写行为等方面所做的概括性描述，也就是对学生在一篇课文中将要学到什么所做的规定。因此，课文教学目标规定了学生在一篇课文中应该“学什么”；这也意味着，通过课文教学目标，我们就可以确定学生在该篇课文中应该“学什么”。

既然教学目标蕴含着学习结果，因而，确定学生在课文中应该“学什么”，必须对课文教学目标中蕴含的学习结果性质、类型等进行科学分析；而要科学分析学习结果，必须以科学的理论为指导，否则易于陷入盲目随意的境地。国内外学术界关于学习结果的理论有很多，代表性的如布鲁姆教育目标（即学习结果）分类理论、安德森两类知识学说等。美国当代著名教育心理学家罗伯特·加涅集学习结果分类研究之大成，将学生的学习结果分为言语信息、动作技能、智慧技能、认知策略和态度等五种类型，并揭示了各类学习结果的获得所需要的心理机制和学习条件。我国学者综合国内外相关研究成果并结合我国中小学生语文学习的特点，对中小学生语文学习结果进行了有针对性的研究，将其分为语文知识、语文技能、语文策略和情感态度。其中，又将语文技能分为语文动作技能和语文智慧技能[③]。语文学习结果分类理论是分析课文教学目标、确定课文教学内容的重要依据。教师将课文教学目标归入到四类学习结果中的某一类，就可以将教学目标转化为学习结果。例如，课文《雷雨》的教学目标为：

1.了解戏剧基本常识，了解戏剧主要情节。

2.把握戏剧主要矛盾冲突，分析冲突所折射的人物性格特征，从而理解戏

① 施良方主编：《教学理论：课堂教学的原理、策略与研究》，华东师范大学出版社1999年版，第13页。

② 皮连生主编：《学与教的心理学》，华东师范大学出版社1997年版，第222页。

③ 何更生：《现代教育心理学的语文课程目标分类观》，《语文建设》2007年第11期。

剧主题。

3.在品味戏剧语言的基础上对节选的剧本展开表情朗读。

4.能够抓住言行分析人物形象。

5.体会戏剧冲突中所表现出来的假丑恶与真善美,认识具有典型意义的剥削阶级家庭的罪恶历史,从而认清半封建半殖民地社会的罪恶与黑暗以及它灭亡的必然性。

根据语文学习结果分类理论,可对该课文教学目标隐含的学习结果类型作如下分析:

目标1属于语文知识,具体包括:(1)文体知识:矛盾冲突、潜台词、舞台说明等戏剧概念的记忆和理解;(2)作者与作品知识:曹禺的简历与文学贡献,剧本《雷雨》的创作背景及价值。(3)主题知识:从鲁侍萍大年三十的雪夜被赶出周家家门到在周公馆与周朴园重逢30年间发生的主要事件。

目标2属于语文智慧技能,具体包括:(1)概念的运用:通过周朴园与鲁侍萍、周朴园与鲁大海、周萍与鲁大海、周朴园与周冲的对话以及他们的行为把握"矛盾冲突"和"性格特征"这两个关键概念。(2)规则的运用:通过周鲁两家五个主要人物之间的矛盾冲突理解本文"从历史发展的过程中……彻底揭露旧中国家庭和社会制度的弊害……充分表现受害者的悲惨命运"的主题。

目标3属于语文动作技能即剧本朗读规则的运用:朗读的语气和语调要与剧中人物的身份(如周朴园是资本家、鲁侍萍是受害者)和心理(如周朴园:你,你贵姓——疑惑心理、你来干什么——恐惧心理)相符;朗读面部表情变化要与剧中人物情感变化一致。

目标4属于语文策略,具体包括:(1)注意策略:阅读时关注五个主要人物的话语和动作;(2)思维策略:筛选与五个主要人物在冲突中的话语和行为有关的信息对周朴园、鲁侍萍和鲁大海等人物的性格特征进行概括和评价。

目标5属于情感态度,具体包括:(1)情感体验:对周朴园虚伪冷酷言行的憎恶、对鲁侍萍苦难遭遇的同情;(2)价值标准:对剥削阶级家庭的罪恶历史和半封建半殖民地社会的罪恶与黑暗的否定和批判。

将教学目标纳入一定类型的语文学习结果之后，也就把学生所要学习的课文内容转化为一定的学习类型，即由课文中的客观信息变为学生大脑中将要获得的主观信息，从而确定学生在该篇课文中将要学到的内容。

（二）依据学生的语文"学情"

教学目标是教师根据课程目标、教材和学生学习语文的一般规律设计的，因而，根据课文教学目标所确定的学习内容往往并不适合每个学生的具体情况。要求学生在课文中应该"学什么"并不意味着每个学生实际上都能够在课文中"可能"学到什么。由于每个学生处于不同的起点状态，对同一篇课文，不同学生所能学的内容是有所不同的，正所谓"一千个读者一千个哈姆雷特"。所以，确定课文"学什么"仅仅从教学目标来考虑是不够的，还必须对每个学生的"学情"作深入分析，即对学生现有的知识结构、能力水平、学习动机状态等进行识别和判断。

1.分析学生的起点状态

起点状态即学生开始完成新的学习任务之初所具备的知识、技能、策略、态度等状况。首先，从学生现有的语文知识来看，对同一篇课文的学习而言，不同的学生群体和个体所具备的语文知识是有差异的，这种差异一方面表现在知识的数量之上，如，关于《雷雨》一课的语文知识涉及写作背景知识、关于作者曹禺的知识、戏剧常识、与作品内容相关的历史背景知识、人物知识（如资本家、仆人、矿工、情人等）、情节知识、场景知识（如关于旧中国资本家家庭环境布局的知识）等，不同地区的学生、不同家庭背景的学生、不同学习兴趣和成绩的学生对这些知识掌握的情况是不同的；仅就戏剧常识来说，爱好戏剧的学生肯定比对戏剧毫无兴趣的学生积累了更多这方面知识。另一方面学生在知识的质量上即在知识结构和功能上也存在一定差异。如，同样是戏剧常识，不同学生长时记忆中有关戏剧知识的储存方式是有区别的。有的按照剧种储存，有的按照时代储存，有的按照主题储存，有的按照作者储存。结构不同，在某种特定情境中提取知识的效率和效果就存在差异。因此，在确定一篇课文学生学什么语文知识时，要对学生现有知识的掌握情况进行诊断分析。

其次,从学生所具备的语文技能来看,每个学生的阅读技能水平有所不同。现代语文学习心理学研究表明,阅读学习中的智慧技能具有不同的层级,不同起点状态的学生其智慧技能所处的层级水平是不同的,而且最终习得的智慧技能的层级水平相应也存在一定的差异。例如,起点能力较低的学生可以进行辨别学习(如文字认读),稍高的学生可以进行概念学习(如词汇理解),再高一些的学生可以进行一般规则的学习(如句子理解),最高的学生可以进行高级规则的学习(如语段和语篇的分析鉴赏)。不同起点能力学生的阅读智慧技能及其学习层级水平如下(见图4)①:

篇章分析(高级规则)

↑

语感运用(一般规则)

↑

词义理解(概念)

↑

字词识别(辨别)

图4　阅读智慧技能的学习层级

同样,语文动作技能也可以分为不同的层级。目前学术界尚缺乏关于语文动作技能层级划分的权威研究,但美国心理学家辛普森将动作技能分为知觉、定向、有指导的反应、机械动作、复杂的外显反应、适应和创新等七级的理论值得我们借鉴。根据该理论,学生在学习一篇新课文时,他们现有的诸如朗读、背诵、复述课文这些动作技能的水平是不等的,处于不同层次,例如,有的同学处在第四级,有的同学处在第五级。处于不同技能层次的学生,他们在同一篇课文中实际所能学习的动作技能也会有所不同,我们在确定他们学习哪些语文动作技能的时候相应要区别对待,有的放矢。

再次,从学生语文策略学习状况来看,他们现有的认知策略水平也存在一定的差异。一方面,认知策略的学习与元认知发展水平有关;而学生的元认知发展水平是有差别的。不同元认知发展水平的学生学习同一篇课文所学得的语文策略性知识会有不同。另一方面,语文策略和语文技能一样,其本质也是运用概念和规则(对内)办事的能力,本身也存在一定的层

---

① 何更生等著:《语文学习与教学设计(中学卷)》,上海教育出版社2004年版,第58页。

级性。如学习“运用整体—部分—整体法分析文章结构”这一阅读策略，就存在不同层次，较低层次的只知道这个规则的意义；稍高的能够运用该规则分析一篇课文，更高层次的在使用该规则时能够进行反省思维，即对为什么用、怎么用、何时用、何处用、用得怎么样等进行反思，以提高规则使用的有效性。所以，针对处于不同认知策略水平的学生，在确定他们在一篇课文中学习哪些语文策略的时候要考虑到各自的实际情况，因人制宜。

最后，从学生已有的情感态度来看，学生所具备的与课文学习相关的情感态度各有不同。现代心理学认为，个体对客观事物情感体验在深刻性和稳定性上存在差异；布鲁姆情感领域教育目标根据价值内化程度进一步将情感由低到高分为接受—反应—价值化—组织—价值与价值体系的性格化五级。这就是说，学生在情感态度和价值观学习上也存在不同层次，他们在着手学习一篇新课文时也会处于不同层次的情感状态。起点不同，在特定时间和条件下所能达到的终点目标也会有异。这就要求教师在确定学生在课文中获得什么样的情感体验，达到哪一级情感层次的目标时，不要搞“一刀切”，而要考虑每个学生现有的情感状态是怎样的，根据每个学生的实际情况确定切实可行的情感教学内容。

2. 分析学生的“知识空缺”

维果斯基认为，教学内容要根据“最近发展区”和“现实发展区”之间的一段空间来设定。这一段空间，是“预期状态与实际状态的差距”①或者说是教学目标与起点状态之间的差距，现代认知心理学把这种差距称为“知识空缺”。教学的实质就是引导学生通过获取一定的信息来“填补”这个“空缺”；就课文教学来讲，用来“填补”“空缺”的信息实际上就是学生在本课中需要学习的内容，也就是课文的实际学习内容。要“填补”“空缺”首先必须识别“空缺”。根据有关研究，课文学习的“知识空缺”主要有以下两种情况：

一是知识类型的缺失。按照现代知识分类教学论的观点，学生要顺利展开一篇课文的学习，必须具备三类知识：陈述性知识、程序性知识和策略性知识。如果三类知识缺乏或缺乏其中某一类，都会影响课文学习的效

① 皮连生主编：《教学设计》（第2版），高等教育出版社2009年版，第70页。

果。陈述性知识即前面所说的语文知识包括文章（作品）内容知识、写作背景知识、作者知识、文学（文体）常识以及社会价值标准等，缺乏这些知识，学生就不能顺利建构文本意义，陷入死记硬背的机械学习；程序性知识即语文技能，包括阅读技能、写作技能和口语交际技能，其中阅读技能又包括文字认读技能、词汇理解技能、句子理解（语感）技能、分段和概括段意技能、主旨分析与鉴赏技能、写作特色分析与鉴赏技能等，其本质是运用语文概念和规则加工文本信息的能力，因此，程序性知识是学生解读、分析和评价课文的基础，如果不具备就会导致“不能”阅读；策略性知识即语文策略，其中，与课文学习相关的策略性知识有两类：阅读策略和学习策略，前者指运用一套有效的方法监控阅读活动中的认知过程以提高阅读的效率，如“SQ3R阅读法”“四遍八步读书法”“抓住段首句的关键词概括段意法”等；后者指运用一套有效的方法提高阅读学习的效率，如“预习法”“圈点勾画法”“查工具书法”“先行组织者法”等。学生缺乏这些知识往往也能读懂课文，但阅读效率和学习效率较低，即导致所谓“不会”阅读或学习。教师可以通过教学目标与学生起点状态的对比分析，把学生达到教学目标所缺乏的知识类型揭示出来，并引导学生在课文中挖掘出缺失的知识，围绕这些知识展开学习，这些知识也就成为学生在该篇课文中需要学习的内容。同时，要把学生已经具备的知识予以排除。例如，如果学生在学习《雷雨》剧本之前已经看过《雷雨》的电视剧或话剧，对剧中人物和情节等已经有所了解，那么与上述目标1相关的作品内容知识（了解剧本主要情节）就可以不作为本课的学习内容。

二是知识掌握程度的不足。通常情况下，中学生在学习一篇新课文时大脑中或多或少已经具备了三类知识，只是在知识掌握的程度上存在不足。学生学习不同类别知识在掌握程度上有不同要求：陈述性知识学习有储存、理解、迁移三种水平。程序性知识学习包括概念和规则意义的建构、概念和规则向技能转化、技能运用的自动化三个阶段；策略性知识也由认知、转化和反省三个阶段构成。三类知识的学习只有分别达到第三阶段才算真正达到掌握；但在很多情况下，学生在学习一篇新课文时对三类知识或者对其中某一、两类知识的学习只达到了第一或第二阶段。例如，《荷塘月色》中通感句的学习，最终状态是能够在含有通感句的文本中自动化识别、判断通感句的结构并正确理解句意；而学生往往只知道什么叫通感句即只达到程序性知识学习的第一阶段——概念和规则意义建构阶段。此时，引导学生通过课文及相关文章中通感句分析鉴赏使知识由陈述性形式转化为程序性形式，并且通过对新的含有通感句文本的迁移性解读，达到对该类知识灵活运用，才能顺利完成通感句的学习任务。因此，程序性知识学习的第二和第三两个阶段的学习内容就成为该篇课文学生需要学习的内容。

（三）依据文本的特点与实际

1.依据课文的文本特点

入选语文教材的各类文章或文学作品，因时代、题材、体裁和作家创作风格的不同而具有不同的特点。确定教学内容时必须充分依据各类文章或作品的特点，因文而异，因文制宜，这样才能设计出与文本特点相适应的教学内容。一篇课文由思想内容和语言形式两大因素构成，所以，在确定语文教学内容时，必须深入挖掘文本的思想内容、语言风格和结构手法等的特点，揭示出“这一篇”独有的特殊的教学内容因素。具体包括：①语言特点。每篇课文都是作者在特定的言语情境中言语活动的结晶，都有其独特的语言魅力。一些关键字词和语句如“诗眼”或“文眼”、画龙点睛之笔、蕴意深远之言、开门见山或卒章显志之句等，理当作为教学内容。此外，那些能够彰显作者语言风格或文本特色的字词句也不可忽视。②文体特点。入选语文教材的文本都归属于特定的文本体式，文本体式可以分为不同层次，上位体式有文类如论述类文本、实用类文本和文学类文本，文类之下有文体如文学类文本包括诗歌、散文、小说和戏剧四种文体；特定文体之下还可以进一步分为不同种类的下位文体，如散文可以分为抒情散文、叙事散文、写景散文、说理散文等。不同文体有不同的组织结构规则、语言表述规则和构思写法规则，这些都应作为确定课文教学内容的依据。③内容特点。文本是表情达意的载体，每一篇课文都蕴含着作者独特的思想观念和情感情操，这就是文本中特定的“道”即文章或作品内容知识，如《孔乙己》揭示的“一般社会对苦人的凉薄”,《社戏》所表现的人与人之间的平等、真诚与友爱,《祝福》展示出的社会各类群体缺乏对弱者的尊重和同情的悲凉,等等,这些独特的“道”应该作为教学内容的组成部分。

2.依据教材的编写意图

语文教材具有原生价值和教学价值双重价值,一篇文章或作品进入语文教材中之后,就不仅仅是一篇社会阅读的客体了,而是语文教学的材料,在其原生价值的基础上生发了教学价值。因此,教师在确定课文教学内容时,不仅要考察其本身固有的原生社会价值或艺术价值,还要考察它作为语文教学的材料有哪些教学价值,即需要考察教材编者将其选入教材的一些意图。最重要的是立足单元整体编排意图确定课文的教学内容。现行语文教材是按照一定的线索(如“人文主题”和“语文素养”)把若干单篇课文进行组元的,每个单元都有单元教学目标,要依据单元教学目标确定单篇课文的教学目标,再根据教学目标确定课文教学内容。例如,部编本语文新教材七年级下册第二单元的单元教学目标及各单篇教学目标:

表4　单元目标与单篇目标

单元目标	课　题	单篇目标
(1)体会本单元各篇课文中的“家国情怀” (2)学习运用批注法 (3)学习直接抒情和间接抒情	《黄河颂》	(1)准确、流利、有感情地朗诵诗歌,领会黄河象征中华民族伟大精神的内涵 (2)运用批注法,赏析精彩段落和关键语句 (3)了解直接抒情特点,体会作者慷慨激昂的情感
	《最后一课》	(1)准确、流利、有感情地朗读课文,理清小说故事情节 (2)运用批注法,赏析文中主要人物描写 (3)品味文中含义深刻、感情丰富的句子,体会间接抒情的特点。
	《土地的誓言》	(1)准确、流利、有感情地朗读课文,体会作者对故乡的热爱之情和强烈的爱国情怀 (2)运用批注法,赏析文中语句的深层含义,表达自己独特的感受 (3)从直接抒情和间接抒情多角度感受课文的抒情方式
	《木兰诗》	(1)借助课下注释和工具书,疏通理解文意,并准确、流利、有感情地朗读课文 (2)运用批注法,分析文中人物形象

二、单篇阅读教学策略

现代教学论主张，教学就是为学生的学习创设适当的外在条件；而外在条件的创设要依据学生学习的内在条件。设计一篇课文“怎样教学”即教学策略，其实就是要为学生学习这篇课文创设一定的外在条件，要依据学生学习单篇文本的内在条件展开课文教学策略的设计。

（一）单篇课文阅读教学过程

课文教学过程指教师引导学生依据教学目标通过文本解读展开学习的活动顺序。由于单篇课文通常有多项教学目标，不同学生进入同一文本的起点能力也不同，因而，单篇课文的教学过程也不可能是单一的。达成不同教学目标存在不同的教学过程。现代教学论研究表明，决定教学活动顺序的最重要线索是智慧技能学习；而智慧技能学习的内在条件是：下位技能是上位技能学习的必备条件。相应的教学程序是：辨别学习→概念学习→一般规则学习→高级规则学习。对于一篇课文而言，其教学程序相应为：识字学习→词汇学习→语句学习→篇章组织结构与技法学习。此外，言语信息是智慧技能学习的支持性条件，也就是说文章（作品）内容知识的学习是语言技能和篇章理解分析与鉴赏技能学习的支持性条件，由此决定了语文单篇课文教学过程的一般模式应该包括四个环节：①字词句（基本技能）教学。②内容知识教学（背景知识和主题知识教学）。③篇章规则（高级技能）教学。④读写（或口语交际）迁移教学。下面以钱梦龙《荔枝蜜》的教学实录具体说明这种阅读教学过程：

1.忆词语

师：“掐”“蜇”谁会写？（两学生上黑板默写）蜇了一下以后，他痛得差点儿从树上掉下来，因此对蜜蜂没有什么好感，后来怎么又原谅了蜜蜂？

生：因为知道蜜蜂蜇了人以后，它自己也活不久了。

师：作者虽然原谅了蜜蜂，但对蜜蜂多少还有点儿怨。这种感情很微妙，作者是用什么词语来表达的？

生：疙疙瘩瘩。

师:会写吗?(一学生上黑板默写)这是一种怎样的感情?

生:不愉快,不舒服,有点儿别扭

这个环节主要是进行词语教学即基本技能教学,为后面的高级规则教学创造条件。

2.理思路

师:我们再来看一看,作者写荔枝树时有没有伏线——暗中照应蜜蜂的句子?

……

师:……同学们讨论得很好。这三段,作者笔下写的是荔枝树,但心中想的是蜜蜂,所以处处有伏线,时时有照应。作者的确做到了他自己说的从不放纵笔墨,他的文心很细……

这个环节重在引导学生学习伏线、照应等高级规则,属于高级智慧技能的教学即通过引导学生探究文本具体语句(规则运用的例子)让学生习得其中隐含的语文规则。

3.识文眼

师:现在有三处可能是文眼。同学们思考一个问题:什么样的句子才能成为文眼?

……

师:……文章的文眼不一定只在一个句子上。你们看,这最后两节都是由蜂——(生应:及人)由歌颂蜜蜂进而歌颂劳动人民,而作者变蜂的愿望其实也正是向劳动人民学习的愿望,所以这两处都可以是文眼……

这个环节重在学习文章内容知识的基础上着重引导学生学习识别文眼的方法,即进行阅读策略(本质也属于高级规则)的教学。

4.品语言

师:散文的语言都很美,而杨朔尤其讲究语言的锤炼。刚才同学们都说了杨朔散文的语言给人以美的享受,下面就来细细品尝。先请同学们各自有感情地读一遍,边读边品味,然后说说,除了上面已经找出的一些文眼所在的句子以外,你还对哪些句子特别欣赏?

这个环节着重进行审美体验和鉴赏的教学,既属于高级技能即审美鉴赏技能的教学,同时也渗透了审美情感态度的教学。

（二）单篇课文阅读教学方法

现代教学论主张，特定的学习结果需要特定的学习条件，或者说“学习什么”决定“怎样学习”。根据以学定教的原则，要设计一篇课文的教学方法，必须依据该篇课文的学习结果类型；反过来讲，要让学生习得一篇课文所隐含的各类学习结果，必须依据特定类型学习结果所需要的学习条件选用相应的教学方法。如前所述，学生在一篇课文中获得的学习结果有四个方面：文本知识（内容知识和文体知识）、阅读技能（基本技能和高级技能）、阅读策略（认知策略、学习策略）和阅读态度（情感、动机）。要依据这四类学习结果设计教学方法。

1.文本知识教学方法

知识（狭义即陈述性知识）的学习重在记忆与理解。对单篇课文而言，学生主要是学习文本内容知识即主题知识。学习这类知识不能死记硬背而重在理解；要理解文本内容知识必须运用与文本主题相关的已有知识。这就需要运用两种教学方法：①先行组织者法。所谓先行组织者指在学生学习一篇新课文之前学习的一段与课文内容相关的材料，包括陈述性组织者和比较性组织者两种。当学生缺乏与文本主题相关知识的时候，教师可以先给他们提供先行组织者如写作背景、文章梗概、作品简介等方面的材料，让他们通过学习先行组织者建构起与课文主题知识相关的知识结构，有了这种知识结构就可以顺利同化或建构文本主题知识的意义。②加工线索法。从认知心理学看，理解课文的机制即信息加工过程；读者在加工文本信息的过程中，最重要的环节是从长时记忆中提取相关知识对输入到工作记忆中的文字符号信息进行解码。如果学生自己能够顺利地从长时记忆中搜索提取有关知识，就可以顺利解读文本，这就不需要教师指导，自主探究文本即可；如果学生不能顺利搜索到相关知识，就需要教师通过提问、讲解、板书或多媒体的方式为学生提供搜索、激活相关知识的线索，帮助他们顺利地从长时记忆中提取相关知识建构文本意义。

2.阅读技能教学方法

阅读技能教学重在引导学生学习构成技能的概念和规则；而概念和规则的学习方法有概念或规则→例子（接受学习法）或例子→概念或规则（发

现或探究学习法)两种;相应的教学方法则是讲授法和提问法。现代教学理论研究表明,通过接受法习得的概念和规则与通过发现法(探究法)习得的概念和规则相比,后者更有助于迁移为解决问题的能力。因此,教学概念和规则最好用引导发现(探究)法。由此可见,阅读技能的主要教学方法就是提问法,通过教师口头或板书、多媒体呈现问题,引导学生在单篇课文中探究其隐含的语文概念和语文规则。这里必须指出,用提问法只能让学生在课文中习得概念和规则的意义,要掌握阅读技能,还必须为学生创设“举一反三”的练习情境,使概念和规则由陈述性形式转化为程序性形式,这就需要使用练习法或变式练习法并辅之以反馈法(评价法)。

3.阅读策略教学方法

阅读策略学习本质也属于概念和规则学习;因此,其教学方法也是通过运用提问法引导学生在课文中探究隐含的语文概念和语文规则(如文本中的思维方法)。但是,与阅读技能不同的是,阅读策略的本质是运用概念和规则对内办事(调控认知过程)的能力,构成这种能力除了要习得一定的认知规则之外,还必须运用反省认知或元认知进行监控。这就需要教师为学生创设自我反省的情境,相应的教学方法除了提问法之外,还包括讨论法、自我反思法和自我评价法等。

4.阅读态度(情感)教学方法

现代学习论提出,态度学习有两种方法,一是观察学习法,二是亲历学习法。同样,通过单篇课文教学让学生习得相应的情感态度也有两种教学方法:①榜样教学法。如果要让学生习得课文中所表达的情感态度,那就要引导学生观察文本中的主人公(榜样)的行为及其结果;如果要让学生习得对课文阅读的正确态度,那就要引导学生观察教师或同学(榜样)解读文本的行为及其结果。②体验教学法。同样,如果要让学生习得课文中所表达的情感态度,可以引导学生通过角色扮演或通过联想、想象入境(走进文本)体验,与作者产生情感共鸣;如果要让学生习得对课文阅读的正确态度,可以引导学生经历整个文本解读过程(亲历)并对其解读结果予以积极评价如口头表扬、体态肯定等。

第二节 群文阅读教学

一、群文阅读概述

群文阅读即通过确定一个或多个议题来选择与议题相关的多个文本进行自主阅读与集体建构,最终达成共识的过程。其间“群文”中的“文”不仅仅代表单篇的文章,而更多的是指“文本”。群文阅读教学和传统的单篇阅读教学相比不再是“一篇一篇的教”,而是“一组一组的教”,避免了阅读教学的碎片化和教学内容讲解的低效化。

(一)群文阅读的特点

一般而言,学生阅读大抵经历由语言到思想、由形式到内容、由部分到整体的心理活动过程。然而,群文阅读无论形式上还是内容上都发生了较大变化——增加了阅读数量,扩展了阅读内容。具体说来,群文阅读有如下几个特点:

1.关联性

法国符号学家朱丽娅·克里斯蒂娃认为:“任何作品的文本都像许多行文的镶嵌品那样构成的,任何文本都是其他文本的吸收和转化。”[①]构成群文的所有的文本都不是自给自足的,是多文本交互渗透的结果,具有较强的交互性。首先,具有共同的目标,多文本都是为某一群文主题服务的。中学语文阅读教学的内容一般由实用类文本、论述类文本以及文学类文本三个部分组成。每一类文本都是一个群文,这些群文都有着服务主题的目的。其次,群文间具有一定的相似性,共同的议题便是群文的相似性的表现,此外,知识内涵相同;文体知识相同;亦或者写作手法相同,这些都体现了相似性。最后,群文是形成一定图式的例子。组建群文就是在头脑中创

① 转引自朱立元著:《现代西方美学史》,上海文艺出版社1993年版,第947页。

建一个主题图式，群文中的相关文本的阅读是在已有图式中进行完善和补充的。如教师上《大美兰亭》群文阅读课时，围绕“大美兰亭”这一关键词，选择了王羲之《兰亭集序》（节选）、赵孟頫《兰亭十三跋》（第四跋、第十二跋）、王文杰《读帖》、李世民《王羲之传论》等文章[①]形成链接式的群文组织。这里的《兰亭集序》《兰亭十八跋》《读帖》等便是“大美兰亭”这一人文主题图式补充的例子。

2. 系统性

文本是由文体、写作手法、主题思想等几部分构成。每个部分都可组合成一个群文，组建的群文之间便形成了完备有序的规则体系。譬如，朱自清的著作可以形成一个大群文。朱自清作品的语言特色、写作手法、体裁、主题思想等可构成一个个小群文。小群文是类属于大群文的，它们在大群文的统摄下具有了一定的系统性，有着牵一发而动全身之功效。例如，围绕“愁”这一主题可选择一组文本构成有关“愁情”的群文，其中包括李煜的《虞美人》中“问君能有几多愁，恰似一江春水向东流”以江水之多来喻愁之多。秦观《江城子》中“便做春江都是泪，流不尽许多愁。”此愁已被物化。李清照《武陵春》中则将“愁”搬上船：“只恐双溪舴艋舟，载不动许多愁。”此愁竟有了重量。[②]这组群文类属于“高超的语言艺术”这一大群文，对“愁”的不同表达便形成一定的语言表达的规则系统。

3. 及时性

群文阅读是“比对读议”过程的演进，教学过程中的“比对读议”必须以及时的意义建构进行总结。[③]其间，及时的意义建构是及时性的表现之一。与此同时，还包括选择图式例证的及时。首先，较之单篇阅读，群文阅读是由议题引领多文本进行阅读，需要及时对主题进行总结与深化，构建完整的主题图式。其次，群文阅读是以议题为任务驱动，通过多文本的“对比读议”实现意义建构和问题解决的过程。多文本“对比读议”的前提是要及时选择与议题相关的文本对照阅读。相关的文本将有效地完善学生头脑中的已有图式。所以，面对一个议题，教师需要及时结合教材和课外读

① 潘庆玉：《群文阅读：由链接而群聚，因秘响而旁通》，《语文建设》2018年第1期。

② 倪文锦：《语文核心素养视野中的群文阅读》，《课程·教材·教法》2017年第6期。

③ 何立新、王雁玲：《基于问题解决的群文阅读教学实践尝试》，《语文建设》2017年第4期。

物选择文本，由此组成跨越式的多文本。

（二）群文的组织方式

群文阅读与单篇课文阅读的根本区别不在于“阅读”而在于“群文”，也就是说如何组建群文的问题是群文阅读的关键问题。那么，该用怎样的方法去组建群文呢？

1. 以文体为线索组织群文

文体属于文本结构宏观范畴。无论是阅读教学还是写作教学都提倡文体类型的多样化。阅读多种体裁的作品以此来丰富学生的阅读体验。以文体来组建群文将极大地丰富学生的文体认知。就《湖心亭看雪》而言，它是一篇小品文。该文体篇幅短小，内容常常是作者经过反思传达给读者的一种讯息。本文体较之散文、诗歌等文体，学生知之甚少。此时，可以结合张岱的其他小品文如《陶庵梦忆》《西湖梦寻》，以及拓展语文教材中的小品文，如吴均的《与朱元思书》等，由此形成的群文，不仅文本类型多样，而且阅读的内容也十分丰富。将较好地完善学生脑海中小品文的“文体图式”，达到了学一篇知多篇的阅读效果。

2. 以写法为线索组织群文

写法属于文本结构的微观范畴，写作手法的不同将大大影响创作的风格。一篇课文往往包含多种写法，但学生在一两个课时内不可能把所有写作手法予以掌握和运用。若以某一手法为例加以学习，有助于加深学生对该手法的理解以及灵活的运用。以白描手法为例，马致远的《天净沙·秋思》正是运用白描手法对景物进行了有序的排列。鲁迅《故乡》的开头：“那时候既然是深冬，渐近时，天气又晦暗了，冷风吹进船舱中，呜呜的响，从蓬隙向外一望，苍黄的天底下……”《药》中小栓的外貌描写“两块肩胛骨高高凸起，印成一个阳文的‘八’字……”这些描写寥寥数语却为读者勾勒出故乡的衰败以及小栓独特的人物形象。将这些运用白描手法的文本组成群文对照着来阅读会加深学生对该手法的理解，由此来完善学生脑海中的“白描手法图式”。日后，在写作中学生可以及时调取相关图式并将其运用到写作中来，真正做到学以致用。

3.以作者为线索组织群文

语文教科书中入选了许多名家名篇供学生阅读，其间偶尔会出现同一作家的多部作品。像毛泽东、鲁迅以及朱自清等作家的作品贯穿于整个基础教育阶段中。由此，语文教师面临的问题就是："同一个作家会在不同学习阶段中被重复介绍"。如鲁迅这一作家不仅会在不同学段被介绍，还会在同一学段的不同学习单元被介绍。初中学习《从百草园到三味书屋》一文时会介绍鲁迅，等到了高中学习《祝福》时还会介绍。由此，作者简介的重复讲解容易在学生阅读经验中造成"套板效应"。[①]为了避免作者相关知识讲解的低效化，可以就某一作者为线索组建群文，让学生了解作家写作风格的同时走进作者。就鲁迅的杂文集为例，将鲁迅的杂文集如1925年的《热风》、1927年的《华盖续集》、1933年的《伪自由书》、1936年的《且介亭杂文》组成一个群文供学生阅读。首先，学生只需了解一次作者，避免重复讲解；其次，学生可以了解不同时段鲁迅杂文的内容及行文特点，丰富学生头脑中"鲁迅杂文"的图式；最后，学生还可以总结出鲁迅杂文在所有时段写作的风格及特点，形成一条详备的知识链条，便于学生日后对相关知识的提取。

4.以主题为线索组织群文

主题是篇章结构中的灵魂，是引导学生树立正确人生观、价值观的奠基石。没有主题的学习是杂乱无章知识的堆砌。就《前赤壁赋》中苏轼的精神追求来看，读者们都关注到"壬戌之秋，七月既望，苏子与客泛舟游于赤壁之下"的独特行为，这与《湖心亭看雪》中张岱"是日更定，独往湖心亭看雪"的痴行不谋而合，都表达了不愿同流合污的高尚品质。其实，表达该精神追求的文本又何止这两篇。如周敦颐的《爱莲说》中"出淤泥而不染，濯清涟而不妖"对高洁品质的追求。将这些主题相关的文本组建成群文有助于学生体悟不愿同流合污这一高尚品质。文本情感的理解将有助于熏陶与感化学生的行为，以此来引导学生树立正确的价值观。

二、群文阅读教学策略

群文阅读指导是语文阅读教学中的重要组成部分。教师指导学生进行

① 欧欣煜：《穿透夜色的诗情——〈群文阅读：杜甫〉教学设计》，《中学语文》2016年第24期。

群文阅读时要遵循群文阅读的特点和学生的认知规律。从群文阅读的视角审视之，指导策略如下：

（一）群文阅读教学目标

要想弄清群文阅读到底“读什么”，首先就得明确阅读教学目标。阅读教学目标是预期的阅读学习结果。通过分析阅读教学目标，可以明确群文阅读学习结果的类型，围绕阅读学习类型确定有效的阅读教学内容。例如，刘悦老师以“古诗中的‘动’与‘静’”为主题的群文[包含《敕勒歌》、《出郊》、《绝句一》（两只黄鹂鸣翠柳）、《绝句二》（迟日江山丽）]教学目标设置如下：

1. 运用“想象”的方法读古诗，感受诗中描绘的画面。

2. 通过《敕勒歌》的学习，发现古诗中“在‘静’的画面中加入‘动’，画面就能‘活起来’”的现象。再通过其他三首诗的对比学习，感受诗中“动静”搭配的美妙，建构对“诗歌‘动静搭配’方式”的作用的粗浅认识。

3. 在《鸟鸣涧》的学习中，探究“诗歌‘动静搭配’有不同妙处”，引发对古诗“动”与“静”的持续的探索兴趣。

将该群文阅读教学目标从学习结果说的角度来进行归纳，由此来确定学生阅读学习的类型（见表5）。

表5　学生阅读学习的类型

群文阅读教学目标	学习结果类型	学习含义
1.运用“想象”的方法读古诗，感受诗中描绘的画面。	认知策略	运用一定的阅读方法调控阅读认知过程，以提高阅读活动的效率。
2通过《敕勒歌》的学习，发现古诗中“在‘静’的画面中加入‘动’，画面就能‘活起来’”的现象。……	智慧技能	运用概念和规则分析、理解和评价课文。
3.在《鸟鸣涧》的学习中，探究“诗歌‘动静搭配’有不同妙处”，引发对古诗“动”与“静”的持续的探索兴趣。	态度	决定选择某种行为（阅读行为）或价值标准的内在心理倾向。

上述阅读学习结果有三类，分别是认知策略、智慧技能和态度。但这并不代表这三类阅读学习结果是等量齐观的。就五类学习结果来看，“智慧

技能居于核心地位。”①早在《叶圣陶语文教育论集》中，叶老就指出：语文学习“以学生获得实益，练成读作之熟练技能为要”②。其间所提的“技能”即是智慧技能。由此，教师在设置群文阅读目标时也应该以“技能”为核心，并围绕着它进行有效的教学内容确定。

(二)群文阅读教学模式

群文阅读教学的开展离不开阅读学习条件的支持，阅读学习条件包括内在的条件(学生的阅读能力；学生的阅读动机等)和外在条件(教学设备；教学环境等)。通过分析阅读学习条件来确定教学模式，有助于提高群文阅读教学的效率。通常，单篇阅读教学的过程大致有导入—整体感知—理解文本—思考探究—拓展延伸—布置作业等几大步骤。较之单篇阅读，群文阅读具有多种形式的教学步骤。群文阅读教学过程主要有并列式、伸展式、归纳式三种类型。

1. 并列式(“T_1—T_2”模式，“T”是文本“Text”的缩写，“T_1”表示文本1，“T_2”表示文本2。下文中出现的文本皆以“T”表示)。即单位时间内将群文中的所有子文本予以阅读。下面以潘慧慧老师的“美丽的谎言”群文阅读教学设计为例(群文包含《唯一的听众》《别饿坏了那匹马》两篇文章)③：

“美丽的谎言”群文阅读教学设计(片段)

比较阅读，寻找共性

(1)感悟共同点A：善意的动机

引导学生结合课文内容，谈一谈，为什么两个谎言都是“美丽”的？

(2)感悟共同点B：会意的瞬间

围绕美丽的谎言展开具体情节时，你觉得这两篇课文内容安排上存在哪些共同点？标出相应的段落。

除了内容有相似之处，这两篇课文还有哪些共同点？

(3)感悟共同点C：刻意的言行

① 何更生：《用任务分析理论看语文教学教什么》，《语文建设》2008年第3期。

② 叶圣陶：《叶圣陶语文教育论集》，教育科学出版社1980年版，第227页。

③ 潘慧慧：《“美丽的谎言”群文阅读教学设计——人教版六年级上册第三单元群文阅读》，《小学教学参考》2015年第31期。

在说出谎言之后，在真相呈现之前，老教授和残疾青年的表现又有哪些共同之处呢？你能找到吗？

上述教学片段便是采用并列式的教学内容安排展开群文阅读教学，让学生同时阅读《唯一的听众》《饿坏了那匹马》两篇文章，由此来探讨"美丽的谎言"这一主旨。不过，需要注意的是，并列式适用于所含子文本较少的群文，三篇以上文本组建的群文使用并列式的概率将大大降低。

2. 伸展式，即群文中的文本依次展开教学，由此串联成相应的教学过程。伸展式因教学环节安排次序的不同以及教学侧重点的不同派生出更多子类型。由"$T_n \rightarrow X$"模式衍生出"$T_1 \rightarrow X$"；"$T_1 \rightarrow T_2 \rightarrow X$"；"$T_1 \rightarrow T_2 \rightarrow \cdots X$"等模式（"X"代表与主题有关的多文本，下文中的出现的多文本皆以"X"表示）。下面逐一阐述：

（1）"$T_1 \rightarrow T_2 \rightarrow T_3$"模式

该模式表示所有子文本依次教学有序展开教学活动。这是伸展式中最为常见的一种教学范式。吴旭青老师在《"人·鸟·世界"群文阅读教学设计》[①]中巧妙采用了该模式。首先学习《一件小事的震动》，接着学习《被困的鸟儿》，然后学习《父亲、树林和鸟》，最后学习《鸟的王国》。吴老师依次讲解子文本，并都安排"想一想""找一找""说一说""画一画"等相关环节展开教学。让学生在了解每一篇文本的基础上对比总结出子文本的共性，由此来深化主题。这适用于教学时间不受限制、学生基础较为薄弱、子文本较少等情况。

（2）"$T_n \rightarrow X$"模式

该模式表示重点教学某一篇或几篇文本，接着依据不同的阅读教学目标来拓展与主题相关的文本供学生自学或探讨。在教学过程中要注意阅读方法有意识的渗透，让学生将所学的阅读方法灵活运用到后续的阅读或自学中来。重点教学几篇是由阅读教学目标与其他影响因素决定的。下面重点就"$T_1 \rightarrow X$"与"$T_1 \rightarrow T_2 \rightarrow X$"两个模式进行阐述。

①"$T_1 \rightarrow X$"模式

该模式表示教师重点教学一篇文章，其余拓展的文本由学生自学完成

① 吴旭青：《"人·鸟·世界"群文阅读教学设计》，《教学月刊小学版》2014年第7-8期。

或者探究完成。对于单位时间较短的教学比较适用该模式，用以确保单位时间内完成群文阅读的教学。下面以刘霖老师的“赏美景”群文阅读教学设计[①]为例对该模式进行介绍。

“赏美景”群文阅读教学设计（片段）

读《济南的冬天》

（1）介绍老舍

默读文章，初步感知济南冬天的美景。

……

（2）学生细读文中写雪后山景的段落，感受老舍文笔的精美

请学生说出自己喜欢的句子，说出喜欢的理由。

……

引导学生拓展阅读《春》《烟台的海》《三亚落日》

……

上述教学设计片段中，教师首先在确定“赏美景”的群文（包括《济南的冬天》《春》《烟台的海》《三亚的落日》）基础上，先重点对《济南的冬天》进行讲解，接着拓展对后三篇文章的学习。该模式先阅读一篇并在学生头脑中构建该群文阅读的学习框架，紧接着在后续的教学过程中不断地完善这一学习框架，由此加深学生对“赏美景”阅读主题的理解。

②“$T_1 \to T_2 \to X$”模式

该模式表示教师重点教学两篇文本，剩余文本作为后续的拓展阅读或作为自学任务。该模式比较适用教学时间较为宽裕的情况。下面以刘丽娟老师的“长处与短处”的群文阅读教学设计[②]为例阐述：

“长处与短处”的群文阅读教学设计（片段）

（1）课内互学

请大家快速读《狮子和鹿》，想想文中讲了一件什么事？

学生汇报，教师出示填空，梳理文章内容。

……

① 刘霖：《“赏美景”群文阅读教学设计》，《新课程（上）》2016年第10期。

② 刘丽娟：《当群文阅读遇到5X教学范式——人教版三年级上〈狮子与鹿〉群文阅读教学设计》，《新课程（中）》2017年第6期。

(2)课中促学

(3)课堂练学

老师还给大家带来了一个寓言故事《骆驼和羊》,请大家自己读,找到关键词句,尝试完成表格。

自读寓言故事《乌龟和鹰》,想想这个故事告诉我们什么?

……

(4)课后拓学

总结寓言的共同点。

推荐阅读《伊索寓言》和《中国寓言故事》。

刘老师重点讲解了《狮子和鹿》《骆驼和羊》两篇文本,剩下的《乌龟和鹰》由学生自读,与此同时教师还推荐阅读《伊索寓言》和《中国寓言故事》。值得注意的是,重点讲解的文本数量可依据不同目标与学习条件自由调控,由此衍生出“$T_1 \rightarrow T_2 \rightarrow \cdots X$”等。不过讲解的文章不宜过多,否则会大大削弱学生学习的主动性与积极性。

3. 归纳式(“X→1”模式,“1”表示共同的主题)。即教师引导学生通过多个(不低于两个)零散文本的学习,在对比中提炼归纳出群文“主题”的阅读教学模式。该教学模式与统编教材“1+X”阅读理念一脉相承。陈媛老师在“纠结母爱”的群文阅读教学设计中便提到由“X”提炼“1”的教学模式①:

“纠结母爱”的群文阅读教学设计(片段)

(1)同学们,今天我们要读的课文是《学会看病》,除了它我们还要读《剥豆》《孩子,我为什么打你》,为什么把这三篇文章放在一起学?

(2)先走进第一个故事《学会看病》。

……

(3)读第二个故事《剥豆》,自由读,想想文章讲了一件什么事。

(4)关注《孩子,我为什么打你》。

(5)聚焦板书,现在你能说说为什么把这三篇文章放在一起学?提炼议题——纠结的母爱。

陈老师将《学会看病》《剥豆》《孩子,我为什么打你》这三篇平铺开来教

① 陈媛:《〈学会看病〉“1+X”群文阅读教学设计》,《教学月刊小学版》2014年第11期。

学，让学生在学习三篇文章的过程中总结出它们的共性——纠结的母爱（议题）。这便是陈老师提到的由“X”提炼“1”，也就是归纳式的群文阅读教学模式。在写作教学中教师一般也会列举多个有共同特质的例子让学生提炼主旨。这种“举三反一”的教学方法很好佐证了归纳式的教学模式。

（三）群文阅读教学方法

对于作为阅读的新范式群文阅读该运用怎样的教学方法，很多教师感到有些茫然：要么沿用单篇阅读教学方法；要么随意而为之。根据群文阅读教学的特点，教师可以使用对比法、速读法和图表法等来有序开展群文阅读教学。

1.对比法

单篇阅读教学一般采用精读、细读的阅读方法对文本进行深入地探究。然而，群文阅读可以采用对比法，在对比的过程中形成共性认知，进而在共性中找个性。下面以覃开明老师执教的“东坡望月”阅读教学（《江城子·乙卯正月二十日夜记梦》《卜算子·黄州定慧院寓居作》《东坡》《水调歌头·明月几时有》）群文设计为例（见表6）：[①]

表6 “东坡望月”阅读卡

题　目	眼中月	心中月
《江城子·乙卯正月二十日夜记梦》	明月	相思月 肠断月
《卜算子·黄州定慧院寓居作》	缺月	寂寞月 孤鸿月
《东坡》	清月	坚毅月 铿然月
《水调歌头·明月几时有》	婵娟	思念月 祝福月

该阅读卡有助于学生进行横向比较找出异同，阅读卡以表格的形式呈现也有助于学生在头脑中构建一定知识框架。我们都知道，图式至少需要在两个或者两个以上的例子的比较中习得，对比法在群文阅读中的运用较好地符合了学生学习与认知的规律。

2.速读法

由于群文阅读要求学生在单位时间内进行多篇文本的阅读，一字一句

① 覃开明：《“东坡望月”群文阅读教学设计与评析》，《小学语文教学》2018年第3期。

地读将会大大影响阅读的效率。因此，群文阅读讲求快速的阅读——速读法。初读文本时，教师可以要求学生快速的默读，找出关键字词并概括出文本内容；再读文本时，可以要求学生快速浏览、跳读，找出与主题相关的信息并圈画出来；研读文本时，可要求学生速读重点语段，通过阅读卡的形式归纳出群文的异同点。一线教师在群文阅读的教学设计中也会使用速读法来进行教学。例如，罗孝平进行“父爱如山”群文阅读教学时，要求学生“快速浏览三篇文章，用笔勾画出感受最深的句子，并在旁边写上批注[①]。”速读法在群文阅读教学中的广泛使用是为了确保在单位时间内完成群文阅读教学的任务。

3.图表法

在认知心理学中，组织策略即整合所学新知识之间、新旧知识之间的内在联系，形成新的知识结构。较为常见的组织策略有系统结构图、模型图、表格、流程图等。利用图形整合知识有助于学生在头脑中构建图式。群文阅读是多文本的阅读，阅读任务量较大，学生注意力容易分散，使群文阅读出现低效化。教师可以将多篇文章中的多个议题元素融在一张图表中，让学生根据设计好的图表有目的、有意识地进行阅读。单篇阅读教学偶尔也会列图表，但是就目前文献资料整理来看，图表法普遍应用于群文阅读的教学中，甚至在一次群文阅读教学中会出现多个图表。例如陈凤娟老师在“爸爸的故事”群文阅读教学设计中两次使用图表。图表也因此衍生出一系列的特殊形式，像阅读卡、学习清单、工作纸等。不过，本质都是利用图表进行知识的整合。图表与一大段语言文字相比，它更为清晰明确。它是从庞杂的语言文字中提炼出关键知识点，学生可以清晰地知晓自己思考的方向，大大节省了学生提炼学习信息的时间，突出强调了学生学习的重点。

① 罗孝平：《“父爱如山”——群文阅读教学设计》，《教育探讨》2017年第41期。

第三节　整本书阅读教学

一、整本书阅读教学概述

“整本书阅读教学”并非新提法，也谈不上是对阅读教学模式的创新。因为早在1931年，夏丏尊先生就在《文章讲话·关于国文的学习》一书中指出：阅读教学应该是对“整册的书的阅读”[①]，这是目前语文界有资料可查的关于“整本书阅读教学”的最早提法。20世纪40年代，叶圣陶先生针对当时语文阅读教学不读整本书的情况，明确提出：“除单篇的文字以外……高中阶段要兼采现代语的整本的书”[②]。随后，顾黄初先生又重申了叶圣陶先生关于整本书阅读的观点，并且一些语文教育家和语文教师也对“整本书阅读教学”的教学范围、教学方法、教学意义等问题进行了不懈思索和探讨，希望借此引起语文界对整本书阅读的重视。但遗憾的是，由于种种原因，“整本书阅读教学”在当时落实的情况仍不尽如人意。近期，这一“旧”概念随着普通高中语文课程标准的修订，成为当下中学语文阅读教学改革的一个亮点和热点。那么，到底什么是“整本书阅读教学”？它相对于单篇阅读教学而言有什么特点？本书将基于语文教育界前辈的研究成果，尝试着从内涵、特点等角度对“整本书阅读教学”的概念进行界定。

（一）整本书阅读教学的内涵

对于“整本书阅读教学”的内涵我们可以从四个方面来把握。首先，所谓的“整”是完整、整体之意，阅读一本书不仅要知道书中所讲的主要内容，而且还要利用书中的注释、目录等，掌握一定的作者知识、背景知识、文体知识或历史知识，即要求学生对一本书的整体内涵和外延要有一个宏观的

① 夏丏尊、叶圣陶：《文章讲话·关于国文的学习》，中华书局2007年版，第108页。

② 叶圣陶：《叶圣陶语文教育论集》（上册），教育科学出版社1980年版，第201页。

把握；其次，所谓的“书”当然不是指所有的纸质印刷品，如果连教学参考书也计入其中的话，那我们的讨论也就失去了意义。整本书阅读的“书”是指那些融入了作家主观生命感受，具有独特灵魂和内涵的作品。再次，所谓的“阅读”，从其对象上来讲，可以是必修课本中节选的作品，也可以是选修课本中规定的作品，亦可是课外的长篇小说、学术著作、科学论文等；从阅读动机上来讲，可以是学生自发地阅读，也可以是在老师或同学的启迪下自主地阅读等；从阅读方法上来讲，可以是精读、细读，也可以是略读、泛读，亦或是浏览、跳读等。最后，所谓的“教学”是指在整本书阅读的过程中，教师要发挥主导作用，协助学生选定阅读书目、指导其选择恰当的阅读方法、组织其进行阅读交流、评价其阅读成果、总结其阅读经验等，使学生的阅读活动符合语文课程的标准和要求。综合以上讨论，我们尝试着将“整本书阅读教学”定义为：语文教师在阅读教学中，引导学生运用个性化的阅读策略，围绕整部作品展开的同作家、作品、同伴、自己对话的过程。可见，整本书阅读教学并不是封闭的、静态的、单一的，而是一个开放的、动态的、合作的过程。

（二）整本书阅读教学的特点

整本书阅读教学区别于单篇阅读教学，它强调的是让学生通过阅读一整部作品，在微观上把握完整的故事情节（长篇小说）、探究书本的论述逻辑和学术思想（学术著作）、了解严密的科学精神和论文格式（科学论文）；在宏观上形成独特的阅读方式、积累个人的阅读经验、丰富自己的精神世界。它相对于以掌握一篇文章中涉及的字词句段篇章等知识为主要目标的单篇阅读教学而言，具有阅读对象多样性、阅读过程综合性、评价方式开放性等特点。

1.阅读对象的多样性

《普通高中语文课程标准（2017年版）》在“学习任务群一 整本书阅读与研讨”中规定：教师指定学生进行整本阅读的作品应该具有“语言典范、内涵丰富，具有较高的思想水平和文化价值”[①]等特点；“指定阅读的作品可从

①《普通高中语文课程标准》，中华人民共和国教育部制定，2017年12月修订稿。

教材课文节选的长篇作品中选择,也可由教师共同商定”。[①]仅就人教版高中语文必修教材来讲,其中《林黛玉进贾府》节选自《红楼梦》、《林教头风雪山神庙》节选自《水浒传》、《烛之武退秦师》节选自《左传》、《鸿门宴》节选自《史记》等,此类节选自长篇作品的篇目不胜枚举。另外,选修教材还提供了各类中外长篇小说、先秦诸子选读、中国文化经典著作等可阅读的对象,课外的古今名篇、中外著作更是数不胜数。可见,整本书阅读教学的对象具有选择空间大、范围广、自由度高的特点。值得注意的是,正是因为可选择作为整本阅读的作品浩如烟海、丰富多样,师生在确定书目时才更应该擦亮眼睛、准确定位,根据自身的需求及作品特点,争取在有限的学习时间内,多阅读一些对学生成长成才、健康发展具有深远意义的经典作品,在阅读时注重深入挖掘其思想内涵及学术价值,促进学生学科核心素养的形成。此外,语文教师在进行作为整本书的节选篇目的教学时,也应强化整本书阅读教学的意识,将视域扩展到整本书阅读的高度来进行单篇阅读的教学设计,从而为整本书阅读教学建立坐标。

2.阅读过程的综合性

语文课程是一门学习祖国语言文字运用的综合性、实践性课程。整本书阅读教学作为语文课程的内容,自然应当遵循语文课程的性质。由于整本书阅读教学的对象涉及完整的作品,因此,它的阅读过程综合了时间长、角度多、指导性强等特征。首先,阅读整本书并非一节课两节课所能完成,它的阅读过程相对于单篇文本要更漫长。《普通高中语文课程标准(2017版)》指出:整本书阅读教学可“安排在两个学期进行”。当然,这也并非意味着阅读战线拉得越长越好,师生可以协商将阅读时间集中使用,这样便于学生集中精力,静下心来认真阅读一本书。例如,江苏省语文特级教师曹勇军老师特别注重整本书的阅读教学,他布置学生用一个学期加一个寒假的时间阅读《瓦尔登湖》和《史铁生散文小说选》两本书[②],并通过“经典夜读”的方式师生交流感悟,探讨疑难。其次,由于整本书阅读教学的阅读对象具有多样性,这也注定了其阅读过程可以从多角度展开。例如,江苏省常州市第三中学的顾岚岚老师,在指导学生阅读鲁迅的小说集《彷徨》时,

①《普通高中语文课程标准》,中华人民共和国教育部制定,2017年12月修订稿。

② 曹勇军:《语文,我和你的故事》,商务印书馆2015年版,第157页。

建议学生可以从小说的“叙述视角”“人物形象”“人物死亡方式”以及“艺术手法”[①]等多角度展开。但需要注意的是，我们讨论的整本书阅读教学是建立在语文学科基础上的，而非广义上的整本书阅读，因此，它的阅读过程理应符合语文阅读教学的特点，角度可以多样，但并非可以天马行空。最后，整本书阅读教学在阅读的完整性和紧凑性上要优于单篇阅读教学，它可以为学生提供一个整体的知识架构和完整的学习情境，从而有助于学生更好地从多个角度来鉴赏经典作品的文化内涵。但其教学过程的难度在于，如果缺少了教师的指导，学生难以选择合适的阅读书目并且无法准确定位阅读重点。胡根林老师认为，“完整的书本阅读应该是在教师有目的、有组织的安排下，学生对书本内容进行精读或泛读”。[②]特别是在学生的阅读表现出浅显化、碎片化等倾向的今天，如何深入完整地去阅读一部作品，更需要语文教师的教学智慧和悉心指导。

3. 阅读评价的开放性

当下“整本书阅读教学”蔚然成风，有一部分语文教师误解了这种阅读教学方式，把让学生摘抄大量句段、写长篇大论的读后感、做形式化的手抄报等作为评价学生阅读成果的方式，结果导致一些学生被这些由整本书阅读衍生出来的评价体系吓得阅读兴趣全无。对此，陈洪峰老师认为，不能让整本书阅读教学成为“压榨”学生的新手段，应该“通过展开丰富多彩、轻松愉悦的活动”开放地评价学生的阅读成果，“让整本书阅读走向纯粹的阅读而非功利阅读”。[③]那么，我们应该如何评价整本书阅读教学的成果呢？一些优秀语文教师的做法给我们提供了启示。例如，上海师大附中余党绪老师，通过“专题学习”的方式将“整本的书”分为三大类，并要求学生按照“原作研读、背景阅读、鉴赏解读、互文比读”[④]的顺序来评价自己的阅读任务。北京第二外国语学院附属中学的李文亮老师，在执教《傅雷家书》的整本书阅读教学时，分三个模块进行阅读评价，分别是“阅读前的准备评价”，包括对确定阅读对象、设计阅读清单的评价；“阅读中的评价”，包括对学生

① 顾岚岚：《“整本书阅读与研讨”任务群教学之我见》，《语文建设》2018年第1期。

② 胡根林、邓华：《“整本书阅读”：应然和实然》，《中学语文》2018年第8期。

③ 胡根林、邓华：《“整本书阅读”：应然和实然》，《中学语文》2018年第7期。

④ 余党绪：《为什么高中阶段学生要读“整本的书”？》，《语文学习》2018年第3期。

笔记、批注、阅读进度、课堂表达等的评价;“阅读后的评价”,即对阅读报告、阅读论文等的评价。成都市外国语学校的刘勇老师,在执教《骆驼祥子》的整本书阅读时,采用了“经典人物形象评说”“改编成舞台剧本”“自选角度创作小论文”等方式评价学生的阅读成果。这些开放的阅读评价方式,不仅拓展了学生的阅读思维、建构了学生阅读整本书的经验,而且提高了他们阅读整本书的兴趣和能力。

二、整本书阅读教学目标

叶圣陶先生曾经将整本书阅读教学的目标概括为:“了解固有文化”“养成阅读习惯”“增强民族意识”。[①]《普通高中语文课程标准(2017年版)》中规定整本书阅读教学的目标是“探索阅读整本书的门径,形成和积累自己阅读整本书的经验”。[②]毋庸置疑,这些目标都是符合教学规律,体现了整本书阅读教学性质的,但其主要是从宏观的角度阐述的。现代教学论认为,教学目标是预期的学生学习结果,那么,具体到整本书阅读教学的课堂中,我们预期学生应该具备哪些学习结果呢?

(一)阅读知识目标

现代认知心理学主张将知识分为两类,即“广义知识”和“狭义知识”。其中,广义知识指的是“个体通过与其环境相互作用后获得的信息及其组织”。[③]具体包括“是什么”的陈述性知识和解决“怎么办”的程序性知识。这里讨论的“内容知识目标”即整本书阅读教学的陈述性知识目标。这类目标旨在阐述学生阅读完整本书以后,能够“记住什么”或者“说出什么”。这类目标又可进一步划分为“单一性知识目标”和“整体性知识目标”。所谓的“单一性”目标是指对具体事物状况的描述,例如,宁波市古林镇中学的汪迟老师,在教学《骆驼祥子》的整本书阅读时,要求学生能说出祥子的

① 李怀源:《叶圣陶“读整本书”思想研究》,首都师范大学出版社2009年版,第64页。

②《普通高中语文课程标准》,中华人民共和国教育部制定,2017年12月修订稿。

③ 皮连生:《学与教的心理学》(修订本),华东师范大学出版社1997年版,第101页。

“个人简历”,包括姓名、年龄、籍贯、外貌、家庭背景等[1],从而更好地分析主人公的性格特征。太原五中的刘俊岚老师在指导《陶渊明集》的整本书阅读时,首先让学生说出“陶渊明是什么样的人”,通过思辨训练,让学生谈谈自己对陶渊明的“新的认知”[2],做到先知人,后论世。金陵中学的王守强老师在进行《朝花夕拾》的整本书阅读教学时,第一步就让学生“亲近作者,了解写作背景”。[3]以上三位老师从文本知识、作家知识、作品知识等角度来把握整本书阅读教学,可以很好地引导学生“入门”。上述老师设计的教学目标,即我们所说的整本书的“内容知识目标”。

(二)阅读技能目标

我们平时常说,学校教育既要向学生传授知识,也要帮助其形成技能。这里的“知识”即上文所说的“内容知识”,其本质是陈述性的;而“技能”则是指学生习得的关于“怎么办”的知识,其本质是程序性的。就整本书阅读教学而言,阅读技能目标着重陈述学生在阅读完整本书后,能够运用整本书阅读的规则来分析文章语言以及文章结构,顺利完成相关的听说读写活动。《普通高中语文课程标准(2017年版)》中规定的:阅读一部长篇小说“梳理小说的艺术框架、理清人物关系”,“把握其思想内容和艺术特点”等都属于阅读技能目标。对于此类目标的设置,也有很多优秀教师给我们提供了先进的经验,例如,程翔老师提出,阅读《围城》应该学习钱钟书先生独特的讽刺语言,学习作者“表现人物的手法”[4],而非只阅读简单的故事情节;阅读《呐喊》《彷徨》应从作品语言入手,学习作者是怎样通过遣词造句来表现思想内涵的;阅读《诗经选》,应学习先民创作的“精美诗句”等。宁波市古林镇的汪迟老师将《骆驼祥子》的整本书阅读目标定为四个:知识积累、阅读提升、写作锻炼、思维拓展。其中“阅读提升”“写作锻炼”里均包含了阅

① 汪迟:《〈骆驼祥子〉的整本书阅读教学尝试》,《中学语文教学参考》2017年第9期。

② 刘俊岚:《陶渊明的仕与隐——〈陶渊明集〉的整本书阅读与研讨》,《中学语文教学参考》2018年第1期。

③ 王守强:《整本书阅读教学贵在“引”向深处——以〈朝花夕拾〉整本书阅读教学为例》,《语文教学通讯》2017年第10期。

④ 程翔:《从“整本书阅读”的学科定位谈起》,《中学语文教学》2017年第1期。

读技能的训练,如汪老师让学生通过精读、略读等方法,品析老舍小说中常用的修辞手法和表现手法,并评价其表达效果,“用简练的语言概括问题探究活动中形成的观点”①,鼓励学生自由、个性地表达等。南京燕子矶中学的杨赢老师进行《悲惨世界》的整本书阅读教学时,其中一个教学目标是“通过阅读小说和课堂讨论,把握基本情节和主要人物形象”②等。上述优秀教师在整本书的阅读教学中,都注意到了阅读技能目标对提高学生阅读能力所起的作用。

(三)情感态度目标

随着语文课程改革的不断深入,语文核心素养备受重视,它包括:语言建构与运用、思维发展与提升、审美鉴赏与创造、文化传承与理解。其中“审美鉴赏与创造”和“文化传承与理解”都涉及学生的情感建立、态度养成与动机激发,我们将这类培养目标称为“情感态度目标”。情感态度目标指的是:学生在经过一段时间的语文学习之后,能够产生丰富、美好的情感体验和正确的价值观念等。作为学生整本阅读的书目,应该是体现中华优秀传统文化、革命文化、社会主义文化,或者展现世界优秀文化,有利于引导学生形成正确的世界观、人生观、价值观的作品。其形式上可以是情节跌宕起伏的长篇小说,可以是科学严谨的学术专著,亦可以是优美动人的散文集、诗歌集等。这些作品承载着拓展学生阅读视野、培养其阅读态度、提升其阅读能力的重任,并且对培养学生的审美情趣和审美意识有着不可替代的作用。此外,由于整本书阅读相较单篇文本而言,它能提供更大的信息量、更完整的逻辑结构和更丰富的思想内涵,因此,学生能够获得更为全面的读书体验。这类目标也受到越来越多的语文教师的重视,例如,北京第二外国语学院附中的李文亮老师,他在教《傅雷家书》的整本书阅读时谈道:00后的高中生目前正处于叛逆阶段,对家长的关心、教师的教育多有反感心理。《傅雷家书》是傅雷夫妇写给儿子的书信集,字里行间都流露出父母对远游的儿子的牵挂与期待,以及对民族、国家和世界的美好希望,阅读这部书对于培养学生的感恩之心以及家国情怀有着重要作用。此外,李老

---

① 汪迟:《〈骆驼祥子〉的整本书阅读教学尝试》,《中学语文教学参考》2017年第9期。

② 杨赢:《〈悲惨世界〉整本书阅读教学安排》,《语文教学通讯》2017年第4期。

师认为："网络时代的高中生更是对书信这种应用文有陌生感和疏离感"[①]，要想培养他们对书信这种经典传媒方式的认同以及提高学习应用文的能力，阅读《傅雷家书》是很有必要的。山东省淄博市教研室的陈鲁峰老师，在执教《巴黎圣母院》整本书阅读时，教学目标之一是"围绕作者对现实极度不满和对理想世界向往的主观情感倾向，探究小说选取社会底层小人物作正面形象的缘由"以及"分析小说是如何折射出作者同情、悲悯下层人民的情感的"。[②]可见，整本书阅读教学的目标不仅体现在认知领域，而且还体现在非认知领域。

三、整本书阅读教学策略

尽管语文界对"整本书阅读教学"的呼声很高，但是关于具体到语文课堂中该如何实施的建议却很少。课程标准也只是大而化之地指出要"加强对课外阅读的指导，开展各种课外阅读活动，创造展示与交流的机会，营造人人爱读书的良好氛围"[③]。随着对整本书阅读教学的研究越来越深入，一些语文教师针对该如何开展这一阅读教学活动提出了自己的看法。例如：上海师大附中余党绪老师提出："阅读整本的书……适切的教学策略很重要……我将自己的策略总结为'思辨读写'。"[④]兰溪市教研室蒋文华老师认为："整本书阅读应该采取比较系统完整的教学策略，并以此来指导整本书阅读教学的实施。"[⑤]可见，实施恰当的阅读教学策略是实现阅读教学目标的关键所在。

（一）明确阅读任务

由于整本书提供的是多维度、多层次的较为完整的阅读情境，因此，学生仅靠自己现有的能力，很难判断到底应该把欣赏语言作为阅读重点、还

① 李文亮：《〈傅雷家书〉整本书阅读教学策略探微》，《中学语文教学参考》2018年第1期。

② 陈鲁峰：《〈巴黎圣母院〉整本书阅读的意义与流程》，《语文教学通讯》2017年第11期。

③《普通高中语文课程标准》，中华人民共和国教育部制定，2011年版。

④ 余党绪：《"整本书阅读"之思辨读写策略》，《语文学习》2016年第7期。

⑤ 蒋文华：《整本书阅读教学策略探究》，《语文月刊》2017年第1期。

是应该把人物形象分析作为阅读重点亦或是把体悟作者的思想感情作为阅读重点。此外，整本书阅读作为“课标”规定的15个学习任务群之一，贯穿于必修、选修、选择性必修三类课程，其所需时间之长、涉及面之广，也不是单凭学生自己所能驾驭的。因此，语文教师在这时给予有效的指导，帮助学生明确整本书阅读的任务就显得尤为重要了。下面以《普通高中语文课程标准(2017版)》中规定的两大类文本为例，尝试说明该如何帮助学生明确阅读任务(见表7)。

表7　两大类文本的阅读任务

阅读内容		阅读任务	对应的目标类型
长篇小说	《骆驼祥子》	1.复述《骆驼祥子》的主要内容，口头介绍作者老舍	阅读知识目标
		2.圈画作品的主要任务，并摘录作者对其肖像、语言、动作、心理等的描写，揣摩人物命运走向	阅读技能目标
		3.结合小说社会背景，思考作品中哪些人物对祥子“由人变成‘走兽’”产生了重要影响	阅读技能目标
		4.从这本书中获得了哪些人生启示，尝试着写下来	情感态度目标
	《巴黎圣母院》	1.能画出人物关系图，列出孚罗洛、爱斯梅拉达、伽西莫多等人的“大事年表”	阅读知识目标
		2.通过精读、略读等方式，学习小说塑造人物、处理情节结构的方法	阅读技能目标
		3.写一篇小论文，将这部书推荐给身边人	情感态度目标
学术著作	《美的历程》	1.能说出“美”经历了哪些历程，并简介作者	阅读知识目标
		2.能评述每个时期的艺术发展门类，并分析社会因素对不同审美和艺术的作用	阅读技能目标
		3.任选一个感兴趣的章节，写下自己对“美”的感受	情感态度目标
	《谈艺录》	1.说出这本书的主要内容和学术价值，并对作者钱钟书做全面了解	阅读知识目标
		2.运用查阅相关书籍、上网搜集资料等方法，对比阅读欧阳修的《六一诗话》、袁枚的《随园诗话》，比较钱钟书的“诗话”观与其相异之处	阅读技能目标

（二）选择阅读方法

叶圣陶先生曾经说过："略读如果只任学生自己去着手，而不给他们一点指导，很容易使学生在观念上发生误会，以为略读只是'粗略的'阅读，甚而至于是'忽略的'阅读。"[①]叶老的这番话，看似只是针对"略读"而谈，实则指出整本书的阅读方法选择之重要性。华东师范大学的董蓓菲教授认为：很多阅读能力差的学生之所以不能有效阅读或者阅读效率不高，是因为他们没有掌握一定的阅读方法。[②]整本书阅读的内容多、任务重、跨度大，单纯地让学生自己去读，往往不能达到理想的效果。特别是对于一些长达几十万字的名著，如果缺乏适当的阅读方法指导，学生阅读起来则会感到力不从心，甚至会因此而导致厌恶读书的不良后果。那么，阅读整本的书，我们到底应该采取哪些阅读方法呢？很多优秀教师给我们提供了参考。例如，川外附中的杨柳欣老师在指导学生阅读《追风筝的人》时，重点教学生运用"批注阅读法"，其中包括"提要式批注法、评价式批注法、圈点式批注法、反思式批注法等"[③]这些功能各异的批注阅读法，教会学生读整本的书应该提纲挈领，要抓住这些批注的重点内容进行庖丁解牛式的分析阅读。此外，余党绪老师在谈到"我们为什么都主张'整本书阅读'？"这一问题时，分享了自己的教学经验，首先余老师借用了温儒敏先生的话"连滚带爬地读"，意思是读整本的书要"读得开心，不必苛求字字落实"，即泛读；其次是"绞尽脑汁地想"，意思是要通过深入地思考，让整本书走入我们的头脑，即批判性阅读；最后是"挖空心思地用"，意思是"读以致用"，将阅读收获转化为自己的表达能力，即精读。再如，兰溪市教研室的蒋文华老师认为，整本书阅读教学在内容、时间、跨度上都区别于单篇阅读教学，仅靠落实一个点、处理一个面是远远不够的，为此，蒋老师提出整本书阅读教学应"从上课安排、阅读方法、教学内容"三个维度出发，采取"课内与课外相结合、精读与泛读相结合、整体与专题相结合"的阅读方法。北京教科院基教中心的王彤彦老师认为，阅读整本书的方法除了常见的"浏览、速读、精读外，抓

① 叶圣陶、朱自清：《略读指导举隅》，台北商务印书馆2009年版。

② 董蓓菲：《语文教学与心理学》，上海教育出版社2006年版，第182页。

③ 胡根林、邓华：《"整本书阅读"：应然和实然》，《中学语文》2018年第7期。

住整本书中富有特色的核心内容展开阅读”以及“边阅读边摘抄批注”[1]也不失为一种好方法。

(三)建立阅读小组

基于人的社会性,每个人都容易受到周围环境的影响,处于性格形成期的青少年对周围环境则更为敏感。因此,在实施整本书阅读教学时,语文教师可充分利用学生的这一特性,建立“整本书阅读小组”,依靠同学之间可以相互督促、相互鼓励、相互借鉴的优势,来提高学生阅读的效率和质量。这一策略可以很好地解决部分学生的“自读困难”,进而营造出“取长补短,共同读书”的良好阅读氛围。这一阅读策略也被很多语文教师运用于教学实践中,并取得了良好的效果。例如,浙江海盐高级中学的杨伟民老师,在《水浒传》的整本书阅读教学中采用了小组共读的方法,通过“我看画本”“我说好汉”“我评《水浒传》”[2]三个环节,让学生在小组交流的氛围中完成了这部经典著作的阅读,这种方法不仅为学科核心素养中的“语言建构与运用”“思维发展与提升”搭建了平台,而且为“审美鉴赏与创造”以及“文化传承与理解”创造了条件。此外,福建莆田十二中的龚丽敏老师在《三国演义》的整本书阅读教学中,也建立了阅读小组,并且开展班会活动,让小组代表发言,跟全班同学分享本组的阅读感受以及阅读中遇到的问题。龚老师说这样做“不但能够提升学生间的友谊,还能营造浓厚的阅读氛围”,并且“能够鼓励大家的阅读兴趣,形成爱思考的好习惯”。[3]李文亮老师在指导学生阅读《傅雷家书》时,提出要“通过小组合作,共同探究主要内容和艺术手法,并尝试用思维导图来呈现探究结果”。[4]李老师采用建立阅读小组的方法,有助于引导学生从内容和形式两个维度来把握这部作品。

(四)做好读写结合

阅读是感受与理解的过程,是“对内调控”,写作则是思考和运用的过

① 王彤彦:《整本书阅读教学设计策略》,《中学语文教学》2017年第2期。

② 杨伟民、郑月明:《共读:整本书阅读的有效路径》,《教学月刊》2017年第1期。

③ 龚丽敏:《高中语文整本书阅读教学实践探究》,《语文教学与研究》(下半月刊)2018年第3期。

④ 李文亮:《〈傅雷家书〉整本书阅读教学策略探微》,《中学语文教学参考》2018年第1期。

程，是“对外输出”，“对内调控”是“对外输出”的基础和前提，“对外输出”是“对内调控”的拔高和升华。因此，对于整本书阅读教学，应将“读”与“写”结合起来，使学生从阅读资源中获得写作的素材和灵感，从写作中获得深入阅读的兴趣和动力。叶圣陶先生曾说过：阅读与写作本是一体的，若阅读得其法，阅读水平提高了，写作水平也会提高。对于这一策略的运用，有很多语文教师给我们提供了范例，例如：余党绪老师在整本书阅读教学方面的研究颇具特色，他主张“思辨读写”，即“开展包括转化性写作在内的表达训练”，具体到教学中，余老师让学生在读完《鲁滨逊漂流记》后，完成两项表达作业，一是以鲁滨逊的名义，写一份“孤岛求生指南”；二是“以晚年鲁滨逊的口吻，回顾自己传奇的一生”。[①]目的在于引导学生深读、精读作品，真正融入作品中去。另外，秦皇岛深河中学的吴凤云老师，在指导学生阅读完《草房子》一书后，给他们提供了十个可继续研究的选题，如：“以米克拜尔四原则阐述秦大奶奶人物形象”“从细马谈挫折与成长”“从麻油地与平桥村的比较谈我心中的最美乡村”[②]等，学生可以从中任选一个主题，写一篇研究小论文，题目自拟。吴老师的这种做法，不仅尊重了学生的自由选择权，而且还有利于培养其阅读的自主性。此外，北京二外附中的李文亮老师在学生阅读完《傅雷家书》后，提出“师生共同撰写阅读感受”，感受的内容可以是对这本书的总结概括、可以是对作品情感的深入剖析亦可是对其写作手法的赏析。对这些阅读成果，李老师让学生用“阅读报告单”的形式来呈现。

思考与练习

1. 结合教学案例谈谈确定单篇课文阅读教学内容的方法。
2. 结合教学案例谈谈单篇课文阅读教学过程的安排和教学方法的选用。
3. 群文阅读的组织方式和教学模式有哪些？
4. 群文阅读与单篇阅读的不同之处有哪些？列举并阐述。
5. 什么叫“整本书阅读教学”？
6. 任选一本书，制定整本书阅读教学目标。

① 余党绪：《“整本书阅读”之思辨读写策略》，《语文学习》2016年第7期。

② 吴凤云：《关于整本书阅读教学的经验总结》，《中学语文教学参考》2017年第1期。

第五章　写作教学

写作教学特指语文教师指导学生在一定的任务情境中运用书面语言进行表情达意以提高写作能力和人文素养的过程。在基础教育不同阶段，写作教学有不同的概念表述形式：小学低年级阶段称为写话教学，小学中高年级阶段称为习作教学，初中以上称为作文教学。这些概念的共同含义就是语文教师指导学生学习运用祖国语言文字文明得体地向他人（读者）传递自己思想感情信息的活动，或者说就是教师“教”学生“学”写作的活动。因此，写作教学理论和实践的核心问题包括三个：在写作教学中，语文教师应该指导学生在写作课中“学到什么”；语文教师应该“怎样指导”学生学习写作；语文教师指导学生学习写作的效果如何。本章将着重围绕这三个核心问题展开论述。

第一节　写作能力概述

《义务教育语文课程标准（2011 年版）》和《普通高中语文课程标准（2017 年版）》明确提出了中小学写作教学的理念、目标和有关教学实施的指导性意见。《义务教育语文课程标准（2011 年版）》规定，写作教学要使学生“能具体明确、文从字顺地表达自己的见闻、体验和想法。能根据需要，运用常见的表达方式写作，发展书面语言运用能力”。《普通高中语文课程标准（2017 年版）》提出“要发展学生在具体语言情境中正确有效地运用祖国语言文字进行交流沟通的能力”,要求学生“能凭借语感和对语言运用规律的把握,根据具体的语言情境和不同的对象,运用口头语言和书面语言文明得体地进行表达和交流”。把这些理念、目标和要求加以概括,不难看出,写作教学的基本任务就是要提高学生写作素养中的关键能力——写作能力。既然写作教学的基本任务是提高学生的写作能力,那么,什么是写作能力,如何提高学生的写作能力等问题自然就是写作教学理论探讨的焦点问题。下面,我们就运用现代认知心理学的有关原理,对学生写作能力的本质和结构问题进行探讨。

一、写作能力的本质

现代认知心理学是以知识来解释能力的,主张构成一种能力的基本要素是不同类型的知识。我国学者皮连生教授指出:“随着认知心理学的兴起和人工智能研究的深入,我们从大量文献资料中看到,越来越多的心理学家用广义的知识来解释人的智力行为”“……现代认知心理学家则实实在在地找到了每种能力差异背后的知识原因。”[①]写作能力是人们诸多能力类型中的一种,同样也可以用知识来加以解释。

(一)写作能力是问题解决能力

近半个世纪以来,人们运用认知心理学的观点和方法对写作能力进行了深入研究,并取得了一些共识。在一些现代认知心理学家(Hayes,J.R. & Flower,L.S.,1980、1981.Bereiter,S.L. & Scardamalia,M.1987.)看来,写作活动实际上是一种问题解决活动。Robert Glaser明确指出:“我们可以把写作看成是一种特殊领域的问题解决。”[②]要理解这句话的深刻含义,首先要弄清问题解决的本质特征。认知心理学家(Anderson,1990.)认为,问题解决活动具有三个基本特征:目的指向性、子目标的分解和算子的选择;同时,他们(如

① 皮连生主编:《知识分类目标导向教学——理论与实践》,华东师范大学出版社1998年版,第12—13页。

② Robert Glaser. Expert Knowledge and Processes of Thinking. Robert McCormick & Carrie Paechter. Learning & Knowledge. Paul Chapman Publishing Ltd.pp93.1999.

Eilders,1996;Mayer,1994.)把问题解决过程分为四个主要阶段:表征问题,确定解题计划,执行解题计划,监控与调节。研究写作的认知心理学家们所设计的写作过程模型充分体现上述解决问题的特征。如在写作心理研究领域最有影响的Hayes和Flower(1980,1981.)所建构的写作过程模型,就是一个典型的具有问题解决特征的模型。该模型表明,写作是一种目的导向的问题解决活动;写作目的是分层次组织的,作者通过包括三个环节的认知过程——确定计划(目标)、执行计划和评价计划的执行情况来达到目的。继Hayes和Flower之后,Gould、Hume(1980,1983)等人也相继提出了各自的写作模型,虽然他们对写作过程的看法与Hayes和Flower有一些不同之处,但是都体现出写作的本质是问题解决过程这一基本思想。Bereiter和Scardamalia(1987)在Flower和Hayes的写作模型的基础上提出了一个相似的写作认知模型来解释新手和专家写作活动的区别。在他们的模型中,写作被分解为四个主要过程:①任务的心理表征;②问题分析和目标设定;③话语(discourse)和文本内容之间的问题转译;④最后的知识表达(Knowledge-telling)。此模型充分说明,写作活动是作者有效地思考和解决某个作文主题的循环往复的问题解决过程;同时也告诉人们,学生只有具备了一定的问题解决能力才能顺利展开写作活动。由此可见,学生顺利完成写作任务所必须具备的写作能力,其本质是一种问题解决能力。

(二)写作能力是学习结果

那么,问题解决能力又是什么呢?认知心理学家认为,问题能否顺利解决与问题解决者的知识有很大关系。奥苏伯尔认为,认知结构在解决问题中发挥着重要作用,而与解决问题密切相关的认知结构包括三类知识:问题背景知识、推理规则和解题策略。其中,前者决定个体对问题的理解,后两者决定问题能否顺利解决。詹姆斯G.格里诺提出,“学生要解决某一方面的问题必须知道些什么呢?其一,是必须掌握教科书和其他有关教材所提供的知识。……”其二,“还必须知道怎样用这些概念和定理去解决问题,这种关于‘怎么做’知识就是属于‘技能’这个一般范畴的。”其三,是“策略知识”。[1]Vanlehn,K等(1989)认为,问题能否顺利解决与问题解决者的问题图式有密切关系。一个问题图式通常包含两部分信息:其一是关于它所对应的某类问题的特征描述;其二是这类问题的解决方法。这里的问题图式其实就是一种有组织的结构性知识。我国学者皮连生教授对上述观点进行了精辟的概括,他指出:“解决问题的能力可以分解为以命题网络表征的陈述性知识和以产生式表征的程序性知识以及作为特殊的程序性知识的认知策略。”[2]当代世界著名的美国教育心理学家罗伯特·加涅则更加明确地指出,问题解决能力是一种学习结果。他将学习结果分为五种学习类型,即言语信息、智慧技能、动作技能、认知策略和态度。他认为与问题解决有关的学习类型包括以下三种:第一,智慧技能,这是指那些为了顺利解决问题所必备的概念、规则和原理。第二,有组织的言语信息,它们有助于问题解决者理解问题,并且能够对问题做适当的评估。第三,认知策略,它们能够使问题解决者选择适当的信息和技能,并决定在解决问题过程中怎样及何时使用它们。

既然问题解决能力是一种由不同类型知识构成的学习结果,那么作为一种问题解决能力的写作能力当然也是一种由不同类型知识构成的学习结果。一些运用认知心理学研究写作能力的成果也充分证明了这一点:Flower和Hayes的写作过程模型分为三个主要成分:任务环境、作者长时记忆和作者工作记忆。其中,长时记忆储存的是陈述性知识,工作记忆则与程序性知识有关;人们(Benton,etal,1984;Stiko,1994.)通过对擅长写作者(专家)和不善于写作者(新手)进行比较研究发现,两者在智力、学习成绩和学习动机等方面没有明显差异,他们之间的差异主要表现在贯穿于写作过程之中的知识、技能和策略。zimmerman和Risemberg(1997.)所提出的包括个人过程、行为过程和环境过程在内的三合一写作过程模型也说明,写作即是一种特别的学习,它与作者的认知水平和认知结构密切关联。

中外一些著名的文学家和教育家或以其切身体会或根据他们对写作能力结构的深入剖析,也从不同角度说明写作能力是由不同类型知识构成的学习结果。俄国文学家高尔基在谈到自己的写作经验时说:“我在提笔之

① 见罗伯特·格拉泽主编,杨琦等译:《教学心理学的进展》,华夏出版社1989年版,第19、50页。

② 皮连生著:《智育心理学》,人民教育出版社1996年版,第213页。

前，总要给自己提出三个问题：我想写什么，如何写，以及为什么写。”[①]这三个问题实际上与前面所说三类知识有关。孔子说：“言以足志，文以足言。不言，谁知其志？”说明了“言”（文）与“志”（知识）的关系。张志公先生说：“……写作能力是一个综合性的能力。首先，要求对于所写的内容有正确的理解和看法；要有清楚的思路，从而能写得清楚、明确，有条理；要有足够的语言能力，包括掌握足够的字、词和写出通顺、流畅的语句能力。”[②]在此，第一种能力即为陈述性知识或言语信息，第二种能力乃是策略性知识或认知策略，第三种能力是指作为一种程序性知识的书面表达技能。

二、写作能力的构成

明确了写作能力的知识本质以后，我们应该进一步明确构成写作能力的三类知识具体又包括哪些因素，在写作过程中这些知识分别具有哪些特征和功能。

（一）主题知识

主题知识也称写作内容知识，其本质属于陈述性知识的范畴，是指有关人所知道的事物状况及事物之间关系的、能够被人陈述和描述的知识，或者说是关于“写什么”的知识，包括名称、事实、人物、事物、事件、原理、态度等。在作者大脑中，主题知识是将若干表象、命题或命题网络按照一定的线索（主题）组织成一个结构化的单元，并且有明显的提取线索，可以通过书面语言加以表述。我国文章学理论和语文教育理论中把文章分为“文”和“道”两大构成要素；实际上，“道”所反映的就是作者大脑中的主题知识，或者说是作者通过语言文字符号传达给读者的主题知识。认知心理学家研究发现，储存在作者大脑中的主题知识有命题、表象和线性排序等表征形式，这些表征形式并非彼此孤立存在的，而是相互联系，相互作用，共同组成一个具有一定层次的知识结构——命题网络或图式。不同类别的主题知识组成不同类型的图式，如事件图式（例如关于进餐馆就餐的图式）、人

① 法捷耶夫等著，水夫等译：《回忆高尔基》，人民文学出版社1958年版，第303页。

② 张定远编：《作文教学论集·序言》，新蕾出版社1982年版。

物角色图式(例如关于维吾尔族姑娘的图式)、场景图式(例如关于剧院的图式)等。[①]

主题知识对写作活动有重要作用,它直接决定作者是否“有米可炊”、有物可言。我国古代一些著名的文学家、思想家和学者对主题知识的作用做过精辟的阐述:晋代学者王弼指出:“意以象尽,象以言著”,“言所以明象,象所以存意”;古代文论《文赋》的作者陆机说过:“患意不称物,文不逮意”;清代著名文学家、《红楼梦》作者曹雪芹说:“世事洞明皆学问,人情练达即文章”。这里的“意”“象”“物”“人情”等均为主题知识。认知心理学家则从科学角度对主题知识的作用作了揭示:Degroff(1987)、Kellogg(1987)和 McCutchen(1986)等人发现,作者知道的东西(即内容知识)越多,写出来的东西越好。Voss, Tyler, Yengo(1989)也发现,写作主题知识对于观念的产生和组织有极大的影响。McCutchen(1986)等具体研究了主题知识是怎样影响环境和动作描写的。他们指出,拥有大量主题知识的作者不仅能够生动地描写故事发生的环境,而且,能够进行详尽的动作描写;而主题知识缺乏的作者虽然可以描写环境,但是描写动作则不够生动具体。他们发现,具备有关棒球知识的作者比那些棒球知识相对缺乏的作者在写有关棒球运动时内容更加丰富、详实;同样,具有大量足球知识的学生,在描写足球比赛时比足球“门外汉”更加显得得心应手,所写的作文中包含更加丰富的动作描写,而且文章的连贯性更好、篇幅更长。Walker(1987)对高智能者和低智能者回忆棒球比赛情景的结果进行了对比。他发现,那些低智能的棒球专家比高智能的棒球新手回忆出了更多的信息;同样,Recht、Leslie 和 Schneider 等人(1988)也发现,那些智商平平却具有丰富的与作文主题相关知识的学生比那些智商出众但却缺乏与作文主题相关知识的学生在写作时能够传达出更多的信息。上述研究都从不同角度表明:在写作过程中,主题知识的差异比智能的差异显得更加重要,那些低智能的学生也能够在写他们知之甚多的题材时有非常突出的表现。此外,认知心理学家还指出,主题知识对作者的写作速度也有很大影响。Kellogg(1994)发现,作者对主题的知识掌握得越多,在写作过程中提取和运用相关信息时就越容易。

① 参见何更生:《图式与阅读教学》,《上海师范大学学报》2000年第5期。

具备了丰富主题知识的作者比那些主题知识相对贫乏的作者在写作时有更多的信息可以提取，而且，提取的速度也更快。因为，对那些具有丰富的主题知识的作者来说，他们在构思和表达时能够腾出更多的工作记忆空间来用于确定目标和组织思想，他们的思想观念能够较快形成，写作成了自动化的行为，以至于钢笔和键盘的运行跟不上观念产生的步伐。

（二）表达技能

构成写作能力的表达技能也称为书面表达技能。在现代科学心理学里，广义的技能可以分为两类：一是指动作技能（又称心因动作技能）；二是指心智技能（又称智慧技能或智力技能）。前者需要身体的肌肉协调才能完成；后者则在头脑内部完成。两类技能的共同心理实质是程序性知识，或者是“如果—那么—”的产生式规则系统。其行为表现是回答“怎么办”的问题，所以其测量方法是提供问题或做事的情境，观察学习者的行为表现，或根据被测者的行为表现，对其办事能力做出推测和评判。表达技能同样也可以分为这两类技能：

1. 写作的动作技能

写作的动作技能的本质是一套规则（或程序性知识）支配作者手指和手腕的肌肉协调。其表现形式是书写和打字；然而写作动作技能又不同于一般机械的书写动作和打字运动，它属于那种完成“更具有智慧性的任务”之列的、“需要把一些比较简单的运动动作组合起来”[①]的运动技能。一般书写和打字运动是以单个的字或词为单位展开，而写作动作技能则以语句甚至语段为单位展开。因而，与一般书写和打字相比，它具有如下特征：其一，形成较晚。一般来说，儿童在进幼儿园的年龄就开始习得一些与使用铅笔、蜡笔等书面交流工具有关的“精细”的动作技能。而写作动作技能是在此基础上形成和发展起来的，一般要到小学三年级才具备这种技能。其二，具有流畅性或连续性。一般书写或打字技能的特点是：在书写或打字时信息是以单个字词的形式出现在工作记忆之中，由于工作记忆容量的限制（5—9个单位），因此，提取的速度比较缓慢；而写作动作技能的特点是：

① 加涅著，皮连生等译：《学习的条件和教学论》，华东师范大学出版社1999年版，第224—225页。

在书写或打字时信息是以语句或语段为单位出现在工作记忆中，这就大大拓展了工作记忆的空间；也就是说，同时进入工作记忆的字词绝不仅仅限于5—9个字词，可以是几十个甚至上百个字词。这样，就大大加快了提取的速度。

写作动作技能在写作活动中具有很大作用，它直接影响到写作的质量和速度。如果学生的思维速度很快，思路畅通，可是笔头书写跟不上，字写得既慢又差，需要思路等待笔头，那么写作速度是快不了的；相反，如果学生具备了较强的写作动作技能，书写或打字快捷、流畅，手脑配合协调、默契，手能够听从大脑指挥，想到哪里，就能写到哪里；想到什么就能写到什么，那么，写作速度就会大大加快。此外，由于工作记忆又称短时记忆，具有极强的时效性，提取到工作记忆中的信息如果不及时加工，遗忘的可能性是很大的。这就意味着，作者在行文过程中，如果书写或打字技能太差、太笨拙，就不能及时将工作记忆中的信息提取出来，使工作记忆中加工的产品——构思的语句或语段眼睁睁地遗漏掉。这就是在日常写作中人们常常感叹的“笔不随心”“手脑不协调”现象的根本原因所在，这样就不可能写出满意的文章来。

2. 写作的智慧技能

智慧技能是指“使个体通过符号或观念的使用同自身的环境发生相互作用”[①]，或者说是个体运用概念和规则对外办事的能力。加涅认为，智慧技能具有层级性，从辨别（区分事物的不同之处）开始，到形成概念（认识事物的共同的本质属性，从而能够将事物归入一定的类别），再到运用规则办事。写作智慧技能是什么呢？写作智慧技能就是指个体运用概念和规则进行遣词造句和布局谋篇以恰当表达自己思想感情的能力。在写作活动中，智慧技能具体落实到字词句段篇的表达之上，主要可分三种类型：①遣词技能。作为智慧技能的遣词技能本质上是指根据一定的概念和规则运用字词进行书面表达。遣词技能强的作者写作时往往“奋笔疾书”，下笔成文。写出的文章也是词汇丰富，文采斐然；相反，遣词技能差的作者写作时往往如负重爬行，即便绞尽脑汁，也找不到恰当的词语，写出的文章也是词

① Gagne,R.,Briggs,L.,Wager,W., Principles of Instructional Design. New York,NY:Holt,Rinehart and Winston, 1992, p.43.

汇贫乏，甚至词不达意。要具备较强的遣词技能，作者首先必须在大脑中储备足够数量的词语。根据我国语文教学大纲的规定，中小学生要掌握4000个汉字和1万个词语。这就是说，如果学生掌握了这些数目的字词，写作的字词方面也就有了保证。但是，仅仅具备足够的字词是不够的。梁朝人刘勰说："富于万篇，贫于一字。"意思是说作者心理词典中尽管储存的词汇很丰富，但由于不善于使用而找不到一个合适的词语。因为，写作中字词的运用要受到一定写作规则的制约——作者在运用字词表达思想时并非随心所欲，而是字斟语酌——根据表达内容的需要从自己心理词典中选用最为恰当的字词。古人说，"语不惊人死不休"（唐·杜甫），"丰而不余一言，约而不失一词"，这都说明了写作中词语运用的特点。因此，评价遣词技能有两个标准：所掌握的字词的数量；对字词的运用是否得体顺畅。②造句技能。写作的造句技能本质上是根据一定的语法规则和表达思想感情的需要（规则）而进行的词语和词组的组合。写作的造句和日常学生所进行的造句练习既有联系又有本质区别。造句练习是单纯的语法规则的运用，是单个句子的表达；而作为一种写作技能的造句，除了运用语法规则外，还要运用语境规则和篇章结构规则，要服从语境和文章整体表达的需要。清朝人黄宗羲说："所谓文者，未有不写其心之所明者也。心苟未明，劬劳憔悴于章句之间，不过枝叶耳，无所附之而生。"这里所说的"心之所明"在一定程度上是作者根据篇章规则进行构思的结果。鲁迅先生也曾经指出："这语法的不精密，就在证明思路的不精密，换一句话，就是脑筋有些糊涂。"[①]说明篇章构思与造句的关系。必须指出，作为一种写作技能的造句不是一般意义上的对规则的运用，而是指经过反复练习达到自动化水平的对规则的运用，这就是人们通常所说的语感，语感强即代表规则使用的自动化水平高。③谋篇技能。谋篇技能是指根据文章组织的若干规则对语句、语段进行安排布局的能力。具有谋篇技能的作者写作时能够将文章"一层一层、一段一段，安排得清清楚楚，有条不紊，该详的详，该略的略。前前后后，联系得紧密，照顾得周到"。[②]之所以如此，与他们对选材、立意、组材、剪裁等写作规则的掌握和灵活运用是有密切关系的。张志公先生

① 鲁迅：《二心集·关于翻译的通讯》。

② 张志公：《怎样锻炼思路》，见《作文教学论集》，新蕾出版社1982年版，第222页、第223页。

说:“文章的结构决定于文章的内容。为什么这篇文章分三段,那篇文章分五段,为什么先说这层意思,后说那层意思,这些,都是文章的内容决定的。”这里讲的就是一种谋篇规则;作者在运用这些规则时如果能够达到几乎自动化的地步——写作时“不假思索”,一气呵成,这便说明具备了谋篇技能。如一个经验丰富的记者在写新闻稿和通讯时,通常并不要花多少精力来考虑文章的篇章结构问题;一个老练的文书在写公文时也不需在公文格式上耗费时间。这都是谋篇技能强的体现。

写作智慧技能是作者顺利展开写作活动的基础和保证。Gordon 和 Braun(1986)研究结果表明,人们所拥有的不同类型文章的经验及其结构知识为构思及书面表达过程提供了一种框架,有利于引导构思和表达活动。作者在构思和表达时如果利用故事语法(文章结构规则)的成分,如时间、地点、背景、开头、结尾等等,写出的文章组织结构较好。Wright 和 Rosenberg(1993)研究了作者有关课文连贯性的知识与写出的说明文之间连贯性的联系,结果发现,作者有关课文的连贯性知识有助于学生构思、评价和修改文章,是写出连贯性文章能力的一个重要因素。一些著名作家的写作经验也证明:人们只有具备一定的写作智慧技能,写文章时才能得心应手,随心所欲。我国现代著名作家老舍先生说:“我们既然搞写作,就必须掌握语言技巧……一个画家不会用颜色,一个木匠不会用刨子,都是不可想象的。”[①]作家秦牧认为:“脑子里储藏词汇的多少,和一个作家写作出来的东西,能够给人以‘立体感’呢,还是只能给人一种‘平面感’,关系很大。词语丰富了,写起东西来才能够生动活泼,挥洒自如,纤毫毕现,栩栩传神。词汇贫乏,就不可能达到这样的境界。”[②]叶老则更加明确地指出:“阅读和写作的知识必须化为技能,养成习惯,必须在不知不觉之间用着它,才是真正的受用。”[③]上面的话尽管强调的侧重点不同,但是都说明了写作智慧技能的重要作用。

---

① 老舍:《出口成章·关于文学的语言问题》,人民文学出版社1984年版,第58页。

② 秦牧:《在自己脑子里建立一座语言仓库》,见《语林采英》,花城出版社1983年版,第28页。

③ 叶圣陶:《叶圣陶语文教育论集》,教育科学出版社1980年版,第227页。

(三)构思策略

构思策略(又称认知策略)是一种特殊的程序性知识——策略性知识,其实质是如何审题、如何构思、如何选材、如何剪裁、如何组材、如何遣词造句以及如何修改等规则支配作者写作过程中的认知和情感活动以提高自己的写作质量和效率。具体可分为以下两大类:

一是适当写作方法或规则的选择运用。写作方法种类很多,清人唐彪在《读书作文谱》中提出了"浅深虚实""开阖""离合相生""衬贴""跌宕""推原""照应""关锁""遥接""抑扬""顿挫""顺逆""穿插""预伏""牵上搭下""一意推出三四层"等二十余种写作方法;本章作者曾经在系统总结前人研究成果的基础上结合学生写作特点概括出审题法、立意法、聚材法、选材法、组材法、剪裁法、遣词法、修改法、顺叙法、倒叙法、插叙法、心理描写法、肖像描写法、行动描写法、景物描写法、场面描写法、定义说明法、分类说明法、举例说明法、比较说明法、引用说明法、立论法、驳论法、直接抒情法、间接抒情法等三十余种学生常用的写作方法①。如果学生学会使用这些方法,并且能够有意识地运用这些方法来改进自己的写作活动,提高写作效率,这便说明学生获得了写作策略性知识。

二是对自己写作能力、作文优缺点的意识和监控。Bereiter(1987)等人的研究结果表明,作者在整个写作过程中都要受到策略性知识的监控,这种监控具体包括以下几方面:

1. 对写作成败的归因

写作成败有四层含义:①写作有无进步;②写作进步有多大;③写作是否达到目标(计划);④写作目标达到的程度有多大。如果学生从写作方法或策略上而不是从自己主观是否努力、是否聪明上对这四层含义进行反思即为认知策略。

2. 对写作是否讲究效率的意识

对策略性知识有所意识的学生在写作观念上具有两个明显的特征:①注重写作计划的制定和执行;②有自己一套写作方法模式,并能够随时调

① 参见何更生主编:《语文学法新编》,安徽教育出版社1993年版,第134—196页。

控、反思自己的写作方法模式。学生用这种意识来监控写作过程有利于写作效率的提高。

3. 对写作任务难度的认知

对策略性知识有所意识的学生，能够正确认知写作任务或问题的难度，在进行审题和构思时能够针对不同要求选取不同的表达方式和方法。

4. 对写作结果——习作质量的反思和自我评价

反思和自我评价写作结果或作品质量，总结经验教训，特别是在反思和评价过程中能够不断校正自己的学习方法，并由此获得最佳的写作效率，这实际上也是对策略性知识有所意识的体现。

构思策略渗透或贯穿在整个写作过程之中，对写作活动和作品的质量影响很大。研究表明，写作能力的差异往往是通过作者所用的策略的不同而体现的。在确定和执行写作目标方面，擅长写作的人通常运用交流思想的策略，能够根据某个主题取舍材料、布局谋篇和遣词造句。Guthrie（1993）发现，获得一种发现与写作相关的文字材料的策略可以极大地扩展学生写作所需的知识面；Root等人（1985）曾对美国一些专业作家进行了研究，结果表明，这些作家一般都采用通过广泛阅读获取写作素材的策略，特别值得一提的是他们都采纳剪辑报刊和随时记下思想的策略。他们写出的文章中心突出、详略得当、结构合理、语言流畅；而写作水平很一般的作者通常采用传达知识的策略，把自己记忆中与特点论题有关的内容和盘托出，不加以剪裁和整合，写出的文章往往“记流水账”；不善于写作者则采用避免错误的策略，他们把注意力集中于机械的东西，总是担心词和句子是否恰当，写出的文章流于简单化。例如，Atwell曾经用内省报告的方法对10个写作技能好的作者和10个写作技能较差的作者进行了比较研究，结果她发现，写作技能强的作者中有将50%的注意集中于文章的整体结构，仅有27%集中于拼写和标点；而能力差的作者中仅有30%的注意集中于整体结构，却把51%的注意集中于文章的拼写与标点。她还发现能力强的作者有29%的停顿发生在句子之间；而能力差的作者只有21%的停顿发生在句间，说明能力强的作者采用的是以表达意义为目标的策略，而能力差的作者用的是避免形式上的错误的策略。一些著名作家在回顾自己的写作历程时也强调策略性知识的重要作用。现代文学家朱自清在谈到自己写作经验时说："记得在中学的时候，偶然买到一本《姜园课蒙草》，一部彪蒙书室的《论说入门》，非常高兴。因为这两部书都指导写作的方法。那时的国文教师对我们帮助很少，大家只茫然地读，茫然地写；有了指点方法的书，仿佛夜行有了电棒。"[①]现代著名作家兼语文教育家夏丏尊先生指出："专一依赖法则（即写作方法——作者注）固然是不中用，但法则究竟能指示人以必由的途径，使人得到正规……法则对于技术是必要而不充足的条件，真正凭着练习成功的，必是暗合于法则而不自知的。"[②]这些经验之谈都在一定程度上说明策略性知识对于一个成功的作者来说是必不可少的。

第二节　写作教学目标

语文教师在日常的写作教学设计中，需要解决的突出问题有两个：一个是"教学什么"的问题，一个是"怎样教学"的问题。前者与教学目标有关，后者与教学过程与教学方式方法有关。两个问题相比，"教学什么"尤为关键。因为在现代科学教学论看来，"怎样教学"要依据"教学什么"。长期以来，语文教师在指导学生写作过程中往往不知道从何入手，这与缺乏合理的写作教学目标或者说不会设计写作教学目标有密切关系。

新的语文课程标准在总结以往中小学写作教学经验教训的基础上，结合现代写作教学理论和写作心理学理论的研究成果，提出了义务教育阶段和高中阶段的写作课程目标，基本形成了基础教育阶段写作课程目标框架体系，为中小学写作教学目标的设计提供了依据和指南。必须指出，课程目标与教学目标既有联系又有区别：两者的联系体现在都是对学生学习结果的预期；两者的区别是——课程目标是对学生学完特定的课程之后所获

① 朱自清：《〈文心〉序》，见刘国正等主编：《中国近现代名家作文论》，文心出版社1992年版，第1099页。

② 夏丏尊：《〈文章作法〉绪言》，见刘国正等主编：《中国近现代名家作文论》，文心出版社1992年版，第90页。

得的学习结果的预期；而教学目标是对学生特定教学活动之后所获得的学习结果的预期。课程目标通常由课程专家设计；而教学目标则是由教师设计。语文教师要设计出有效的写作教学目标，必须掌握写作教学目标设计理论和陈述技术。

一、写作教学目标的设计

语文教师设计写作教学目标，首先要认真研读语文课程标准，依据新语文“课标”中的写作课程总目标和教学对象所处学段的写作课程目标来确定教学目标的基本框架——主要学习结果类型及其认知和情感的层级；在此基础上，结合学生的学习实际、写作水平和生活经验，对有关写作课程目标进行有的放矢的选用和重组，使之转化为符合学生实际的写作教学目标。具体而言，设计写作教学目标时尤其应该注意以下几点。

（一）确定写作教学目标的类型和核心

现代教学论主张，教学目标的实质是对学生学习结果的预期。所以，学习结果既是制定教学目标的重要依据，也是教学目标的主要内容。教师在设计写作教学目标时，可以根据写作学习结果的分类对写作教学目标进行分类。那么，写作学习结果如何分类呢？根据我国学者的研究，语文学习结果可以分为四类：语文知识、语文技能、语文策略和语文态度。[①]据此，可以将学生写作学习结果分为四种类型：写作知识、写作技能、写作策略和写作动机。在设计写作教学目标时，相应也可以把写作教学目标分为四种类型：①写作知识目标。本质是对学生在写作教学中习得的主题知识即“写什么”的知识的预期。②写作技能目标。本质是对学生在写作教学中习得关于怎样运用写作概念与规则进行书面表达技能即“怎样表达”的知识的预期。③写作策略目标。本质是对学生在写作教学中习得关于怎样运用写作概念与规则进行构思或思维的能力即“怎样构思”的知识的预期。④写作态度（动机）目标。本质是对学生在写作教学中习得的决定写作行为

① 参见何更生等著：《语文学习与教学设计（中学卷）》，上海教育出版社2004年版，第56—60页。

选择的内在倾向即“愿不愿写”的态度的预期。

确定了写作教学目标的类型以后，教师还要进一步明确写作教学的主要目标或核心目标是什么。一般而言，设计教学目标理所当然要全面反映学生的学习结果，正如加涅所指出的：“把教学集中于任何一种性能或两种性能的组合是不足取的……人类的学习者需要几种习得的性能。”[①]然而，对写作教学来讲，设计教学目标时又必须考虑写作活动的特殊性。与阅读活动相比，在写作活动中，人们“……经常遭遇的不是‘写什么’的问题。如果没有什么事情，没有什么意思要写，他干脆就不会提起笔来……他经常会遇到的问题倒是有了要写的事情而不知道‘怎么写’”。同样，一个不会写或者说不知道“怎样写”的人通常存在“怕写”“厌写”的现象；相反，一个会写、善写的学生通常不存在“怕写作文”的现象，这就是说，“愿不愿写”与“能不能写”和“会不会写”密切相关。因此“中学的写作教学就应当着重指导学生解决‘怎么写’这个问题，至少要为他们解决这个问题打好必要的、结实的基础”。[②]“写什么”的问题与主题知识有关，“愿不愿写”的问题与写作态度或写作动机有关，“怎么写”的问题与程序性知识（表达技能）和策略性知识（写作策略）有关。所以，设计写作教学目标应该把重点放在写作技能和写作策略之上。

如前所述，写作技能和写作策略本质上均为运用一定的概念和规则进行构思、表达和修改的能力，所以，写作概念和规则的学习与运用应该作为设计写作教学目标的依据，成为写作教学目标的主轴和核心。一些优秀语文教师在写作教学实践中所设计教学目标也是以写作概念和规则学习为核心的。例如，上海市语文特级教师徐永森所设计的命题作文《我的小伙伴》课堂写作指导的教学目标是：①学习选择反映小伙伴个性特点的材料；②学习通过一件事或几件事，通过描写人物的动作、语言和心理活动，来表现人物的个性特点。语文特级教师贾志敏在进行命题作文《记一件____事》指导时，设计的教学目标是：①让学生初步掌握“展开一句话”把内容写具体的方法。②培养学生听、说、读、写的综合能力：听，听清楚；说，说完整；

① 加涅等著，皮连生等译：《教学设计原理》，华东师范大学出版社1999年版，第14页。

② 张志公：《谈写作教学的几个问题》，见《作文教学论集》，新蕾出版社1982年版，第206页。

读,读流利;写,写具体。[1]这两例教学目标中,前三个目标反映的是策略性知识,最后一个目标则是程序性知识和策略性知识的综合反映。它们所表述的内容均为写作规则的学习和运用。

(二)确定写作教学目标的层级

用学习层级论来看,规则有子规则和上位规则之分,子规则的概括程度或包容水平要低于上位规则;上位规则一般由若干子规则组成。构成写作技能和构思策略的写作规则也不例外。如"描写人物要抓住人物的特征"这一写作规则和"描写肖像要抓住人的长相、表情、衣着等外貌特征""描写行动要抓住人的手势、姿势、速度等动作特征""描写语言要抓住人的语音、语调、措辞等言语特征"等写作规则相比,前者就是上位规则,后三者则是子规则。当然,这种界定是相比较而言的,例如,当"描写人物肖像要抓住人物外貌特征"与"描写不同性别人物的肖像要抓住不同性别人物的外貌特征""描写不同年龄人物的肖像要抓住不同年龄人物的外貌特征""描写不同民族人物的肖像要抓住不同民族人物的外貌特征"等规则相比,前者则成为上位规则;后三者则是子规则。既然写作教学目标以学生写作概念与规则的习得和运用为核心,那么,写作教学目标必然也存在不同的层级。如果我们把根据写作上位规则的学习和运用设计的写作教学目标称为上位目标,那么以写作子规则的学习和运用为依据而设计的写作教学目标则称为下位目标或子目标。在进行写作教学目标设计时,设计者必须弄清所设计的教学目标属于哪个上位目标的子目标,它自身又是由哪些子目标构成的。一般地说,在设计每个学期的写作教学目标时,应该把语文课程标准中为该阶段写作教学所制定的总体写作教学目标作为上位目标,而把本学期分布在各个单元之中的教学目标作为子目标。在设计每次写作教学活动的教学目标时,则应把本学期的教学目标作为上位目标,而把构成本次写作教学目标的若干子规则作为子目标。

---

①《语文学习》编辑部:《名师授课录·小学语文》,上海教育出版社1993年版,第500页、第517页。

(三)确定写作教学目标体系的序列

所谓写作教学目标序列是指教学目标之间的逻辑顺序关系。具体说来,就是指一个学年或学期每次写作课的教学目标之间,或者整个义务教育阶段或高中教育阶段每次写作课的教学目标之间逻辑顺序关系。写作教学目标序列是对学生写作能力由低到高、顺序渐进发展的反映。现代教学论主张,教学要走在发展的前面,至少要遵循发展的规律;而有效的教学目标是针对学生"最近发展区"设计的,能够起到引导学生发展的作用。因此,设计教学目标必须构建与学生发展路径相适应的序列。

要确定教学目标体系的序列,关键在于理顺以下关系:一是目标与目标之间的关系。目标与目标之间的关系实质上是同一层级上的写作规则之间的关系,它们之间的关系是一种并列的或交叉的关系。如从文体角度看,记叙文、说明文、议论文、应用文和文学作品的写作规则就是这类关系;从表达方式角度来看,叙述、描写、抒情、议论、说明等表达规则也是这种关系;二是目标与子目标之间的关系。这种关系实质上也是一种上位规则和子规则之间的种属关系。如叙述的规则和倒叙的规则之间即存在这种关系。三是子目标与子目标之间的关系,是指共同归属于某一上位规则的子规则之间的一种并列关系。如从表达方式角度看,插叙的规则和倒叙的规则之间的关系就是这种关系。将上述关系理顺之后,要对这些关系中涉及的上位规则和子规则按照一定顺序进行排列组合。著名语文特级教师魏书生的语文知识树就是将规则和子规则进行科学的排列组合而形成的语文教学目标系统。[①]他将语文知识这棵"树"分成基础知识、文学常识、文言文知识、阅读和写作等四大支干。在阅读和写作这一支干上,又进一步分为中心、结构、语言、材料、表达、体裁等六种"杈",然后对各"杈"再作如下划分:

中心:集中、深刻、鲜明、正确。

结构:段落、结尾、照应、层次、开头、过渡。

语言:通顺、生动、准确、简练。

① 参见魏书生等著:《魏书生中学语文教学改革实践研究》,山东教育出版社1997年版,第24—28页。

材料：生动、典型、围绕中心、新颖、真实。

表达：抒情、议论、记叙、描写、说明。

体裁：剧本、诗歌、小说、散文、应用文、说明文、议论文、记叙文。

通过上述划分，每个阶段的教学重点是什么，阶段与阶段之间如何有机联系起来等也就一目了然了，这样就可以避免写作教学陷入随意和盲目的境地。

二、写作教学目标的陈述

现代教学论有关教学目标陈述的研究表明，陈述教学目标要克服含糊性和随意性，力求明确具体、便教利学。[①]那么，陈述写作教学目标怎样才能做到明确具体呢？

（一）重在表述学生外在的表达行为和内在心理的变化

用现代心理学来看，写作教学目标其实是对一个知识点或训练点的教学活动之后学生表达行为和写作心理变化的预期。因而，教师要在教学目标中反映出学生的行为和心理将会有怎样的变化、应该符合什么要求、达到什么程度。要做到这一点，教师首先必须弄清内在写作能力、情感态度同外在表达行为之间的关系（直接的和间接的），在此基础上力求通过描述表达行为的变化来反映写作心理的变化，使教学目标既不会抽象笼统，又能够充分体现学生学习写作的特点。因为，对写作能力来讲，心理变化是根，行为变化是叶，俗话说“根深叶茂”，换句话讲叶之茂也反映了根之深。好的写作教学目标就是能够通过描绘“叶”的变化来反映“根”的变化。

（二）写作教学目标应该分类分层陈述

确立写作教学目标的基础是一个个知识点——写作规则；但是，这些写作规则又不是抽象的，而是贯穿于一篇篇例文之中。用系统观点来看，每一篇例文都是一个独立的复合系统。在这个系统中包含着多种要素，各要

① 何更生：《试论语文教学目标的陈述》，《辽宁教育学院学报》1999年第6期。

素之间的关系纵横交错，形成一个立体网络。从横向来看，有字词句篇语修逻文的知识因素、听说读写的能力因素、思想情感的态度因素、方法技巧的策略因素等；从纵向来看，各个因素不是处在一个平面，而是有高低之分，共同构成了有诸多层级的“宝塔”。例如，对例文或有关文献材料的加工就有文字记忆的低级复述、字面理解的简单加工、意蕴挖掘的复杂加工、评价鉴赏的高级思维等不同的能力层级；《红楼梦》中林黛玉说的“宝玉你好”虽然只有四个字，却蕴含着无比丰厚的知识内涵和情感内涵，不同知识结构的人在加工这句话时会有不同的体会，正所谓“一千个读者就有一千个哈姆莱特”。教学目标只有将构成一定写作规则及其例文的不同因素、每种因素的不同层级反映出来，才能给人以经纬清晰、脉络分明之感；如果不加区分，“煮一锅粥”，必然是眉目不分、一团乱麻。

（三）写作教学目标的措辞应该明确具体

模糊的语言必然使表达的内容模糊不清。传统的写作教学目标中，过多地使用“认识、理解、掌握、领会、把握、培养”等抽象笼统的词语，是导致写作教学目标陈述含糊的一个重要原因，因此，教师在描述写作教学目标时，要尽量避免使用这类词语。“写出、详述、选择、剪辑、合并、划分、使用、运用、应用、叙述、阐述、阐明、描述、描写、描绘、说明、介绍、刻画、塑造、表明”等行为动词对学习的结果则做了明确具体的规定，可以观察、测量，操作性强，在写作教学目标陈述中宜多用这类词；“辨别、区分、分析、比较、归类、综合、概括”等虽然反映的是内心活动，但是有相对应的外显行为，因而也是比较明确具体的。教学目标的语言当然要简洁精炼，但是，必要的限制性词语是不可随便省略的，例如对行为方式、活动条件、学习程度和数量等方面作出严格规定所需要的词语是不可或缺的。总之，要力求全面、准确而具体地将预期的学生学习结果表述出来。

第三节 写作教学策略

如前所述,教学目标是解决“教学什么”问题的依据;而教学策略则是解决“怎样教学”问题的途径或手段,其本质是教师依据教学目标和学生学情所安排的最优学习程序与最佳学习方式方法的总和。教学策略重在指导学生“怎样学”最有效,与学生怎样有效学习即学习策略既有联系又有区别。两者的联系是:都是有效程序与方式方法的运用;两者的区别是:前者运用的主体是教师,后者运用的主体是学生。

现代教学论主张,写作教学是师生双向互动的活动,在教学过程中学生的写作学习活动(构思、表达、修改等)将决定教师的施教活动,教以学为出发点和落脚点,教服务学,教促进学,教引导学。因此,在写作教学设计和课堂操作过程中,教师应该根据学生的学习规律即写作能力的习得规律来安排教学过程,选用教学方法和技术。

一、写作教学过程

写作教学一般以一次作文(完整篇章或片段)训练作为一个教学单元,写作教学过程一般指一个教学单元(一次作文)的教学活动过程,是教师指导学生学习写作提高写作能力的动态过程,如果我们用一定的语言文字符号把这一动态过程的逻辑顺序描述出来,便是写作教学过程模式;换句话说,写作教学过程模式就是用语言文字描述的写作过程或者说是动态写作教学过程的静态呈现方式。

(一)几种典型的传统写作教学过程模式

我国传统的写作教学过程模式包括三个阶段:命题、指导、评改。命题——教师摘引“四书”“五经”的章句作为题目;指导——主要是指导学生审题;评改——教师修改学生习作,并作点评。在此模式中,教师指导之所以是指导审题,与作文内容有直接关系。因为题目乃圣人之言,学生的作文不过是阐述题目的微言大义,即"代圣人立言"。可见,这一模式显然是一个以书本为中心、以教师为中心的模式,没有体现出学生的学习规律和学生写作过程的一般特点。

新中国成立以后,我国语文教育工作者在不同时期先后提出过多种写作教学过程模式,其中,下面三种教学模式较为典型:

"命题—指导—批改—讲评"四环节教学模式。①

"观察、思考—构思、表达—修改"三阶段教学模式。②

"作文前指导—作文全程指导—作文后指导"三步骤教学模式。③

用现代教学论来看,上述三种写作教学模式存在着明显的不足:第一种教学模式仅仅立足于教师的教,没有考虑学生的学。现代教学论主张,教学应该以学习为基础,忽视学生的学习活动,教势必无的放失;第二种教学模式恰恰相反,只是反映了学生的书面表达过程,缺乏教师教这个必不可少的条件。可以说,这只能是一个"写作的过程模型"而非"写作(作文)教学的过程模型";第三种教学模式把教师活动(指导)和学生活动(作文)结合起来,力图反映教学过程中教与学的互动与统一。这相对于前两者,认识有所深化。但是,从表述上看,师生在三个环节中活动的内容和形式没有任何区别——皆为"指导"(教师活动)和"作文"(学生活动)。因此,该种教学模式多只是列出了写作教学的进程——分为三个环节,不能具体指导写作教学实际。

(二)基于现代教学论的写作教学过程模式

如前所述,写作教学本质上是一种问题解决教学,因而,研究写作教学过程首先要遵循问题解决的一般教学过程规律。关于问题解决教学过程的研究已有相当长的历史。杜威把问题解决教学过程分为四个环节④:让学习者面临某种疑难情境——引导学习者明确问题——促使学习者将问题与认

①韦志成著:《写作教学论》,广西教育出版社1998年版,第135页。

② 张鸿苓:《语文教学方法论》,北京师范大学出版社1982年版,第136页。

③ 钟为永主编:《语文学科教学论》,广西教育出版社1993年版,第185—208页。

④ 高觉敷、叶浩生著:《西方教育心理学发展史》,福建教育出版社1996年版,第255页。

知结构联系起来，提出解决的假设——让学习者将答案组合到认知结构之中并把它应用于手边的问题或同类问题的新的陌生的例子之上，实现“做中学”；布鲁纳的以发现学习为其基本特征的问题解决教学过程模型是：

①提出和明确使学生感兴趣的问题；

②使学生对问题产生某种程度的不确定感，以激发探究；

③提出解决问题的各种假设；

④协助学生搜集和组织可用来做判断的资料；

⑤组织学生审查有关资料，得出应有的结论；

⑥引导学生用分析思维去验证结论，最后解决问题。

乔纳森(1997)运用建构主义观点开发出一套问题解决的教学模型，该模型为：

①复习先决条件知识(包括概念、规则)；

②呈现问题领域的概念模型或因果模型。概念模型阐明问题成分之间的结构关系，用于表征领域知识。因果模型阐明能够观察到的变量和未能观察到的变量之间的关系，用于表示解题过程；

③出示样例，帮助学生建构有用的问题图式；

④呈现练习题；

⑤支持搜索解法，包括提供类比问题；

⑥反思问题状态与问题解法。

上述几个问题解决教学过程模型既有区别又有联系，综合起来，下面几点对我们设计写作教学过程模型是有较大启示的：一是要有明确的教学目标。这些模型都把让学生明确问题作为教学的起点。所谓明确问题，其实就是要让学生弄清学习的目标。二是要帮助学生激活先前知识。要引导学生把已经掌握的知识和所要解决的问题联系起来。三是重视资料对解决问题的作用。要求教师提供或引导学生搜集有助于解决问题的资料。四是强调新旧知识的联系，教学中要让新知识顺利进入学生的命题网络。五是要教问题解决的策略。无论是引导学生提出解决问题的假设，还是为他们搜索解法提供支持，实际上都是让学生学习和运用策略性知识。六是要进行适当的变式练习，这是概念和规则向程序性知识和策略性知识转化的一个必经环节。据此，我们可以把写作教学过程概括为以下几个教学环节：

1.告知教学目标,明确写作要求

如前所述,写作教学目标是以写作概念和规则为核心的写作学习结果构成的,所以,在此环节中,教师要把需要学习的写作概念与规则用明晰具体的语言陈述出来。学生通过审视、分析教学目标和写作任务要确定本次作文练习所需学习的概念和规则及其涉及的主题知识、表达技能和构思策略分别是什么。

2.提示学生回忆,激活原有知识

要把本次写作训练需要学习和运用的写作规则和相关知识与学生已掌握的有关知识联系起来,使学生的原有知识顺利进入工作记忆,实现新旧知识的相互联系,促进对所学写作概念和规则的意义建构。

3.提供构思指导,拟定写作计划

教师要指导学生运用一定的思维方法或写作构思规则进行构思,在此基础上指导学生确立写作的基本思路,编写写作提纲。

4.提供相关材料,形成相应图式

要呈现两篇以上运用本次写作课所要学习的写作规则而写出的例文,为学生形成特定类型的认知结构创造条件;如果学生缺乏主题知识,还要提供这方面的文字、实物、图像等材料,使学生获得与作文内容相关的图式。

5.创设变化情境,进行表达练习

这是知识由表象、命题和命题网络向产生式和产生式系统转化的环节。在本环节中教师要引导学生在各种条件(各子规则适用的情境)下运用各种(口头的或书面的)方式进行表达练习。

6.及时批改讲评,反思修改习作

要根据教学目标对学生的习作进行评价,并及时向学生提供反馈;引导学生根据教学目标和教师评语对作文进行反思,并作进一步的修改。

该教学模式具有如下特点:

第一,写作教学过程是提高学生写作能力的过程。该教学模式以现代学习论为理论基础,把写作教学过程的本质定位于主题知识、书面表达技能和构思策略的习得与相互转化,遵循了写作能力习得与转化的一般过程——认知结构的同化、建构、迁移过程,符合提高学生写作能力的基本规律。

第二,写作教学过程是师生双向活动的过程。该教学模式把教学看成是为学生写作能力的形成和发展而创造的必要条件,体现出“教学过程服务并服从于学习过程”[①]的特点;同时,在该教学模式中,学生的学习始终以教师的“教”为主导——在教师的引导、帮助和组织、评价之下进行作文的学与练。教与学相互依赖,相辅相成,达到有机统一。

第三,写作教学过程是教师引导学生解决问题的过程。从问题解决角度看,上述教学模式中的六个环节可以概括成四个阶段,第1、第2环节为明确问题阶段;第3、第4环节为提出假设和原型启发阶段;第5环节为解决问题、形成解题技能阶段;第6环节为反思评价解决问题过程的阶段。所以,该教学模式充分体现了写作过程就是问题解决过程这一本质特征。

二、写作教学方式与方法

写作教学方式方法是教师指导学生进行写作学习和练习以提高写作能力的具体活动形式或操作手段。写作教学活动是师生在特定的时空中展开的有目的、有计划、有组织的活动,在此过程中,学生如何学习写作和教师怎样指导学生学习写作都存在规律,按照这些规律运用相应的教学方式和方法才能做到“合理”“合法”,写作教学的效益和质量才能有保障。

(一)写作教学的基本方式

写作教学中的基本方式是指中小学写作教学中常见和常用的写作教学方式。对写作教学方式的分类有多个角度,如,从课堂教学视角,可以分为课堂写作教学与课外写作教学;从社会学视角,可以分为个别化写作教学、班级写作教学与小组写作教学;从教学媒体的使用视角,可以分为常规写作教学、多媒体写作教学和网络写作教学等。这些分类角度虽然有一定的可行性,但都没有体现写作教学的特殊性。我国传统写作教学非常强调“放”与“收”关系的处理,如主张“由放到收”“先放到收”等,这就是写作教学的特殊性所在。从“放”与“收”的关系看,中小学写作教学的基本方式可

① 皮连生著:《智育心理学》,人民教育出版社2000年版,第266页。

以分为以下三种：

1.命题写作教学

命题写作教学就是由教师出题，学生按照题意要求写作的作文训练方式，这是中小学写作教学中运用最普遍的教学方式。其最大优势就是有明确的教学目标和写作任务，教学目标序列清晰，教学内容主题突出，训练计划周密系统。其最显著的特点就是通过确定作文题目，对学生的作文给予某种“限制”，包括文体、题材、写法诸方面的“限制”，对学生应该学习和运用什么知识(写作规则)做了明确的规定。根据题目的限制程度，可以把这种教学方式分为两种类型：①全限制式。如《童年记事》《校园生活二三事》《提篮春光看妈妈》等命题作文教学中师生必须“戴着镣铐跳舞”。学生只能遵题而作，范围、重心、内容乃至于文体等均不可逾越；应该写什么和怎么写都做了明确的规定。②半限制式。如《记一个XX的人》《给XX的一封信》《我与XX二三事》等命题作文教学中师生可以“在画定的圈子里跳舞”。文题既有一定的限制性，又有一定的开放性，既限制了学生思想和想象的空间，又给学生思维和个性的发挥留有一定的余地。

2.限定条件写作教学

限定条件写作教学就是教师只对学生的写作作出某种或某些条件限制的训练方式，这实际上是一种半命题性质的写作教学方式。它的最显著特点就是为学生提供了一定的写作材料，使学生获得了必要的主题知识，从而在一定程度上解决解决了“无米之炊”问题。从“条件”的构成上看，这种教学方式有四种形式：①提供图画等形象材料作文，如看图作文、看图写话等。②提供文字材料作文，如写读后感、评论、话题作文，以及近年来高考命题中普遍采用的新材料作文等。③提供实物材料作文，如教师出示吸尘器让学生写一篇有关吸尘器的说明文、教师出示苹果要求学生写一篇描写苹果色香味的文章等。④提供声像材料作文，如让学生先看电影或电视再写作文，或让学生边听音乐边写作文等。

3.自由拟题写作教学

自由拟题写作教学是由学生自己选择和决定写作内容和写作方法进行写作训练的教学方式。这种教学方式有如下特点：

第一，能够充分发挥学生学习的主动性。从写作的本质讲，写作过程是“我手写我心”的过程，只有“心有所想”才能“手有所写”。自由拟题作文就能够让学生根据自己大脑中已有的知识展开写作活动，学生能够写什么就写什么、想怎么写就怎么写，充分体现了“我的文章我做主”的特点。

第二，能够充分发挥学生的个性特长。从一定程度上讲，写作属于一种个性化最强的行为，撇开抄袭或机械模仿，任何实质意义上的写作都是个性张扬的体现。阅读中“一千个读者有一千个哈姆雷特”；写作中“一千个作者”更有“一千个哈姆雷特”。如果忽视或压抑了学生的个性，写作也就失去了生命的色彩。从这个角度看，自由拟题可以让学生根据自己的生活经验和兴趣爱好确定写作内容，喜欢写什么就写什么，应该是最有助于学生发挥个性的教学方式。

第三，能够充分发挥学生的创造性。从许多作家的创作经历看，真正的文学创作一定是在高度自由的环境下展开的，给作家的限制越多，创作的作品的质量越不尽如人意。当然，学生的写作本质是一种学习活动，不能与作家的创作活动相提并论。但是，完全忽视了学生创造性的发挥绝对是与提高语文核心素养的课程理念相违背的。要提高学生“审美鉴赏与创造”能力，就应该为学生提供创造力发挥的条件即给学生的写作活动提供一定的“自由”。

必须指出，对任何“自由”都要辩证看待。自由命题写作也有不足之处，主要体现在：不利于学生掌握系统的写作知识和系统的写作技能训练；尤其是对写作能力比较差或低年级学生来说，用这种方式教学反而让学生写作时不知从何下手，感到这种“自由”方式实际上“很不自由”。

（二）写作教学方法的运用

我们常说“教无定法”，本书“语文教学方法”一章中所阐述的语文教学方法都可以作为写作教学方法。现代教学论主张“教有定规”，因为语文知识和语文能力的学习存在一定的规律，所以，教师教学生学语文知识和写作能力必然存在一定的规则；“教无定法”就是指教学方法随着学习的类型、内容、阶段及学习者的特征等而有变化，不可千篇一律，搞“一刀切”，也不能机械照搬，简单套用；"教有定规"指的是教学方法运用要依据教学规律，"法"随"规"变，依"规"定"法"。那么，对写作教学来说，在教学中如何依"规"定"法"呢？

1.因"类"定法

现代教学论主张，教学方式方法是受教学目标制约的，不同的教学目标反映不同类型的学习结果，而不同类型学习结果的获得需要不同的内在条件和外在条件；教学方法就是为一定类型学习结果的获得而创设的外在条件。这就是说，要针对不同类型的教学目标选用相应的教学方法。既然写作能力是由三类学习结果构成，那么以培养写作能力为基本目标的写作教学的教学方法也应该根据三类学习结果习得所需要的外在条件加以确定：

(1)主题知识的教学方法

该类知识的教学要根据图式形成和改进的规律进行。现代科学心理学研究表明，图式是通过实例形成和改进的，因此有助于呈现实例的演示法、讲授法和范读法等就成为主题知识教学的首选方法。在运用这些方法时要注意：第一，要同时或相继呈现两个以上图式的实例。如，要让学生形成青蛙的图式以便使他们能够写出一篇介绍青蛙的说明文，那么，可以通过呈现两个以上实物或标本、采用电视分屏技术演示两幅以上画面、连续提供两篇以上类似的说明文等方法让学生观察、阅读和比较，注意它们的相同相似之处，概括出共同点，排除不同点。第二，要提供无关特征方面富有变化的实例。在写作教学实际中，学生在写人叙事时常常犯片面的毛病。如一写军人就是男性，一写幼儿园老师就是女性。这与他们的人物角色图式不正确有关。要克服这一毛病，教师可采用变换实例的无关特征的方法进行教学。如，在指导学生写军人时，有意识地向学生提供描写女军人的文章、图片或录像片等。第三，要呈现图式的反例。教师可以运用同时向学生提供图式的正例和反例的方法，促使学生对图式的适用情形和不适用情形进行区分以改进图式。如，要让学生写青蛙，在学生形成青蛙图式之后，可以再通过演示蟾蜍的实物、标本、或图片、录像等方法，让学生深化对青蛙图式关键特征或关键属性的了解。

(2)表达技能和构思策略的教学方法

如前所述,表达技能和构思策略本质上都是概念和规则的运用能力,所不同的是,一个是运用概念和规则对外办事——书面表达;一个是运用概念和规则对内办事——调控记忆和思维,选择写作方法。因而,两者的教学方法既有相同点也有不同之处。相同点是:因为它们都必须经过概念和规则的学习阶段,所以要根据概念学习和规则学习的规律来确定教学方法。现代心理学指出,按照概念的抽象水平的不同可将概念分为具体概念和定义性概念。具体概念的教学主要应运用比较法引导学生对概念的正例、反例进行比较,让学生辨别和提出假设,教师给予肯定或否定的反馈指导,学生从中发现概念的本质特征;教学定义性概念主要应运用下定义或解释的方法,使学生理解概念的含义,然后用举例法促进学生理解概念的本质特征。规则教学也有两种方法:"例(子)—规(则)法"和"规(则)—例(子)法"。用"例—规法"教学,先呈现若干例子,再让学生概括出写作规则。用"规—例法"教学,先呈现写作规则,然后举出若干例文说明规则;在学生习得概念和规则之后,还要运用练习法和反馈方法使概念和规则由陈述性阶段向程序性阶段转变。不同点是:由于表达技能最终要达到自动化境地,所以,在进行练习时要强调多次反复或重复。如遣词技能的形成就是在大量相同情境中使用一些特定的词语的结果;而构思策略的学习和使用则要强调变换性和灵活性,因此在进行练习时要不断变化条件或情境。例如,学生从课文中习得了"按照一定的顺序写"的构思规则之后,"为了让学生掌握这条规则,教师可先要求学生仿照课文的写作手法记一种自己喜爱的水果。然后,逐步要求学生按一定的顺序(时间顺序或空间顺序)记一件事。最后,可以要求学生按一定的顺序记一个人。"①

2. 因"时"定法

用现代心理学来看,写作能力的形成或习得实质上是一定的概念和规则的获得、转化和应用的结果。因此,一定写作能力的形成和发展通常要经历三个阶段:新概念和规则的获得阶段、作为陈述性知识的概念和规则向作为程序性知识的技能和策略的转化阶段、技能和策略的迁移应用阶

① 皮连生著:《智育心理学》,人民教育出版社2000年版,第143页。

段。现代学习论主张,一种能力习得的不同阶段,需要不同的内在条件和外在条件。因此,在写作能力习得的不同阶段应该运用不同的教学方法。

(1)新的概念和规则的获得阶段

可用设计先行组织者技术和符号标志技术,运用呈现图表、讲述、讲解、提问等方法,引导学生注意所学的新知识,使新知识顺利进入命题网络;在此基础上,再运用讲析、提问、讨论、列举概念的正反例、写课文概要等方法,以促进新概念和规则与学生大脑中已有的相关知识相互联系、相互作用,达到对所学新知识的理解和巩固。

(2)概念和规则的转化阶段

主要应运用练习法和变式练习法。由于写作技能的本质是运用一定的概念和规则进行书面表达,而且这种概念和规则的运用具有自动化提取的性质,所以要想使概念和规则转化成写作技能,必须要进行反复练习,使概念和规则的提取趋于熟练或流畅;构思策略的本质是运用一定的概念和规则进行认知,而且这种概念和规则的使用将伴随写作要求、写作情境等的变化而有所不同;所以,只有引导学生在不同写作情境、写作条件下进行构思练习,一定的概念和规则才能够转化成监控记忆和思维的策略性知识。此外,教师要对学生的练习和变式练习的结果进行及时的反馈。对不足之处要指导学生进行润色、修改,对精彩之处要予以肯定和表扬。

(3)概念和规则的应用迁移阶段

主要的教学方法是创设写作情境、引导学生作文。教师可以采用选择性命题、材料作文等方式为学生创设书面表达的情境;也可以将学生带入实际生活之中,让他们从中感悟到写作规则的运用方法和途径,为学生创设真实的写作情境。

3.因“生”定法

写作的最大特点是具有鲜明的个性化和很强的自主性。同样一则作文题,在不同人大脑之中激活的知识,在内容和形式上都存在很大差别。现代教学是班级授课制教学,一位语文老师同时指导几十名同学写作文,如果不考虑到学生的差异,势必导致相当一部分学生的个性和自主性受到压抑。因此,在写作教学过程中,教师要根据每个学生的特点和实际,因材施教，因生制宜。

(1)对不同智商和特质的学生要运用不同的教学方法

现代心理学认为，从先天遗传和学生自然发展的角度来看，学生之间在智商和特质(如焦虑、动机等)上存在一定的差异，在写作教学中教师要承认这种差异的存在，并能够根据这些差异展开教学。对于智商高的学生，要鼓励和允许他们按照自己的步速超前学习。高智商的学生一般反应快，思维敏捷，接受能力强。教师在命题、指导过程中要尽可能为他们留下自由发挥的广阔空间；对于智商低的学生，要允许他们选择合适的后续步骤。命题要考虑到他们的知识基础，尽量为他们提供自主选择的余地。指导要针对他们的实际，启发他们展开思维。此外，对他们的作品要及时予以反馈，指导他们修改完善；对言语理解水平高、语言表达能力强的学生要多用语言呈现学习材料如选用讲解、讲述、分析、讨论等方法；对言语理解水平低、语言表达能力较差的学生则要借助板书、录像、图画、图表等直观性强的媒体来呈现材料；对于那些写作动机强、焦虑水平高、写作时习惯于一气呵成的"快笔头"，在构思环节要帮助他们对自己的思路予以反思，使思维更加严密，考虑问题更加全面。在修改环节要引导他们字斟句酌，对文章的结构层次、遣词造句反复推敲；而对那些写作动机和焦虑水平过低、写起文章来如同"挤牙膏"的学生，在指导时则要着重启发他们从不同侧面、不同层次思考问题，注重训练他们的语言表达速度，逐步使他们的语言表达达到自动化水准。

(2)对不同起点能力的学生要运用不同的教学方法

起点能力是学习结果的反映。由于一个班级几十名学生不可能处于完全相同的起跑线上，这就导致学生的写作能力参差不齐。在写作教学中，对不同写作起点能力的学生，教师要区别对待。在作文命题方面，每次命题在内容和形式上都体现不同的层次和要求。可根据智慧技能的层级关系提出不同水准的作文要求。如要求学生写一篇记叙文，下面的题目对学生智慧技能的复杂程度要求就不一致："记一件事""记一件难忘的事""记一件对我的发展产生巨大影响的事"。在作文指导方面，要根据学生的起点能力确定指导的侧重点。如教一个写作规则"描写景物要抓住景物的特征"，对于那些对构成该规则的概念都已经熟练掌握的学生，可以直接使用

“规一例法”引导学生学习该规则，再运用练习法让学生使用该规则来描写景物；而对那些尚未理解该规则中的概念如“景物”“特征”的学生，则应该先用概念学习的方法让他们习得这些概念。在作文批改方面，对写作能力强的学生可针对其突出的某一点进行略批，对写作能力较差的学生则要从不同方面——字词句段篇，进行详细批改，肯定其闪光点，指出其不足之处。在作文讲评方面，评价的标准和方式也要体现针对性。对写作能力强的学生，要求可严格一些，标准可定高一些；对写作能力较差的学生，对他们点滴进步都应该予以积极的评价。

第四节　写作教学评价

写作教学评价的内涵有广义和狭义之分。广义的评价包括对教师教和学生学整个过程和结果的评价，既包括对教师指导学生积累素材、选材组材、表达和修改等教学各个环节的评价，又包括对学生的写作结果——习作或作文的评价，还包括对写作教学相关因素如教学目标设置、教学内容确定、教学方法选用以及教学媒体运用等方面的评价。狭义的写作教学评价指教师、学生或其他人员对学生写作学习结果——习作的评价。本书取狭义的解释。

一、写作教学评价的标准

写作教学评价标准是人们衡量学生写作能力、写作水平、写作态度和写作质量的依据和标尺，它是否科学合理，不仅直接影响到写作教学的质量和效益，而且影响到国家人才的选拔，进而影响到社会的进步和稳定。因此，制定科学的写作教学评价标准意义重大。

（一）现行写作教学评价标准

对于写作教学评价标准的制定，不同时代、不同国家乃至于不同个体有不同的做法或看法。最典型的例子就是，两个专家同时评价同一篇考生作文，一个给了满分，一个却判为不及格，这充分说明了写作评价标准的制定存在一定的复杂性和较强的主观性。尽管如此，人们在这方面的认识和做法还是存在某些共同点的，最为突出的共同点就是人们通常是从文本角度来制定写作教学的评价标准。从文本角度可把写作教学的评价标准确定为以下方面：

1.关于“道”的标准

包括思想是否健康、正确、深刻，内容是否真实、具体，感情表达是否真挚和有感染力，观点是否有新意，是否有启发性等。

2.关于“文”的标准

主要指文本思路是否符合逻辑，是否有条理性和层次性，结构是否严密完整，起承转合是否顺畅，过渡是否自然，开头结尾是否合理合规等。

3.关于“法”的标准

即写作方法是否有利于思想内容的表达，是否能够运用多种表达方式进行写作，表达方式运用是否得当、巧妙；写作手法和写作技巧运用得是否有效等。

4.关于“语”的标准

主要指书面语言是否通顺流畅，句子是否合乎规范，措辞是否准确、生动、贴切，是否讲究炼字，遣词造句是否有文采，修辞手法运用是否恰当，标点符号运用是否正确，字词运用是否正确、丰富等。

同时，人们还根据不同的文体确定了不同的评价标准：①叙述类文本的评价，着重考察主题是否鲜明，人物和事件是否真实可信，叙述、描写等表达方式的运用是否恰当，是否能够灵活运用多种表现手法或写作技巧，语言是否生动、形象、贴切等；②说明类文本的评价，着重考察是否突出事物特征，思路是否清晰，结构是否符合逻辑，语言是否准确，能否运用多种说明方法等；③论述类文本的评价，着重考察观点是否正确和明确，论据是否充实可靠，论证是否符合逻辑，分析问题是否全面、深刻，语句是否准确、流畅等；④文学类文本的评价，着重考察人物和环境是否典型，形象是否丰满和鲜明，结构是否完整和精巧，表现手法是否富有艺术性，语言是否有文采；⑤实用类文本的评价，着重考察内容是否真实具体，结构是否完整严密，格式是否正确规范，语言是否准确贴切等。

从文本角度确定的写作教学评价标准，适用于一般性写作（例如作家的文学创作、政府工作人员的公文写作等）的评价，当然也适用对学生习作的评价；但是，正是因为它是针对所有文章或作品评价制定的，因而，不能体现写作课程特点和中小学写作教学实际，用于中小学写作教学评价实践中就会暴露出很多问题，突出的弊端有：①忽视了过程，不能反映学生真实的写作过程，不能反映学生写作能力的发展状况。②忽视了个性，忽视了每个学生的学习实际和个性特点，不利于因材施教。③忽视了学习。学生的写作是学习型写作或者说和通过写作进行的学习。评价一种学习，应该从“学了什么”和“学得怎样”两个方面着手。

（二）基于现代教学论的写作教学评价标准

用现代教学理论来看，写作教学评价实质是对学生写作核心素养发展状况尤其是对写作能力发展状况的考核与评估。如前所述，学生的写作能力是一种学习结果，而构成学生写作能力的学习结果包括主题知识、书面表达技能和构思策略等三类知识（广义）。因此，对学生写作能力的评价实际上就是对学生写作学习结果的评价，就是对三类知识的掌握和运用情况的评价。制定写作教学评价标准应该以语文学习结果为依据，以三类知识的表征和提取转化情况为标准，着重评估学生是否掌握了三类知识以及是否能够有效地提取和转化三类知识。

那么如何评价学生对三类知识的学习和运用情况呢？研究表明，能够将三类知识综合体现出来的是写作概念和规则的运用，正如著名语文教育家叶圣陶先生所指出的，进行写作教学评价首先应该“……归纳出一些法则来……我们有了这些知识，去看一般文章就有了一枝量尺，不但知道某一篇文章好，还说得出好在什么地方，不但知道某一篇文章不好，还说得出不好在什么地方”[1]。这里的法则就是写作规则。这就是说，教师评价学生作文就是要看有没有按照一定的要求运用有关写作规则，还要看他们运用得怎么样——是否得体或妥当。这也意味着，写作规则是制定作文评价标

①《叶圣陶语文教育论集》，第416页。

准的重要依据;或者说,写作规则其实就是作文评价的标准。最富有权威性的评价标准——高考作文"等级评分标准"就是根据一定的写作规则制定的,这些写作规则代表了不同类型的写作学习结果。例如,近年来的语文高考评分标准中,将作文评价分为两个方面,四个等级。一方面是"基础等级",确定考生作文属于哪个等级的指标有8项:题意、中心、内容、感情、结构、语言、字体、文体。最高等级一等的标准是:切合题意,中心突出,感情真挚、结构严谨,语言流畅,字体美观,符合文体要求;二等的标准是:符合题意,中心明确,内容较充实,感情真实,结构完整,语言通顺,字体端正,大体符合文体要求;三等的标准是:基本符合题意,中心基本明确,内容单薄,感情基本真实,结构基本完整,语言基本通顺,字迹清楚,基本符合文体要求;最低等级四等的标准是:偏离题意,中心不明或立意不当,没有什么内容,感情虚假,结构混乱,语病多,字迹难辨,不符合文体要求等。另一方面是"发展等级",包括4项12点,每项3点:第一项"深刻":透过现象深入本质、揭示问题产生的原因、观点具有启发作用;第二项"丰富":材料丰富、形象丰满、意境深远;第三项"有文采":词语生动,句式灵活、善于运用修辞手法、文句有意蕴;第四项"有创新":见解新颖,材料新鲜,构思精巧、推理想象有独到之处、有个性特征。

必须指出,"等级评分标准"所罗列的写作规则大多是一些上位的规则,每一写作规则之中应该还包含着不同层级的子规则,这些子规则不研究出来,评价标准依然不够明确具体,尤其是可操作性不够强。

二、写作教学评价的方式与方法

(一)写作教学评价方式

写作教学(作文)评价标准具有规定性或唯一性,但其评价的方式则应该是灵活多样的。从不同角度可以分为不同评价方式:

1. 从信息传播的途径来看,可以分为口头评价和书面评价

口头评价指评价者(教师、家长或学生等)通过谈话、讨论、演说等口头方式对学生的作文作出评价;书面评价指评价者通过学生的作文本、评价

单、板书、幻灯投影、计算机或网络等媒体对学生的作文进行评价。

2. 从作文评价者的人数来看，可以分为个别评价和集体评价

个别评价通常以教师评价为主，家长、同学及其他人员都可以担当评价者的角色。集体评价指师生通过讨论对学生的作文提出各自的评价意见。

3. 从评价手段来看，可以分为定性评价和定量评价

定性评价指评价者根据评价标准通过批语对学生作文的优劣、高低作出描述性的评价；定量评价是评价者根据一定的量分指标对学生作文进行评分。

此外，从作文评价者的身份来分，可以划分为教师评价、同学评价、家长评价等；从教学组织形式上可以分为班级评价、小组评价和个人评价等。需要说明的是，在实际操作过程中，不同的评价方式往往是混合在一起出现的。如个别评价和集体评价、定性评价和定量评价通常同时或依次出现在一次作文评价之中。

（二）写作教学评价方法

现代教学论的基本观点是以学定“标”、以“标”定评，即根据学习结果设计教学目标，根据教学目标制定评价标准，根据评价标准展开教学评价。因此，依据作文评价标准进行评价是写作教学评价的基本方法。现代写作学习论主张，作文评价标准是以写作规则为依据确定的。然而，语文学科中有许多写作规则是十分模糊的，如“中心明确”“结构严谨”“语言流畅”等写作规则在不同人眼中其内涵是不同的。在实际运用中，情况往往更加复杂，同样一篇作文，有没有运用某一写作规则、用得是否得当，在不同评价者看来，结论是不一样的。写作教学评价的原则是要客观、科学，而写作规则模糊性和写作规则运用的复杂性又容易造成评价者主观臆断，导致这一原则难以落实。如何解决这一难题？综合我国特级教师有关写作教学评价方面的探索，我们发现有两条经验值得我们参考：一是教师公布评价标准让学生对照标准进行自我评价；二是通过班级和小组讨论让学生相互评价。在小学作文教改上取得了优异成绩的袁浩老师在进行作文评价时就采用了这一做法。在评价作文时，教师首先对教学目标进行分解，

确定每次作文的评价标准。教师将评价标准呈现给学生，要求学生对照标准重新审视、分析自己的作文。学生评价完各自的作文之后，最后，教师再组织学生进行班级讨论，要求学生围绕以下问题在全班汇报交流：①我写的作文的内容是什么；②我认为我写得比较成功的地方在哪里？为什么说这里写得好？③我觉得什么地方写得不符合要求？我是怎么改的？为什么这样改？其他同学对每个学生的自评结果提出自己的意见[①]。全国著名语文特级教师魏书生在教学中也常常引导学生自评自改作文和互评互改作文。在学生自评和互评前，魏老师首先为学生制定一套根据写作规则制定的评价标准，如：看文章中心是否鲜明、集中；看文章的选材是否围绕中心、是否具有典型性、是否符合生活实际；看文章的层次段落是否清晰、过渡是否自然、开头结尾是否照应；看文章的表达方式是否符合体裁要求和作文指导的要求；看文章语言是否简练、通顺、准确等。他还具体规定了每条规则的分值和赋分的方法。然后，要求学生有的放矢地对照这些标准进行自评自改。最后，通过引导学生展开小组讨论进行互评互改[②]。让学生根据评价标准自我评价作文和集体相互评价作文，一方面可以发挥学生的主观能动性，改变传统写作教学评价中那种"学生写作文，教师改作文；教师写批语，学生看批语"单一做法，使学生参与到写作教学评价过程中来；另一方面，学生对新知识有没有习得特别是对一些模糊的写作规则有没有习得一般是有自知之明的，这无疑比教师单方面评价要准确全面些，因而，可以说这是实现作文评价科学化的一种有益探索。

思考与练习

1. 写作能力的本质和结构是怎样的？

2. 如何设置和陈述写作教学目标？

3. 运用写作教学过程模式和教学方法理论分析一个写作教学课例的教学过程和教学方法。

4. 运用所学的写作教学评价理论谈谈你对高考作文的认识。

---

① 见袁浩等著：《袁浩小学写作教学心理研究与实践》，山东教育出版社1997年版。

② 见魏书生等著：《魏书生中学语文教学改革实践研究》，山东教育出版社1997年版。

第六章　口语交际教学

语文课程标准提出，语文教学要致力于全面提高学生的语文素养；口语交际素养是构成个体语文素养的重要因素，很难想象一个不善于口语交际、缺乏口语交际素养的人语文素养能有多高。在当今信息社会，随着科学技术突飞猛进的发展，社会对个体口语交际能力的要求就越来越高，口语交际已经渗透到个体学习、工作和生活的方方面面，与每个人的生活甚至生命密切相关。因此，中小学语文教育必须重视学生口语交际素养的提高。

第一节　口语交际素养及其提高的意义

长期以来，在各个时期颁布的“语文教学大纲”和各种语文教学理论文献中，一直把口语交际素养界定为听说能力。21世纪之初颁布的《义务教育语文课程标准（实验稿）》正式提出语文素养这一概念，并把致力于提高语文素养的语文课程分为阅读、写作、口语交际等课程，这也就意味着语文素养是由阅读素养、写作素养、口语交际素养等要素构成的。那么，什么是口语交际素养？它是如何获得和提高的？提高口语交际素养有何意义？

一、口语交际素养

提到口语交际素养，人们首先想到的是口语交际。现代语言学认为，口语交际是一种人们（交际双方）依照一定的目的，运用口头语言和适当的体态语言进行信息交流和思想感情沟通的言语活动，或者说是指人们在特定的情境中，为完成某种交际任务，针对特定对象，借助于标准的口语（有声语言）和非口语（态势语言）进行的一种听说沟通和双向反馈的言语实践活动。口语交际本质是一种活动，而口语交际素养则是个体的一种心智特征，两者是不同的概念。

（一）传统口语交际素养观

一直以来，在各种语文教育教学理论著作中，有关口语交际素养的研究，对其表述都是听说能力，并将听话能力和说话能力分开来进行逐一分析；在中小学语文教材中也大都相应将听话能力和说话能力分开来设计训练项目。下面列举一些有代表性的传统说法：

余应源主编的《语文教育学》指出，构成听话能力的主要因素包括：对语音的辨别能力，对语义的理解能力，对口语的品评能力，听话的注意力、记忆力、思维力。构成说话能力的主要因素有：快速组织语言的能力、准确运用普通话表情达意的能力和思维能力。①

谢象贤主编的《语文教育学》认为，听话能力的构成因素主要有：注意力、记忆力和思维力；语音的鉴别力和运用力；语义的理解和组织力以及评价、判断力和反馈力四个方面。②

周庆元的《语文教学设计论》指出，听话能力结构主要是由语音辨识力、语言记忆力、语义理解力和话语品评力等四种因素组成。说话能力主要是指内部组码能力、快速编码能力、准确发码能力和定向传码能力。③

韩雪屏的《语文教育的心理学原理》将听说能力分为正音技能、讲述技

① 余应源主编：《语文教育学》，江西教育出版社 1998 年版，第 164—171 页。

② 谢象贤主编：《语文教育学》，浙江教育出版社 1993 年版，第 253—254 页。

③ 周庆元：《语文教学设计论》，广西教育出版社 1996 年版，第 216、226 页。

能、会话技能、演讲技能和辩论技能。[①]

上述观点借助心理学和语言学的有关理论对人们的口语交际能力做了分析性探讨，对今天的研究有一定的参考和启示价值；但是从中小学口语交际教学实际情况来看，以上观点均存在以下弊端：

首先，它们将听和说分开来研究，与现实生活中双向语言交际活动实际并不一致。老一代语文教育专家崔峦指出："口语交际能力是一种在交往过程中表现出来的灵活、机智的听说能力和待人处世能力。"口语交际是人们面对面的交流，一方要根据另一方（或多方）的反应做出相应的反应；而且听者和说者的地位又会随着交流的需要不断转换，是一种包括听觉、视觉、触觉等多种感官协同活动，记忆、注意、思维、情感、个性等多种心理交融配合，理解、分析、概括、评价、创造多种认知交错展开的动态综合实践过程。我们知道，同样的句子出于不同交际者之口、在不同的交际语境中会有不同的意义，比如"最近身体怎么样？"这句话，如果是医生在门诊部问的，是对于你身体状况的询问和了解；如果是亲戚朋友在不期而遇中说的，则可能是一句简单的问候，也可能是对身体情况的具体关心。因此，对听话和说话不能作静态的拆分式观照，而应根据特定的交际任务、交际情境等作动态的综合考量。

其次，以上观点从不同角度分析了听说能力的构成和性质，前三种将听说能力分解为一些一般能力或若干特殊能力，后一种则将听说能力分解为几种技能。理论上讲，这样分析有助于人们对听说能力展开深入认识；但运用这种离开知识空谈能力的观点指导语文教学实践，在具体的教学过程中缺乏可教性。对听说能力教师如何教，学生如何学，如何练，都比较盲目，"教无定法""学无定法"在口语交际教学中似乎变得更为明显。以至于不少教师和学生都认为口才是天生的，或者是练出来的，但是该怎样去练，却又说不出个所以然。甚至有人认为口才与课堂上的学习没有太大的关系，更多是在课外收获的。这样就使口语交际教学陷入了无据、无序和无法的尴尬境地。

因此，口语交际素养（包括口语交际能力）不能理解为听话能力和说话能

① 韩雪屏：《语文教育的心理学原理》，上海教育出版社2001年版，第149页。

力的简单相加，口语交际素养与听话能力和说话能力的含义有着本质的区别。那么，究竟什么是口语交际素养？其本质属性是什么？对这个问题还需要进一步深入探讨。

（二）现代口语交际素养观

以科学学习心理学为理论基础的现代教学论主张，素养是一种综合性概念，从其形成机制上看，可以分为先天遗传的素质和后天习得的学养。口语交际素养也是如此。如聋哑人的口语交际素养相对于正常人可以说是很低下的，就是因为先天口语素质的缺失。先天的口语交际素质主要是遗传的结果（当然也与后天环境有关，如有的聋哑儿童是药物导致的）。上述传统理论中所说的听话能力和说话能力包括记忆力、思维力、语音辨别力、发音能力等都在一定程度上与先天素质有关，因此是不可学、不可教的，不利于指导口语交际教学。后天习得的学养在现代心理学中被称为学习结果，也就是说，后天习得的口语交际素养是个体在一定的口语交际学习环境中通过学习获得的口语交际素质，也可称之为口语交际学习结果。

那么，作为后天习得素质的口语交际素养其学习规律又是怎样的呢？现代教学论认为，人类的学习特别是学校学生的学习是一种复杂的现象，对这种复杂的学习现象应该进行分类研究，用不同类型学习的原理来解释其学习规律。美国著名教育心理学家罗伯特·加涅将学习结果分为五类，包括言语信息、动作技能、智慧技能、认知策略和态度，其中，智慧技能又可以分为辨别、概念、一般规则、高级规则四个层次，前三个层次的智慧技能和动作技能一样，通过训练都可以达到自动化运用的水平，因而和动作技能一起称为基本技能；高级智慧技能和认知策略都是运用规则办事和解决问题的能力，所不同的是前者对外办事，后者是对内调控，但两者的心理机制都是一样的，都是基于一定的任务情境运用规则办事，都不能达到自动化水平，因此将两者合称为高级技能。按照这一学习结果分类原理，我们可以将作为学习结果的口语交际素养的构成要素分为以下四类：交际内容知识（语言知识和交际知识）、交际基本技能（动作技能和基本智慧技能）、交际高级技能（复杂的智慧技能和认知策略）和情感态度与价值。下面我们对各类学习结果逐一予以分析：

1.交际内容知识

交际内容知识包括两个方面，一是日常生活知识和科学文化知识，二是语言知识和交际规范知识。日常生活知识和科学文化知识与口语交际中"说什么"有关，有时甚至直接影响着言语交际能否顺利进行下去，因为如果说话人对于某一方面的知识一无所知的话，交际时就会出现"胡言乱语""不知所云"现象；听话人如果缺乏一定的内容知识，交谈时无异于"对牛弹琴"。比如，和一个对信息技术一无所知的人谈论动画制作软件，这样的交流很难进行。需要指出的是，这类交际内容知识并不属于我们这里所说的口语交际学习的内容，而是通过日常生活和其他学科学习的。如人们交谈时说"天上乌云密布，今天天气要变了"就是在生活中获得的知识。两个学生在一起谈论历史或数学考试问题，涉及很多历史知识或数学知识，这些内容知识就是在历史课程或数学课程中学习的结果。口语交际学习的知识特指语言知识和交际规范知识，这类知识是关于语音、词汇、语法、修辞、语篇的知识和交际规则知识。交际语言学家甘柏兹是会话策略理论(可参阅徐大明等译，甘柏兹著:《会话策略》，社会科学文献出版社2001年版)的创建者，他认为，讲话人赖以创造和维持会话合作的基础是一些语言的和交际规范的知识，这些知识要素是口语交际能力形成的基础。必须指出的是，这些知识并不是每个人都能够清楚地说出来，因为使用母语进行交际，会说并不意味一定能说出为什么这样说而不能那样说。就中学阶段的语文学习来说，重要的是要让学生学会使用语言知识，而不是让他们去研究语言知识。英国语言学家S·皮特·科德在《应用语言学导论》中指出："……我们要培养的是使用语言的人而不是语言学家，是能'用这种语言讲话'的人而不是'谈论这种语言'的人。"[①]因此，口语交际学习的重点是学生能在语言实践中学习使用这些知识，而不是要掌握系统而完整的语言知识本身。运用语言知识和交际规范知识进行口语交际的能力和谈论甚至探讨这些知识是完全不同的。

① S·皮特·科德:《应用语言学导论》，上海外语教育出版社1983年版，第12页。

2.交际基本技能

交际基本技能包括动作技能和简单的智慧技能。这里的动作技能指的是说话、发音所涉及的各器官肌肉按照一定的规则协调运动的能力，它是口语交际所必备的一种基本技能。虽然说话人人都会，而且在上幼儿园之前就已经学会，似乎并不是件难事，但是在生活中有的人说话清晰，有的人却口齿不清，有人说话口齿伶俐，口若悬河，有人说话结结巴巴，表述不清，其中的一个重要原因主要在于发音技能的差异。比如发音中有一项训练叫"吐字归音"，它要求的是吐字时把握好声母的发音部位和发音方法，并迅速与韵头结合，入字时口腔开合适度、松紧相宜，发音时口腔由开到合，肌肉由紧到松，声音由强到弱，字尾要弱收到位，这往往就需要口腔各个共鸣部位肌肉活动的协调。相声演员能快速地说绕口令，就是对发音动作技能反复训练的结果。基本智慧技能指的是学生运用字、词、句的概念和规则进行言语交流的技能。口头语言的处理速度之所以那么快，是因为句子结构起了很大的作用。句子是语言交际的最基本单位，而句子的组织和运用是有一定规则的，即通常所说的词法、语法等。但说话人并非在说话时有意识地执行一些语法规则，这些过程往往是"自动化"的，不受意识控制的。说话人都懂得使用自己的母语，内隐地掌握了这些句法规则，虽然不一定能具体地说出某些规则，但是他们完全可以根据这些规则产生和理解句子。这种能力人们常常称为语感，从现代学习理论来看，其实质就是口语交际所必须具备的基本智慧技能。

3.交际高级技能

交际高级技能包括复杂的智慧技能和认知策略，这是运用各种言语知识和交际规则表达与交流的能力，其本质是交际者基于特定的交际任务情境，运用一定的概念和规则开展口语交流和社会交往的能力。例如，在交际过程中根据对象和场合来说话，所谓入乡随俗，到什么山，唱什么歌，在什么地方说什么话；看什么人说什么话，"见人说人话，见鬼说鬼话"；听话要听音，听话听出"话中之话"（言外之意）；在交际中能根据具体的语境恰当地运用体态语以增强表达效果等，这些都属于交际高级技能。这些高级技能是口语交际学习的重点。高级技能和基本技能的区别在于，基本技能比较简单,隐含的规则比较明确,在短时间内可以学会,并可以达到自动化使用的水平;而高级技能比较复杂,规则模糊,往往不能一次学会,必须在教学中逐渐渗透。比如根据场合的不同选择适当的态势语提高表达效果,学生只能在不同的具体交际情境中观察、思考、练习、反思逐步学会,不可能通过一节课的学习就能掌握这种技能。

4.交际情感态度

情感态度指的是在口语交际活动中所表现出的交际动机、情绪体验、人格修养与为人处世的态度等。在口语交际活动中,交际双方的情感态度非常重要。交际动机指交际者进行口语交际时所具有的内在驱动力,交际动机影响交际者“愿不愿说(或者听)”。动机强的交际者见人话多,所谓喜欢絮叨的人就具备这一特征;动机弱的交际者寡言少语,甚至不愿和人交谈(并非不能交谈)。交际态度表现为人际交往时是否文明大方和有修养,比如态度良好者往往有交际自信心、有交际勇气、说话诚恳、尊重对方、谈吐文雅等特征。语文课程标准所规定的口语交际目标中的“有表达的自信心”“与别人交谈,态度自然大方,有礼貌”“与人交流能尊重、理解对方”“在交际中注意语言美,抵制不文明的语言”“学习文明得体地进行交流”等都体现了情感态度方面的导向。有的学生在平常聊天时伶牙俐齿,但在人多的场合说话时却面红耳赤,往往语不成句,词不达意,这主要是情感态度问题。在交际过程中做到热情待人、自然大方,这就是情感态度方面的学习结果。需要指出的是,情感态度虽然不属于技能领域,但它与技能密切相关。态度产生于成功的体验,学生在交际活动中取得成功与他们是否具备一定的口语交际技能有直接的关系,对口语交际的积极态度可以伴随着一次或多次的口语交际的成功而产生,所以情感态度的水平往往也取决于口语交际技能的水平。

根据以上分析,我们认为,口语交际素养本质上是一种口语交际学习结果,它是由交际内容知识、交际基本技能、交际高级技能、交际动机以及情感态度等要素构成的个体通过后天学习获得的心理特征。

二、提高口语交际素养的意义

一个正常的人，当然能听会说，但并不是所有的人都能听得准、说得好，也就是说要想具有一定的口语交际素养，必须接受相应的训练，也就是要经受系统的教育干预。口语交际教学就是这种教育干预的基本途径。我国现行的语文课程标准(包括义务教育语文“课标”和高中语文“课标”)对口语交际教学提出了明确要求：学生通过学习要形成一定的口语交际素养。《全日制义务教育语文课程标准(2011年版)》规定：“口语交际能力是现代公民的必备能力。应培养学生倾听、表达和应对的能力，使学生具有文明和谐地进行人际交流的素养。”可见，口语交际素养的提高已经成为基础教育语文教学的主要目标之一，口语交际的教学也是语文教学的重要组成部分，提高中小学生的口语交际素养具有举足轻重的意义。其意义主要体现在以下几个方面：

第一，是培养合格公民的需要。在当今信息化社会，口语交际素养是一个合格公民必备的基本条件，它在人们的日常生活、学习、交往和工作中时时处处都发挥着重要作用。有关言语交际功能研究的资料表明：在人们日常的言语交际活动中，“听”占45%，“说”占30%，“读”占16%，“写”占9%，西方国家更是把舌头、金钱和电脑并称为人生三大战略武器。不少教育专家早就指出口语交际学习的重要性，张志公先生在谈及“下一代需要什么样的语文能力”时，认为“他们普遍需要的将是如历史上描写智力超常的‘才子’们那种‘出口成章’的能力，因为他们要用自然的口头语言处理工作，指挥机器干活……处理生活和工作中的实际问题的敏捷准确的高效率的口头语言和书面语言能力，将成为每个人的需要。”[①]叶圣陶先生也早就强调“在接受方面，听和读同样重要；在发表方面，说和写同样重要。所以听、说、读、写四项缺一不可，学生都得学好。”[②]曾任哈佛大学校长的伊勒特也说过：“在造成一个‘上流人’的教育中有一种训练是必不可少的，那就是优美而文雅的谈吐。”他所指的“优美而文雅的谈吐”就是具有较高的口语交际

① 张志公：《传统语文教育教材论》，上海教育出版社1992年版，第157页。

② 叶圣陶：《听、说、读、写都重要》，《语文学习》1980年第7期。

素养。改革开放以来,党和国家一直把提高国民素质放在战略的高度予以重视,要实现这一目标,提高学生的口语交际素质无疑是重要途径之一。

第二,是提高学生语文素养的需要。全面提高学生的语文素养是语文课程的基本理念,也是语文教学的终极价值追求。提高学生的口语交际素养是提高学生语文素养不可或缺的组成部分。关于提高语文素养的途径,人们尽管存在不同的认识,但是,把提高口语交际素养排斥在外,是任何人都难以想象的。这是因为,从现代心理学来看,语文素养本质是人们运用语言进行社会交际的能力和行为倾向,这里的运用语言包括运用书面语言和运用口头语言,后者就与口语交际素养密切相关。也就是说,口语交际素养是构成语文素养的主要因素。要提高语文素养而不提高口语交际素养,势必会出现“短腿”“跛脚”的可怕结果。此外,构成语文素养的各种要素之间是相互联系,相辅相成的,口语对书面语有很大的影响,一个人先学的往往是口语,只有具备了一定的口语能力,才能顺利迁移到书面语的学习;换句话说,口语学习对书面语学习有很大的促进作用。口语学得好坏,可以影响书面语的学习效果。在实际教学中,很多教师认为升学考试不考口语就不必在口语交际教学上花时间,轻视甚至忽视口语交际素养的提高。这样做的结果,提高学生口语交际素养不能保证姑且不说,其实对书面语的学习包括阅读学习和写作学习也是不利的。正确的做法是,既要重视书面语学习,也要重视口语学习,两者齐头并进,协调共振,才能真正落实语文“课标”提出的理念,实现全面提高学生语文素养的目的。

第三,是促进学生合作学习的需要。学会合作是联合国教科文组织提出的现代教育目标。倡导自主、合作、探究的学习方式,是基础教育各类课程的共同理念,也是现代教育理论提出的有效学习方式。掌握和运用这些有效学习方式,对中小学生学好各门课程,对他们的终身发展都是必不可少的。这三种学习方式中,合作学习的开展与学生口语交际素养有着千丝万缕的联系。关于合作学习的本质,本书的第一章已经做过论述,从学习心理学来讲,合作学习其实就是学习者在一定的交往情境中展开的学习活动。合作学习的质量、效果和水平与个体的交际态度、交际能力关系非常密切。一个不愿合作、不善合作的学生是很难在合作学习中受益的;一个不愿合作、不善合作的班级也是无法顺利开展合作学习的。这种愿不愿合作、会不会合作都在很大程度上与人们的口语交际素养有关。前者与口语交际动机和态度有关,后者与口语交际技能有关。因此,可以这样说,学生的合作学习能否顺利展开与他们是否具备了一定的口语交际素养不无关联;要提高学生的合作学习能力,必须提高学生的口语交际素养。

第二节　口语交际教学目标

口语交际包括一般口语交际和专业口语交际,专业口语交际指用于某特定行业的工作用语,比如教师口语,公务员口语(官腔官调)、营销口语、司法口语等,这些不是我们在此讨论的对象。我们所要探讨的是一般口语交际,它具有较强的生活实践性。个体可以说从牙牙学语的时候就在学习口语交际了,在现实生活中,人们几乎每天也都在进行着这样的口语交际训练,这种零散的、随意的训练无疑不是我们所讲的口语交际教学。那么,口语交际教学到底应该教学什么,我们应该根据它的教学目标来进行具体分析。

一、口语交际教学目标的内容

口语交际教学目标有广义和狭义之分。广义的口语交际教学目标是指预期的口语交际学习结果,包括口语交际课程目标、课堂教学目标和课外学习目标等。狭义的口语交际教学目标特指语文教师在进行口语交际教学设计中确定的、用于课堂教学的具体目标。我们这里是从广义角度来探讨口语交际教学目标的内容问题。

(一)义务教育口语交际教学目标

关于口语交际教学目标,《义务教育语文课程标准(2011年版)》做了明确规定。义务教育语文"课标"提出的"口语交际"的总目标是"具有日常口语交际的基本能力，学会倾听、表达与交流，初步学会运用口头语言文明地进行人际沟通和社会交往”。并按九年一贯整体设计的思路，分四个学段（1—2年级、3—4年级、5—6年级、7—9年级）提出了阶段口语交际课程目标。其中，7—9年级的阶段目标如下：

1. 注意对象和场合，学习文明得体地交流。

2. 耐心专注地倾听，能根据对方的话语、表情、手势等，理解对方的观点和意图。

3. 自信、负责地表达自己的观点，做到清楚、连贯、不偏离话题。

4. 注意表情和语气，根据需要调整自己的表达内容和方式，不断提高应对能力，增强感染力和说服力。

5. 讲述见闻，内容具体、语言生动。复述转述，完整准确、突出要点。能就适当的话题作即席讲话和有准备的主题演讲，有自己的观点，有一定说服力。

6. 讨论问题，能积极发表自己的看法，有中心、有根据、有条理。能听出讨论的焦点，并能有针对性地发表意见。

与中华人民共和国成立以来国家历次颁布的“语文教学大纲”相关内容相比，新的语文课程标准将以往的听说能力改为口语交际能力，不是简单的名词术语的替换，而是对于口语交际活动有了更科学、更正确的认识。口语交际的教学目标，整合了“情感态度和价值观”“过程和方法”“知识和能力”三个维度的要求，三个方面你中有我，我中有你，相互渗透，融为一体。一方面，突出了口语交际教学的过程，强调口语交际是听与说交际双方的互动过程，是双向的交流与反馈，口语交际教学活动应该在具体的交际情境中进行，注重过程，注重互动。另一方面，重视口语交际的文明态度和语言修养，将情感态度方面的学习作为课程目标的一个重要的方面，也是一大进步。

（二）高中口语交际教学目标

《普通高中语文课程标准（2017年版）》将高中语文课程分为必修课程、选择性必修课程和选修课程三个部分，三类课程的总目标和相关学习任务群的学习目标都有口语交际方面的内容。与口语交际相关的课程目标表述如下：

能凭借语感和对语言运用规律的把握，根据具体的语言情境和不同的对象，运用口头和书面语言文明得体地进行表达与交流；能将具体的语言文字作品置于特定的交际情境和历史文化情境中理解、分析和评价。

能运用祖国语言文字表达自己的审美体验，表达自己的情感、态度和观念，表现和创造自己心中的美好形象；讲究语言文字表达的效果及美感，具有创新意识。

在运用口语和书面语表达的过程中，对比两种语体用词和造句的差别，体会口语与书面语的风格差异。

围绕感兴趣的话题开展讨论和辩论，能理性、有条理地表达自己的观点，平等商讨，有针对性、有风度、有礼貌地进行辩驳。

上述语文“课标”本着“以发展为本”的指导思想，以学生的全面和谐发展为终极价值追求，明确提出要实现三维目标：知识与技能、过程与方法、情感态度与价值观，并对知识、能力、态度进行了有机整合。但是，这三个维度的划分还是值得商榷的。首先，新课程标准关注过程，关注实践活动，抓住了语文教育自身的特点，语文素养是存在于每个学生内部的文化心理结构，它是不可传递的，只能靠学生自身的实践应用活动才能养成。从“过程”角度设计课程目标，标志着语文课程从对学习结果的关注转变到对学习过程的重视，这是值得肯定的。但是将学习过程作为课程目标设置的一个维度与目标的本质不符，教学目标是对学习者通过教学后所获得的学习结果的具体明确的表述。人们也把教学目标称为行为目标，表明教育结果的可预见性和可测量性。因此，教学目标作为对于学生学习结果的预测和学生实际的学习过程不能混为一谈。

二、口语交际教学目标的分类

上面所列的口语交际的教学目标是学生在义务教育阶段和高中阶段所要形成的口语交际素养，包括情感态度、动作技能、基本智慧技能以及高级智慧技能和认知策略等几个方面。我们在具体教学的时候,应该针对不同类型的学习结果来分别进行教学设计。因此我们有必要对上述目标作具体的分类研究。

如前所述,教学目标是预期的学习结果。口语交际教学目标也是如此。根据上述我们对口语交际学习结果的分类,我们可以把语文课程标准中提出的基础教育口语交际教学目标分为如下类型:

(一)情感态度目标

情感态度方面的目标主要包括:树立自信,尊重他人,说话文明,仪态大方,耐心专注地倾听,敏捷应对,在讨论时积极发言等方面。在现代科学心理学看来,态度虽然不属于能力领域,与个体是否胜任交际任务没有必然关系,但是它在一定程度上影响着口语交际活动的顺利进行。我们不难发现,有的学生胆怯、自卑,在正式场合或者人多的情况下不敢发言;有的学生以自我为中心,不顾场合夸夸其谈,信口开河,表现自己,不能耐心倾听他人的谈话;有的学生语言不文明,不尊重他人,出语伤人,甚至满口脏话,这些都与交际情感态度有关。因此,进行口语交际教学,交际情感态度必须作为教学目标,并把它落实到教学的各个阶段和各个环节。在实际教学过程中,教师要引导学生正确认识自己,同时引导学生进行积极的自我暗示,如在发言之前要让学生告诫自己"我能行",以此来进行有意识的口语交际训练。教师积极的鼓励和肯定是非常重要的,往往一次成功的体验和一句赞美的话对学生的发展能起到很好的作用,可以帮助学生树立起交际的自信心。同时,要把大方交际、文明交际、高雅交际渗透到口语交际教学的各个阶段,根据学生年龄特征将这些目标进一步分解为一系列具体的、可操作的目标。如小学生重在训练说话态度和蔼,有礼貌;初中生重在训练说话尊重他人,措辞得体;高中生重在训练交际时语言文雅、措辞优美。由此循序渐进,由易到难,最终通过口语交际教学使每个青少年成为口语交际中的"谦谦君子"和"大家闺秀"。

（二）基本技能目标

口语交际基本技能包括动作技能和基本的智慧技能，动作技能主要指发音技能，其本质是根据一定的概念和规则支配气管、口腔、舌头等各器官肌肉协调运动的能力，是人们说话流利以及说标准的普通话的物质基础和前提。动作技能形成的关键在于习得一定的概念和规则再通过反复练习最终达到自动化的水平。有的学生在说话时口齿不清楚或发音不够标准，主要原因在于没有掌握一定的发音技能和技巧，也就是没有掌握发音的规则；另外一个原因就是受不同方言区方言的影响，即掌握了错误的发音规则。因此，发音的概念和规则就是动作技能目标的实质所在。义务教育语文“课标”所规定的第一学段目标“学说普通话，逐步养成讲普通话的习惯”，其实就是要求学生掌握普通话的发音规则。

智慧技能是指个体学会通过使用符号保持与环境的接触，用学习心理学说，就是能够运用一定的概念和规则对外办事。智慧技能包括基本技能和高级技能。其基本技能与动作技能一样，通过大量的训练可以达到自动化使用的境地。口语交际中基本的智慧技能包括：用字技能、措词技能和造句技能等。语文“课标”中提出的“能根据对方的话语、表情、手势等，理解对方的观点和意图”和说话时“做到清楚、连贯”等目标就是针对基本智慧技能而言的。必须指出，和动作技能一样，基本的交际智慧技能大量是在生活中习得的，而且个体在童年甚至幼儿时期就已经习得了方面技能。例如幼儿要求其父母开门或对其父母的类似要求作出应答，这就是智慧技能习得的表现。一般情况下，正常儿童在上学之前就可以熟练地使用母语，这表明他们已经掌握了一定的交际基本技能。当然这其中也包括言语连锁的形成。加涅指出：“口语交流熟练的人能够回忆出流畅英语单词、短语、句子或完整的节段，并以十分有效的方式使之融入自己的口语中。他们能做到这一点，并不只是因为他们读过这些经典英国文学作品，而是因为他们熟记了它们……他们已经习得了大量多种形式的言语系列。”[①]这种言语连锁的习得对于提高学生的口语交际能力有着十分重要的意义。

① R·M·加涅著，皮连生等译：《学习的条件和教学论》，华东师范大学出版社1999年版，第50页。

（三）高级技能目标

口语交际高级技能包括高级智慧技能和认知策略，这是基于一定的交际任务、运用各种语言规则和交际规则展开言语交流的能力，其本质是一种问题解决能力，即个体在特定的交际情境中通过运用一定的语言规则和交际规则解决交际问题的能力。这种能力是基础教育阶段口语交际教学目标的核心成分，上面列举的7—9年级“口语交际”课程目标和高中阶段“口语交际”课程目标中，绝大部分内容都与高级技能相关。例如交际过程中注意对象和场合从而做到语言得体；在交流过程中，能根据交际需要适当调整自己的表达内容和方式；清楚、连贯地表达自己的观点，有中心、有条理、有根据；根据不同场合的需要，恰当机敏地使用态势语，让自己的语言更有感染力等。所以，交际高级技能是中小学口语交际教学目标的核心和主体。高级技能往往不是短时间内可以获得的，它需要在不同的情境中进行训练，逐步形成，因此，高级技能目标应该贯穿整个基础教育阶段的口语交际教学过程之中。

三、口语交际教学目标的序列

口语交际素养的形成和提高有其自身的规律，它是一个渐进的螺旋式上升过程。能说一口标准流利的普通话，能够在不同的场合文明得体地与人交流，出口成章，妙语连珠，这种素养的形成不可能是一蹴而就的。因此，语文教师在设计口语交际的教学目标时必须根据口语交际素养发展的规律，注意由低到高，由弱到强，循序渐进。这就需要对各个阶段、各个年级、各个学期、各个单元的口语交际教学目标进行系统安排，统筹规划，使之既有联系，又有区别，形成一个环环相扣、逐层推进的目标序列。到目前为止，国内已有一些学者和语文教师对口语交际教学目标的序列进行了卓有成效的研究。例如，语文教育学者韩雪屏教授将听说能力分为五个能级：正音技能、讲述技能、会话技能、演讲技能、辩论技能；[①]相对应的训练内

① 韩雪屏：《语文教育的心理学原理》，上海教育出版社2001年版，第149页。

容分别是：正音与规范、复述与陈述、应酬与交谈、致词与演讲、申辩与反驳。这些能级可以继续分解出二级、三级等，这五个能级可以分别安排在小学、初中和高中，从而形成一个口语交际教学的网络体系。我们暂且不提这些能级的划分是否科学，仅就其训练层次的安排来说，还是有很多可取之处的。此外，江西省南城一中“普通高中口语交际全程规范训练实验研究”课题研究设计了一个“普通高中口语交际全程规范训练序列表”，主要内容见表8：

表8　普通高中口语交际全程规范训练序列表

一级序列	二级序列
Ⅰ口语交际基础训练	Ⅰ-1普通话训练
	Ⅰ-2朗读训练
Ⅱ口语交际领会训练	Ⅱ-1听辨训练
	Ⅱ-2听记训练
	Ⅱ-3听答训练
	Ⅱ-4听评训练
	Ⅱ-5听速训练
Ⅲ口语交际表达训练	Ⅲ-1复述训练
	Ⅲ-2评议训练
	Ⅲ-3解说训练
	Ⅲ-4演讲训练
	Ⅲ-5交谈训练
	Ⅲ-6采访训练
	Ⅲ-7讨论训练
	Ⅲ-8辩论训练
Ⅳ口语交际策略思维训练	Ⅳ-1体态语训练
	Ⅳ-2心理素质训练
	Ⅳ-3技能训练
	Ⅳ-4切境训练

（注：这个课题是在高中进行的，但实际上这个训练可以从初中阶段开始。）

实践证明这一序列化训练较为有效地提高了学生的口语交际能力。但是，运用科学教学理论分析，我们不难看出，这个目标序列还是按照以往的听说训练体系来设计的，其中“领会”训练序列训练的是听话，“表达”训练序列大部分训练的是说话,只有“采访”“讨论”与“辩论”才与口语交际活动相关。因此,综合起来看,这个体系还不是严格意义上的口语交际目标体系。此外,从目标分类来看,该体系的分类也不够科学。其中,“口语交际策略思维训练”包含的内容,用学习结果理论分析可见,这里面有的属于情感态度如“体态语训练”“心理素质训练”;有的属于交际技能如“技能训练”。将不同类型的学习结果混为一谈,不利于指导教师教学和学生学习。

如上所述,口语交际训练应该是一个循序渐进的过程,必须构建全程性的口语交际训练目标序列,并以此为依据对学生进行系统的口语交际训练。根据语文课程标准的规定结合前面的理论分析,我们认为,就基础教育整体而言,可以根据技能层级理论确定三个阶段性的口语交际教学目标:第一个阶段的目标是要求学生用普通话正确表达,侧重动作技能训练。要求语言标准,语调得当,用词造句准确无误。学生在学前已经开始学说普通话,但是在实际生活中学生没有说普通话的习惯,另外受本地方言的影响,一些学生发音不够标准,经常运用一些方言词语,所以,养成说普通话的习惯,纠正本地方言的语调、语音和词汇,应该是小学和中学早期阶段的训练重点。第二个阶段目标是侧重基本智慧技能的训练,重点是学生能够听懂交际对象的话语,清楚而有条理地表达自己的意思。有的学生在表达时吞吞吐吐,话语条理紊乱,层次不清,不能将自己的意思表达清楚,这是交际的障碍,必须清除。针对这种情况,我们可以结合阅读教学中的朗读来进行训练,熟练地、有表情地朗读对于口语表达有着一定的促进作用。教师可以选择学生熟悉的感兴趣的话题,让学生有话可说,在有话说的基础上进一步把话说好。第三个阶段的重点是高级技能的训练,学生自如地运用日常交际礼貌用语,根据不同的场合恰当地运用语言和态势语进行交际。在训练过程中,教师应该设计多种具体的交际环境,让学生在变化的环境中熟练运用相关交际规则,随机应变。以上三个阶段性目标主要是螺旋上升的能力目标,情感态度的目标也应该贯穿始终。

第三节　口语交际教学过程与方法

明确了口语交际教学目标及其序列,也就明确了口语交际教学应该“教学什么”的问题。紧接着需要探讨的问题就是如何实现这些目标,即如何通过有效的教学过程和方法达成这些目标的问题,也就是口语交际教学应该“怎样教学“的问题。

一、口语交际教学过程

现代教学论主张以学定教,确定教学过程要依据学习过程。根据这一基本原理,确定口语交际教学过程必须依据口语交际学习过程。关于学习过程,现代学习论已经有了成熟而系统的研究成果,我们可以运用这些理论来指导口语交际教学过程的构建。

(一)口语交际教学的一般过程

口语交际能力主要是一种技能,是运用概念规则对外办事的能力,更多的属于智慧技能的范畴。因此,要根据构成智慧技能的概念和规则的学习过程来构建口语交际教学过程。概念和规则首先以陈述性知识的形式习得的,然后通过在相同情境和不同情境中的练习与变式练习,最后达到熟练运用和有效应用的水平。根据这样的规律,我们认为,口语交际教学过程可分为以下四个环节:交际知识(规则)的习得、交际知识向交际技能的转换、交际技能的运用和评价。下面结合优秀语文教师胡明道老师《说话要有中心,有条理》的教学设计对这四个环节作具体探讨。

1. 交际知识的习得

在这一环节,教师呈示口语交际的相关规则,可以通过一定的媒体给学生进行口语交际技能示范,即学生看别人怎么说,怎么听,怎么运用体态语,怎么控制情绪等,进一步领悟口语交际技能要领,掌握一定的交际规则

方面的知识。例如,在《说话要有中心,有条理》这一课刚开始,教师就着重进行这方面内容的教学:

师:“今天我们上口语实践课,口语是人们交际的重要工具,当然啦,数学也是一种重要的工具。现在是信息化的社会,网络越来越普及,大家可能都喜欢上网吧!但要注意可别影响了自己的学习与休息,我们要注意全面培养自己的素质,学习好祖国语言,不仅能运用书面语言,而且也能准确、快捷地运用口头语言进行信息传递及情感交流。”

发动学生找出这段话中的毛病,明确:“数学是工具”及“网络”句的内容均游离于中心之外,应删掉,可见:说话要有中心(板书)。

听“烛之武退秦师”的故事。

(教师讲述时在每一层次间加上“首先”“其次”“再说”等词。)

发动学生欣赏烛之武的这番话。明确:说话不仅要有中心,还要有条理(板书)。

这一环节主要是口语交际知识的习得,教师先说了一段有语病的话让学生找出错误,从而明确说话要有中心,否则说话颠三倒四的,让人不知所云。然后,教师讲述烛之武的故事,在讲述时注意突出话语的层次,学生进一步明确说话还要有条理。教师分别用板书明确规则:说话有中心、有条理,这种从例子到规则的教学思路,符合现代心理学关于规则学习的基本原理。

2.交际知识向交际技能的转换

在这一环节,教师创设相同或不同的情境让学生进行口语交际模拟训练,在实践中将知识转化为口语交际技能。教师要设计练习或变式练习,通过反复练习和变式练习促进技能的获得。这一环节是口语交际教学的关键,口语交际能力的形成和提高主要靠具体的言语实践而不是靠学多少知识,知识只是起指导的作用。此外,有的知识还可以在言语实践中由学生自己悟出来。如上面列举的教例,在教师引导学生学习了一定的交际规则知识之后,教师便创设变式练习情境,引导学生展开变式练习,促使所学的交际规则转化为交际技能。具体过程见下例:

合作学说

以小组为单位抽取话题题卡。

话题卡内容如下：

(1)那天，我正在生下岗妈妈的气，因为她拒绝了我要过生日的请求。突然，同学们一起来到我家，向我祝贺生日，我过了一个既俭朴又难忘的生日。想想，你们开展了什么活动？这次生日为何难忘？请你对小学的好朋友小华讲讲：——“这次的生日聚会真难忘”

(2)元旦即将到了，班委会号召大家亲手做一张贺卡送给老师、亲人及朋友。请你代表班委会向大家讲讲：——“教你做张贺卡”

(3)班上要进行班委竞选了，小兰很想凭实力参加竞选，可奶奶硬不让。想想，奶奶为什么不让？该如何说服她？如果你是小兰，请你对奶奶说：——“让我参加竞选吧！”

(4)妈妈最喜欢买便宜货了，经常买了假名牌回来高兴地说：“真划算，这么便宜，谁看得出不是真‘名牌’？”但她却从未想到这些假货侵犯了名牌的知识产权。想想该如何劝她？请说说：——“妈妈，不要买假货了！”

(5)天高云淡，秋色宜人，真是郊游的好机会。同学们都想出去走走，开阔一下视野，关注一下社会生活。但班主任仍有顾虑，想想他的顾虑是什么？请你代表全班同学对班主任说：——“我们建议组织一次秋游”

(6)全国上下掀起了保护环境的热潮，初一(二)班同学也建议组织“环保小天使”，利用假日上街宣传及进行义务环保行动。想想，你们可以做哪些工作？该如何组织这一活动？请你代表初一(二)班，对学生会主席提出：——“请支持我班组织‘环保小天使’活动的建议”

这一环节主要是促使知识向技能转化，转化的关键是引导学生在不同的条件下进行变式练习。教师设计了多种情境让学生练习，这些贴近学生生活的情境是学生熟悉的，学生也就有话可说，在与同伴交流时切合话题，从而做到有中心、有条理。同学之间合作学说，可以避免在课堂上发言时的窘迫情形；另外在相互交流的时候也可以辨别出对方是否做到了有中心、有条理。

3.交际技能的运用

这一环节可以说是上一环节的延伸，教师进一步引导学生在真实交际情境中使用所学的口语交际技能，即让学生走进生活，在实践中应用并检验训练的结果。培养学生的口语交际能力仅仅依靠课内是远远不够的，还必须引导学生运用课内学到的口语交际知识和技能，积极主动地在平时的社会生活中展开交际实践活动。口语交际学习与社会生活关系密切，交往即生活，口语交际本身就是生活的组成部分。学生在日常生活中，也是天天在进行着口语交际，因而，对口语交际和生活的关系他们有一种本能的认识。教师可以有意识地将课堂上的交际情境和学生的实际生活情境联系起来，把课外交际生活作为课内交际活动的延伸，同时让课外交际生活为课堂交际活动提供实用的交际话题和真实的交际素材。如上述课例中就安排了“课后练习”这一技能运用环节：

(1)将“看图说话”的故事讲给妈妈听。

(2)在“参考文题”中再选一题讲给同学听。

口语交际的学习不能局限于课堂教学，在课堂上学的知识必须运用到生活实践中才有价值，因此，布置课外作业是必不可少的环节。这样做就是让学生有意识地运用语言知识和交际知识在生活中进行交际实践。当然，该课例中的两项作业局限于课本，如果教师能够拓展作业的范围，让学生自主选择交际的内容，效果会更好一些。

4.反馈评价

在口语交际教学过程中，评价是不可或缺的环节，通过评价，学生可以反思自己学习的结果和过程，从中看到自己收获和长处的同时也能了解学习的不足和需要改进的地方，从而为以后学习和实践打好基础。评价的方式有多种，有过程性评价(也称形成性评价)、终结性评价，定性评价、定量评价，教师评价、同学评价和自我评价等。在口语交际教学中，我们倡导教师实施过程性评价和多主体评价。在口语交际技能学习的每个阶段，教师都要引导学生对学习情况及时作出评价，特别是在技能练习环节和运用技能环节必须实施评价，使评价贯穿口语交际教学的整个过程。在评价主体上，在以教师评价为主的同时，要调动学生的积极性，展开互评和自评。因为，口语交际教学很多情况下是在人际交往中进行的。与阅读和写作活动相比，口语交际活动是一种社会性很强的活动。在进行口语交际时同学之间必须彼此协作，互动、互学，因而，每个学生都对自己、对他人的表现心里有一本账。教师要充分利用这一优势调动学生积极性，使学生主动参与到评价中来。例如，上述课例中，教师就设置了这种评价环节：

听后评论

可由教师“采访”讲话者，了解他为什么这样讲；也可由同学们进行自由评论。

这一过程既有技能的运用，又有评价。教师采访讲话者，讲话者说自己为什么这样讲，就是要讲述自己如何运用这一规则，在说的时候也还是要紧扣话题，要有条理。同学们自由评论，这就是对发言者的评价。

（二）基本技能的教学过程

我们以发音技能为例来分析口语交际基本技能的教学过程。在发音技能中既有认知成分，又有肌肉协调成分。说话时语音是否准确，这就涉及口腔、舌头等各器官运动的肌肉协调活动的能力，这种能力属于动作技能。严格地说，人体专门用来发音的器官不是只有“声带”，担任发出各种不同的声音，还要靠人体各种器官多种活动的配合。声带发出的声音只有在气体的推动下，经过各共鸣腔体扩大音量、美化音色之后才传出体外。在口语交际过程中，要使自己的语音准确、清晰、响亮、圆润，就必须掌握一些发音技巧并进行有针对性的训练，使之自动化。发音技巧即发音规则，其本质属于可以自动化运用的一般规则或者叫作基本智慧技能。因此，发音技能就是由动作技能和基本智慧技能构成的交际基本技能。小学阶段学生学习汉语拼音、学说普通话主要是学习发音技能；初中阶段所进行的“说话要口齿清楚”的说话教学，也是重点训练发音技能，这些都属于基本技能的学习。根据现代认知心理学的研究，基本技能的学习需要经历以下三个阶段：

1.认知阶段

这一阶段主要是领会技能的基本要求，掌握构成技能的有关规则，并通过观察和模仿掌握构成技能的分解动作（又称子技能）。

2. 联系阶段

这一阶段主要是通过编辑和程序化，建立局部动作之间的联系，使各种分解动作（子技能）形成一个连锁或程序。

3. 自动化阶段

这一阶段由于局部动作之间的联系非常紧密，出现了“牵一发而动全身”的局面，即所谓技能运用的自动化现象，其心理机制是各种子技能合并成某种技能，技能数量减少了，运用技能时工作记忆的负荷就可以大大降低，也就是有意识的控制降低到最小限度。

口语交际基本技能的教学过程也应该按照上述三个阶段进行设计。比如一些方言区的学生平舌音和翘舌音的发音不够标准，容易混淆，教师就可以有针对性地对他们进行训练。首先，教师通过示范和讲解让学生掌握发音方法（规则），即发舌尖前音（平舌音）要舌尖平伸，顶住或接近上齿背；而发舌尖后音（翘舌音）则要舌尖翘起，接触或接近硬腭前端。然后，创设情境让学生根据所学的方法反复练习，最终，不需要教师提醒，学生张口就发出标准的音，即技能运用达到自动化的程度。在学生反复练习的过程当中，教师必须仔细观察，并进行及时的纠正。对学生的练习结果还应及时予以反馈评价。

（三）高级技能的教学过程

在认知心理学家看来，智慧技能和认知策略本质属于程序性知识。交际高级技能即某种特定交际情境中言语活动的操作程序（步骤和序列），也可以叫作“言语规则”，只不过这些规则不同于自然科学中的定理、定律、公式等等。他们没有自然科学中那些规则的严格的规定性，相反，它们往往要依据言语实践活动的内容和从事言语活动的主体情况而有所变化。因此，高级技能的学习过程实质是言语规则的学习过程；要按照言语规则的学习过程设计交际高级技能教学过程。那么，言语规则的学习过程是怎样的呢？教育心理学研究表明，规则学习包括三个阶段：规则意义的建构阶段、规则向技能转化阶段、规则应用阶段。第一个阶段即意义建构阶段，主要是学习规则所包含的意义。现代学习论主张，学习规则意义的最有效方法是通过规则运用的例子学习，其学习过程有两个：一是从例子到规则的学习，简称"例—规"式学习；二是从规则到例子的学习，简称"规—例"式学习。在实际教学中，从规则到例子和从例子到规则其实并没有截然的界限，一般是从例子到规则，又从规则到例子，可以交叉和反复进行。比如学习态势语，可以先看一些相关录像，明确规则，也可以明确规则后，再看录像或教师的示范，交叉进行。贵州省江口中学郑年忠设计的《即席发言》教案就是"例—规"式的例子，先根据一则故事"先生选婿"总结出即席发言的构思技巧，再用"赵匡胤考画取仕"的例子验证。接着根据学生的发言情况总结出如何在即席发言时克服紧张心理，最后又用顾维钧的故事说明怎样在发言中用自己的观点说服别人。在整个的教学设计中，都是通过生动具体的交际例子来总结出交际规则的。如下面两个片段：

介绍《先生选婿》：一位秀才，有一个独生女儿。他开了一家书院，要在三个优秀学生中挑选一个作为自己的女婿。这天，他准备一桌酒席，请三个学生到府上，由女儿出题自己考，题目是：用"糊糊涂涂""清清楚楚""容易的容易""难上的难"填句组成四句短文，且将这四个词放在每句的后面。A. 张三看着窗外纷纷扬扬的雪花，触景生情："雪在天上糊糊涂涂，落在地上清清楚楚，把雪变水容易的容易，要把水变成雪难上的难。"B. 李四看见客厅的字画也顺口吟诵："墨在砚池中糊糊涂涂，写在纸上清清楚楚，要把墨变成字容易的容易，要把字变成墨难上的难。"C. 王二酒足饭饱，慢慢吟来："这桌佳肴美酒弄得我糊糊涂涂，可我心里清清楚楚，小姐选我容易的容易，我选小姐难上的难。"要求两组派代表第一次发言阐述本方观点：(1)谁被选中。(2)选中理由。

教师总结即席发言构思技巧：

(1)围绕中心，明确观点和态度。

(2)从实际出发，寻找一个切入点。

(3)注意开头和结尾。

…………

介绍顾维钧的故事。1919年1月28日"巴黎和会"上，日方代表牧野伸显坚持要求继承战败国德国在我国山东的利益，面对气焰嚣张的日方代表，中方代表顾维钧强忍心头怒火，冷静地说：西方有一位圣人，名叫耶稣。他被处绞刑的耶路撒冷成为基督教的圣地，不可侵犯。大家说对不对，众人回答“对”。我们东方也有一位圣人，他叫孔子，日本人也承认他是圣人，你说对不对？牧野伸显只得说“对”。顾维钧接着说：山东是孔子的故乡，也是我们中国人的圣地，不容侵犯。掷地有声的话维护了祖国的尊严。被美国总统威尔逊称为中国的“青年外交家”总结说服别人的方法：（投影板书）

（1）先找到矛盾双方的共同点。

（2）让对方赞同共同点。

（3）再引出自己的观点。

（4）解决矛盾。

高级技能学习的第二个阶段是规则向技能转化阶段。该阶段与基本技能学习的第二个阶段相似，不同之处在于，基本技能学习最终要达到自动化运用的境地，因此需要反复练习；而高级技能最终要达的境地是能够在不同任务情境中运用规则办事即解决问题，因而练习的方式是提供不同条件或变化的情境进行变式练习。前者注重练习的“遍”数多，所谓“书读百遍，其义自现”即此意；后者注重的练习的“篇”数多，所谓“读书破万卷，下笔如有神”即此意。高级技能学习的第三个阶段是技能应用阶段。该阶段与第二阶段不同是在真实情境中运用规则解决实际问题。第二阶段虽然也要解决问题，但问题情境通常是教师创设的，是一种人为的模拟情境或者叫练习情境；而第三阶段规则运用的情境则是一种真实的情境，是学习者运用所学的技能在学习、生活、交往、工作等各种真实情境中办事，解决各种实际问题。就中小学语文教学而言，能够为学生提供技能应用的最好场所不是课堂而是课外，正因为如此，很多语文教育工作者提出课外学习的重要，于漪老师就说过“得法课内，得益课外”这句话。因此，口语交际技能教学的第三阶段更多是在课外展开的。

综上所述，交际高级技能教学过程可以概括为如下三步：第一步“举三反一”，即通过向学生呈现若干个规则运用的例子使学生获得规则的意义；第二步“举一反三”，即创设若干个富有变化的规则运用情境引导学生进行变式练习;第三步“触类旁通”,即引导学生在真实的社会生活中运用所学的口语交际技能展开社会交往活动,解决实际问题。

二、口语交际教学方法

现代教学论主张“学有定规,教有定法”,也就是说要根据学习规律运用有效的方法展开教学。口语交际教学方法也应根据口语交际学习规律来运用,这样才能实现口语交际教学的有效性。

在现代教学论中,关于教学方法的理论最有代表性的是加涅的学习条件论。该理论主张,一定的学习结果需要特定的内在条件和外在条件;教学方法的本质就是为学习创设的外在条件,而外在条件的创设要依据内在条件。因此,我们探讨口语交际教学方法关键是要揭示口语交际学习条件。

(一)口语交际学习条件

口语交际的学习有多项目标,但最主要的是习得高级技能。根据现代认知心理学关于高级智慧技能学习条件的研究,要达到高级技能的目标,需要创设如下条件。

1. 内在条件

内在条件是指学习者在进行口语交际学习时自身应该具备的条件。这些条件有:

(1)先备知识

口语交际是一种即时性较强的活动,只有具备了丰富的文化、生活等方面的知识,才能在复杂的环境中巧妙问答,应变自如。因此,口语交际能力中也包括多方面的知识,除了相应的语言知识以外,还要具有一定的生活知识和文化知识。在日常口语交际中常会有这样的情况发生:听不懂对方的话,或不能就某一话题和对方交谈,原因就是不具备与交谈话题相关的知识。此外,与人交谈要具备对听话人的知识,这样才能根据对听话人的知识、和听话人的关系而决定使用哪一种语体,在谈话过程中涉及第三者时怎样称呼也要根据对听话人的了解来决定。因此,一些日常生活中必不可少的陈述性知识是必须习得的。比如说话要看对象，分场合，要讲究方式，这些都需要学生有一定的生活知识，如要了解说话对象，必须具有与其身份、年龄、职业等方面相关的知识，只有这样，在说话时才能选用合适的词语，做到恰到好处。初中二年级的听说训练《说话要看对象》中提到一个例子，优秀服务员李淑贞对不同对象说的是不同的接待语言，对知识分子用语委婉，而对工人同志用语直接，而对乡下老大娘则亲切朴实，做到这一点不仅要知道说话要看对象，还要有与说话对象相关的知识，了解不同对象的爱好和修养。另外，学生应该掌握不同类型的语篇的特点，也就是要掌握语体知识，非正式的日常会话、演讲、口试和面谈、辩论对于说话人有着不同的要求，比如辩论时不注意把握对方的观点，一味地和演讲一般讲述自己的观点，那是不妥当的。在面试的时候，面对考官口若悬河或者与考官唠家常，最终的结果可想而知。

(2)先前技能

指学习一项新技能必备的技能，包括基本技能和高级技能。首先是基本技能。一般情况下，一个正常的儿童无须经过正规教学就能在几年中学会母语，用它来生活和交际，入学以前他们已经能使用一定数量的语词、句子，并且这些语句符合基本的语法规则，而这些都是内隐学习的结果，即他们能够使用，知道怎么说但不知道为什么要这样说，知其然而不知其所以然，并且说的时候经常会出现不规范的语句，入学之前通过内隐学习获得的口语能力实际上就是小学生口语基本技能学习的前提性技能即先前技能。到了小学阶段，首先学习拼音，掌握正确的发音，学说普通话。随着年级的增长，学生学习的课文多了，识字量增加，掌握的词语更加丰富，习得一定的规范的语法规则，并且能遵循语法和词法规则熟练运用字、词、句，这些基本技能的应用一般是自动化的。小学生基本上能比较清楚明白地表达自己的想法，在用词、造句的规范等方面一般不会有问题。如果学生不能发出一定意义的语音，掌握一定数量的词汇，说出结构正确的句子，那么让他在实际的交际中灵活应变是非常困难的。这些基本技能是高级技能学习的前提条件。在中学阶段，学生应该基本具备这些基本技能，但是，在某些方面可能需要进一步的规范。比如普通话的学习，在小学阶段学习了拼音，能够说普通话，但由于有不少学生在日常生活中没有说普通话的习惯，那么就会受方言的影响，普通话说得不标准。这些问题就需要在中学阶段解决。其次是高级技能。口语交际高级技能包括高级智慧技能和认知策略。高级智慧技能即高级规则或问题解决能力。高级智慧技能学习的前提技能即基本技能，例如，要学习“根据交际对象和场合特点说话”这一高级规则，必须能够正确、流畅地说话；基本的说话能力都不具备，高级规则是无法习得的。认知策略指的是个体对自己认知过程的思维，包括对自己的信息表征、组织、贮存、提取的方式的思维；或者说是对思维过程本身的思维，对自己使用某种学习或记忆方法效果的思维。比如针对说话颠三倒四、头绪不清的一条规则“说话要有中心、有条理”，就是一个复杂的思维过程。学生能说出这条规则并不意味着它可以控制学生在具体交际过程中的思维过程，只有将这一规则作为认知策略来学习，它才可能支配学生的思维。而认知策略不是通过一两次的练习就能熟练掌握的，因为它必须适应于变化的情境。这样的学习是一个长期的、反复的练习和应用的过程。在口语交际活动中，我们不光是用语言，还可以通过身姿、手势、表情、目光等配合来表达和传递信息，这些就是态势语，如何得体地运用态势语交际就与认知策略有关，其学习过程通常是比较复杂的。比如两人见面时的握手，握手有力，常常是热情、友好、高兴的表现；握手无力，常常是敷衍、冷漠的表现。就手势来说，一般肩部以上表示积极、肯定等意义，肩部至腰部表示坦诚、平静等叙述、说明的意义，而腰部以下多表现否定的意义，学生不仅要知道这些规则，还要在具体的交际过程中能适时提取使用这些规则，这需要长期的反复的练习和实践。

(3)交际动机

一般来说，使交际活动得以顺利展开的要素有四个：一是交际的主体；二是交际的对象；三是交际的媒介(口头语言)；四是交际的环境。但当这四要素都具备时，交际行为也不一定会发生，它还需要动机的激发，因为动机是激起人去行动或抑制这个行动的动力，是一种推动人的行为的内在原因。交际动机主要分为三种类型：亲和动机、成就动机和赞许动机。亲和动机是人类普遍具有的最主要的动机，它是人类的生活和求得心理平衡的需要。所谓亲和动机，主要是指人们害怕孤独或深感力量单薄，需要与他人在一起的渴求和愿望。对于中学生来说，他们乐于交朋友，这种亲和动机激发着他们在日常生活中同学之间的交际，这种交际显得比较自然，他们也就有话可说；而到了课堂上，由于环境的变化，有的学生无话可说或不知该怎么说，这时教师若能激发他们的成就动机和赞许动机，就会改变这种状况。所谓成就动机，是指个人专注自己认为重要的工作，并且愿意百折不挠地全力做好这一工作的心理倾向。赞许动机就是指交际的目的要得到对方的鼓励和称赞，从而获得心理上的满足。中学生普遍有表现自己的愿望，也渴望得到教师和同学的赞许，有的学生因为种种原因不好意思开口，也有可能是出于对自己能力的不自信，只要有了一次成功的经历，内心的成就动机和赞许动机被激发，就会产生积极的效应。因此，在口语交际教学中，教师的鼓励与肯定性的评价，同伴的赞许的评价都是十分重要的。

2.外在条件

口语交际属于情境语言范畴，有较强的随意性、灵活性和可变性。教师进行教学设计时，要思考如何为学生的有效学习创造适当的外部条件。口语交际学习的外在条件包括：

(1)交际情境的创设

口语交际的“口语性”启示我们在教学设计中要特别关注交际情境的设置，恰当地引导学生在特定的生活化情境中，真实地扮演交际角色。口语交际不是在真空中进行的，而是在特定的时间、背景等环境中展开的言语活动。可以说，情境是口语交际活动赖以发生进行的前提条件。英国语言学家S·皮特·科德在《应用语言学导论》中指出：“说话者、听话者、他们之间的接触、所用的一套语言代码、背景、话题和信息形式，这七个因素中的任何一个都可能成为言语行为的中心，也就是整个言语活动目标所指向的那个言语环境的因素。这些因素中每一个都能和不同的言语功能联系在一起。”因此，我们在进行口语交际教学时，应该精心创设符合生活实际的交际情境，使学生有一种身临其境的感觉，这样，学生学习口语交际的主动性就会被激发出来，真正投入到交际任务中。创设口语交际情境的途径有很多，在教学中，教师可以通过CAI课件、图片等再现情境、陈设相关的实物或制作必要的道具模拟情境、播放音乐渲染情境以及表演活动体验情境、生活再现情境、语言描绘情境等。在情境中学生感到形象逼真，新奇有趣，从而带着感情色彩去观察、体验，在真实体验中展开交际实践活动，并通过言语实践把所学的语言知识和交际知识转化为交际技能。例如，江苏刘军老师的口语交际课《学会祝贺》中，为学生设计了三个学习情境：送贺卡祝贺、电话祝贺、生日祝贺。每个情境均提供典型范例供学生模仿。同时各个情境又有变化："送贺卡祝贺"，充满角色表演的欢乐；"电话祝贺"又给学生设计了和不同人打电话的交际情景；"生日祝贺"用一段真实的生活故事，让学生体验到日常生活中口语交际的人情美。著名特级教师李吉林在教学中善于模拟生活情境为学生创设一定的学习情境。例如，她为学生设计到总务处借物——领物的情境，教学生学习如何为人处世，与人打交道。再如在《植物妈妈有办法》的教学中，结合课文内容，让学生分别扮演蒲公英妈妈和娃娃，引导学生在表演情境中进行语言表达能力训练。人们常说"语文学习的外延与生活的外延相等"，口语交际学习尤其如此。实际上，人们的基本口语能力主要是在生活中习得的。因此，教师在创设情境时应该尽可能地与现实生活相结合，不能总局限在学校范围内。美国教育家杜威很早以前(1916)就指出："从孩子的观点出发，学校里最大的浪费是他不能运用他在校外所学的东西。可是，另一方面，他也不能把在学校所学的东西运用到实际的生活中。这就是学校的孤立，孤立于生活之外。"①如果将口语交际的学习和学生的生活联系起来，让他们能够在生活中运用所学的口语交际知识和技能，既可以激发他们的学习兴趣，也可以引导他们在更多、更广的语境下进行练习，拓展课堂上的学习内容；更重要的可以培养学生运用所学的口语交际技能解决实际问题的能力。古人说"纸上得来终觉浅，须知此事要躬行"，口语交际学习只有在真实的生活情境中展开才能使学生避免带着满口"学生腔"步入社会的局面。

(2)练习和变式练习

语文技能的形成必须以练习为条件，正如叶圣陶先生多次强调的："大凡传授技能技巧，讲说一遍，指点一番，只是个开始，而不是终结。要待技

① 转引自布兰思福特等著，程可拉等译：《人是如何学习的》，华东师范大学出版社2002年版。

能技巧在受教的人身上生根，习惯成自然，再不会离谱走样，那才是终结。”口语交际能力作为一种技能，必须经过大量的练习才能获得。在课堂上讲解一定的交际规则，这只是学习的开始，只有通过练习使学生能在具体的交际情境中提取使用这些规则，才能使学生把所学的规则转化为交际能力。因此口语交际技能必须经过学生个体积极、主动的言语实践才能形成；并且针对不同的技能教师要设计不同的练习，比如对自动化的字词句加工技能的练习（语感练习）要提供相同或相似的情境；而对策略性知识的练习要设计多种多样和富有变化的情境，也就是变式练习。就普通话中的语流音变技能来说，在语流中，由于相邻音节的相互影响或表情达意的需要，有些音节的读音会发生变化。以儿化为例，儿化发音取决于韵母的末尾音素是否便于卷舌，有原韵母不变直接卷舌的；也有丢掉韵尾，主要元音加r或er的；也有在主要元音后面加er或换er的。在训练时，必须提供不同的儿化练习情境让学生练习，只有这样学生才能真正掌握儿化音。

（3）反馈评价

反馈评价是技能学习的必要外在条件。一般而言，学习者对自己技能掌握的情况——是否正确、达到什么水平等，如果没有适当的反馈，其本人是不知晓的。因此，进行口语交际教学必须对学生练习的结果予以反馈评价。根据心理学的研究，反馈分为两种类型：一是及时反馈，二是延时反馈。两者比较，前者对技能学习效果更好。所以，在口语交际教学中，学生进行技能练习之后，教师要及时对学生的练习情况作出正确或错误的反馈。例如，当学生即席发言之后，教师要对他们发言的内容是否符合话题，思路是否清楚，是否有条理，语言是否流畅和准确等作出评价，让学生能够及时获取反馈信息。教师对学生学习情况的反馈通常是以评价性的语言和非语言方式进行的，因而，反馈通常和评价交织在一起。根据反馈对学生学习的影响是正面还是负面，可以把教师的评价分为积极评价和消极评价。积极评价指把学生练习情况好的一面反馈给学生，学生在获得这种反馈信息之后往往会有一种成功感，会进一步激发学习和练习的动机，提高学习的自我效能感；消极评价则是把学生练习情况中不好的一面反馈给学生，学生获得这方面反馈信息过多会导致一种“习得性失能”，即一种因多次学习失败而形成的自我否定。因此,教师的评价要力求较少使用消极性的评价语言,尤其不能讽刺、挖苦学生,给他们以挫败感。当然,这并不是说对学生错误的练习结果也要肯定。对错误的技能教师一定要及时指出并引导学生纠正错误。否则,一旦这种错误的技能通过反复运用达到自动化水平以后,再进行纠正就得花更大的气力而且效果往往不佳。这就是一个成年人方言很难纠正的原因,因为他们错误的发音技能已经达到自动化水平了。

(二)口语交际教学方法的优化

教学方法是教学活动中教师和学生为完成教学任务所采用的手段和途径的总称。运用口语交际教学方法应从学习结果类型、学生心理特征,学生个性差异、教学资源分布等方面进行综合考虑,惟其如此,才能有效达成口语交际教学目标。

当口语交际教学目标与口语交际教学内容确定之后,教学方法就成为提高教学质量,培养学生能力,实现口语交际教学目标的关键性因素。因此,要实现口语交际教学目标,就必须优化教学方法。语文课程标准在实施建议中指出,口语交际是听与说双方的互动过程。教学活动主要应在具体的交际情境中进行,要重视口语交际的文明态度和语言修养,努力选择贴近生活的话题,采用灵活多样的形式组织教学,不必过多传授口语交际知识,鼓励学生在各科教学活动以及日常生活中锻炼口语交际能力。口语交际教学方法丰富多彩、形式多样,如问答法、讨论法、练习法、模仿法、表演法、复述法、诵读法、讲解法、媒介法等。教学方式也是不拘一格,从教的方式来讲,有全班式、小组式、个人式;从学的方式来讲有自主式、合作式、探究式;从教学手段来讲有先行组织者法、信息技术整合法等。巴班斯基在讲到教学方法最优化时,第一条就讲"用综合性观点选定教学任务,组织教学内容,安排教学方法、手段和工作形式"。[①]这就是说教师应根据口语交际教学内容、教学资源、自身特点及学生特点(知识、能力水平和个性发展的特点)选择教学方法,以提高口语交际教学的效率和质量。

① 巴班斯基:《教学过程最优化——一般教学论方面》,人民教育出版社1984年版,第15页。

1. 以学习结果为依据,因"类"定法

现代心理学强调,学习结果的类型不同教学方法也应不同。如前所述,作为学习结果的口语交际素养有四类:内容知识、基本技能、高级技能和情感态度。在教学过程中,对这四类学习应该采用有针对性的教学方法。首先,内容知识虽然不是教学重点(语文课程标准规定:"不必过多传授口语交际知识"),但是,由于它是技能学习的内在条件,所以不可完全抛弃。内容知识本质属于陈述性知识,其学习的心理机制主要是记忆、理解和提取应用。为此,教学中可采用先行组织者技术、问答法、讲解法、综合法、比较法、归类法等。如教学"口头作文"和"即兴讲话"时,就可以采用比较法,明确两者的区别,使学生在前后知识的比较中清晰、准确、牢固地掌握知识。其次,口语交际技能是口语交际教学的重点,因而也是教师在优化口语交际教学方法中考虑问题的焦点所在。如前所述,技能学习分为不同的阶段,不同阶段需要运用不同的教学方法。在技能的习得阶段,主要运用"例—规法"或"规—例法"促进学生建构规则意义;在技能转化阶段主要运用练习法和变式练习法来促进学生把所学的规则转化为口语交际技能;在技能的应用阶段主要应该采用"实习法"或实际操作法促使学生在实际生活中运用所学技能解决问题。再次,情感态度学习有特定的方式方法。美国著名的教育心理学家班杜拉提出,适合学习情感态度的方法有两种,一是观察学习法也称榜样学习法,一是亲历学习法,也称体验学习法或角色扮演法。在口语交际教学中,教师就可以运用榜样学习法让学生通过学习一些伟人的故事如毛泽东、丘吉尔等人的故事,了解这些榜样的口语交际能力是如何高人一等,进而培养学生对口语交际学习的热爱;也可以采用角色扮演法,如让同学演课本剧,使他们在亲历体验中获得交际的成功感和幸福感,这也可以培养他们对口语交际学习的积极态度。

2. 以学生心理发展为依据,因"序"定法

教学方法是教法与学法的统一,教法要以学法为依据。学法既与学习内容相关,也与学习主体相关。已有的一些理论研究往往强调前者,后者研究相对不够。其实,对同一学习内容,不同的学习主体运用的学法是有很大差异的。例如,同样是学习李白的诗歌《静夜思》,幼儿一般采用机械

记忆法即死记硬背，小学生则可以采用感悟法学习，通过将诗句与自身生活经验联系，领会其意义；中学生则可以采用鉴赏法学习，根据一定的审美标准对诗歌的价值进行判断。口语交际教学方法的运用也是如此，要以学生为本，根据教学对象不同的心理发展水平采用不同的教学方法，落实因材施教的原则。小学生的知识底蕴薄、认识能力差、语文素质低（识字少、词汇量少），应采用诵读法、看图说话法、问答法、示范法、游戏法，以此激发交际兴趣，积累知识，提高能力。初中生处于心理半成熟期，对各方面的事物都充满了好奇，争强好胜，又积累了一定的学习经验和方法，可采用教师指导下的角色表演法、探究法、合作法、实际操作法等。高中生处于"成熟早期"，出现"心灵闭锁""内向发展"等心理特征，应配合教材内容，采用自主学习的方式，或探究、或练习、或演练、或实践，促进其口语交际素养的全面发展。

3. 以学生个性差异为依据，因"人"定法

不但学段不同教学方法不同，就是同一学段的学生、同一年级的学生，在知识经验、语文能力、学习习惯、个性特征等方面也存在着差异，在口语交际素养的各个方面如交际内容知识、交际技能、交际动机和情感态度方面，各个学生的发展状况也会有所不同，因此，要根据学生的个性差异来选择不同的教学方法。对于交际态度不端正的学生要根据态度学习的条件选用方法，对于交际能力差的学生可用个别指导法。对智商高的、学习能力强的学生，要鼓励和允许他们按照自主学习的方式超前学习；反之，对智商低的学生则应采用辅导法，帮助其提高成绩；对言语理解水平高的学生要采用语言呈现法，如讲解、分析、讨论等，对视觉能力强的学生则采用图像呈现法，如录像、多媒体等直观手段；对于高度焦虑和动机过强的学生，教学速度不宜过快，对场依存型学生可用讨论法打开思路，对场独立型学生在鼓励他们发表自己的意见的同时，用问答法、讲解法、讨论法使他们尽量多地吸收他人的意见。总之，对不同起点和不同学习实际的学生要用不同的教学方法。口语交际能力的提高依赖于学生在丰富多彩的交际实践中自主探究，要引导学生根据自身实际选用适合自己的学习方法。因而，在各种教学方法中，应把学生的自主学习、自主实践放在首位。总之，千人

千面，千人千法，因“人”定法。

4. 以教学资源为依据，因“材”定法

在当今信息社会，人们的口语交际已极大突破了传统面对面交际的单一模式，实现了人机互动、跨时空交际、虚拟交际等。例如，近几年随着我国航天科技迅猛发展，成功实现了航天员在太空与地面人员的交际。由此可见，口语交际与现代信息技术的密切关系日益显现。这就要求中小学口语交际教学要顺应时代和社会的发展，充分利用现代科技发展的最新成果改进教学方式方法，与时俱进。教师应该根据自己的特长，在充分考虑现有教学条件的基础上，最大限度地发掘和利用各种教学资源，尤其是多媒体和现代信息技术资源，把它运用到口语交际教学过程中，使多种教学资源与各个教学要素、教学环节，经过组合、重构、整合，在整体优化的基础上产生聚集效应，激发学生的学习兴趣，提高课堂教学效益。多媒体、电视、电影、广播、录音机、手机等都可以根据教学需要灵活加以使用。例如，一些条件比较好的学校尝试让学生通过自编自导自拍“微电影”的方式展开口语交际教学，这对激发学生的交际动机无疑会产生一定的影响。有的学校组织学生担任小记者，让他们背着摄像机，拿着话筒到政府、社区、商店、公司等采访有关社会人士。这种引导学生在任务驱动下、在真实交际情境中与真人真事打交道的做法，对学生口语交际素养的各个方面都是一种综合性训练。

思考与练习

1. 举例阐述口语交际学习与听说训练的区别。
2. 运用现代认知心理学理论分析口语交际能力的性质。
3. 如何进行中学口语交际教学目标分类？
4. 为促进学生的有效学习，教师应该如何创设口语交际学习的外部条件？
5. 举例说明怎样优化口语交际教学方法。

第七章　语文选修课教学

语文选修课是语文课程的重要组成部分。所谓语文选修课，是指按照语文课程标准和学校课程计划设立的供学生自由选定的语文学习科目。《普通高中语文课程标准(2017年版)》提出的高中语文选修课程有9个，包括：整本书阅读与研讨、当代文化参与、跨媒介阅读与交流、汉字汉语专题研讨、中华传统文化专题研讨、中国革命传统作品专题研讨、中国现当代作家作品专题研讨、跨文化专题研讨、学术论著专题研讨。语文选修课的实施对提高学生语文核心素养，对发展学生个性具有重要意义。

第一节　语文选修课教学方式

就教学方式运用而言，选修课与必修课没有本质的区别，因为，无论是选修课教学还是必修课教学，教学方式的运用都必须遵循语文教学的基本规律，都必须依据学生的语文学习特点。从整个语文课程来看，教学方式只是达成课程目标的一种手段和途径，其本身没有孰优孰劣、孰高孰下之分，不同的教学目标和教学内容相应需要不同的教学方式，没有哪一种教学方式是绝对好的或是绝对不好的；只要符合教学内容的要求，能够有效地达成课程目标，能够促进学生语文核心素养的提高和个性的和谐发展，这就是好的教学方式。但是，选修课与必修课毕竟不同，从课程要求上看，选修课程是在必修课程基础上的拓展与提高；从学生的角度来看，学生对选修课有更大的自主权相应也有更大的学习兴趣和更高的心理期待;从选修课本身来看,不同类型的选修课之间无论是宏观的课程目标还是具体的教学内容都存在着很大的差异。这些因素就决定了选修课和必修课的教学方式必然存在着差异,不同的选修课的教学方式也存在着一定的差异性。下面介绍几种常见的语文选修课教学方式。

一、专题讲座式

《普通高中语文课程标准(2017年版)》所提出的9类语文选修课中,专题类课程占了绝大多数。即使那些没有冠以专题名称的选修课如整本书阅读与研讨、当代文化参与跨媒介阅读与交流等,实际上也具有鲜明的专题特色,因此,可以这样说,新课标所提出的语文选修课其实就是专题课(或主题课)。对于专题类选修课教学,按照教学中师生活动的情况,其基本教学方式可以分为两种,一是以教师活动为主的教学方式,二是以学生活动为主的教学方式,前者基本的教学方式即专题讲座式,后者基本的教学方式即专题研讨式和实践体验式等。

所谓专题讲座是指教师围绕一定的主题通过口头语言辅之以板书、图表、多媒体和网络等教学手段,系统传授相关知识,使学生在学习与主题相关知识的基础上形成探究该专题的兴趣和欲望,掌握深入探究的方法,为下一步自主学习和合作探究奠定基础的教学组织形式。

(一)专题讲座式教学的意义

高中语文选修课程内容丰富广博,知识容量大、层次深,而且编排具有鲜明的专题性和群集性。在教学时间有限的现实背景下,采用专题讲座的形式展开教学能充分利用有限的时间让学生接受一些系统的基本知识,为某一专题或学习任务群的深入探究学习打下基础。例如,人教版《中国古代诗歌散文欣赏》共分为两大部分:诗歌之部和散文之部。诗歌之部中有中国古代诗歌发展概述,散文之部中有中国古代散文发展概述。这两部分介绍了我国古代诗歌和散文发展的概况,知识性、专业性和系统性都很强。在教学中,如果仅仅要求学生自读,有些学生会因内容枯燥而缺乏阅读兴趣;有的学生即使读了,也不能深刻理解。为此,教师在进入该专题教学之前,可以为学生开设有关中国古代诗歌和散文的发展历程专题讲座。通过这种高屋建瓴的讲座,可以让学生从宏观上了解中国古代诗歌和散文发展的历史进程,可以造声势、聚人气,统一学生的认识,提高教学效率,激发学生对这门课的学习动机,营造一种研读、探究中国古代诗歌、散文的浓厚学习氛围。当然,如果能请到校外专家或高校古代诗歌、散文研究方面的学者来做专题讲座,效果将会更好。

(二)专题讲座式教学的组织形式

专题讲座式教学的组织形式具有一定的开放性和灵活性,可以在校级范围内实行走班制教学,即把不同年级、班级的同学聚集在一个大教室展开教学;也可以通过电视直播、转播或网络教学等形式让学生在不同的教室听教师讲座。学校可以根据选修课的教学计划,在某一门语文选修课程开设之初集中一段时间进行教学;也可以根据学校选修课程的开设情况确定是否把该教学方式纳入常规的教学之中。如果开设的是学校统一指定的选修课,在开设某一选修课程之初,可以由某一个教师针对全校师生开设专题讲座,然后再分班级展开有针对性的探究性学习。也可以暂时打乱班级建制,实行年级组内的小范围走班制。所谓小范围走班制,指班级组建时间跨度上比较短,空间上只限于同一年级组,不涉及其他年级的班级,当某一专题讲完,学生回原班正常上课。专题讲座一般是利用学生的课余时间进行,或在年级组教师商定的某段时间进行。如果年级组内班级和学生人数较多,可以选取若干个教师围绕同一专题轮流进行讲座。这样,学生可以自选老师,感受不同老师的教学风采。在学校师资比较缺乏而参与选修的学生又比较多的情况下,对那些知识性比较强的课程内容,学校可以考虑把专题讲座式作为一种常规的教学方式,这样可以大大提高教学效益。

(三)专题讲座式教学的实施

在进行专题讲座式教学时应该注意以下几点:

1.注意使用的时间

专题讲座式教学一般用于某门选修课程教学的初始阶段,主要是通过运用讲授法展开教学,系统传授一些关于某门选修课程的基础知识,激发学生学习该课程的兴趣和学习动机。因此,通常不宜多用,尤其在学生学习文本阶段应以学生自主阅读探究为主。

2.注意使用的频率

专题讲座式虽有知识传播范围广、速度快、效率高、系统性强等优点,但是其明显的不足是缺少学生参与体验和师生的有效互动过程。所以,该教学方式不应成为选修课程的主要教学方式,只能作为其他教学方式的辅助手段。

3.注意课前准备

运用专题讲座式对开课教师提出了更高的要求,教师必须要在开设讲座前进行大量的准备工作,要查找相关资料,进行相关研究,获取大量准确的信息,努力提高自身的专业素质,力争成为该专题相关领域的专家。

4.注意与大学学术讲座相区分

大学里的学术讲座,带有浓厚的学术性,也有很大随意性和零散性;而中学专题讲座是一种教学方式,有其明确的教学目标,系统的教学内容。讲座的内容要注意有助于教学目标的达成。

5.注意纪律的维护

在进行专题讲座时,由于打乱了班级建制,听讲座的学生人数又多,所以教师在讲课的同时要加强课堂教学纪律的维护,保证讲座的顺利开展。

二、专题研讨式

专题研讨式教学是指教师围绕某个教学专题创设问题情境,引导学生进行自主探究和合作探究并提出有价值的问题,在此基础上,通过自主实践和合作交流，运用所学的语文知识、技能和策略分析问题和解决问题的过程。其操作流程为：确定专题，明确问题，查找资料，研读文本形成成果，合作交流反馈评价，深化拓展。该教学方式具有自主性、针对性、问题性、情境性、协作性和开放性等特点，是语文选修课教学常用的教学方式之一。

（一）专题研讨式教学的意义

1.有助于学生思维发展与提升

学生进入高中，其思维水平相应由过去小学和初中的感性思维为主阶段转为感性思维与理性思维并举阶段。在这个阶段，学生思维进一步发展与提升的目标就是要转变到以理性思维为主；同时，思维的深刻性、逻辑性和辩证性要有所提升。专题研讨式教学是实现这种转变的有效方式。学生在进行专题研讨过程中需要发现问题，寻找解决问题的依据、方法和答案，论证问题解决方法或路径的可靠性或可行性，从不同角度和不同层面分析问题，向同学证明自己观点的正确性等，这都需要进行抽象思维或逻辑思维，对辩证思维也有所训练。此外，专题研讨对学生思维的全面性、系统性和逻辑性都有所要求，它不同于小学和初中语文课堂常用的提问式教学。在实施提问式教学中，往往要求学生针对特定语段或语句进行分析和概括，因而对思维的系统性、全面性和深刻性等要求不高，理性思维的水平相对就不高；而专题研讨式教学涉及的学习内容丰富，材料多样，范围广泛，问题的复杂性和全面性大大提高，解决问题的时间和空间大大延展，对学生理性思维的要求也相应大大提高。

2.有助于学生语言建构与运用

专题研讨式教学是研（研究）与讨（讨论）的有机结合，无论是研还是讨对学生语言建构和运用都提供了有利的条件。首先，学生在开展专题研究时，必须要围绕所学的专题进行大量的文本阅读，这无疑是学生建构语言的良机。例如，在中国革命传统作品专题研讨选修课中，组织学生就伟大革命家毛泽东诗词的语言特色展开专题研讨，学生必须首先阅读一定数量的毛泽东诗词，而且对每首诗词的语言都要进行琢磨、品味和深究，才能胜任该专题的学习，完成该专题的学习任务。这一过程对提高学生语言理解和鉴赏能力大有裨益。其次，学生要把研究所得转化成研究成果，必须进行书面表达，如写研究报告、小论文或发言提纲等，这对学生书面语言运用能力的发展具有积极的促进作用。最后，学生参加专题讨论，就要进行口头发言或对同学的发言进行反驳等，这一过程就是训练口头语言的过程；经常组织学生展开专题研讨对于提高学生口语表达的针对性、流畅性、规范性和逻辑性都有好处。例如，从规范性来讲，学生在专题研讨中发言和在平时在课堂讨论中的发言就有所不同，课堂讨论中发言可以三言两语，甚至断断续续；而专题研讨中发言，必须围绕研讨的专题全面阐述自己的研究成果，虽不是长篇大论，但也绝对不是一句话就可以搞定的事情。这在训练学生围绕话题滔滔不绝地进行言说的能力方面是其他教学方式无法代替甚至也是无法比拟的。

3.有助于学生实施自主、合作、探究性学习

《普通高中语文课程标准(2017年版)》提出，语文课程要以自主、合作和探究性学习为主要学习方式。那么，如何才能保证学生在语文选修课程中用这三种学习方式展开学习？要解决这一问题必须在教学方式上做文章。用现代教学论看，学生进行语文学习必须具备相应的内在条件和外在条件；而教学方式其实就是为学生学习提供的外在条件。专题研讨式教学就为学生展开自主、合作、探究性学习提供了充分的外在条件。

(1)有助于学生展开自主学习

学生进行自主学习的必备条件是任务、工具和方法，任务保证学生明确我学什么，工具保证学生我用什么学，方法保证学生我怎样学。专题研讨就为学生提供了这三个条件，研讨的问题就是任务，研讨中学习的专题材料(文本)就是工具，研究和讨论就是方法。

(2)有助于学生展开合作学习

学生进行合作学习也必须具备三个条件：合作理由、合作对象、合作规则。合作理由解决学习者为什么合作的问题。并不是所有的学习都需要合作，例如，作为业余消遣读的小说阅读就没有必要与人合作。学生参与专题研讨就必须与同学合作。研可以独立展开，但讨是必须与同学协作展开的。合作对象保证学习者解决与谁合作的问题。选修课开设的基本原则是自觉自愿，学生能够选择某门课程，表明学生对此课程有兴趣。这就

是说选同一门课程的学生基本上是趣味相投的。一般而言,如果和自己合作的对象在兴趣、知识等方面与自己相投,就会出现一拍即合的良好局面;相反,话不投机半句多,兴趣、知识大相径庭的两个人是很难合作的。合作规则解决学习者如何合作的问题。要合作必须有规则,举个简单例子,篮球比赛是大家熟悉的体育项目,这个项目与网球比赛(当然是单打)的最大区别就是队员必须合作,其原因就是有一系列合作运动的规则。专题研讨式教学就为学生合作制定了一些基本规则,例如,必须围绕专题展开讨论,必须要把自己的研究心得或成果与他人分享,他人展示自己的研究成果时必须耐心听、客观评、虚心学等。

(3)有助于学生展开探究学习

探究学习也叫发现学习,与之相对的是接受性学习。展开探究学习的必备条件是开放式问题情境。所谓开放式问题情境,就是问题具有很大的不确定性,其生成和解决有多种线索和多条途径。例如,教师问学生《祝福》的作者是谁?这就不是开放式问题情境,问题非常清晰和明确,学生回答这个问题就不需要展开探究性学习,而是要通过接受性学习解决,如看书(教材告知)或请教别人(老师或同学告知)。而专题研讨式教学研究什么问题、如何解决问题,都需要学生在教师引导下独立去发现,去探索。例如学生围绕鲁迅小说女性形象的特点与价值展开专题研讨,每个同学都可以从自己的角度发现问题和解决问题,这就为学生展开探究性学习提供了有利的条件。

(二)专题研讨式教学的实施

实施专题研讨式教学要注意如下事项:

1.要突出问题生成和解决的过程

专题研讨虽然有明确的专题,但并不意味着有明确的问题。专题与主题意义相近,具有确定的所指和含义,如上述鲁迅小说女性形象的特点与价值构成该专题的每个概念的意义都是明确的;同时,专题涵盖的学习内容范围很大,涉及的学习材料广泛;而问题通常没有明确的所指和规定的概念意义,一个学习专题可以包含很多问题,有的问题教材中已经提供,有的问题则需要师生去发现和生成，有的问题是可以在教材中直接找到明确答案，有的问题则需要学生通过分析、综合和推理寻求解决的办法。展开专题研讨式教学应该尽量让学生围绕学习专题自己发现问题。当然如果学生受知识经验和能力的制约实在发现不出有研究价值的问题，教师首先要加强引导，引导仍然不奏效，则可以为学生提供若干问题让他们根据自己的兴趣加以选择。解决问题也是如此，要引导学生经历完整的明确问题、分析问题、提出假设、寻求答案、得出结论、问题解决的过程；而不能让学生轻而易举甚至不假思索就得出答案或结论。

2.要加强研究与讨论的组织和指导

首先，研究过程的顺利展开需要一定的理性思维作为基础；而中学生的理性思维尚处于形成发育阶段，因此，中学生是不能独立展开研究工作的。这就需要教师提供引导和支持。可以把建构主义心理学倡导的支架式教学用于专题研讨式教学之中，为学生搭建好研究的支架，指导他们发现问题、分析问题和解决问题。其次，研究过程的顺利展开需要一定的方法作为条件。研究方法有很多，对语文选修课而言最常用的研究方法就是文献法和调查法。中学生初涉研究，对这两种方法的使用还很陌生，教师要加强示范和指导。例如，在开设当代文化参与选修课中，可以指导学生通过图书、报刊、影视、网络等搜集当今文化资料展开阅读；也可以指导学生到社区、学校、村镇开展文化专题调查活动，收集反映当下文化生活的第一手资料并展开学习和研究。再次，研讨活动的顺利进行需要一定的学习组织作为保障。研究活动可以独立进行也可以合作展开，以什么样的形式合作搞研究是影响专题研讨式教学实施效果的重要因素。理论上可以有多种合作形式：小小组合作、小组合作、大组合作，同质分组合作、异质分组合作等。然而，中学生在语文选修课中搞研究不同于科研工作者的科研团队合作研究，通常应采用小小组异质分组的合作形式，这有助于确保每个学习者都有明确的研究任务而且相互之间可以取长补短，互帮互学。讨论活动通常可以采用大组异质分组的合作形式，规模控制在20人50人之间，相当于一个必修课的行政班级。不能把专题研讨等同于课堂讨论，课堂讨论可以同座位、相邻座位或者行政小组的同学合作展开；专题讨论则应该有较大的范围，较多的参与者和一定的规模。讨论过程中，对主持人、记录人要有分工，发言的顺序要有安排，发言的形式（如是否需要多媒体辅助）要作规定，这样才能保证整个讨论过程有序展开。

3. 要实施有针对性的形成性评价

所谓有针对性的形成性评价就是对每个学生在整个专题学习、研究和讨论过程中的学习态度、行为表现、学业水平等进行反馈评估，具体包括：

（1）对学生问题生成的评价

既要评估学生在专题研讨中是否积极主动地发现问题，又要对他们所提出的问题的价值进行评估。可以让每个学生把自己发现的问题通过问题单形式加以呈现，教师进行评价或引导学生自评互评。

（2）对学生问题解决设计的评价

高校教师指导大学生、研究生做毕业论文，通常要求学生写一个开题报告并进行评价。中学生搞专题研究当然与大学生、研究生写毕业论文不可同日而语，但也可以借鉴一些做法，可以让学生通过口头或书面形式把自己解决问题的思路、方案、方法等呈现出来，师生共同作出评价。

（3）对学生解决问题行为的评价

着重评估学生在解决问题中的学习态度和行为表现。例如，学生在研究中是否耐心、细致地收集和研读文献，是否主动与同学合作，文献资料收集的数量与价值如何，文本研读是否认真、深入等，可以将这些评价标准列出问题解决过程评价单，指导学生进行自评和互评。

（4）对学生研究成果及其呈现的评价

有的专题研讨课可以先要求学生通过书面表达把研究成果呈现出来交给教师或在班级分享，教师指导学生列出评价标准进行他评或自评。评价标准包括：课题的价值、提出的设想（观点）、解题的思路和方法、解题的手段（工具或材料）、得出的结论等。然后再组织学生在班级进行讨论，对学生讨论的表现也要列出评价标准，引导学生自评或互评。评价标准包括：主题是否突出、语言表达是否流畅、措辞是否得体、思路是否清晰、说话内容是否充实、是否认真听取别人发言等。最后，教师要对班级讨论的总体情况作出总结性评价。

三、实践体验式

(一)实践体验式教学的内涵与特征

体验是个体运用自己的知识经验和思维方式认识事物开展实践活动的过程。以体验的方式展开学习可以达到对知识的真切感知、深入理解和有效迁移。所谓实践体验式学习,就是通过精心设计的活动、游戏和对话情境,让参加者在参与过程中观察、反思和分享,从而对自己、他人和环境产生新的感受和认识,并把它们运用到现实生活中去的过程。实践体验式学习具有三个特征:

第一,自主性。实践体验是人的内心世界对外部世界的反应过程,是以我感物、物我相融的体现。实践体验式学习也是学习主体我意识的发挥、自我认知的展开、自我管理的实施和自我反思的开展过程,是他人不能代替也无法替代的过程。

第二,情境性。实践和体验都离不开具体的情境。构成实践体验学习情境的要素包括:学习任务(或教学目标)、物质环境(教材、教具、媒体等)、社会环境(教师、同学、文本作者、教材编者等)和心理环境(知识、技能、策略、态度等)。这些要素相互作用,相辅相成,共同影响实践体验式教学的实施。

第三,真实性。实践是在实际中践行,体验是在践行中感悟和反思,离开了实际,践行和体验势必落空。这里的实际就是真实的社会生活或社会活动。当然,学生在语文课程中体验的实际并非原生态的社会生活,而是对社会生活的真实反映。

(二)实践体验式教学的类型

运用体验式教学方式开展选修课程教学,就是要围绕教学目标,开展丰富多样的语文实践活动,让学生在活动中感受、思考、探究,在体验中让知识内化、能力训练得到落实。可以针对选修课程的不同内容区别对待,组织多样的语文实践活动。

1.诗歌散文朗诵比赛

诗歌和散文类选修课教学可以采用此教学方式。组织诗歌散文朗诵比赛,能激发学生的学习热情,让学生在揣摩声调、节奏、韵律、语速的过程中自然感受和体验作品的语言和意境,深入把握其文化内涵,受到审美情感的熏陶。

2.戏剧或课本剧展演

戏剧教学和小说教学都可以采用这种方式,让学生在学习教材的基础上根据戏剧的要求自编自导自演。这种综合性的学习活动,不仅给学生提供了一个与他人交流、合作的平台,而且可以促进学生进一步把握作品的精髓,学会体察不同人物的性格特征、思想感情和精神状态,在对话与独白中品味不同性格与情态下人物的个性化语言。可以让学生学会设身处地地理解人和尊重人,提高自我表现的能力和与人沟通的技巧。

3.演讲会与辩论会

演讲和辩论活动有助于增强学生思维的严密性、流畅性、敏捷性、深刻性和批判性,也有助于训练学生的口语表达能力。在整本书阅读与研讨、当代文化参与、跨媒介阅读与交流、汉字汉语专题研讨等选修课教学中,让学生把自己的学习心得写成演讲稿,再在班级或学校演讲会上演讲,这样做,不仅深化了知识的学习,而且促进了同学之间的交流。在中华传统文化专题研讨、中国革命传统作品专题研讨、中国现当代作家作品专题研讨、跨文化专题研讨、学术论著专题研讨等选修课教学中,学生在对文本延伸探究的过程中,会对某些问题持不同观点,在此基础上举行辩论会会引发学生深入思考。

4.影视观摩和实地考察

对于文化专题研讨类选修课程的教学,如《〈红楼梦〉选读》《〈论语〉〈孟子〉选读》等,可以配合教学让学生观看电视剧《红楼梦》片段和百家讲坛《于丹说〈论语〉》等。这些影片既可以作为研读鉴赏文本的辅助资料,也可让学生与原文对照,比较、探讨改编的优劣得失。在当代文化参与汉字汉语专题研讨等选修课教学过程中,可以根据当地的具体情况,组织学生进行实地考察，以开阔学生眼界，增长他们的见识。

（三）实践体验式教学的实施

在语文选修课中实施实践体验式教学要注意以下几点：

1.要目标明确

实践体验式作为选修课的一种教学方式是为提高学生的语文核心素养服务的。因此，体验什么，如何体验，必须要有明确的教学目标。体验的内容应与文本相关，不能让体验活动变成缺乏语文元素的综合实践活动，尤其是要杜绝那种流于形式、缺乏内涵、图表面热闹的娱乐式活动。

2.要全员参与

重实践、重体验既是语文课程标准提出的课程理念，也是语文学习的重要特征。因此，要发动每一个学生积极投身到实践体验式学习之中。对于一些不能全员参与活动如演讲、讲故事、讲见闻等，可以先组织学生以小组为单位开展活动，让每个学生都参与小组活动；然后各组再选拔同学参与班级、年级或学校开展的活动。

3.要精心设计和组织

在实践体验活动开展之前，教师要引导学生设计活动方案，活动方案要有明确的指导思想、具体的操作步骤、科学的活动程序和切实可行的操作方法。在活动过程中，教师在充分调动和发挥学生主动性和能动性的同时，要充分发挥主导作用，加强组织，全程指导，必要时还要进行有针对性的调控。

4.要慎重使用

实践体验式可以作为语文选修课程常规的教学方式，但是对于一些耗时长、耗力多、投入大的活动方式例如戏剧演出、实地考察等要慎重对待，不宜频繁使用。

四、专题自修式

(一)专题自修式教学的含义

语文选修课程门类较多,教学内容丰富多样,课堂教学时间相对有限,完全依赖师生在课堂上完成全部教学任务显然是不现实的,因此,有很大部分课程内容应该让学生在课外进行自主学习。专题自修式教学能很好地处理教学内容丰富性和教学时间有限性的矛盾,把课堂教学延伸到课外,实现课内外语文学习的有机统一。

所谓专题自修式教学,指教师根据特定语文学习任务群的学习目标确定相应的学习专题,引导学生围绕专题选定学习材料,拟定学习计划,展开自主学习和独立探究的过程。这里的自修并不等同于学生自学,而是指教师指导下的自主学习,是一种以学生自主学习、自主探究为主线,以教师指导、辅导和引导为保障的教与学的互动方式,是实现学生主体作用与教师主导作用高度整合、和谐共振的教学方式。要让学生在语文选修课中顺利展开自修,必须具备如下条件:学生要具备一定的知识基础和自学能力,要具备进行自我学习管理如时间管理、过程管理等能力,要具备自主学习和独立思考的良好习惯。要有明确合理而又具体清晰的学习目标,有明确具体而又切合学生学习实际的学习任务和学习内容,有充分便捷的学习材料和学习工具,有切合实际、切实可行的学习方法等。教师要根据上述条件对学生的专题自修展开有针对性的指导:

1. 自修前指导

在学生展开自修之前,教师要引导学生预习与自修专题相关的知识,引导学生明确学习目标,帮助学生收集相关学习资料,有针对性地向学生传授与学习专题相吻合的学习方法。指导学生拟定自修计划,制定学习方案,明确自修的时间、地点和学习方式等。

2. 自修中指导

学生自修虽然主要在课外进行,但教师不能撒手不管,要在整个自修过程中定期或不定期与学生沟通交流，了解学生自修情况，对学生自修中遇到的问题或困惑要及时通过指导和辅导予以解决。普遍的问题可以在课堂集中解决，个别的问题可以通过班级博客、班级微信群、邮件、QQ、信息、电话等方式帮助学生解决。还可以通过指导学生办学习简报、学习博客等形式让学生及时交流分享各自的自修心得和收获。

3.自修后指导

学生围绕某一学习专题展开自修告一段落后，不能万事大吉，更不能草草收兵，而要指导学生总结反思自修过程和结果，对不足之处要及时补缺补差，错误之处要及时矫正补救。同时，要通过召开班级自修总结或自修经验交流会让学生相互学习，共同分享好的自修经验。最后，要指导学生把自修的心得、自修收获写成书面报告；也可以指导学生写一点小论文，让学生反馈给教师，师生再进行进一步的交流，深化或拓展学生的自主学习。

（二）专题自修式教学的实施

在语文选修课中实施专题自修式教学要注意如下事项：

1.要树立科学的教学观念

思想是行动的先导，科学的教学观念是正确的教学行为的前提和基础。在实施专题自修时，教师应该树立如下科学的教学观念：①功能观。要树立科学的专题自修教学价值观，明确认识到专题自修式教学有多方面功能和价值；而最基本的功能是培养学生自主学习能力和良好的自学习惯。一定的自学能力和良好的自学习惯可以为学生终身学习和长远发展奠基。②目标观。要明确学习目标对学生专题自修过程和结果的重要的制约作用；要充分认识到提高学生语文核心素养是专题自修的最终目标，各个语文学习任务群的课程目标是专题自修的基本目标，要重视根据学习内容的实际和学生的学习实际制定针对性、操作性强的专题学习目标。③师生观。专题自修作为一种教学方式，是教师指导方式与学生自学方式的有机统一，学生是自修的主体，教师是自修的主导，要重视激发学生的学习动机和学习兴趣，重视调动学生自修的主动性和自觉性；同时，要重视教师主导作用的充分发挥，树立正确的教师角色观，明确认识到教师在专题自修中应该充当好多种角色,包括专题自修的设计者、指导者、管理者、帮助者、对话者、评价者等角色。④策略观。要重视两种策略的运用:一是教师的指导策略。要充分认识到教师在专题自修中指导是否得法将直接影响学生的学习效果和成绩,影响到教学目标的有效达成。二是学生的学习策略。要重视向学生传授学习策略知识,引导学生总结并相互分享各自的自学方法,指导学生运用与所学专题相关的学习策略展开自修。

2.要为学生搭建好专题自修的支架

为学生搭建学习的脚手架是建构主义理论倡导的一种教学模式,简称支架式教学。在运用学生自修式教学方式时,教师可以借鉴支架式教学的一些做法,为学生自修活动的顺利展开提供支持,主要有:①学习材料支持。自修的首要问题是要有材料可学的问题,学生受知识经验制约往往并不清楚应该学什么。教师要为学生指定学习材料,或者指导学生掌握通过学校图书馆、网络等获取学习材料的方法。②学习环境支持。要和学校有关部门保持沟通,及时帮助学落实自修室、阅览室等,为学生提供宁静优良的自修环境。③学习组织支持。可以指导学生组建自修小组或学习兴趣小组,引导学生互帮互学。④学习工具支持。可以指导学生运用电脑、网络等手段辅助自修过程,提高自修效率。⑤学习管理支持。在学生自修过程中要加强管理和调控,如果学生遇到一些意外情况,如自修过程中受到某些干扰,教师要及时果断予以帮助处理。

3.要做好自修成果展示和评价工作

现代学习论主张,学习者对自己学习结果的评价将直接影响学习动机和学习兴趣。如果学习者对自己的学习结果给予积极正面的评价,将会强化学习行为,增强学习动力;如果学习者对自己颇费心力的学习活动的结果不满意,将会极大地影响学习动机,挫伤学习自信心。因此,对于学生专题自修的结果,教师一定要有正确的处理方法,具体包括:第一,要为学生展示自修成果搭建平台,如在开设班级自修成果展示专栏、召开班级自修成果交流会,定期编辑出版学生自修成果专辑、向学校展示橱窗推荐、开辟网上展示平台,对部分优秀成果向有关报刊推荐发表等。第二,要对学生自修成果实施针对性的评价。评价标准既要客观,又要突出针对性,要加大学习过程和学习态度评价的权重，重在鼓励和引导学生端正学习态度，形成良好的自学习惯，掌握有效的自学方法。评价方式要多样化，既可在学生书面成果上写评语，又可以进行口头评价；既可以教师评价，也可以指导学生自评或互评，切实贯彻以评价促学习、以评价促发展的现代评价理念。

第二节 语文选修课教学策略

新语文"课标"有关语文选修课的设置是按照学习内容的人文主题或学习手段来进行分类的，如各类专题研讨课是从学习内容的人文主题分类设置，而整本书阅读与研讨、跨媒介阅读与交流则是从学习手段或途径设置。教学策略是教学过程中教师和学生依据教学目标、学生的学习实际和学习特点而采用的有效方法或路径。对于语文课来说，教学策略的使用不能因为学习内容的人文主题或学习手段的不同而有所不同；而应该根据所学材料的言语特点或文体特点采用不同的教学策略。例如，整本书阅读与研讨、中华传统文化专题研讨、中国革命传统作品专题研讨、中国现当代作家作品专题研讨、跨文化专题研讨等课程，都涉及古今中外文学作品的教学，而文学作品的阅读、学习和教学都存在一定的规律，必须遵循其规律展开教学，使用相应的教学策略。比如说，《青春之歌》是现代著名作家杨沫写的长篇小说，该作品可以作为整本书阅读与研讨选修课的教材，也可以作为中国革命传统作品专题研讨或中国现当代作家作品专题研讨选修课的教材，无论作为哪种选修课程的教材都不能无视这个基本事实：这是一部文学作品，是一部长篇小说，必须按照学生学习文学作品的特点和阅读长篇小说的特点展开教学。因此，本书有关语文选修课的教学策略以文体或文类为分类视角来进行设计和论述的。

一、文学性文本阅读选修课教学策略

《普通高中语文课程标准（2017 年版）》在选择性必修和选修课程学习

要求中提出，中学生要能够多角度、多层次阅读优秀文学作品，在阅读鉴赏中，了解诗歌、散文、小说、戏剧等文学体裁的基本特征及主要表现手法，了解相关的中国古代文化常识，丰富传统文化积累，汲取思想、情感和艺术的营养，培养健康高尚的审美情趣，丰富、深化对历史、社会和人生的认识。这些学习要求其实也是文学作品赏析类选修课程的教学目标。教学策略的本质就是针对教学目标而采用的有效教学方法。因此，进行文学作品选修课教学必须从上述学习要求出发，依据中学生阅读文学作品的特点和需求选用有效的教学方法展开教学。

（一）诗歌赏析类选修课教学策略

语文是诗意栖居的课程，中学生正处在充满诗意和诗情的美好年华，爱读诗、写诗是大多数青少年的共同特征。因此，倡导为中学生开设诗歌赏析类选修课是国内外语文教育者的共识，也是各国母语课程设置的共同做法。那么，诗歌赏析类选修课教学策略有哪些呢？

1.诗性阅读策略

诗歌的阅读，应该放弃纯粹理性的、纯粹思想性的解读，回到诗性阅读的立场上来，回到各种感官的开放立场上来。诗歌作为一种独特的文学样式，具有一定的形象性、象征性、暗示性、多义性和跳跃性等特征。所谓诗性阅读就是按照诗歌的这些特征展开阅读，要充分调动各种感官和大脑中的各种表象记忆，展开想象和联想的翅膀，进入诗歌所描绘的象、境、意和情之中，达到个人心境与诗歌意境合而为一的境界。教师如何引导学生展开诗性阅读呢？

（1）要让学生感受诗韵

在古代文论中，诗歌是作为与散文相对的韵文存在的，韵文的最大特点就是可以歌唱吟诵。诗歌集音乐美、绘画美和建筑美于一身，是高度浓缩的审美精品。动用眼睛、耳朵和嘴巴等感觉器官是感受和体验诗歌之美最重要的途径。教师要按照诗句的韵律、节奏、语气、语调、长短等有重点地指导学生通过诵读、美读、听读和互读感受诗歌的语言魅力。

(2)要让学生畅游诗境

无意境便无诗歌;阅读诗歌如果没有走进诗歌的意境之中等于入宝山空手回。教师可以通过引导学生抓住关键词句尤其是诗眼的品味,或者通过多种媒体辅助教学等方式,让学生由言到象(物象),由象到境(意境),再由境到志(志趣),达到物与我、情与境融为一体的境界。

(3)要让学生体验诗情

诗者,根情,诗歌是诗人情感外化的结晶。阅读诗歌不能像阅读一般文章那样重在获取语言文字所传达的信息;而要像看一幅名画听一首名曲那样真切感受到艺术家的心灵的波动和灵魂的震颤。因此,要通过声情并茂的诵读、讲读和鉴赏评价等把学生引领到诗人丰富的情感世界之中。如果教师在教学诗歌时,没有让学生心有所感,情有所动,这绝对是一堂失败的课。

(4)要让学生品味诗艺

一首好的诗歌就是一件艺术珍品,其语言、结构、手法、技法都具有一定的艺术价值。教师要通过创设问题情境引导学生从题旨、造境、炼字、用韵、造句以及表达方式、创作手法、创作意图、创作风格等多方面赏析诗歌的艺术特色和表现技巧。

2.个性阅读策略

诗歌中的意象和语言具有个体性、不确定性和开放性,为读者的二度创作提供了广阔的空间。一首诗歌,不同的读者阅读会有不同的感受;即使是同一个读者,在不同时段读同一首诗歌也会有不同的体验,所以古人说少年读诗,如隙中窥月;中年人读诗,如庭中望月;老年读诗,如台上玩月(张潮)。因此,诗歌教学一定要以学生自主解读、自主体验和自主鉴赏为本,倡导个性化阅读和多元解读。具体做法有:其一,教师要尊重学生的原始阅读体验。每个学生初次接触一首诗时都会形成自己的初始感受和体验,这是学生个人精神世界与诗歌文本世界撞击中闪现的火花,也是他们感性、悟性和灵性的体现。要引导学生循着这种原始体验进一步走进诗歌的文境和诗人的心境,这样就会形成个人对诗歌独特的体验和感受。其二,要充分发挥学生的想象力。诗歌鉴赏是一种审美享受,同时又是一种艺术再创造。因此,教师的教学任务不是给学生一个现成的关于文本鉴赏的标准答案,而是培养学生对优秀诗歌的欣赏趣味,为他们提供一个二度创造的想象空间。其三,要启发学生运用多种思维方式。在诗歌鉴赏中,形象思维起主导作用,理性思维伴随其中,诗歌鉴赏水平的高度,很大程度上取决于形象思维的广度和理性思考的深度。要在尊重文本的前提下对诗作进行合情合理的自我解读。为此,诗歌教学必须注意克服两种倾向:一是对诗歌进行概念化甚至政治化的图解,用贴标签式的语言抽象出一些枯燥的概念和命题;二是脱离文本,天马行空地信口开河,只凭主观臆断,放飞思绪,随意拔高或贬低诗作。

3.因材阅读策略

中国是诗的国度,古今诗歌浩如繁星;地球上每个村落都充满诗情画意,整个世界就是诗歌的海洋。但是,必须指出,每一首诗都是独特的这一个,都有其独特的语言、意象、意境、结构、韵律等。即使是出自同一诗人的不同诗作,也会有不同的艺术特色。因此,诗歌教学一定要针对不同诗作的艺术特点和创作实际,因诗而异,因材施教,即对不同的诗歌采用不同的教学方法。不同诗作在思想内容和形式技巧上各有侧重,有的诗作重在表现思想感情,在形式上比较自由,教学中就应该把重点放在思想内容方面。比如教学《中国现代诗歌散文欣赏》第一单元"生命的律动"中的郭沫若的《天狗》,应该重在引导学生感悟诗中蕴含的各种生命形态:或如天狗般充满豪放的气势,或像井一样保持着静默,清澈的姿态,或如春天一般显示蓬勃的生机;或者表现为战士直面死亡的勇气,或者表现为船夫搏斗急流的坚韧。在引导学生领悟并品味这些诗歌所包蕴的生命内涵的基础上,进一步引导学生深入探究诗歌创作与诗人人格之间的关系以及诗歌中蕴含的奇特的思维方式。教学第四单元"大地的歌吟"中郑敏的《金黄的稻束》则应重在引导学生挖掘诗中深邃的意蕴,理解金黄的稻束的象征意义和诗歌跳跃的意象。

(二)散文赏析类选修课教学策略

散文赏析类选修课教学涉及当代文化参与、中华传统文化专题研讨、中国革命传统作品专题研讨、中国现当代作家作品专题研讨、跨文化专题研讨等多种选修课程,因此,把握好散文赏析类选修课的教学规律,选用好选修课中散文文本的教学方法对新时代语文教师十分必要。语文选修课中的散文教学策略主要有:

1. 合理定位

要正确认识和处理必修课的散文教学与选修课的散文教学的关系。两者的关系如下:首先,两者存在一定的联系。选修课的散文教学是对必修课散文教学的延伸、拓展和提高。入选中学语文教材中的散文包括抒情散文、叙事散文和哲理散文三类。三类散文在必修课和选修课中均有涉及。阅读三类散文既要抓住其共性即形散神聚,又要突出各自的特点。关于各类散文的特点,必修课教学往往点到为止,抓住一篇课文教学,窥一斑见全豹;而选修课教学则可以把三类散文组合成三个专题进行系统教学。既可以系统学习三类散文文体知识,集中阅读三类散文经典篇目,还可以读写结合进行三类散文写作训练,或者开展研究性学习,深化和拓展必修课所学内容。其次,两者存在一定的区别。与必修课散文教学强调基础性不同,选修课散文教学内容更具有选择性。教师可以根据学生的阅读兴趣、学习需求确定相应的教学内容。在教学方法的运用上,选修课的散文教学比必修课的散文教学更应体现个性化学习的理念,应有较大的灵活性和拓展性,应注重引导学生展开自主选择、自主研读、个性化解读和多元解读,应有针对性地展开散文研究性学习,在思维的深度和广度上也应比必修课有明显的提升。

2. 合理取舍

选修课散文教学虽然需要解决的问题很多,但首要问题是学生学什么的问题,因为选修课散文教学突出存在散文学习内容的广泛性与学生学习时间的有限性的矛盾。面对古今中外浩如烟海的散文世界,选什么作品、选那些作品作为学生的学习内容,使学生在有限时间内获得最优的学习效果,这是语文教师必须考虑也必须解决的问题。一方面,可以根据学生的学习需求进行取舍。例如,当今中学生比较喜欢时代性强、趣味性强、短小精悍又富有一定哲理的小品文。教师可以将当代作家如刘墉、林夕、毕淑敏、林清玄等散文家的作品作为现当代散文选修课的教学内容,不要一味在古代经典中兜圈子。另一方面,可以突出重点作家的重点作品。例如,唐宋八大家散文是中国古代散文的艺术高峰和里程碑。人教版选修课本《唐宋八大家散文鉴赏》里所选的18篇文章,都属于名家名篇,无论是思想内容和语言特点,还是结构特色和艺术手法,都值得鉴赏探究,应该作为学习重点。如果教师在处理和使用教材时,不分轻重主次,面面俱到,每篇必讲,每讲必详,一方面时间不允许,另一方面会导致学生消化不良,大大影响教学效率。

3.知识与能力并重

提高中学生审美鉴赏和创造能力是高中语文课程的核心目标之一,选修课散文教学无疑要以此目标为导向,这既是古今中外散文中有大量美文具有审美教育无可争辩的优势所决定的,更是中学生对散文学习的需求和特点所决定的。要确保这些目标的达成,教师必须注意:首先,要加强基础知识教学。散文的美是客观存在的,但散文的审美是主观的,学生能否感受、理解和鉴赏散文的美,与他们是否具备一定的审美知识、散文知识和语言知识有密切关系,有了这些知识,学生就有了发现美的眼睛、探究美的大脑和创造美的巧手;不掌握这些知识,再美的散文学生也会熟视无睹。因此,在选修课散文教学中加强基础知识教学十分必要。一方面,要引导学生掌握一定的现代汉语知识和古汉语知识。散文的美往往通过其语言展现的,学习散文应该注重语言的品味。因此,字词句知识和修辞知识等语言知识教学必不可少,在教学中,要引导学生掌握语言审美的途径和技巧,形成语中审美的良好习惯。另一方面,要引导学生掌握一定的散文文体知识和美学知识。在中学生所学的全部作品中,从文本体式来看,散文的文体种类是最多的。阅读鉴赏各类散文,必须以一定的文体知识为基础,根据各类散文的体式特点展开分析探究。例如,上述三类散文,就存在各自的文体特点及学习特点,抒情散文重情、叙事散文重事、说理散文重理。此外,还要引导学生掌握一定的散文鉴赏技巧知识。如读散文先要由语(语言)入神(主旨),再由神及文(文脉和文法)。其次,要重视学生的个性化解读。从现代教学论来看,散文学习的根本目的是提高散文鉴赏能力;而鉴赏能力的本质就是运用一定的概念和规则对散文文本进行分析和评价的能力。因此,让学生掌握一定的概念和规则是散文教学的目标也是其核心教学内容。“例规式”探究学习是学习概念和规则的最基本也是最有效的方式。所谓探究就是在一定的问题情境中,学生运用自己的知识经验建构文本意义,解决文本阅读鉴赏问题。由于每个学生都有自己独特的知识经验系统,因此,面对同一问题情境,不同学生有不同的建构过程和结果。散文阅读从本质上看,也是学生运用自己独特的知识经验在一定的散文文本情境中建构意义的过程。因此,要鼓励和引导学生用自己的眼光、用自己的知识经验建构散文文本意义,获得真切的体验,教师不要对作品意义作过多、过细、过深的阐释,尤其不能要求学生机械接受教师对文本的理解,要关注学生对作品的独特感受和新鲜见解,引导学生从文本当中获得美的享受和独特的感悟。

4.课内与课外结合

散文之散不仅存在于文中,而且存在于学中。人的阅读行为,从其阅读目的来看,可以分为学习性阅读、工作性阅读和消遣性阅读,其中,对文学作品除了少数大学的文学教授和中学语文教师把它作为工作性阅读(研究性阅读)对象以外,一般人们更多也更适合采用的是消遣性阅读的方式。而在各类体裁的文学作品中,当今社会的人,在平时更喜欢阅读散文,之所以如此,一个很重要的原因就是:其语言较之诗歌更易于理解,其篇幅较之小说(特别是长篇小说)、戏剧更为短小,因而更适合在闲散时间随时随地欣赏消遣。这一现象从另外一个侧面也说明,人们阅读散文大多不是为了研究,而是为了消遣即用读书这种高雅的方式打发时间。选修课散文教学当然不能一味让学生消遣,但要充分考虑人们阅读散文的实际,把课内的严肃性阅读、研究性阅读和学生课外消遣性阅读有机结合起来。课内教方法,课外引导学生运用所学的阅读鉴赏方法,利用业余时间独立展开散文阅读活动。例如,教师在课内进行生活哲理散文专题教学时,可以向学生推荐一些如《读者》《青年文摘》《格言》等杂志,让他们随身携带,充分利用各种课外场合和学习之余的时间,随便读读上面杂志中的精美散文。开卷有益,学生如果能够得法于课内,那么必须以得益于课外补充,这样才有助于语文核心素养的提高。

(三)小说赏析类选修课教学策略

语文选修课的小说教学包括中、短篇小说教学和长篇小说教学,是整本书阅读与研讨课程实施的主要途径,也是提高学生审美鉴赏能力,提高学生传统文化(如四大名著等古代经典)、革命文化(如《红岩》《林海雪原》等红色小说)和世界文化(如巴尔扎克和托尔斯泰等外国作家的长篇巨著)修养的有效途径。语文选修课中的小说教学策略主要有:

1.因本解读策略

现代学习论研究表明,学习材料的特点不同,学习方法就应该有所不同。根据以学定教原则可以这样说,应该根据教材的特点采用相应的教学策略。语文选修课的小说教学也应如此。首先,从篇幅的长短看,小说分为长篇小说、中篇小说、短篇小说和微型小说。不同类型的小说教学策略应有所区别。长篇小说教学应采用学生课外自读为主、教师课内指导为辅的教学策略;中篇小说可以采用一点(或从人物或从情节或从手法或从语言)切入,层层剥笋的教学策略;短篇小说可以采用主攻一篇,以一带多的群文阅读教学策略;微型小说则可以采用举三反一与举一反三有机结合的单元教学策略。其次,从国别的不同来看,可以分为中国小说和外国小说。外国小说教学可以采用译著与原著对比教学的策略或同一译著不同译者翻译版本对比教学的策略;中国小说是不可以这样教学的。再次,从时代的不同来看,可以分为古代小说和现当代小说。中国古典小说大多采用章回体,故事性强,形式比较规整,结构比较清晰,教学策略运用相对变化不大,按照小说三要素即人物、环境和情节来展开教学即可。中国现当代小说则比较多地借鉴了西方小说创作的技法,例如,鲁迅先生的小说虽然是批判现实主义作品,但他的《故事新编》就大量运用了荒诞、象征等手法,运用意识流、黑色幽默、超现实主义、心理分析等手法进行创作的作品更是比比皆是。在教学现当代小说时,教学策略则要灵活多变。比如在教学小说人物时,可以引入英国小说家福斯特的圆形人物和扁形人物;教学小说叙事时,可引入西方现代派小说的叙事迷宫和叙事圈套;教学小说结构时,让学生知道嵌入式召唤结构和吸附式召唤结构等。

2.点面结合策略

在文学作品百花园中,小说占据着极为重要的位置,古今中外的小说数不胜数。无论从数量、篇幅还是从影响、地位来看,小说在各种文学作品中都是名列前茅的。当然,语文选修课程中入选的小说作品,只能是众多名篇佳作中的典型代表,或者是某个长篇巨著中的一个部分,相当于冰山一角。例如,关于英雄题材的小说,古代的有《水浒传》《三国演义》《三侠五义》《说岳全传》《隋唐英雄传》等,现代的更是不胜枚举;乡土小说方面,除了《小二黑结婚》和路遥的《平凡的世界》,还有孙犁、刘绍棠等作家的作品。进行语文选修课的小说教学时,不可能对同一题材的所有作家作品、同一作家的所有作品都逐一展开教学。教师不妨举一反三,触类旁通。如可以引导学生在重点研读《水浒传》的基础上,向古今中外其他同类题材的小说进行拓展,比较他们之间的异同,展开英雄题材小说专题的研究性学习;就某一作品而言,也可以引导学生从教材中入选的此篇向原著中相关的章回进行拓展阅读,达到以一当十、事半功倍的效果;就一个文本而言,可以引导学生抓住作品中的一个或几个关节点(人物、情节、语言、环境、手法等)进行重点分析,进而带动对整个作品的探究,做到以点带面,点面结合。

3.衔接贯通策略

所谓衔接贯通就是在课内将所学的作品与学生过去已学的作品或课外所学的作品有机联系起来进行教学。主要做法有:一是与学生过去所学的小说衔接贯通。学生在义务教育阶段的语文课程中学过很多小说。例如关于鲁迅小说,学生在初中就学过《社戏》《故乡》《孔乙己》等。在高中语文选修课进行现代小说鲁迅小说鉴赏专题教学时,可以将学生未学过的鲁迅作品与已学作品整合起来,这样既可以激发学生的阅读兴趣,又可以加深对鲁迅作品的理解;二是与学生课外的小说阅读衔接贯通。例如,四大名著的教学,在课内教师可以从思想、立意、艺术特色、言语风格等不同角度展开专题讲座,课外要求学生围绕原著进行拓展性阅读和研究性阅读;三是与必修课小说教学衔接贯通。同样是鲁迅小说,在高中必修教材中入选了《阿Q正传》《祝福》《药》等篇目,选修教材入选的篇目与这些作品存在千丝万缕的联系。在选修课中进行鲁迅小说专题教学时,可以联系必修教材中的这些作品对鲁迅小说的思想、艺术手法和语言风格展开分析；四是与原著阅读的衔接贯通。与必修课所学的小说相比，学生在选修课中所学的作品在完整性上虽然有所提高，但是除了整本书阅读与研讨其他选修课中学生学习的作品还是以选文为主。进行选文教学一定要引导学生课外阅读整部原著，或者阅读原著小说的其他相关章回。可以以选文教学为基点和示范，教给学生阅读探究该部小说的方法，使他们掌握解读整部作品的钥匙；再鼓励和引导学生运用所学的知识探究整部原著，这样可以收到事半功倍的效果。

（四）戏剧赏析类选修课教学策略

在四种文学体裁中，戏剧是学生最陌生也是在学习中花的时间和精力最少的一类文本，原因在于：一是因为学生接触比较晚，对戏剧感兴趣的学生相对不是太多。二是因为高考内容很少涉及戏剧，一些学校就认为没有必要开设戏剧赏析类选修课。因而，在语文教学实际中，戏剧欣赏类选修课境遇很尴尬。要改变这种状况，除了改革高考语文命题以外，提高人们对戏剧教学意义的认识和学生学习戏剧的兴趣显得尤为必要。选修课中的戏剧教学要围绕这一思路展开。具体操作中要做到四个结合：

1.阅读选文和阅读原著结合

除了作为整本书阅读与研讨的中外经典剧本，大多数选修教材中的戏剧皆为剧本节选，虽然通常是剧本中展示矛盾冲突焦点的精华，但毕竟只是大象身体的一部分。从心理学角度来说，人们在认识事物时，如果只感知了该事物的某个部分，往往有进一步探究该事物其他组成部分的冲动和欲望。教师要利用学生这一心理特点，在教学戏剧选文的同时，应引导学生阅读原著，自主完成对课文剧情和人物关系的梳理，掌握剧中人物性格发展的脉络，探究矛盾冲突的起因、发端、高潮和结局的完整过程，从而形成对剧本全面系统而深刻的认识。

2.阅读原著与改编的影视剧阅读和观摩结合

让学生观摩原著改编的电影、话剧、电视剧，对处于青年初期的高中生来说无疑是一件趣味盎然的事情。电影、话剧、电视剧是表演艺术同时也是语言艺术，演员通过人物个性化的激情对话和独白，塑造人物、展示剧情、表达主题，易于引发学生的审美情趣，激发学生的情感共鸣。电影、话剧、电视剧是视觉艺术，学生通过演员舞台表演、人物造型、舞美效果等创作可以直接感受到故事情节发展、人物命运结局，从而使学生内心的喜怒哀乐之情得以宣泄。电影、话剧、电视剧是造型艺术，舞台情境能给学生带来无穷的想象力和特殊的审美体验。学生在观看话剧、影视剧时，自然激发起对戏剧的兴趣，从中体味导演对原著艺术再创造的独特匠心，在这种视频、选文的对照中，欣赏水平会不知不觉地得到提高。同时，演员的精彩表演也为他们编演课本剧提供了借鉴。

3. 剧本学习与戏剧表演结合

戏剧教学的一个突出特点就是它的实演性或实践性。让学生自编剧本、自演话剧是学习戏剧的有效方法。当今高中学生有着很强烈的表演欲望，也有一定的表演能力，他们对剧本有着自己独特的见解，在表演中力图把这种见解表现出来。例如，学习曹禺的《雷雨》《日出》等剧本，可尝试引导学生对剧本中部分内容进行改编、排演，再在班级或学校演出，甚至走出校园进行公演。这样做，既满足了学生的表演欲，激发了学生对戏剧学习的兴趣，又可以促进学生深化对作品的学习和探究，还可以训练学生的口语交际能力，培养学生社交自信心、交往能力和合作能力。

二、实用性文本阅读选修课教学策略

实用性文本阅读是中学语文必修课程重要内容，语文选修课程虽然没有单独设立独立的学习任务群，但是在相关选修课学习任务群中会涉及实用性文本阅读教学。例如整本书阅读与研讨选修课中会涉及传记类书籍的阅读与研讨，当代文化参与跨媒介阅读与交流会涉及新闻、通讯、调查、传记、演说词等各类实用性文本的阅读，中华传统文化专题研讨也会涉及古代传记类文本的阅读与研讨等。现代教学论主张，教学什么决定怎样教学，因此，要解决实用性文本阅读选修课教学策略问题，首先必须弄清实用性文本阅读类课程的学习内容问题。《普通高中语文课程标准（2017年版）》

中有关实用性阅读的学习内容有：

学习多角度观察社会生活，掌握当代社会常用实用文本，善于学习并运用新的表达方式。

学习运用简明生动的语言，介绍比较复杂的事物，说明比较复杂的事理。

具体学习内容，可选择社会交往类的，如会谈、谈判、讨论及其纪要，活动策划书、计划、制度等常见文书，应聘面试的应对，面向大众的演讲、陈述和致辞；也可选择新闻传媒类的，如新闻、通讯、调查、访谈、述评，主持、电视演讲与讨论，网络新问题（包括比较复杂的非连续性文本）；还可选择知识性读物类，如复杂的说明文、科普读物、社会科学类通俗读物等。

根据现代学习结果分类理论可以看出，上述实用性文本阅读的学习内容包括知识、技能、策略、情感、态度、动机等多种学习类型，但是，核心学习类型是包括文本知识、阅读技能和阅读策略，即三个要素的实用性文本阅读能力。在进行实用性文本阅读教学时，要依据这三个要素的学习规律和学习条件采用相应的教学策略。

（一）文本知识的教学

实用性文本知识本质属于陈述性知识，而识记与理解是陈述性知识学习的心理机制，所以中学语文教师进行实用类文本教学时应该引导学生重视对于实用性文本有关文体和内容信息的记忆与理解。具体教学策略有四种：

1.精加工策略

精加工策略分为外显操作策略与内隐思维策略。外显操作策略以圈点勾画、写评注和做笔记为主要方法。科学研究表明这些方法能够提高中学生的注意力，也有助于他们发现实用类文本知识间的逻辑关系。例如，教学《包身工》这篇报告文学时，可以让学生记下报告文学的文体特点与文本中的包身工内涵，并且课后整理笔记。内隐思维策略主要是通过灵活运用补充、类比与质疑等方式加深学生对所学知识的印象，建立新旧文本知识间的联系。补充策略主要指对远离中学生生活实际的实用性文本的阅读，可以补充相应的文本背景知识和文体知识，以加深对文本内容的理解。类比策略指教学中将类似的实用性文本知识以直观的方式进行比较。质疑策略是对学生通过质疑对文本内容知识进行深度加工的方法，有助于中学生挖掘出文本内容的深层含义。

2. 系统化策略

系统化策略包括：①网络化策略。根据现代认知心理学有关原理，网络化的知识不仅便于记忆，也便于提出运用。在进行实用性文本选修课教学中，可以引导学生依照思维导图的形式将实用性文本的内容知识或文体知识绘成树状、放射状等网络图。②类别化策略。就是针对实用性文本主题知识和文体知识按照一定线索进行归类，形成层级化、结构化的知识。例如，对人物传记既可以按照传主所处的时代、国别、身份、地位、影响等归类，也可以按照传记的作者、语体等进行归类。

3. 先行组织者策略

在实用性文本知识教学中，要想使学生成功建构知识意义，学生必须具备与所学知识相关的已学知识（或先备知识）。然而，在实际教学中并非所有的中学生都已经具备了这类知识。当学生在阅读一篇新的实用性文本之时如果缺乏先备知识，教师就可以向学生提供一些与文本内容相关的学习材料，让学生获得建构文本意义的锚。例如教学《我有一个梦想》等演说辞，可以通过多媒体呈现演说者人生经历及演说背景知识，使得他们获得建构文本意义的先备知识。

（二）阅读技能的教学

技能的本质属于程序性知识，指个体为了处理事件而运用的相关概念与规则。因此，实用性文本阅读技能教学就是要引导学生习得实用性文本的解读规则。规则是通过相关例子习得的。中学生习得实用性文本阅读规则的例子就是入选语文教材中的每篇实用文即例文。通过例文学习实用性文本阅读规则有以下三种策略：

1. 从例文到规则的探究学习法

探究学习法也称发现学习法，指教师引导学生在阅读例文基础上发现其中蕴含的阅读规则或写作规则并建构规则的意义的过程。例如，进行新闻教学时,可以引导学生通过阅读《奥斯维辛没有什么新闻》等典型的新闻作品,归纳出新闻的结构规则即由标题、导语、背景、主体、结语构成。必须指出,规则学习最好的方式是同时或连续学习两个以上相同或相似的例子。因而,实用性文本阅读规则的教学应该以群文阅读教学的方式展开,通过多篇相同体裁或题材实用性文本的比较阅读,引导学生举三反一,这里的三就是指若干篇实用性文本,一就是指各篇实用性文本中隐含的相同规则,反就是指学生分析、比较、概括文本的思维过程。

2.从规则到例文的接受教学法

接受学习是指先习得规则的意义再用规则使用的例子印证规则的含义。接受式教学适用于班额较大、选课学生较多的选修课教学。可以在教师专题讲座式教学中使用该策略。例如,进行《史记》中人物传记教学时,教师可以先把司马迁刻画人物形象的手法(写作规则)进行总体分析,再引导学生找出《苏武传》这篇例文中的相关例证并进行具体分析。在运用该策略时,教师可以通过创设问题情境启发学生建构规则的意义,弄清规则与例子间的关系,要避免陷入将规则意义直接告知学生的灌输式教学境地。

3.变式练习法与反馈法

所谓变式练习指在不同情境中让学生运用同一规则进行练习。例如,阅读科普文时,语文教师需要围绕所学的科普文阅读规则选择不同时代、不同主题、不同国家、不同作者、不同风格的科普文供中学生进行阅读练习。这里需要指出的是,变式指改变练习的情境,并不是搞花样翻新,更不是搞题海战术。一般而言,对于某个规则学习的练习,能够给学生提供三到五个变化情境让学生使用所学的规则办事(阅读或写作),达到举一反三的目的即可。

反馈法即把学生练习的结果(如正确或错误)告知学生,让他们能够对自己实用性文本学习情况有个准确全面的认知。反馈法是确保学生掌握正确的阅读技能的条件。科学心理学研究表明,错误的技能如果不能及时得到纠正,一旦变成自动化的熟练技能之后,再纠正会事倍功半。因此,对学生的练习结果要及时进行评价、诊断和反馈,并辅之以相应的补救教学。

(三)阅读策略的教学

阅读策略的本质是认知策略或策略性知识,是指个体在进行文本阅读活动时运用元认知相关知识调控认知过程从而提高文本阅读效率的能力。进行实用性文本阅读策略教学不仅需要引导中学生掌握实用性文本阅读方法,而且需要引导学生对自身文本阅读过程予以监控与反思。具体教学策略如下:

1.引导学生掌握阅读方法

与文学作品和思辨性文本相比,实用性文本与社会生活的联系更加密切,因而存在独特的阅读规律。阅读实用性文本的方法主要有:①整合法。学生在阅读实用性文本时虽然对文本中的绝大多数语句都能够明白,但对整篇意思却把握不准。因此,阅读实用性文本切不可游走在语言表面,更不能在个别语句之上反复推敲,这样容易被文章的细枝末节绑架。应该从标题、关键句段等入手,建构文本主旨意义,抓纲举目,带动整篇或整本文本意义的建构。②比较法。实用性文本所反映的事物和事件往往是真实可靠的。在阅读该类文本时可以与反映同类事物和事件的文本进行对照阅读。例如,读说明文《死海不死》,可以和其他科普类作品中写死海的文本进行对比阅读。③应用法。实用性文本的基本特征是实用,因而,联系实际学习实用性文本是阅读实用性文本的不二法门。例如,学习新闻,可以让学生扮演小记者到实际生活中采访并及时撰写新闻报道。

2.注重阅读反思习惯的养成

阅读反思包括阅读过程反思和阅读结果反思,前者指在阅读过程的每一个环节都进行有针对性的反思;后者指一篇课文或一本书读完之后对阅读情况进行自我总结和评价。语文选修课中的实用性文本教学,要突出培养学生在阅读过程中进行自我反思的习惯。在教学过程中,可以引导学生设置一些诸如“我为什么读”“我怎么读”“我读得怎样”“有更好的阅读方法吗”等文本阅读反思问题,在思考中阅读,在阅读中思考,形成读思结合的良好习惯。

3.重视阅读监控能力的培养

实用性文本阅读监控中常用的方法是自我提问,指学生向自己提出有关文本阅读问题,并用这些问题有序控制自身阅读活动的过程。这种方法有助于中学生集中注意力对实用性文本中的信息进行加工,提高阅读效率。教师可以引导学生通过设计和使用自我提问单进行阅读监控。具体步骤如下:首先,教师可以指导学生设计一套实用性文本阅读提问清单;然后,让学生按照提问单上的问题循序渐进地开展阅读活动;最后,组织学生对照提问单进行自我评价或相互评价。

三、汉字汉语专题类选修课教学策略

高中语文课程标准对汉字汉语专题研讨学习任务群教学的要求是:要在必修和选择性必修语言积累、梳理与探究的基础上,就汉字、汉语的某一问题,加以归纳、梳理,训练学生从应用中观察语言文字现象和总结规律的综合分析能力,旨在加深学生对汉字汉语的理性认识。根据这些要求展开汉字汉语专题研讨选修课教学,可以从以下几个方面着手:

(一)取舍整合

与其他语文选修课程相比,汉字汉语专题研讨类课程中的许多内容都是学生熟悉的,不仅在语文必修课和选择性必修课的语言积累、梳理与探究中接触过,而且在以往的语文自学或语言运用中都会有所涉及,但是掌握得不够系统和深入,可以说绝大多数内容都是以前教学中煮的夹生饭。老师要充分了解这一学情,学生已经掌握的,尽量不教或少教;学生基本掌握的,要进行巩固和深化;学生没有掌握的,要作为重点来教学。可以打乱原来教材的编排顺序进行适当调整,该强化的强化,该整合的整合,该剔除的剔除。抓住重点,突破难点。比如教学人教版选修教材的第一课《走进汉语的世界》,三节内容就可以整合在一节课内完成,重点解决三个问题:汉语有哪些特点?从古到今汉语的三要素是如何演变的?普通话与方言的关系如何?三节内容中的难点是汉语的演变,其中不容易掌握的是汉语语音的演变和汉语词汇的变化,在教学中应该把这些东西讲透。其他的内容则可以略讲或跳过。第二课可以把第二、三节整合成同音字·同音词·多音字，这一课的重点和难点是第四节《声情并茂》——押韵和平仄，其中平仄是难点，一定要讲透。掌握了平仄对于诗词鉴赏和创作作用非常大。第三课《神奇的汉字》的教学可以把第二、三节整合为汉字的规范与结构，重点放在第四节《咬文嚼字》——消灭错别字。第四课《词语万花筒》内容都非常重要，其中多义词和同义词可以整合在一块，难点是多义词的不同义项和词义的演变；重点是熟语，一定要讲透、讲细、讲实，可以多花几个课时来强化。第五课《言之有理》作为整本书的重点来学习，虚词、复句、病句、歧义句，每节内容都很重要，难点是复句的层次和句子的歧义，可以把三、四节整合成病句专题。第六课《语言的艺术》同样是这本书的重点，第一节选词与炼句侧重于表达的生动、准确、简洁、连贯，应该让学生在特定的语言环境中反复练习。第二节修辞是整个单元最重要的知识点，需要掌握的东西很多，尤其要学生分清比喻和比拟，借喻和借代，借代、借喻和象征等修辞的区别。第三、四节则可以整合为语言·色彩·文化。总之，汉字汉语知识教学切忌面面俱到，芝麻西瓜一起抓；而要有取有舍，抓大放小。

（二）让出讲台

汉字汉语专题研讨类的课程内容一般比较简单，不妨将这些内容的教学主要让学生自己去完成，这样可以提高学生学习的兴趣，激发他们的热情，锻炼他们的自学能力。例如，有所学校是这样展开教学的：

①分组：将每班同学分成6组，一般每组8位同学，每组负责一个单元教学内容的学习。

②分工：8位同学每人都有自己的任务，将8位同学分为备课组，顾问组（老师和语文课代表），上课组，课件制作组，拾遗组（上课讲错讲漏的可以及时订正和补充）。

③试讲：上课之前，语文老师要对教学设计进行把关，提出修改意见，然后让学生在组内进行试讲。

④座谈：全班同学对这节课进行评价，形成书面材料，以便发扬优点，改正缺点。

⑤点评：语文老师针对全班学习情况进行点评。

由于要在高二第二学期开学进行这门选修课的教学，学生在寒假期间充分预习了整本书的内容，所以学生上起课来还是比较得心应手的。

把讲台让给学生，这是一种学习的革命，它着眼于学生的自主发展，体现了以学生为本的选修课教学理念。学生是学习的主体，是课堂学习活动的核心，也是成功学习的内因；教师和教材、教法是学生学习的外因。外因通过内因起作用。换言之，学生的主观能动性是课堂学习成败的内在的决定性因素，教师、教材和教学方法是学生学习的外在的辅助性因素。因此，要提全面提高课堂教学的质量，就必须充分尊重学生的主体地位，调动学生学习的主动性、积极性。课堂教学如果没有学生的主动参与，教师的一切努力都将付之东流。为此，必须确立这样的观念：学习首先是学生自己的事情，学生积极主动的学习永远是最为重要的；教师要为学生的学习服务，教师的有为，主要体现为学生课堂学习活动的组织者、引导者、激励者和管理者等角色的扮演之中。教师的无为，主要体现在把课堂让给学生，放手让学生学。不要事必躬亲，更不要越俎代庖，包办代替。

（三）重在应用

汉字汉语专题研讨课程与语文选修课程中其他选修课的不同之处就在于突出应用。因此，把学习和应用有机结合起来，在学习中应用语言知识，在应用中强化语言知识是该类选修课教学的有效途径。比如学习了错别字的内容，可以在班级开展“语言找茬”的游戏，同桌之间互相找错别字；可以走进校园，对校园用字进行纠错；可以走向街道、社区进行对不规范字进行扫描；可以结合“推普周”活动做推普宣传志愿者。学习了熟语，可以举办班级关于熟语的知识竞赛。学习了新词汇，可以让学生搜集整理网络新词或校园新词，开展新词大比拼活动。学习了病句，可以搞一个病句专题讲座或专题训练。学习了汉字规范，可以举行书法比赛等。这些活动都能够让学生在具体的语言环境中学习语言，使语言学习生活化、情趣化、实用化，从而达到培养学生热爱祖国语言文字，正确运用语言文字的目的。

四、论著阅读研讨类选修课教学策略

这里的论著既指文化论著,也指学术论著。必须指出,有的学术论著就是文化论著,或者说有的文化论著也是学术论著。《普通高中语文课程标准(2017年版)》中提出的语文学习任务群整本书阅读与研讨、当代文化参与、跨媒介阅读与交流、中华传统文化专题研讨、跨文化专题研讨和学术论著专题研讨等,都会涉及论著的阅读和研讨,因此,如何有效展开论著阅读研讨类选修课教学,是实施新一轮语文课程改革必须要解决的问题。论著阅读研讨类语文选修课的教学策略有以下三"适"。

(一)适宜的定位

语文课程标准对该类课程的目标做了明确规定:学习论著必须着眼于育人。要求通过论著的研读,拓宽学生的文化视野和思维空间,促使学生思考人生价值和时代精神,增强学生的使命感和责任感,培养学生的科学精神,提高学生文化素养,使学生努力形成正确的思想、行为准则。这就意味着,论著教学的核心目标是提高学生的科学文化素养和思想道德素养。准确把握语文"课标"的理念和要求,就要把握两个区别:一是中学论著阅读研讨类选修课程与大学中文系文学、文论选修课的区别。它不追求学术、文化、文学理论知识的系统性,也不对作品作过深过细的探究分析;而是重在通过引导学生阅读论著受到思想的启迪和文化的熏陶。二是中学论著阅读研讨类选修课程与中学必修课程中论述类文本教学的区别。中学语文必修课教材中也选入了一些文化论著,先秦诸子散文如庄子、孟子、荀子的作品,《论语》节选,《史记》中的文章等即文化论著。这些作为必修课范文的作品,在教学中重在学习其语言知识、艺术手法,思想内涵的挖掘是建立在字词句学习的基础之上的。而作为选修课教材的《论语》选读和《史记》选读等的教学,则强调教材整体效应的发挥,对每一篇作品的教学不必过于讲究字字落实,句句翻译,也不必追求语言文字的理解和文化内涵的探究的兼顾。例如,选修教材《论语》的教学,可以从三个层次定位教学内容：文字、文章和文化。文字指对语言文字的理解和积累，要求学生读懂文章、积累知识；文章指引导学生分析和鉴赏《论语》的章法技巧；文化指文化传统的评析和传承，要通过该专题的教学达到传承文化知识、丰富人文内涵的目的。

（二）适切的课型

选修课与必修课的差别在课堂教学中的反映就是课型的不同。教师在教学中要根据必修课中文化论著阅读教学的经验，根据中学论著阅读研讨类选修课程的课程目标，探索出各种且行之有效的课型。例如，人教版选修教材《〈论语〉选读》教学可以有如下课型：

1. 教师串讲型

以文言文传统教读方法为主，在师生共同参与下，完成语言文字的理解和积累，进行思想文化的评析和探究。

2. 主题讲座型

确定一个文化主题(话题)，以课文选段为材料，以教师讲座为主要形式，阐发课文内容，探讨该话题的文化意义。

3. 读书报告型

在学生写作读后感的基础上，以读书报告会的形式，交流阅读心得，评价阅读效果。

4. 评点交流型

学习运用中国传统的阅读方法，用圈点批注的形式，标示阅读过程中的理解、质疑、阐发、联想和评价。对评点的展示可以采用作业张贴、投影呈现、上台讲述等方式进行。

5. 课题报告型

以专题研究的形式，通过个体或小组合作为单位展开研究性学习，学习成果以采用小论文的形式进行交流展示。

6. 作业练习型

结合课文后面文言练习的题目，教师设计相关练习题，以课外作业或者当堂练习的形式让学生完成，并及时予以讲评。

(三)适当的教法

语文"课标"提出,进行论著阅读研讨类选修课教学,要注意在教给学生学习运用科学的思想方法发现问题、分析问题和解决问题,注意引导学生在阅读过程中注重理性反思的基础上,让学生自主探究论著中的疑点和难点,并敢于提出自己的独立见解;让学生学会合作学习,乐于和他人交流切磋,互相启发,共同提高。让学生对感兴趣的社会、历史、文化现象进行理论思考,独立作出自己的价值判断,开展专题讨论和研究,积极参与先进文化的传播和交流。教学过程中必须联系当代社会生活中的有关问题和中外文化现象,必须关注现实生活和社会的发展。也就是说,中学论著阅读研讨类选修课程适合运用专题探究的教学方式展开教学。教师既可以引导学生联系实际自主探究,获得真切的认识和独特的见解;也可以引导学生进行小组交流和讨论,体验合作探究问题的过程,学会合作探究的方法。为了确保专题探究的顺利展开,教师要根据高中生知识储备的特点,确定好探究的目标,把握好探究的尺度,不能盲目拔高,脱离学生理解和接受的水平。对于学生难懂的话题,教师要尽可能地引导学生通过解读选文、阅读相关链接等环节,结合作者所处的时代了解作者对社会、人生问题的思考,为深入探究奠定一定的知识基础。以下是人教版"《论语》选读"中的"仁"的专题探究教学案例:

教学目标:了解《论语》语录体特征,基本理解孔子思想中仁的含义,能够按照一定的逻辑关系表达自己对仁的理解。

教学过程:

1. 导入新课。教师通过故事导入,引入对仁含义的阐释。

2. 学习《论语》,重点格言讨论:

(1)克己复礼

(2)己所不欲,勿施于人

(3)仁者爱人

3. 自主探究:自读课文第4—9则,围绕"我所理解的仁"展开思考探索,写阅读感受。

4. 合作探究：小组围绕“仁”这一话题交流各自阅读感受。

5. 成果展示：各小组选派代表在班级汇报探究所得。

6. 总结评价：师生对各小组的探究情况进行评价。

不难看出，该案例在教学方法的选择上突出了学生的自主探究和合作探究，教师能根据学生的学习实际把课堂讲授、学生自主学习和师生互动交流有机地整合起来，让学生围绕本课仁的主题，展开深入研讨，有效地实现了师生、生生和生本的多重对话。

思考与练习

1. 实施专题讲座式教学的意义有哪些？怎样实施专题讲座式教学？

2. 进行专题研讨式教学要注意哪些问题？

3. 实践体验式教学有哪些类型和特征？

4. 如何实施诗词赏析类选修课的教学？

5. 如何实施散文赏析类选修课的教学？

6. 如何实施小说赏析类选修课的教学？

7. 如何实施戏剧赏析类选修课的教学？

8. 举例说明如何实施实用性文本阅读类和论著阅读研讨类选修课的教学。

第八章　语文研究性学习指导

研究性学习是20世纪80年代以来面对知识经济的挑战，国际社会比较普遍认同和实施的一种新的课程。2000年，国家教育部颁布的《普通高级中学课程计划(试验稿)》，已明确将研究性学习与学工、学农、学军、劳动技术以及社会服务结合在一起，共同构成“社会实践”课程，列为高中学生必修课程。

什么是语文研究性学习呢？它是指学生在语文学科领域和现实生活情境中，通过发现问题、调查研究、表达与交流等探究活动，获得知识技能，培养学习态度和研究意识的一种学习方法。语文研究性学习的一个基本观点是：培养人的创造能力和创新意识，而创造能力培养的关键是对信息的处理能力。因此，在教学过程中创设一种类似科学研究的情境和途径，让学生通过主动的探索、发现和体验，学会对大量信息的收集、分析和判断，从而增进思考力和创造力。研究性学习关心的是学习过程，而不是结果，研究性学习也讲方法，但它较少强调学习知识的技能和方法，而更关注培养思维能力、特别是创造性思维能力的方法和途径。在这样的学习过程中，关键是学生能否对所学的知识有所选择、判断、解释、运用，从而有所发现、有所创造。

语文研究性学习有两种类型，一种是“立足宏观课程的研究性学习”，另一种是“立足学科内部的研究性学习”。立足宏观课程的研究性学习，是指学生在教师指导下，从自然、社会和生活中选择和确定任何专题进行研究，并在研究过程中主动地获取知识并应用知识解决问题的学习活动。而作为学科内部的研究性学习,主要是指在学科教学过程中采用研究性(或探究性)的学习方式来进行学科学习的活动。

第一节　语文研究性学习的特点与过程

研究性学习的过程本身也就是它所追求的结果。正是如此,语文研究性学习的突出特征就是坚持学生在课程实施过程中的"自由选题、自主探究和自由创造"。

一、语文研究性学习的特点

语文研究性学习有以下几个主要特点:

(一)重自主

语文研究性学习强调以学生的自主性、探究性学习为基础。学生学习什么内容,采用什么方式,哪些人在一起学习,全由学生自己做主,老师只是以旁观者的身份,给学生做指导,提看法,完全不受老师的兴趣、爱好、视野的限制。学生想研究《红楼梦》的人物,有这一爱好的同学可以组成一组,开展研究。对本地方言有兴趣的同学,又可组成一组,到各地收集素材,积累资料。研究性学习的自主就在于学生可以按自己的兴趣选择和确定研究学习的内容,可以自由组合学习小组,可以根据自己的能力选择研究方式。可以说整个研究小课题的内容、方式、进度、实施地点、表现形式等都取决于学生个人的努力。

(二)重过程

语文研究性学习重在过程、思维方法的学习和思维水平的提高。语文研究性学习的"成果"不一定是"具体"有形的制作成果。它可以是一个方案设计,一个广告创意,提出一种新见解。在学习过程中,学生是否掌握了具体知识和技能并不重要，关键是能否对所学习的知识有所选择、判断、解释，从而有所发现，有所创造。其学习过程的本身也就是所追求的结果。比如说，《鸿门宴》第六自然段中当刘邦逃脱，张良入谢献璧时，愤怒的范增接过玉斗扔到地上，拔剑击破玉斗，说："唉！竖子，不足以谋！"教材的注释是："骂人的话，相当于'小子'，这里指项羽和项伯。"如果说学生能提出问题，认为这种说法不妥，通过查阅资料，提出自己的见解，形成小论文，即使结论不一定正确，它同样有存在的价值。

（三）重应用

从教育心理学的角度看，学习可以分为三个层次，①概念学习。通过概念了解事物的性质。②规则学习，懂得概念与概念之间的关系。③问题解决学习，运用概念和规则来解决问题。研究性学习主要是第三层次的学习。其主要目的是发展运用知识解决实际问题的能力。这也是它与一般性学习的主要区别。如果说学生想做一个评论家，洞察风云变幻的国际形势，必须以语文为基础，及时地选取反映新动向的重大国际事件作为评论对象，做到具体问题具体分析。

（四）重问题

研究性学习主要是围绕问题的提出和解决来组织学生的学习活动。教师首先要指导学生从社会生活中选择和确定他们感兴趣的专题，去发现问题和提出问题。可以说"问题"是学生学习的重要载体。

二、语文研究性学习的过程

（一）语文研究性学习的问题提出阶段

爱因斯坦说："提出一个问题往往比解决一个问题更重要。"在语文研究性学习中，提出一个有价值的问题有时比开展研究更困难。"问题是由信息引起的"，人们生活在信息的汪洋大海之中，各种信息像大海的浪淘拍击着海岸一样冲击着人们，产生无穷无尽的“问题”，可以说不是现实生活中找不到“问题”，而是我们没有对问题的敏感度。“一个人一旦向自己提出了某个问题，产生了解决它的强烈欲望，形成了‘问题意识’，就能敏锐地感受与觉察与该问题有关的信息，提高对无关信息的抗干扰能力。”从某种意义讲，人类的“好奇心”是产生“问题意识”的心理根源，也是推动人类成长和前进的根本动力所在。“好奇心”的丧失，对个人来说，是停滞的开始；对人类来说，是堕落的源头。

问题无所不在，无时不在。但其根源依然是“物质的客观实在性”。因此对现实事物的观察和思考，是发现和提出问题的基本途径，对大量资料的搜集和占有，是发现和提出问题的基本方法。语文学习的外延与生活外延相等的理念，正说明语文研究性有着广阔的天地。如朱自清的《荷塘月色》第一句，“这几天心里颇不宁静”一句，按常规，教师说一说“不宁静”的原因就可以了，但我们多问一个“究竟是什么原因导致他颇不宁静的呢”，多查阅一下资料，多问几个为什么，与学生一道研究，答案就不再是那么单一简单，除了政治原因外，有的说可能是经济原因，因为朱先生是穷知识分子，又是一位正直的爱国人士，家庭发生了经济危机；有的说可能是文化原因，因为朱先生是文化名人，一方面他受到“文化围剿”比较厉害，应该有孤立无援、愤懑不已的感受；也有说是家庭原因的，甚至于有人说到信仰问题，这种研究如果提高一个层次，把它形成一个小课题的形式，那么就是一个很好的研究性学习小课题。

（二）语文研究性学习的分组合作阶段

合作学习是20世纪70年代初兴起于美国，并在70年代中期至80年代中期取得实质性进展的一种富有创意和实效的教学理论与策略。由于它在改善课堂内的社会心理气氛，大面积提高学生的学业成绩，促进学生形成良好非认知品质等方面实效显著，很快引起了世界各国的关注，并成为当代主流教学理论与策略之一，被人们誉为“近十几年来最重要和最成功的教学改革”。自20世纪80年代末、90年代初开始，我国也出现了合作学习的研究与实验，并取得了较好的效果。

语文合作学习是一种结构化的、系统的学习策略，由2—6名能力各异的学生组成一个小组，以合作和互助的方式从事学习活动，共同完成小组学习目标，在促进每个人的学习水平的前提下，提高整体成绩，获取小组奖励。

分组，是合作学习的一个很重要因素。当前，在国内外普遍采用了以下几种合作学习的分组模型：

1.拼板模型

这种合作学习的方式类似于拼板或拼图游戏。在此模型中，每个学生分别参加两个小组：学习小组和研究小组。在确定学习目标后，小组成员先到各自的研究小组研究分析要解决的问题。研究工作完成后，研究小组成员再回到各自的学习小组。学习小组共享各研究小组的研究成果。

2.调查模型

这种模型可用三种方式分组：一种是按兴趣爱好分组，一种是按感情友谊分组，一种是按特长搭配分组。分组后，教师给学生介绍课堂所要学习的内容后，全班学生讨论学习内容并拟定出一套需进一步讨论的命题来。每个学习小组选一个命题，并把这一个大命题划分为若干个分支问题分配给小组内的每个成员。每个成员负责研究自己的问题，将研究结果写成报告。小组把每个成员的报告汇总起来，形成总报告，再与全班同学共享他们的研究成果。每个小组陈述自己的研究结果之后，给出时间让全班进行讨论。班级评价可使该小组获得有价值的反馈信息，以便纠正自己的观点。

3.编号模型

该模型是用于复习教学，特别适合于一些十分明确的问题。应用这一模型时，将学生分成4人小组，小组从1—4进行编号。教师提出问题后，每个小组的全体成员共同讨论问题答案。之后，教师叫一个编号，所叫编号的全体成员举手回答问题。回答问题后，教师再征求其他组的意见，如有意见，就让其他组对该组进行帮助。

4.配对模型

学生先两人一组互相讨论学习，后与全班共享他们的讨论结果。最后让持其他意见的同学发表自己的看法，帮助这个两人小组。

(三)语文研究性学习的组织研究阶段

语文研究性学习是收集、整理、研究与课题相关的资料,选择恰当的研究角度,明确并界定自己研究课题的范围和性质的过程。在探究活动中的查询资料、动手实验、社会调查、市场分析等都应由学生自己完成,教师要适当地加以指导。在探究性活动中,要引导学生一方面将所学的理论知识与客观实际相结合;另一方面,还要学习运用想象、联想、演绎、归纳、类比等方法发现客观实际问题,运用分析、综合等方法探索解决问题。这一阶段重在让学生把握:我们能用哪些资料?这些信息与研究的问题有什么联系?哪些是有用的?哪些是无用的?如何使用这些信息资料?采取什么样的方法展开研究?最终如何通过资料达到解决问题的研究目的。在研究性学习的实施过程中,教师应把学生作为学习研究和解决问题的主体,并注意转变自己的指导方式。要及时了解学生开展研究活动时遇到的困难以及他们的需要,有针对性地进行指导。

(四)语文研究性学习的交流体验阶段

语文研究性学习十分强调学生在学习过程中包括使命感、责任感、自信心、进取心、意志力等自我认识和自我教育的发展,注重学生在探究时的交流与体验,通过前期各自研究成果的呈现,相互交流、补充、促进、完善。

教师在这一阶段应成为学生研究信息交汇的枢纽,成为交流的组织者和建议者。在这一过程中要注意观察每一个学生在能力、个性方面的发展,给予适时的指导和帮助。教师切忌将学生探究引向已有的结论,而是提供信息、启发思路、补充知识、介绍方法和线索,引导学生质疑、探究和创新。

(五)语文研究性学习的评价反思阶段

评价是研究性学习过程中的重要环节,必须注意评价的内容和方法。必须充分关注学生的学习态度,重视学习的过程和方法,重视交流与合作,重视动手实践。研究性学习强调学生的学习过程,强调对知识技能的应用,强调学生的全面参与。因此在整个评价过程中要有学生的积极参与,重视学生在学习过程中的自我评价和自我改进，使评价成为学生学会实践和反思、发现自我、欣赏别人的过程；同时要强调评价的激励性，鼓励学生发挥自己的个性特长，施展自己的才华，努力形成激励广大学生积极进取、勇于创新的氛围。

1.评价内容

研究性学习的评价内容应包括态度、情感、技能、能力以及结果等几个方面。

一是参与研究性学习活动的态度。它可以通过学生在活动过程中的表现来判断，如是否认真努力地完成自己所承担的任务；是否积极参与，有责任感；是否主动协作，组员关系是否协调；是否主动提出探究设想和建议等。

二是在研究性学习活动中所获得的体验情况。这主要通过学生的自我陈述以及小组讨论记录、活动开展过程的记录等反映出来。

三是研究的方法、技能掌握情况。要对学生在研究性学习活动各个环节中掌握和运用有关方法、技能的水平进行评价，如查阅和筛选资料、对资料归类和统计分析、使用新技术、对研究结果的表达与交流等。

四是学生创新精神和实践能力的发展情况。要考查学生在一项探究活动中从发现和提出问题、分析问题到解决问题的全过程所显示出的探究精神和能力，也要通过活动前后的比较和几次活动的比较来评价其发展状态。

五是学生的学习结果。研究性学习结果的形式多样，它可以是一篇研究论文、一份调查报告、一件模型、一块展板、一场主题演讲、一次口头报告、一本探究笔记，也可以是一项活动设计的方案。教师需要灵活掌握评价标准。

2.评价手段和方法

研究性学习的评价可以采取教师评价与学生的自评、互评相结合，小组评价与组内个人评价相结合，书面材料的评价与学生口头报告、活动、展示的评价相结合，定性评价与定量评价相结合的方式进行。评价指标宜宽不宜窄，宜粗不宜细，宜简不宜繁。

第二节 语文研究性学习的指导模式

语文研究性学习主要是指语文学科内部的研究性学习，它通过在学科教学过程中创设一种类似科学研究的情境和途径，让学生进行主动的语文探索、发现和体验，学会搜集、分析和处理语言信息的能力，从而增进语文思考力和创造力。也就是说，语文研究性学习作为一种学科内部的研究性学习，不能脱离语文性。不过语文研究性学习也并不排除在自然、社会和生活中学语文，进行语文探究。所以，语文研究性学习是一种可以在自然、社会和日常生活的广阔范围中进行研究学习的模式，但又是一种不能脱离语文性的学习模式。主要有以下几种：

一、学科渗透模式

所谓语文研究性学习学科渗透模式，就是一种倡导依托语文文本进行语文研究性学习的模式。它要求立足语文文本，提出研究的问题（专题），并用探究的方式和方法来完成研究。其中教师要做好指导，学生要发挥探究的主体性，而且在文本探究的过程中，要让文本探究合理地向课外延伸，是课内学习和课外延伸浑然一体。也就是说，实际上语文研究性学习学科渗透模式包含两个基本过程：立足文本的探究和延伸课外的探究。

立足学科的研究性学习渗透模式是语文研究性学习的基本模式。可以说这是自有学习以来就有的模式。因为语文研究性学习虽在世纪之交的新课改中兴盛，但“研究”并非是一种崭新的东西，而是有人类就有，有学习就有，有创造就有，是自古就有的东西。譬如孔子的“启发式教学”中难道就没有“研究”？司马迁在《报任安书》中所说的“西伯演周易”“仲尼作春秋”等中难道就没有研究？可以说，即使在传统的被新课改所口诛笔伐的应试教育中，也是有“某种程度的研究”的。只是当代社会，信息更多，竞争更激烈，对创新人才的要求也更高，让学习成了人人终身的追求，所以“研究性学习”才得到前所未有的重视。

“立足文本的探究”是语文研究性学习学科渗透模式的核心内容。它要求细致深刻地阅读文本，从字、词、句、篇、语、修、逻、文等各个方面来提出有价值的问题让师生一起探讨，并得出合理的结论或发现问题供以后研究。其主要目的是丰富学生的语文知识，训练学生的思维品质，提高学生的读写听说能力和道德素养，也即达成新课标所谓的“三维目标”。这种探究也就是常规的教学探究，虽平常，但对学生提供语文素养来讲是最重要的，对学生进一步开展其他形式的研究性学习也能起到奠基的作用。

“延伸课外的探究”是语文研究性学习学科渗透模式研究内容的重要补充。因为没有任何的研究性学习不是“神思飞扬”的。因为延伸课外才能丰富教学的内容，使教学建立在坚实的事实和知识的根基之上；因为延伸课外才能引发学生的联想和想象，训练学生的发散思维并进而培养学生的创造力。所以“立足文本的探究”和“延伸课外的探究”有机结合，才能造就完整的语文研究性学习学科渗透模式。

语文研究性学习学科渗透模式体现了课内外结合的语文教学原则，也体现了在研究中学习的特点，但“这种研究”和科学家的研究毕竟有所不同：学生探究的是已知的知识（从知识生成的既定事实而言），而科学家探究的是未知的事实（真理）。不仅是此种模式，语文研究性学习的其他模式也都具有这种特点，因为真正像科学家那样完全创新的研究极其罕见。

语文研究性学习学科渗透模式的一般流程为：“依托语文文本确立研究主题（问域）—根据主题提出问题—师生合作探究问题—形成结论或阙疑—进行诊断与反思”。

（一）依托语文文本确立主题

就是确立文本学习中应该探讨的内容或对象。这些具体的内容对象可以是知识的、思维的或情感的。这些内容对象可以是教师通过精心备课呈现出来的，也可以是学生通过课前预习而当堂呈现出来的。这些内容或对象一般都为文本中的重点内容和难点内容，从这些内容出发，利于提出有价值的问题来进行研究。

(二)根据主题提出问题

这是学生走进文本进行深入探究的开始。这个阶段以提出有价值的问题为重点。“问题”可以是紧扣文本的,也可以是和文本相关的(合理延伸到课外的);可以是单个的,也可以是专题的(系列的);在提问题的时候,如果是教师预设的问题要注意和学生沟通交流,说明提出这些问题的必要性;如果是学生现场生成的问题,教师必须予以指导,保证问题的有效性。另外,对提出的问题也可以进行假设式的推断,以便在问题探究的过程中将假设的推断与实际研究得出的结论相对照,从而加强学习印象,提高学习的效率。

(三)师生合作探究问题

这是文本研究性学习的核心环节。针对学科渗透研究性学习而言,在这一环节中,学生要在教师的指导下对从文本中提出的问题进行全面而深入的探讨,以求最终能较完满地解决问题。在合作探究的过程中教师要启发思路,点拨方法,并监控不利于合作探究的行为。但要注意的是教师的参与应该是平等的、民主式的,也即用平等的身份与学生对话,用协商的口气和学生交流,因为只有这样才能保障学生探究的主体性,并促进学生探究活动的成功。另一方面,学生在合作探究解决问题的过程中,也要充分自信,敢于畅所欲言,发表自己的真实观点,而不是迷信权威说法,惧怕既成结论。在这个环节中,分析问题的思路越开展,争论言语越激烈,说明合作探究得越成功。

(四)形成结论或阙疑

这是文本研究性学习的收束环节。学生在合作探究的过程中对文本中提出的问题进行了一番思索辩论、分析推理之后,纷争的观点会逐渐趋于统一,也即是说,问题的面貌得以澄清,实质得以辨明,而结论也可以得出。因此在合作探究之后就需要有一个去粗取精、去伪存真的整理过程,也即形成自己的研究性结论的过程。不过,并非所有的研究都能形成结论。一般知识性的问题容易形成较统一的结论，而关于事物本质和看问题的思想和方法等认识性的问题，一般较难形成统一的结论。所以作为基础教育中的研究型学习也要遵循问题讨论的规律，有统一结论的，一定不能含糊；有多元结论的，一定要研究思路宽广；一时不能得出结论的，也不要强求结论，而是阙疑留待以后再慢慢研究。因为许多一时难以解决的问题随着人的成长进步、社会的发展会逐步得以解决的。

（五）进行诊断与反思

立足学科的研究性学习渗透模式，可以说是语文研究性学习的最普通最常见的模式。因此对这一模式成功与否，我们必须进行诊断与反思。因为只有经过诊断与反思，我们才能发现问题，保持优点，最后创建科学的研究性学习学科渗透模式。这里所谓的“诊断与反思”包括“自我的诊断与反思”和“他人的诊断与反思”两种形式。这两种形式也可称为自我评价和他人评价。这种诊断与反思，是一种综合评价：既是自我的，又是他人的；既是总结性的，又是发展性的；既是鼓励的，又是批评的。

二、综合课程模式

综合课程与分科课程相对应，是新课改背景下为打破学科课程的局限性而设立的一种课程形式。它是一种注意学科间联系，强调不同学科相互整合的跨学科课程。例如教育部于1998年提出新一轮高考改革的基本思路后出现的文科综合、理科综合就是一种将学生所学的几门相关学科知识融会贯通、交叉互用的综合课程。

就语文而言，在各种体裁的文本中，内容涉及语言文学、哲学历史、天文地理、物理化学等百科，可谓包罗万象，所以从涵容角度看，语文本来就是一种最大的跨学科综合课程。因此语文课程不存在经过整合才有综合课程的问题，只不过在新课改背景下，我们强调语文是综合课程，是告诉人们我们不仅要在语言和文学内容的学习中学语文，而且应该借助所有的语文内容来学语文，研究语文。因此，语文研究性学习综合课程模式也就是一种强调在语言和文学内容之外的内容中学习语文、研究语文的模式。

同时，“综合性学习”也是新课改的新理念。综合性学习就是强调在综合性的社会活动中来学习语文。以前我们的语文学习虽然也搞课外活动，也搞语文社会实践，但都是自发的、零散的。第八次基础教育语文课程改革的纲领性文件《全日制义务教育语文课程标准（实验稿）》首次提出了“综合性学习”目标，将“综合性学习”与“识字与写字”“阅读”“写作”“口语交际”并称，共同组成语文学习内容的五大板块。[①]不过，语文综合性学习类别众多，学习方式甚广。语文研究性学习综合课程模式只是其中的一个类别的综合学习，也即“问题探究类”综合学习。

问题探究类综合学习的要求是学习要围绕社会问题来进行，并要用探究的方法来实施。即鼓励学生善于在社会生活和实践中发现问题，并勇于去分析和解决问题。当然，这些问题可以围绕学生的兴趣来发现和展开。问题可以是多种多样的，有自然、社会和生活中的小事，也有学校、社会、国家的大事。解决问题的方法也可以是多种多样的，譬如，查找资料、调查访问、相互讨论、合作学习、独立完成等。问题的答案可以不唯一，允许学生间争论，鼓励学生发表不同的见解。

既然语文研究性学习综合课程模式跟综合课程和综合学习有关，所以，我们可以综述如下：语文研究性学习综合课程模式就是一种在语文综合课程和综合学习中实施的、面对社会生活中的综合性话题选取研究专题的、用合作探究的方法进行语文学习而不是其他学科学习的语文研究性学习模式。也就是说探究的内容往往是综合性的，而非单纯语言的和文学的，但探究的目的还是语文的，是为了理解语言，提高读写听说能力和综合语文素养的。它强调的是不仅在语言、文学内容的学习中可以学到语文，在社会生活的一些综合性内容中也能学到语文。这种研究性学习模式是语文本身综合性的反映，也是新课改理念下“综合课程”“综合性学习”的体现。它是世纪之交的基础教育语文课程改革的产物，也是“大语文观”的体现。

语文研究性学习综合课程模式的一般流程为：“依托综合学习确立研究专题（问域）—根据专题提出研究问题—在实践基础上合作探究问题—形

① 中华人民共和国教育部制订：《全日制义务教育语文课程标准（实验稿）》，北京师范大学出版社2001年版，第5—13页。

成若干综合性成果—剖析、总结专题研究的利弊”。

(一)依托综合学习确立研究专题

语文研究性学习综合课程模式的研究内容不是面向语文文本确立的，而是面向语文课外活动和社会实践活动确立的。并且它所确立的研究内容(专题)往往是非语言和文学的，而是综合性的。也就是说，其内容涉及的不是一个学科的内容，而是多个学科的内容。但这些内容虽然是非语言和文学的，不过还是和学生的日常社会生活密切相关的问题，不会是完全陌生的问题。但不管是什么综合性问题，其研究的目的还是为学语文，探究语文服务的。

(二)根据专题提出研究问题

这是学生围绕专题进行探究的第一步。这个阶段的提问最关键的是不仅要有价值，更有体现语文性。因为综合课程模式的语文研究性学习是在综合学习的形式下依托综合性内容来学语文、研究语文的，非常容易滑入“泛语文”和“非语文”的泥沼。所以我们在提问的时候就要特别注意提问不能偏离语文目标。也就是说凭借的虽不是语言和文学的内容，但提问的目标还是要指向语文知识、能力和情感态度价值观。因为只有这样我们提的才是语文问题，而不是非语文的问题；我们搞的是语文探究式学习而不是其他学科探究性学习。

(三)在实践基础上合作探究问题

这是研究性学习综合课程模式和研究性学习学科渗透模式在问题探究环节的差异。也就是说学科渗透式研究性学习一般是在课堂实践基础上进行合作探究，而综合课程式研究性学习一般是在社会实践基础上进行合作探究，也即“边实践边探究”或“先实践再探究”。并且综合课程式研究性学习的研究时间更长，研究方式也更灵活多样。譬如，其研究时间往往需要几天、几星期甚至几个月，而其准备的时间可能更长；其研究的方式不仅仅用问答法和讨论法，还有调查法、体验法和操作法等。在学生实践探究的过程中,“合作”既体现在师生课外的调查、研究和发现,也体现在师生课堂中的相互切磋和交流。

(四)获得若干综合研究成果

在综合性学习中选择了研究专题,并进行了综合实践研究,必然会得出一些成果。因为研究内容(专题)是综合性的,所以这些成果也是综合性的。譬如,你的研究专题是关于“禽流感”的,你肯定要了解一些禽流感的知识并形成一些医学的结论,但禽流感并不仅仅是一个医学问题,它还是一个环境问题、心理问题和社会问题,因此你可能有这些方面的探讨结论。更重要的,你是凭借禽流感的内容来研究语文,因此你肯定会取得一些语文成果。这些综合成果的取得是在反复地实践探究之后,因此是得来不易的,所以我们要搞好语文研究性学习综合课程模式所产生成果的筛选、归纳和整理工作,其目的是彰显语文研究性学习综合课程模式的功效,激励更多的学生重视语文综合课程的研究性学习。

(五)诊断与反思专题研究的利弊

形成若干研究成果后,并不是语文研究性学习综合课程模式的终结。因为为了积累综合课程研究学习的有益经验,吸取其研究中的教训,我们必须对综合课程研究性学习的全程进行诊断与反思。因为只有这样才利于我们了解专题选择,问题提出,合作探究和成果归纳等环节中的利弊。而找到了利弊,分析了利弊之后,我们对语文研究性学习综合课程模式的理解和运用就更娴熟了,而此种模式在以后也必将得到更好的开展。

三、活动课程模式

语文研究性学习活动课程模式就是一种强调在活动体验中学习语文、研究语文的模式。它是一种经验主义课程观的体现,提倡在形式多样的实践活动中探究学习,并以获得直接经验为终极目标。

活动课程的首创者是美国实用主义哲学家和教育家杜威。杜威认为教育即个人经验的生长,教育的过程就是经验不断生长(积累)的过程,要在“做中学”。这种理论建立在工具逻辑学基础之上,认为“经验生长”是目的,“活动作业”(Active Occupation)是达到目的主要手段,也即“工具”。因此活动课程也叫经验课程。

我国的活动课程是世纪之交第八次基础教育课程改革的产物。它是对以传授间接经验为目的的传统课程观念和以讲授为主的传统教学方式的反叛和革新。它从学生的兴趣爱好出发,以学生直接经验为基础,以各种不同形式的一系列活动来组成课程。它的性质,与分科课程对应,是一门综合课程;与学科课程对应,是一种经验课程。我国课程论学者高峡等就认为“活动课程,是以学生自主学习和直接体验为基本方式,以学生个性养成为基本目标的一种课程。它不以系统知识的传授为基础,而以实践活动为基础,属于非学科性课程”。[①]

语文研究性学习活动课程模式是语文活动课程的一种具体实施方式。它是语文活动课程与语文研究性学习的有机结合。它和一般语文活动课程模式的不同点是:不仅强调学习过程的活动性、实践性,而且更强调活动课程的研究性和创新性。

这里要说明的是,实际上,不管是传统的语文学习还是现代的语文学习,其过程都是一种活动过程。譬如,传统的语文学习常见的就有“朗读活动”“讲授活动”“抄写活动”“背诵活动”等。只不过传统学习活动跟我们现在所倡导的学习活动有着本质的差异,这种差异在:传统的学习活动多为单边和单向的传递或接受活动,而现代的学习活动强调的是双向或多向的对话和交流活动。传统的学习活动强调的是被动地接受知识,而现代学习活动强调的是体验知识并创造新的经验。因而语文研究性学习活动课程模式就更强调活动内容、形式和成果的研究性和创新性。

语文研究性学习活动课程模式的一般流程为:“确定研究性活动的范围、内容和方式—制订研究性活动方案—根据方案开展探究体验活动—对活动效果进行诊断与反思”。

① 高峡等:《活动课程的理论与实践》,上海科技教育出版社1997年版,第1页。

（一）确定研究性活动范围、内容和方式

“活动范围”可教师提供，可学生提供，也可师生共议。教师提供范围要尽可能贴近学生学习和生活的实际，不要太窄太死；学生自供范围教师要适时启发，相机引导；师生共议范围要平等共商，以求统一。总之，活动课程研究性学习模式其活动范围较广，课堂活动、课外活动和语文社会实践活动都是其范围。“确定活动内容”就是在活动范围内选定一个活动主题，这个活动主题应该是符合学生学习生活实际并能满足学生发展需要的。“确定活动方式”就是确定这个主题研究活动用一个什么样的具体方式进行。针对学生的语文研究性活动而言，一般有“辩论活动”“课本剧活动”“语文实践活动”等。

（二）提出研究性活动方案

也即设计好语文活动课程研究性活动的具体实施方案。这个实施方案应包括如下内容：“活动主题”“活动目标”“活动场所”“活动用具”“活动时间”“活动方式”和“活动流程”等。其中“活动流程”是方案的具体实施步骤，它关系到活动主题能否完成和活动目标是否实现，主要包括“活动目标的分解”和“分解活动目标的具体实现”，体现的是活动的步骤性和活动目标在活动方式的技术支持下得以完成的过程。因此活动目标、活动方式重要，而科学、合理、生动的活动流程更重要，因为它是活动方式得以实施和活动目标得以实现的现实保证。

（三）根据方案开展探究体验活动

这是语文研究性学习活动课程模式的具体实施阶段。包括“探究”“感悟”和“获知”三个环节。“探究”实际上在“确定活动主题”“制订活动方案”的时候就已开始，而此阶段的探究，主要体现在活动实施过程中对角色分工、活动开展、环节衔接、细节打磨和活动目的等的体认；“感悟”就是感悟活动过程中知识的基础作用、能力的重要性和创造的快乐；而“获知”就是在探究和体悟之后获得的一种积淀，这种积淀包括活动中获得的真知（主要

是直接经验)、能力和创造品质。当然“探究体验活动”的结果往往以一种成果的方式出现,习作、调查报告、手工制作、书画作品等都可能是其探究体悟的成果。因此此过程是深入探究的过程,也是成果展示的过程。在这三个环节中,我们特别强调的是“合作性”和“过程性”。因为我们这里实施的是集体学习中的活动探究与体验,所以必须在合作中才能完成。而活动之所以称其为活动就是因为有一个完整的过程,因此在开展探究体验活动的过程中,我们一定要强调活动过程的完整性,避免活动残缺和半途而废。

(四)对活动效果进行诊断与反思

活动效果是对活动主题的意义、活动方案的科学性、活动过程的完整性以及活动结果的合理性的一种判断。“诊断”主要是发现上述诸问题的缺点。“反思”就是反思如何修正缺点,如何发挥优点。诊断与反思属于元学习中的元认知,其目的就是对这次探究性活动进行深入的归纳和总结,以得出有益的经验,利于以后探究性活动的科学开展。

四、课题研究模式

课题研究模式本是一种古老的面向工作和生活提出研究专题,并用调查研究、文献思辨等方法来分析和解决问题的研究性工作方式。在知识经济社会,基础教育课程改革的情势下,课题研究模式也成为一种研究性学习方式。语文研究性学习课题研究模式就是在新课程改革背景下所力主倡导的一种研究性学习方式。它强调由多人在语文学习和语文生活中选择研究专题,并用科学研究的方法进行自主探究,从而得出符合学生实际的研究性结论。它所着力培养的是学生的自主探究能力、协作探究能力和社会实践能力。

但中小学生的课题探究毕竟和成人的课题探究有较大的不同。所以要搞好中小学生的课题探究,首先必须设计好研究课题,其次必须对研究过程和方法进行指导,最后要搞好课题研究的归纳和总结工作。

中小学生“选择研究课题”,课题范围要求来自自己熟悉的学习生活和社会生活，而且所选题目要小而实，不能大而虚。因为中小学生的知识水平和研究能力都有限，如果选择关系国计民生的大问题或者理论性强的问题进行研究可能力所不逮，所以还是研究自己有能力把握的较小的研究课题为好。因此研究商业街店名就比研究城市文化功能要实在和有效得多。

“对研究过程和方法进行指导”的问题，我们可以从如下两个方面来着手：

其一，心理指导。因课题研究学习方式对学生而言是较陌生的，不少学生可能有畏难情绪，所以在学生选择好研究课题之后要进行心理指导，内容主要包括：①动员课题组成员满怀信心地去实施课题研究任务；②鼓励课题组成员通力合作、相互帮助；③告诫学生遇到困难要有足够的思想准备，不能随便打退堂鼓，要坚信“坚持就是胜利”的道理。

其二，技术指导

技术指导是指对研究过程中所应运用到的研究方法的指导。主要包括“开题方法”（包括开题报告的撰写方法）“获取材料方法”（观察法、调查法、文献法等）“分析材料方法”（质性和量化分析）的指导。

“课题研究的归纳和总结”工作，也主要有三项内容。一是研究报告或论文的撰写，二是开结题报告会，三是对研究效果的诊断与反思。前者要告知格式，中者要向评定机构报告研究过程和成果，后者要反思出优缺点。研究报告和正式论文的格式差不多，一般有“题目”“摘要”“关键词”“前言”“正文”“结语”“参考文献”等内容。研究报告有时在参考文献之后还有一个“附录”。

课题研究模式的流程：

（一）开题

正规的课题研究与其他研究的一个不同是有一个独立的开题环节。这是因为课题研究规模较大、多人参与、需要更充分地酝酿和准备的缘故。开题一般需要做如下四件事情：

1.确定研究课题并明了其意义与目的

研究性学习课题研究模式的课题也应该贴近学生生活的实际，或从课堂教学中来，或从家庭生活中来，或从社会实践中来。不过，课题确定后，还有一个广为告知的任务。因为课题研究是多人合作的研究，研究什么课题，为什么要研究这个课题，研究要达到怎样的目的，是课题研究参与者必须人人清楚明白的。而课题组成员明白了课题研究的对象、意义和目标，就能激发工作热情，发挥创造力，形成强劲的合力，一起去努力完成研究课题。不然，课题研究可能就成了单人(支持人)的研究，发挥不了团队研究的作用。

2.明确课题研究的内容和项目构成

因为课题研究规模较大，内容较多，一个课题(问题)要分成若干个子项目(或分问题)进行研究，所以让课题组成员明确研究内容和项目就显得尤其必要。因为大家明白了课题研究的总体内容，又明白了自己要参与研究的子项目，才能目标明确，思想统一地开展课题研究，而不至于各自为政，偏离课题研究的方向，使整个课题研究支离破碎，不能发挥一个完整课题的效用。

3.为课题研究做好前期资料准备

课题研究在两个阶段需要资料准备，一个是开题阶段，一个是正式研究阶段。但这两个阶段的资料准备性质和作用都有所不同。前者(也即“前期资料”)主要是“课题研究现状、价值和意义”的资料，目的是让课题组成员了解课题研究业已存在的大致情况；后者主要是“证明课题研究概念与观点”的资料，目的是证明或批评前人的观点，表达自己的新主张。总之，前期资料的准备不仅可以让课题组成员了解课题研究的大致情况，还可以给研究者提供寻找资料的若干线索。

4.召开课题研究开题报告会

明确了上述三项内容后，就可以写出《开题报告》，并召开“开题报告会”。具体内容是：①课题主持人或其委托者宣讲开题报告。②课题组接受专家质询，对课题研究的目标、内容和途径等进行进一步的推敲。③宣布开题结果。(通过或不通过。)

(二)研究

也即课题研究将开题报告付诸实施的阶段。这个阶段研究者主要是根据自己的研究课题(任务)去提出假设(观点)、查找资料、论证自己的假设并写出研究报告或论文。这个阶段的关键是发现问题,提出有价值的观点。当然,依托实践调查和网络图书资源寻找合适的资料证明观点的过程也同样重要。因为只有观点和论证(证明观点的过程)合一,才能形成现实的成果,真正完成课题研究的任务。要注意的是规模大的、子项目多的课题研究还存在“中期管理”的问题。管理的目的当然是保证研究的进程和质量,使研究得以按期完成。

(三)结题

正规的课题研究还必须有一个结题的环节。结题由课题批准部门或机构组织,并经评审专家组论证,具有权威性。也就是说,课题研究只有结题了才算正式完成,其结果也只有结题了才算真正被承认。结题要撰写《结题报告》并召开结题报告会。在结题报告会上,先由课题主持人作结题报告;报告课题研究全过程(包括研究成果与结论)。然后,由评审组专家进行质询,并在合议后作出“结题”“暂缓结题”或“不能结题”的决定。

(四)成果使用

正规的课题研究还存在“成果使用”的问题。因为课题研究花费了较大的人力、物力、财力和精力,并形成了研究成果。而如果研究成果不推广使用就造成浪费。成果使用有三种措施:一是研究成果实践化,即将研究成果付诸实践,指导实践工作;二是研究成果制度化,即将研究成果变成班级或部门的规则制度;三是研究成果未来化,即将研究成果作为后续研究的资料与根据。

(五)反思与提高

课题研究也需要反思与提高。因为课题研究即使完成了,也还是存在需要改进的地方,所以我们要做好课题研究的反思与提高工作。具有做法是:①总结评价课题研究的优点与不足。②寻找发挥优点改进弱点的举措。③整理研究思路,在反思实践中提高课题研究的水平。

案例1：

《我愿意是激流》教学研究过程（金言等主编：《研究性作文教与学——研究性学习的成功之路》，浙江大学出版社2006年版，第70—73页）。

1. 在课堂教学讨论中捕捉亮点，发现问题

爱情，是一个古老而又常青的话题，是文学作品历久弥新的主题，古往今来，文人墨客竭尽才情歌颂它的美好，表达自己的爱情观。但在不同的角度、不同的时代、不同的文化背景下，对爱情的观照方式往往不同，白居易的愿望是“在天愿作比翼鸟，在地愿为连理枝”，元好问发出了“问世间情为何物？直叫人生死相许”的千古一问，而秦观却认为“两情若是久长时，又岂在朝朝暮暮”。如何来理解不同的爱情观呢？

在阅读了《我愿意是激流》后，我让学生在课堂上进行讨论，畅谈自己的理解。对这首诗主题的理解，已形成了一个比较传统的看法，即歌颂纯洁而高尚的爱情，歌颂裴多菲为了爱情甘愿牺牲一切的崇高奉献精神。绝大部分学生都从肯定的角度来评论，但其中有一位女生的看法与众不同，她认为，裴多菲的爱情观，为女性（所爱的人）甘愿献出一切的思想确实崇高，但假如我是那位女性的话，我是受不了的，我反对这样的“奉献”，总觉得在他这样的奉献背后有一种强加于人的感觉。一语激起千层浪，其他同学先是为之一愣，随即也有同学表示赞同。说实在话，教师也感到很突然，确实没有从这个角度去考虑。当课堂讨论出现这样的情况，甚至学生提出了一些看似荒谬的看法时，教师怎么办？是顺势引导还是加以否定？大家都知道应该保护学生的积极性，明智的教师更应意识到，这是学生思维的一个亮点，不仅仅是保护的问题，而是要善于去捕捉住这个亮点，发现问题。我想她有这样的看法，一定有她的道理。对文学作品的解读，应该是鼓励有个性的创造性的阅读。有时看似是学生不经意的发问，深入下去，却是一个很好的课题，套用一句“生活中不是缺少美，而是缺少一双发现美的眼睛”的俗语，可以说“学科教学中不是缺少问题，而是缺少一双捕捉亮点的眼睛”。

2. 把问题转化为研究课题

是否所有的问题都能转化为课题，都要转化为课题呢？回答当然是否

定的。哪些问题可转化为课题呢？一条原则——当然是值得去探究的问题。事实上，在课堂讨论中，有些问题经当堂讨论就能得到较好的解决，而有些问题却不是三言两语就能作答的，比如上述学生提出的看法。为什么她不赞同这种“奉献”呢？理由是什么？这种说法能成立吗？要经过讨论，像这样的课题就可转化为研究的课题，进行更深层次的探究。课题有了，那么如何去研究呢？

3. 组织研究小组，制定研究计划，确定研究方法

组织研究小组，其主要目的是发挥团队协作精神，对一个课题的研究，往往需要多人合作，集思广益。小组成立后，谁查资料，谁撰写论文，都一一做了分工，并分五个步骤来完成研究：第一步，分头查资料；第二步，小组讨论，对资料进行整理筛选；第三步，由组长根据讨论和有关资料完成初稿；第四步，交指导教师审阅，审阅后和小组成员一起讨论，提出修改意见；第五步，由组长（或撰稿人）综合意见，最后定稿。研究的方法主要是文献研究法。

4. 搜集相关材料，为研究做好必要准备

对问题进行研究，必须要占有一定的材料，通常情况下，材料占有得越多，对问题的探讨越有利，最好能做到穷尽相关材料。针对上述问题，该小组成员分工去查找资料。一共查找了四大类资料：一是裴多菲的其他作品，关于裴多菲生活的时代背景及他的坎坷的人生经历的资料，这使学生了解到他在现实生活中的爱情观以及他的感情、人生经历对他的作品的影响；二是有关对裴多菲《我愿意是激流》一诗的理解的详细的分析材料，这份材料不仅对该诗作的各个意象进行了详细的解释，还把其中蕴含着的裴多菲的思想、对爱情的态度讲解得十分细致，为把握该诗主旨及找准问题切入口进行反驳提供了依据；三是鲁迅关于对大男子主义的看法及对封建婚姻中受大男子主义压迫的妇女形象的认识；四是舒婷的《致橡树》及其对爱情的新颖观点，提供对比阅读。对比阅读是欣赏和研究文本的一种行之有效的方法，也是一种很好的研究性阅读方式，学生可在对比阅读中更准确地理解诗人的情感，把握作品的主旨。

5. 把握取舍原则，对材料进行筛选整合，用好材料

取舍材料的原则是为我所用，为我能用。搜集材料时最好能做到穷尽相关材料，但在用材料时则必须要考虑有用及必用，而并非越多越好，一般情况下是用与自己观点相一致的材料，以增强观点的说服力，但有时往往用了与自己观点相反的材料却更有说服力。原因很简单。相同观点的材料，无非是多增加了一个论据，而相反观点的材料，却增加了一个批驳的靶子，批驳得越彻底，自己的立论越鲜明，说服力就越强。

一个完整的课题研究过程，除上述搜集材料、筛选整合等重要步骤以外，当然还要结合论文的观点组织成文，教师在整个过程中必须做好指导工作，结题以后还应进行评价，展示研究成果，以鼓励学生的积极性。对此，前文已有论述，在此不再赘述。

五、实验研究模式

实验研究是一种确认事物间因果关系的研究。它揭示的是事物之间的某种必然性。实验研究所运用的研究方法叫实验研究法，这种方法是指人为地控制或改变某些条件，使研究对象产生一定的变化，并通过变化研究条件和结果间的关系，从而找出规律用来指导科学实践。实验研究法是一种有控制的观察，因此实验研究法可以得到比较精确的材料，便于探讨客观事物变化的规律性。实验研究法与其他的研究方法相比较，具备自身独特的严谨性，因为实验研究法不但探究“是什么”，而且探究“为什么”，所以在方法的科学性上，是公认的最严谨的方法。

要搞好实验研究，必须弄清楚跟实验研究相关的几个重要概念。常量、变量和操作性定义等。

常量指某一实验研究中自始至终保持恒定不变的量。它是一项实验研究中的稳定因素。

变量指在实验活动中在性质、数量上可以变化、操纵或测量的条件、现象或特征。在自然科学研究中，变量通常是指可以取不同数值的量。而在社会科学研究中，变量是指可以被赋予不同特征的量。变量是一项研究中的变化因素。

变量从因果关系的角度讲,有自变量和因变量之分。所谓“自变量”就是指实验中由实验者操纵其变化的变量。所谓“因变量”就是实验中随自变量变化而变化的变量。也即自变量一般是研究者所主动操作的变量,因变量则是研究者要测量的对象,而研究的目的就是找出这两个变量之间的关系,从而推断出一般规律。此外,还有一个重要概念,即无关变量。所谓“无关变量”就是指影响到“因变量”但并不在本实验研究目的范围之内的变量。

所谓操作性定义是关于如何或用什么办法来测量研究中变量的描述。我们知道对于任何研究,尤其是刚刚进入研究性活动的学生而言,研究中所涉及的变量必须具有操作性,否则研究就无法展开。比如在一项研究不同教学方法对学生智力影响的活动中,按照普通的理解,智力是一个人的聪明程度,但是这种泛泛的说法对实验研究没有什么价值,因为实验研究要有具体的结果,研究者必须通过某种方式测出学生的智力变化,这才是问题的关键所在。因此,在这里用何种方式来测量学生的聪明程度就是一个操作性定义。如果用斯坦福—比奈智力量表,那么智力的操作定义就是斯—比量表;而如果用韦克斯勒智力量表,那么智力的操作定义就是韦氏量表。

实验研究离不开观察。根据观察的情景不同来划分,有自然性观察和控制性观察两种。自然性观察是指在自然情景中对所研究事物的观察,包括对事物偶然现象的观察和系统现象的观察;控制性观察是指在人为控制的情况下对所研究事物所进行的观察,这一般是在实验室环境中进行的,所以又称为实验室观察。一般说来,自然性观察是对事物自由状态下的观察,能收集到较客观真实的信息,但这些信息可能是观察对象的外部行为表现,而且有时观察到的现象并不是研究所需要的。而控制性观察因为有严密的计划、有详细的观察指标体系,对观察情景也有较严格的要求,因而有利于探讨事物内在的因果关系,得出有实践价值的结论。

语文研究性学习实验研究模式也是在新课程改革背景下所力主倡导的一种研究性学习方式。它强调在语文学习和语文生活中选择研究专题,创设实验情境,用实验研究的方法进行自主合作探究学习,从而弄清事物间的因果关系，得出符合事物内部发展规律的结论，并用来指导我们的语文学习和语文生活。它所着力培养的是学生的科学研究习惯、科研能力以及创新意识等。

一般来讲，语文研究性学习实验研究应遵循以下步骤和程序：

（一）确定实验研究专题，形成研究假设

在正式开始实验研究之前，我们不仅要确立实验研究专题，还有形成若干实验研究假设。研究专题可以从语文学习和语文生活中来，但一定要小而实，切合学生的实际。研究的假设就是根据事实材料和一定的科学理论，对所研究问题的因果性和规律性在进行研究之前预先做出的一种推测性论断和假定性解释，是在进行研究之前预先设想的、暂定的结论。简单地说，即研究问题的暂时答案。实验研究的假设最重要的是确定研究目的。因为研究目的（假设）确立了，我们才好去通过实验来验证。另外，实验研究方案的设计也很重要。实验研究方案设计应包括常量变量的确定、无关变量的控制、被试（组）和控制组的确定、研究周期的确定、研究仪器和材料的选择以及评价量表(操作性定义)的设计等内容。假设的确立，可以帮助研究者理清研究头绪，确立研究目标，并初步规定了实验研究的方向。

（二）实验处理

实验处理即根据实验假设和实验方案对实验研究课题进行切实的实验研究。具体内容包括：对实验过程中的自变量进行调控，对因自变量变化而起变化的因变量进行记录，对实验过程中的无关变量进行控制等等。实验处理科学有效的关键是各种变量要各居其位：自变量要切实变化，不能名变而实不变；因变量要记录准确，不能有虚假数据；无关变量要控制有效，尽量消除研究中心以外的因素的影响。

（三）实验结果的分析

实验研究的结果一般可以在评价量表（操作性定义）中得到体现。实验结果的分析即是对评价量表中数据的统计分析。运用一定的统计分析方

法，通过对评价量表中数据的科学处理，我们可以验证实验研究自变量和因变量之间的因果关系，从而得出符合课题实质和学生实际的结论。这种结论又会转过来指导我们的实验和实践，使实验研究产生真正的效用。

（四）实验报告的撰写

在对实验过程进行记录，对实验结果进行分析评价的基础上，我们可以撰写实验报告。

实验报告是对实验过程及其操作的总结，它是实验研究活动的书面成果形式。规范的实验报告包括以下几个部分：

1. 题目

题目是对实验研究中心问题的概括，或者点明实验研究的主要问题，或者点明研究后得到的主要结论。

2. 前言

前言又称引言、导言。在这一部分中主要介绍的内容有：本实验研究前人曾经做过的贡献及不足之处；本实验研究的理论价值、实践价值和深远意义，也就是做这项实验研究的深层原因所在。

3. 方法

方法主要是对实验设计和操作的介绍。在这部分中要向读者交代本研究的实验设计类型、实验的基本假设、实验中被试的基本情况（比如人数、男女比例、身份特征等）以及研究时间的选择、研究仪器和材料的选用等。

4. 结果

实验结果是对实验操作中所搜集到的数据进行操作性定义式（或曰量表式）的统计处理。这里的量表可以是表格，也可以是统计图。在这一部分中研究者只是呈现客观数据，无需对统计数据做任何价值判断。

5. 讨论

讨论是对实验结果所呈现规律的总结以及对其中一些原因的解释。在这一部分中讨论必须严格依从实验数据进行。既然是讨论，当然也可以根据自己的思考去进行推理，也可以借助一定的理论来说明问题。讨论的目的是形成实验研究的规律性的结论。

6. 注释和参考文献

实验报告最后必须有注释和参考文献。注释一般是对报告中所直接引用文献的注解，参考文献是对文中间接引用文献的注解。现在注释和参考文献有合一的趋势。

案例2：

《学生参与评改作文的尝试》(王家骏主编:《主体教育实验研究》,北京教育出版社1994年版,第229—234页)。

1. 问题的提出

作文教学历来是语文教学的重点，它直接体现着语文教学质量的高低。因此，在作文教学中落实“中学JIP”(注：1990年10月，北京、山西、陕西三省市共同承担了在我国首批实施联合国教科文组织亚太地区总办事处发起的地区性合作教育改革项目《提高中学生学习质量整体改革实验研究》，这个项目简称“中学JIP”)“主体参与、分层指导、及时反馈、激励评价”的教学原则，提高学生的写作水平，是提高语文教学质量的一个重要途径。

我国传统的作文教学一般遵循这样一个过程：命题→指导→写作→批改→讲评。这是一种以“教师为中心”的封闭式教学过程。虽然在这种教学模式下也培养了一些作文能力强的学生，但多数学生学习多年进展不大。长期以来，作文教学成了语文教学中的老大难问题，老师投入许多精力和时间，但学生的写作水平还是上不去。究其原因，这与长期以来的封闭式作文教学不无关系。传统的作文教学是教师“为写作而写作”，学生是“为写作而应付”，忽视了学生主体作用的发挥，从而形成了投入多、收效少的局面。

要改变这一现状，就要在作文教学中遵循实验的原则，以学生为主体，以及时反馈相激励评价为手段，面向全体学生，增强学生的主体参与意识，实现分层指导、分层优化。这既是整体改革实验的要求，又是语文作文教学的迫切需要。

我在参加“中学JIP”实验过程中，在作文教学方面做了些尝试，对增强学生的主体参与意识，提高写作能力有一定作用。这项尝试就是“大家评”。

所谓“大家评”，就是改变传统的封闭式的完全由教师一人主观测评的方式，在教师的指导下由学生备课小组成员组织大家来评议作文。

评改是师生作文教学双边活动中信息及时反馈的重要环节，既是对当次作文写作情况的摸底、考察、评估和总结，又是对下一次作文活动的指导，反映着师生信息双向交流和作文教学计划具体落实的状况。忽视了这一环节，就无法建立起师生信息反馈的链条，教师无从检验作文教学的落实情况，学生也无法获得对自己作文的具体指导意见。习作再多，也无进益。久而久之，便会形成学生怕写作文、教师厌批作文的恶性循环。

整体改革实验的宗旨是将教师从繁重的作文批改中解放出来，把精力重点放在提高教学质量、培养学生学习能力上。“大家评”既可以减轻学生心理压力，培养写作兴趣，又能够减轻教师评改作文的负担。

2. 实践过程

“大家评”分三个步骤，即：先“看”、后“评”、再“记”。所谓“看”，是指看“作文选登”。这是“大家评”的准备阶段。每次作文由老师批改完后，选出各类型的作文十几篇，在班里展出，由备课小组成员组织全班同学观看。所谓“评”，就是一周后在看的基础上，利用作文课由备课小组学生组织全班学生针对展出的各类作文进行全班评论。学生根据自己看的情况，联系本次作文要求，在讲评课上充分发表意见。学生发言没有规定的模式，可以对展出的某一篇作文进行评论，也可以对二三篇作文比较评论，还可以分析自己的作文。表扬、批评、建议自由选择。所谓“记”，是经过大家评、小组议，把看和评的收获联系自己的作文情况，在作文本上写后记。

两周一次的“作文选”一展出，学生纷纷围上去看，不善言辞的同学一般是边看边思考，好发议论的同学常常是几个人聚在一块对作文选“评头品足”。在每次选择展出的作文时，我既注意选择情文并茂的好文章，又照顾那些有进步的学生，哪怕仅仅是开头精彩或细节生动都给机会展示出来。

有的学生在练笔中写道：“每次展出的作文我都一篇不落地仔细看，我觉得比《优秀作文》登的文章还值得看。不知为什么，看着班上展出的作文特别亲切，有吸引力，真是一种享受。”还有的学生说：“××的作文一向挺臭，居然也登出来了，咱们班的作文展真可谓‘三教九流’，什么样的都有……”

是的，作为一名教师就应该给每一个学生创造成功的机会，让每一位学生都能体验成功的喜悦，哪怕是微小的成功。

作文刊出一周左右，下一步就是“评”了。所谓“评”，就是把自己“看”时的体会、对文章的看法在讲评课上讲出来。每次的“大家评”都是由备课小组一名同学主持。讲评课的程序是：①引导同学回顾该次作文的要求，小结本次作文情况；②引导学生评议，掌握课堂气氛；③组织小组讨论，指导写后记。老师坐在教室的后面，必要时可插话。

学生们对“大家评”很感兴趣，生动、活跃的课堂气氛激发了他们参与的欲望，储蓄了一周的体会、看法不吐不快。讲评课上，开始有的学生发言还准备提纲，拟好稿子，后来索性都脱稿滔滔不绝说上一阵，各抒己见。无论是说服了别人，还是被别人说服，满足感都非常强烈。

一般讲评课安排一节，学生发言约40人次左右，气氛异常活跃、热烈。有的学生在练笔中写道：“下课铃声响了，同学们好像还很不大情愿似的，我从心眼里喜欢这充满活跃气氛的讲评课。”

评议的主题很鲜明，印象就非常深刻，学生对自己作文中的毛病自然也就清楚了。这时趁热打铁写后记，学生会很准确地把握作文的优点并找出文中的不足。有的同学作文后记一写就是两大篇，除分析自己文中的优缺点外，还主动找老师交换意见，跟展出的作文进行比较，在分析比较中不知不觉吸取了写作上的“营养”。

这种讲评课把传统的“老师为中心”的单向反馈变成了师生之间乃至学生与学生之间的多向反馈交流，扩大了学生眼界，极大地调动了学生主体参与的热情，从而锻炼了学生“读、写、评’改”等多方面的能力。

经过多次尝试，备课小组学生主持的“大家评”在语文教学中起到了一定的作用，取得了初步效果。

3. 初步效果

(1)调动了学生写作的主动性、积极性，有利于提高写作水平

经过两年的实践，我感到“大家评”对调动学生的主动性、积极性是有效的，有利于提高写作水平。有一位学生作文水平在班上属中下。在开展这种讲评方式后，他的写作积极性甚高，每次老师布置作文，他都比别人多写两篇。有一次同一个题目，他竟然用不同体裁写了三篇。初二学期他的作文在班里展出三次。期末考试，他的语文成绩在班里名列第一。

还有的同学说："经过老师的分层辅导，我的作文也能在班里亮相了。我感到这种讲评方式对同学们的激励作用是很大的，但愿我的作文在不久将来成为班里名副其实的范文。"

班里有两名学生以前对作文最感头痛，经常不按时完成作业，自改变讲评方式后，也能按时交作业了。

两年来，我教的这个班有两名学生参加全国作文竞赛获奖，参加北京中学JIP实验北京地区读书笔记、日记比赛获一等奖一名，二等奖一名。有的同学积极给刊物投稿，他们的作文刊登在《当代中学生》等杂志上。在实验年级办的《待成年》小报上，经常有我班学生发表的小文章。有的学生当了小报的主编。

（2）提高了学生口头表达能力

这种讲评方式既有利于提高学生的书面表达能力，又有利于提高口头表达能力。

评议作文并非是三言两语能说明问题的，要想让同学心悦诚服是需要准备论点、论据的。这种"大家评"的方式给同学们创造了锻炼口才的机会。有的同学在评议课上能争得六七次发言的机会，始终处于精神高度集中、大脑高度兴奋状态，所以语言表达也比较有逻辑性。

有两次区里实验领导小组、中央教科所及兄弟校老师来听作文课，由于有平时的锻炼基础，在陌生的听课老师面前，同学们自己主持的讲评课发言热烈，口头表达能力的提高得到听课教师一致肯定。

问卷调查表明，学生对大家评作文这一方式持肯定态度的占89.8%，87.1%的学生认为"看""评""记"对自己帮助比较大，他们对这种方式普遍持欢迎和肯定态度。

4. 注意的问题

（1）注意分层指导、区别对待

班里几十名学生的作文水平参差不齐，这无疑给作文教学带来很大困难。要想全面调动学生写作积极性，大面积提高作文水平，就要加强分层指导，分层优化，逐步解决"吃不了"和"吃不饱"的现象。既能使写作能力稍强的学生得到惬意的点拨，又能使成绩差的学生得到鼓励，增强写作信心。

（2）及时反馈，强化后记

每次学生写完作文后，教师最好尽量在较短时间内批改完，及时展出，及时讲评。否则，学生写作时的那股热情劲会逐渐低落，对本次作文的要求及内容也日渐模糊。讲评时间间隔太长，效果不会太好。另外，在这种讲评方式中，学生的热点在“看”“评”上，有时会忽略了后记的作用。因此，教师要针对学生作文的主要问题，在全班做重点评议，以此为突破口，给学生以具体准确的信息反馈，引导学生自我调节。

总之，只要我们在作文教学中注意遵循“主体参与、分层指导、及时反馈、激励评价”的原则，不断探索有助于学生写作水平提高的途径，就会使作文教学质量稳步提高。

思考与练习

1. 核心素养下语文研究性学习的思考。
2. 语文研究性学习的基本模式。
3. 语文研究性学习的主要特点。
4. 开展语文研究性学习的方法。
5. 开展语文研究性学习的难点与对策。
6. 请撰写一个语文研究性学习的课例。

第九章　语文课程评价

课程评价作为一种检测学习成效、促进学生发展的手段,与教育教学活动相辅相成。我国古代教育家在其教学活动中就非常重视对学生的评价,如孔子评价注重"视其所以,观其所由,察其所安";孟子评价特别重视"听其言也,观其眸子";荀子根据人们言和行的不同表现来评价人,以此判断是国宝、国器,还是国用、国妖。中国教育史上第一部教育专著《学记》中就记录了先秦教育活动中的评价过程和评价标准:"比年入学,中年考校。一年视离经辨志;三年视敬业乐群;五年视博习亲师;七年视论学取友,谓之小成。九年知类通达,强立而不反,谓之大成。"汉代采用"设科射策"的形式进行考试,将学生分为甲、乙、丙科。从隋朝大业元年(605年)开始采用分科取士的办法,到清朝光绪三十一年(1905年)举行最后一科进士考试为止,这一千三百年一直采用科举考试来选拔人才。20世纪初废除科举制,但这不是考试的消亡,考试作为人类公平评价的一种方式,在近代以来的学校教育乃至社会选拔人才中,发挥着重要作用。

语文课程评价是语文课程实施中重要组成部分,包括语文课堂教学过程中的评价、学习阶段性的测验、期中期末考试及中考高考等。其目的不仅是为了考查学生达到语文学习目标的程度,更是通过检验师生的语文教学,改进课程内容,更新教学方法,完善教学过程,从而有效地促进学生的发展。由于语文课程具有综合性和实践性,语文课程评价客观上有其复杂性和艰难性。传统的语文课程评价的主要问题表现为:重知识轻能力;重结果轻过程;重理性轻情感;重书本轻实践;重课内轻课外;重笔试轻口试;

重量评轻质评;重少数轻多数;重他评轻自评;重选拔轻发展;等等。这种评价易于操作,但不公平、不合理,损伤了学生的学习自尊心,损害了教师的教学积极性,给语文教学带来了太多的负面影响,不合乎现代语文教学的要求。随着语文课程的不断改革,语文课程评价的理念、功能、内容、标准及方式方法也有所更新。本章依据教育教学和课程改革的理论,结合最新《义务教育语文课程标准(2011年版)》和《普通高中语文课程标准(2017年版)》中有关课程评价的要求,对此进行逐一阐述。

第一节　课程评价概述

要懂得语文教育,首先要明白教育的基本问题。要掌握语文课程评价,首先要明确课程评价的基本情况。课程评价的基本情况包括:课程评价相关概念,课程评价的意义,课程评价的主体,课程评价的基本类型。

一、课程评价相关概念

课程评价是课程实施中的重要环节,也是较为复杂的体系。掌握课程评价应从认识其相关概念开始。

(一)评价

评价,即评定事物价值的高低,泛指衡量、判断人物或事物的价值,是对客体满足主体需要程度的价值判断①。大千世界中的万事万物都是客观存在,人们除了要对其进行认知外,还经常根据一定的标准对其存在的意义和发展情况进行评价,如教育评价、道德评价、社会评价、市场评价、商品评价、服务评价等。评价是人类的一项重要而特殊的意识活动,其实质在于促进人类活动日趋完善,是人类行为自觉性与反思性的体现。评价不是目的,只是一种手段,由此改进人们的行为,改善人们的生活,促进人的发

① 陈晓瑞、张立昌主编:《课程与教学通论》,陕西师范大学出版总社2017年版,第416页。

展和社会的进步。评价有三个基本要素:评价主体;评价对象;评价标准。评价是人们主观的意识活动,显然具有一定的主观性,但评价又必须经过观察、检测来获得真实材料,借此反映评价对象的真实情状,可见评价也具有鲜明的客观性。

(二)教育评价

教育评价是根据一定的教育价值观或教育目标,运用可操作的科学手段,通过系统地搜集信息、资料并进行分析、整理,对所实施的各种教育活动、教育过程和教育结果进行价值判定,从而为不断完善自我和教育决策提供可靠信息的过程[①]。简单地说,就是人们对教育活动及其结果做出判断和衡量。[②]针对社会来说,教育是一种培养人的行业;针对主管部门来说,教育是学校及教师履行职责的工作;针对教师来说,教育是自己教书育人的活动。由此根据不同的教育评价主体和评价对象,大体可分为三个层面的教育评价:一是社会各界对学校发展及教师工作和学生学习情况的评价,这一层面的教育评价通常又叫教育评论;二是教育主管部门对下属部门和学校的评价,这一层面的教育评价通常又叫教育评估;三是教师和学生在教学活动中彼此评价,下述的课程评价和教学评价属于这一层面的教育评价。

(三)课程评价

课程评价就是为推进课程展开、促进学生发展而以一定的方式方法和途径对课程与教学的计划、活动以及结果等有关问题的价值和特点做出的判断。课程评价既是学校教育活动的基本环节,也是保证学校各项教育活动沿着正确的方向发展的重要手段。课程评价的内容丰富,形式多样,既包括对课程设置、课程标准、课程方案、课程内容的评价,也包括对课程实施中的教材、教学、教师和学生的评价。课程评价中最常见的是对教学、教师和学生的评价,包括教学过程中的课堂评价、作业评价,阶段性的测验、期中期末考试和升学的中考高考等。

---

① 袁振国:《当代教育学》,教育科学出版社2010年第4版,第221页。

② 胡德海:《教育学原理》,人民教育出版社2013年第3版,第493页。

（四）教学评价

教学评价是学校教学工作中的一项重要内容，是以国家的教育教学目标为依据，运用恰当有效的工具和途径，根据学生和教师在教学中的表现，对教学活动中现实的或潜在的价值做出判断。教学评价是教学活动中促进教师教和学生学的一项重要手段，是依据教学目标对教学过程及效果进行的价值判断，一般包括对教学中教师、学生、教学内容、教学方法手段、教学环境、教学管理诸因素的评价。教学评价主要是指教师对学生学习过程（如学生的学习活动、课堂回答、课外作业等）和学习成效（如测验和考试）的评价，其次是指学校领导、同事及学生对教师及其教学工作的评价，如工作态度、教学设计、课堂组织和表现等，往往采用领导检查备课笔记、同事听课、学生给教师打分等形式。

（五）学业评价

学业评价是专门针对学生学习情况的评价，也可称为“学习评价”。是指依据课程标准，系统收集学生在学习中内在品质和外在表现发生变化的各种信息，对其知识、能力和精神发展情况进行价值判断。学业评价不等同于只检测学生学习成绩的“学绩评价”，还应该对学生学习的过程加以评价。“学业评价的本义应当是对学生学习状态及其成果的测量与评价。”[①]学生的学习状态包括学习过程中表现出的学习态度、学习方法、学习习惯等情况，学习成果指经过较长时间的学习在知识积累、能力培养、心理发展、思想感情陶冶等方面的成效。

教育评价的主要内容是课程评价，课程评价的主要内容是教学评价，教学评价的主要内容是学业评价，而学业评价的主要内容是对学生学习过程和成效的评价，以此促进学生的发展。本章语文课程评价侧重于探讨语文教学中如何评价学生的语文学习和语文素养。

① 杨向东、黄小瑞：《教育改革时代的学业测量与评价》，华东师范大学出版社 2013 年版，第 201 页。

二、课程评价的意义

课程评价是课程实施中必不可少的一项活动,及时而正确的评价无论是对学生的课程学习还是对教师的教学工作,乃至对各门课程的自身完善都有积极而有效的推动作用。具体地说,课程评价有这样几方面的意义。

第一,课程评价是促进学生学好各门课程,获得全面发展的有效手段。

在学习过程中,教师对学生的成绩和进步给予肯定,能极大地鼓励学生进一步提高该课程学习的兴趣;教师对学生的不足和错误给以指正,能理清其思路、端正其方向,使其健康发展;同学之间互评互议更是活跃课堂气氛、调动学生热情、激发学生思维的良好做法。任何一节成功的课堂都是与成功的评价相伴随的。"有效的教学评价可以使学生及时得到学习效果的反馈信息,明确自己学习中的长处和不足……促进学生全面发展。"①对教师的评价从眼前看是重在帮助教师改进教学、提高水平;从长远看,仍是为学生多出成绩、快出成绩。评价无论是改进教还是改进学,最终都是促进学生的发展。促进学生发展是评价的根本目的。

第二,课程评价是促进教师专业化,提高教学能力的有力保障。

伴随着学生的成长,教师自身也在不断专业化。教师专业化是指教师在整个职业生涯中,通过专门训练和终身学习,逐步习得教育专业的知识与技能,并在教育专业实践中不断提高自身的从教素质,逐渐成为教育专业工作者。教师专业化是一个过程,在这一过程中除了学习和实践,还需要持续不断的自我反思,自我反思即自省,就是自我评价。"教师经常保持自省,就能够不断规范个人行为,深刻理解周遭的教育世界,并通过教师这一职业,最大可能地实现教师自我。"②教师发展仅靠自我评价还不够,还需要专家、同行及学生的评价和指正。教师在大量的活动和交流中,不断吸纳他人的不同意见和建议,不断改进自己的教学,提高自己的教学水平。教师发展的中心是专业成长,成长需要评价来促进。实行自我评价和他人评价相结合,建立科学的评价体系是教师专业发展的有力保障。

① 杨晓:《教师专业发展》,北京师范大学出版社2013年版,第117页。

② 谢延龙:《西方教师教育思想》,福建教育出版社2015年版,第9页。

第三，课程评价既是课程的重要组成部分，又是促使课程日益完善的重要措施。

任何一门课程都是由该课程的目标、内容、方法和评价所构成。每一门课程都是一个复杂的学科和教学体系，既包含着课标、课本、教参、教案及课外资源，又包括教师与学生彼此交互、形式多样的教学活动，是一个静态知识体系和动态生成过程的合成体。课程需要不断建设和改进才能日趋完美，课程的每一个环节、每一个方面都不可缺少评价。课程方案的调整、课程标准的落实、教材的选用、学生的学习、教师的教学等都须用课程评价加以改进。课程评价不再局限于对既定目标达成程度的描述，而更多地强调为改进课程，即为课程的不断开发提供有效的信息。课程评价与课程开发形成了一种开放的良性循环关系。不当的评价可把教育引入“死胡同”，良好的评价为课程的修订提供依据。近年来各门课程的建设和发展正是广大教师和研究者多方面评价的结果。没有评价，课程只能是停滞不前。

三、课程评价的主体

课程评价是对课程及其实施中的诸多因素的价值判断。课程从建构到设置，从实施到改进，包含着复杂的因素，课程评价也自然有其复杂性。在多重的课程评价中我们要认识评价的主体有哪些，最重要的主体是什么，彼此有着怎样的关系。

在传统的教育活动中，评价主体单一，只是教师。教师作为学生的指导者和引导者，自然要掌握学生发展的状况，明白学生学习存在哪些问题。教师对学生学习前的基础、学习中的表现、学习后的成就都要有所掌握，有所评价，尤其要注重对学生内在思维品质、思想品质和学习品质的评价，所以教师要对学生做深入的观察和分析。

课程改革倡导多元评价，即评价主体多元化。评价主体除了教师外，还有学生、学生家长、社区居民及相关专业人员。其中，学生也是重要的评价主体。学生作为评价主体不仅可以评价自己，还可以评价身边的同学、评价教师。凸显学生在评价中的主体地位，让学生自我评价，可以改变学生的学习观念与学习方式,使学生体会到学习的乐趣、意义和价值,提高学习效果,培养自我认知、自我反省和自我监控能力,逐步实现学生的自主发展。让学生参与对他人的评价,则是参与一种学习与交流的活动过程,不仅能更清楚地认识到自己和他人的优势和不足,还可以学会交流、合作与分享,提高批判性思维。在各科的学习活动中,教师要引导学生自我评价,还可采用同桌互评、小组评议等方式,组织学生相互评价。学生应有自我评价的意识,掌握自我评价的方法,在学习中积极、有效地运用评价。

现代评价理念主张评价主体的彻底解放,把评价视为评价者与被评价者共同“协商”的心理建构过程。倡导评价是一种民主协商、主体参与的过程,而非评价者对被评价者的控制过程,被评价者也是评价的参与者、评价的主体。在教学活动中,教师和学生既是重要的评价主体,也是重要的评价对象。学生不仅是学习的主体,也是评价的主体;而教师作为学生的指导者,既是评价的主体,也可成为评价的对象。在整个教学过程中,师生都积极主动,相互评价,彼此获得发展。

四、课程评价的类型

课程评价是教育教学活动中一项经常化的工作,课前课后、课内课外有各种各样的评价。评价者绝不能随心所欲、信口开河,而要考虑不同的时间、不同的场合、不同的对象及不同的内容而采用不同类型的评价。只有清楚评价的不同类型,才可适当、灵活而有效地进行评价。从不同的维度对事物进行分类是全面、深刻地认识事物的有效方法。我们根据不同的分类标准可将课程评价分为诸多类型。

根据评价的主体不同可分为:自我评价,他人评价。

根据评价的对象不同可分为:学生评价,教师评价。

根据评价的目的不同可分为:选拔性评价,发展性评价。

根据评价的手段不同可分为:量化评价,质性评价。

根据评价的参照标准不同可分为:相对评价,绝对评价,个体内差异评价。

根据评价的形态不同可分为:静态评价,动态评价。

根据评价的范围不同可分为:单项评价,综合评价。

根据评价在教学过程中的作用不同可分为:形成性评价,诊断性评价,终结性评价。

根据评价的认知维度不同可分为:知识评价,技能评价,心理评价,思想评价。

根据评价的时间不同可分为:课前评价,课中评价,课后评价。

根据评价的形式不同可分为:口头评价,书面评价。

根据评价的侧重点不同可分为:学业成绩评价,表现性评价。

根据评价的价值取向不同可分为:目标取向评价,过程取向评价,主体取向评价。

根据评价的内容不同可分为:宏观评价,中观评价,微观评价。

根据评价的工具不同可分为:结构性评价,非结构性评价。①

第二节　语文课程评价的功能与特点

语文教师不是简单的"传道授业解惑",更重要的是要引导学生自主学习、全面发展。这就要求语文教师要在教学的不同阶段(学习前、学习中、学习后)做出评价,在学生的不同领域(智力、非智力、品性、知识、能力等)做出评价,对不同对象(教材、学生和教师)做出评价。语文课程评价不仅促进学生的发展,也促进教师自身的发展,还可促进课程的完善。语文课程评价不仅有多种功能,也有不同于其他学科的评价特点。

一、语文课程评价的功能

语文课程评价具有多种功能,评价功能的发挥可使语文教学的效益大大提高,最终促进学生的发展。语文课程评价功能主要体现在以下几个方面:

① 陈晓瑞、张立昌主编:《课程与教学通论》,陕西师范大学出版总社2017年版,第421页。

（一）导向功能

导向功能是指语文课程评价对实际的语文教育活动有定向引导作用。我们已知教育目标有导向功能，但这种导向功能要通过课程评价来实现。教育目标只是以内心定位和语言表述而存在，其导向功能只有在实际操作的课程评价中方可发挥。只有通过评价，具体的教育活动的价值才得以肯定或否定。这样，评价所肯定的东西，就成了有价值的、令人追求的东西；评价所否定的东西，就成了无价值的、让人舍弃的东西；评价所忽视的东西，自然也不会引起教育活动参与者的重视。语文教师对学生所强调的知识要点、训练重点和学习方法必然对学生产生直接影响，特别是有关“情感、态度和价值观”的各项目标，更需要教师在评价中有健康的心态、正确的立场、鲜明的观点，教师的评价就是对学生的导向。在语文教研活动中，教师之间评价所反映的问题也会使教师在以后的工作中高度重视，被批评的做法会得到纠正，被肯定之处会发扬光大。

（二）检查功能

检查功能是指语文课程评价者借助评价获知被评价者的有关情况的优劣，同时让被评价者了解自身发展存在的优势与不足，从而双方各自调整自己的教育或学习行为，促进彼此进一步发展。现代语文教学注重过程，在过程的每个环节中教师都要做到知己知彼，也要让学生知晓自己的优劣得失，这就要发挥评价的检查功能。几乎每一次评价都是或对学生或对教师或对教学的一次检查。如对一次讨论的评价就是对学生理解能力和口头表达能力的一次检查；对一篇作文的评价就是对学生思想认识和写作能力的一次检查；对一堂公开课的评价就是对一位教师基本素质和执教能力的一次检查；学生自我反思就是对自己言行和认识的一次检查。

（三）诊断功能

诊断功能是指语文课程评价能够对语文教育活动的形式和内容进行观

察和判断,发现问题,加以分析,进而提出改进建议,采取补救措施[①]。语文的“教”和“学”都是复杂的活动,难免会有这样那样的问题,有的可自我发现,有的需要他人的指正。语文课程评价正是这种“发现”“指正”的最佳方式。通过对学生的评价,或是引导学生的自我评价,可以帮助他们发现语文学习中存在的困难和不足,进而找出导致困难和不足的原因;同时,教师自身教育教学上的问题,也可以自我发现或由学生指出。这便为师生协同采取措施、改进教学提供了认知基础。特别是对于发展有特殊困难的学生和教师,语文课程评价就像医生的话语和药单,可发现问题,及时补救。如某学生回答时吞吞吐吐,有可能是思路不清,有可能是认识不深,有可能是心理紧张,有可能是身体欠佳,也有可能是教师自己发问表达不准。语文教师评价时应辨明情况,不可一概而论,这就是要发挥评价的诊断功能。要注意的是“教师进行诊断是为了促进学习,而不是为了给学生贴标签。”“诊断的目的是设计一种可以排除学习障碍的教学方案。”[②]

(四)反馈功能

语文课程评价是评价者和被评价者共同参与的活动,评价的最终目的也是让被评价者知晓自己的优劣得失,从而更深刻地发现问题和更有效地解决问题。这种让被评价者积极主动参与并全面了解评价结果,继而改进和提高自己的思想和言行的机制,正是语文课程评价的反馈功能。语文教师对学生的听说读写活动所给予的肯定和指正都是积极的课程评价,此评价的意义必须通过反馈功能才能生效。如学生认真听取教师对一次语文课内讨论活动的评价,可获知自己或他人的表现,从而改进自己的说话方式;学生仔细揣摩作文后的评语,可认识自己这次写作活动的成功之处和不足之处,从而进一步提高写作水平;教师虚心接受他人的意见,也是改进其教学的有效手段。这些都是反馈功能生效的表现。

(五)甄别功能

甄别功能又称鉴定功能。教育活动是一项有目的有计划的活动,教育

① 孔凡哲、梁红梅:《课堂教学观察、诊断与评价》,东北师范大学出版社2014年版,第3页。

② [美]B·S·布卢姆等著,邱渊等译:《教育评价》,华东师范大学出版社1987年版,第174页。

活动是否达到目标历来是人们非常关心的问题。而对教育活动中教育目标达成度的分析就必须依靠学业评价才能完成。学业评价本身就是以一定的指标为依据对教育活动过程及其结果情况进行判断，是评价者对评价对象与评价指标相适应的程度作出区分和认定，这就是课程评价的甄别功能。在知识或技能选拔赛及升学考试中，评价的甄别功能发挥得尤为典型。语文课程评价中甄别功能发挥最明显的是普通话等级考核（一甲、一乙、二甲、二乙等）和作文级别判定（优、良、中等），还有每次语文考试的评分（百分制或等级制）及教师资格的认定（一级、二级、三级等）也是评价甄别功能的具体体现。

（六）选拔功能

选拔功能是指语文学业评价可以为选拔优秀、淘汰不合格提供依据。通过语文学业评价，可以在甄别的基础上，对是否符合某种程度和标准要求的评价对象进行筛选，对不符合的进行淘汰。如选举语文课代表或校广播员，挑选少数学生参加演出或竞赛，评选文章进作文选或上墙报，推选优秀教师或优质课等评价活动都得发挥其选拔功能，中考、高考及各种招生招工中的语文考试也是语文课程评价选拔功能的运用。

（七）激励功能

激励功能是指通过语文课程评价可以让被评价者在正确认识自己的优良与不足的基础上，从正反两方面受到激发，增强发展的积极性和主动性。每个人都有潜能，每个人都有被他人肯定，获得好评的欲望。语文教师对学生积极的评价可以增强学生的自信心，激起进一步学习语文的兴趣；而适度的否定评价往往能引发学生一定的挫折感和紧迫感，促使他们更加勤奋学习；对优秀学生的表扬既是对其鼓励，又可树立榜样，激起其他学生奋起直追，迎头赶上。语文教师应多用激励性的语言诱发学生的上进心，鼓励其积极、大胆地探究知识。对教师的评价，特别是对年轻教师的评价，激励功能的作用也很明显。

(八)发展功能

语文课程评价的根本目的是为了检查和改善学生的语文学习和语文教师的教学,改善课程设计,完善教学过程,从而促进学生语文素养的全面提高,有效地促进学生的发展。新的语文课程要求评价从语言、思维、审美、文化等方面全面考查学生的语文核心素养;要求课程评价日常化,提倡用学生成长记录袋的形式来评价。语文课程伴随着学生的成长,评价促进着学生的发展。这种通过评价对学生成长诸方面不断肯定、不断纠正,以促进其健康成长的机制就是语文课程评价的发展功能。对于语文教师的评价,也同样是促进其工作不断成熟,教学水平不断提高,这也体现着评价的发展功能。发展功能是教育评价的最大功能,以上其他功能都是为此功能服务的。

值得注意的是,“语文课程评价要综合发挥检查、诊断、反馈、激励、甄别、选拔等多种功能,不宜片面强调评价的甄别和选拔功能。评价不仅要关注学生外在的学习结果,更要关注内在的学习品质。注意通过评价引导学生学会学习,自觉提升语文学科核心素养”①。

二、语文课程评价的特点

语文课程是一门学习祖国语言文字运用的综合性、实践性课程。工具性与人文性的统一,是语文课程的基本特点。语文课程应引导学生在真实的语言运用情境中,通过自主的语言实践活动,积累言语经验,把握祖国语言文字的特点和运用规律,加深对语言文字的理解与热爱,培养运用祖国语言文字的能力;同时,发展思辨能力,提升思维品质,培育社会主义核心价值观,培养高尚的审美情趣,积累丰厚的文化底蕴,理解文化多样性。②语文有不同于其他学科的教学目的、教学内容和教学方式方法,自然语文课程的评价也与其他学科有所区别。语文课程评价有如下特点:

第一,语文课程致力于学生语文核心素养的全面提高,语文课程评价应注重整体性和综合性,反对片面性。

① 教育部:《普通高中语文课程标准(2017年版)》,人民教育出版社2018年版。

② 教育部:《普通高中语文课程标准(2017年版)》,人民教育出版社2018年版。

语文课程以提高学生语文核心素养为目标，语文素养包含了丰富的内容，评价应伴随学生学习的全过程和语文内容的全领域，应围绕阅读与鉴赏、表达与交流、梳理与探究等学习活动，围绕学生的语言建构与运用、思维发展与提升、审美鉴赏与创造、文化传承与理解，全面考查学生语文核心素养的发展情况。学生掌握知识的情况、语文学习的态度和习惯、语文学习的方法和过程、语文学习的兴趣和能力以及学生交流合作的能力、获取信息的能力、运用语文知识分析问题解决问题的能力，都应该进入语文评价的视野。学生课外学习语文的情况，比如：课外阅读量、阅读品位、审美趣味、创新精神、实践能力等，也都应列为评价的范围。语文评价时要综合考虑学生的智力因素和非智力因素，主观因素和客观因素，知识能力和思想感情。在学习过程中要多方面评价学生的语文学习情况，在终结性的学绩评价中更要从听说读写能力及思维思想品质等多方面评价学生的语文素养。片面地评价，顾此失彼，影响学生的全面发展。

第二，语文是母语教育课程，又是实践性很强的课程，语文课程评价要重视应用性和实践性，不苛求知识和理论的系统性。

语文课程是基础课程，其本质在于语用，讲究活学活用，重在学生语文实践能力的培养。语文课程沟通课堂内外，要充分利用学校、家庭和社区等教育资源，开展综合性学习活动，拓宽学生的学习空间，增加学生语文实践的机会。语文教师更多地关注的是学生的语言运用和言语交际情况，而不是语言理论和系统知识。要在具体的语文学习情境和活动任务中评价，要在语文实践中用最有代表性的事实来评价学生，对学生的语言表达及日常表现及时加以鼓励、表扬或批评、指正。如对文学作品，主要考察阅读能力、理解能力及审美能力，而不是以文学知识为主；对于写作，主要是考察对于基本文体、表达方式及常用技法的运用情况，而不是以写作理论为主；对于语言学习的评价，更是注重学生口语交际和书面表达是否通顺、准确，而不是以词汇、语法知识为主。因此，语文评价决不是一张书面试卷、几个题目就可以评价得了的，而是要在广泛的语文实践中加以评价，在课内的语文活动和课外的日常生活中考查学生语文知识的运用情况，考查学生在活动中表现出来的参与程度、思维特征，以及沟通合作、解决问题、批判创新等能力。

第三，语文课程有丰富的人文内涵，有广泛的课程资源，语文课程评价要有开放性和差异性，勿求标准化。

现代语文有广阔的视野，可以说是包容了文史哲等基础人文知识在内的“大语文”，几乎整个天地万物、人间万象都成了语文课程资源。语文的外延和生活的外延是一致的，我们无时无刻不生活在语文中。学生有各自不同的家庭背景、成长历程和个性特点。语文课程要求学生体验生活、体会作者思想感情，丰富自己的内心世界，并形成自己的个性。语文教师要尊重学生的个性化的学习方式，关注学生的个性化的学习要求，注重培养学生的创新精神。因此，标准化答案的时代应该过去，语文评价应更多地突出开放性和差异性，启发学生思维多角度、表达多样化，而不是用惟一的答案和固定的模式去束缚学生心智。语文教师要鼓励学生独立思考和自主探究，鼓励学生有独到的思路和见解。如对一篇文章或一位人物的认识，教师不强做统一；对于一个话题或一件材料可以写出不同的文体、观点和内容来。标准化试题和简单“是”“不是”的评判不适合语文课程中的评价，语文评价要面向广阔的生活，面向具体的学生。

第四，语文课程重视培养学生的语感、美感，重视对学生的思想熏陶，具有重情感体验和感悟的特点，语文课程评价要重视质性评价，少用量性评价。

语文课程注重培养学生热爱祖国语言的思想感情，注重学生的语言积累、语感培养、思维发展以及品德修养和审美情趣的提高。在正确地理解和运用祖国语言的同时重视学生的情感体验、思想感悟和人文情怀，这些精神层面的因素都是难以量化的。语文学业评价不应该只是用量化方法了解学生掌握知识的多少，特别是在那些不宜量化的部分，如语感、道德、情操和审美情趣等，更不应该用分数来表示学生学习语文的感受和感悟。而应该注意运用描述性的方法，运用激励性的评语，来评价学生的语文学习情况。如果坚持用量化和客观评价手段，就会丢失许多非量化的重要信息，这样就脱离了知识应用和学生进步的具体情景，忽视了学生的主体性和创造性。所以要重视运用定性评价的方法，把学生学习语文的过程当作一个整体，重视日常的观察和资料的收集，尊重学生在学习过程中的差异性表现。

第三节　语文课程评价的理念和原则

语文课程评价是语文课程活动中的一项经常性的工作，尤其是对学生的学业评价，从学生学习语文的起始到终结，伴随着语文学习的整个过程。课程评价既是一种主观活动，但又要遵循教学的客观事实和客观规律。根据现代课程的发展和《语文课程标准》的要求，语文课程评价要遵循以下理念和原则。评价理念是评价工作的指导思想，评价原则是评价工作的刚性要求。

一、语文课程评价的理念

学生个性千差万别，语文学习内容丰富多彩，语文教学方式方法多种多样，语文教学活动在复杂的动态中进行，语文课程评价者既要饱含热情又要沉着冷静，既要有良好的评价能力又要有正确的评价观念。根据教育发展的趋势和学生成长的规律，再依据《语文课程标准》要求，我们认为，实施语文课程评价应坚持以下理念。

（一）在评价目的上，致力于全面提高学生的语文学科核心素养

语文课程评价不是简单的教学程序和机械的教学活动，也不单纯是对教师和学生教学的检测，而是促进语文课程目标达成的一项有效手段，其根本目的是为了促进学生语言、思维、审美、文化等语文核心素养的全面提高。基于这个目的，评价者要充分认识学生的发展潜能，保护学生的自尊心，激励学生积极上进，营造平等、和谐、宽松的评价环境。以评促学、以评促教。不要刻意地为评价而评价，不要只注重学生的学习结果，要充分发挥评价的作用，注重过程，注重发展。语文课程评价要突出整体性和综合

性，从语文核心素养内涵的各方面进行全面考察和评价。

（二）在评价功能上，要综合发挥评价的多种功能

语文课程评价不光是实施课程的一项活动内容，更是一项促进学生和教师共同发展的重要手段，具有多种功能。“语文课程评价要综合发挥检查、诊断、反馈、激励、甄别、选拔等多种功能，不宜片面强调评价的甄别和选拔功能。”[①]评价不仅要关注学生学习结果，更要关注学生的学习过程，包括学习过程中运用语言的外在表现和品味语言的内在品质。注意通过评价发现学生学习中的问题，引导学生学会学习。对于基础较差、学习兴趣欠缺的学生，语文教师在评价中要多肯定、多鼓励，激发学生努力学习。同时，语文教师在评价中通过反馈，不断调整和改进自己的教学。综合发挥语文课程的评价功能，能大大提升学生的语文学科核心素养。

（三）在评价主体上，提倡主体多元化

“评价主体多元化”是当前评价改革的重要理念和方向。语文课程评价自然是语文教师的一项职责，教师在评价中要大力发挥导向、激励作用。但是，教师的单一评价不利于学生的发展，新的做法是调动学生参与评价的积极性，要让全体学生都参与进来。因为学生是学习的主体，自然也应成为评价的主体。教师要尊重学生的主体地位，指导学生开展自我评价和相互评价，师生之间相互尊重、倾听、合作和促进，形成民主的教学氛围。语文教师还要鼓励家长和其他相关人员参与到评价之中，使评价成为教师、学生、家长、教学管理人员等多个主体共同积极参与的交互活动，构建有利于教学相长的评价新体系。

（四）在评价标准上，坚持以课程标准为基准

课程标准不仅是课程实施的指南，也为课程评价提供了依据。《语文课程标准》所规定的教学目标和内容为语文教学确定了基准，确保语文教学的方向和范畴。语文教学内容是否恰当？语文教学的过程和方法是否有

① 教育部：《普通高中语文课程标准（2017年版）》，人民教育出版社2018年版。

问题？经过一段时间教学，语文教学是否达到目标？这正是语文课程评价要回答的问题。只有把握了语文课程的标准，评价才有依据和参照物。语文教师在进行评价时要以课程标准为基准，做到心中有数，不可随心所欲、妄加评论。语文课程评价要根据教学目标和内容，抓住关键，突出重点，从语文素养的诸方面对学生进行整体的评价；在保证达成基本目标的基础上，关注学生的不同兴趣、不同表现和不同学习需要；重视学生学习语文过程中的实际情况，及时校正学习过程中的问题。语文课程评价要以把握语文课程标准为前提。

（五）在评价对象上，尊重学生的差异性

学生是学习的主人，教学要以尊重学生为前提，立足于学生的发展，树立以人为本的思想。学生的语文水平参差不齐，兴趣爱好更是千差万别，在课堂教学中，他们对知识的理解、情感的表达各有不同。教师不能凭自己的意愿，以统一的标准去要求所有学生，而应在正确导向的前提下，允许学生有不同的观点，鼓励学生从不同的角度思考问题。同一个班的学生阅读量和写作能力大不一样，对一篇文章的主题或形象可能有不同的理解，教师评价要少一点武断，多一点客观，以求得评价最大限度地被接受。多一把尺子，多出一些人才。评价要有利于鼓励学生对课程的自主选择，调动他们学习的积极性、主动性和创造性，积极营造一种民主、和谐的氛围，促进每个学生的健康发展。

（六）在评价方式上，要恰当选择，灵活运用

课程评价有多种方式，每一种方式都有其优势和局限，都有适用的条件和范围[①]。学生发展过程中有其不同的特点和表现形式，教师要根据具体情境选用最佳的评价方式。灵活采用不同的评价方式，客观地对待学生的进步和不足。如书面的语文考试较适合于评价认知水平，观察活动较适合于评价学生的兴趣特长，成长记录能较全面地评价学生的情感态度和实践能力等。评价学生的思维能力不能只听课堂回答问题，还要细看学生的作

① 陈秀玲、张洁：《中学语文课程标准与教材分析》，科学出版社2013年版，第94页。

文;评价学生的探究能力不能简单地以活动结果作为主要依据,而应将学生自主探究的过程与结果统一起来,以学生在自主探究中的表现作为评价的重点。要努力探寻适合于不同目的的评价手段和方式,采用生动活泼、灵活多样的评价方式,提高评价效率。

(七)在评价内容上,注重学生内在的学习品质

评价不仅要关注学生外在的学习结果,更要关注内在的学习品质。注意通过评价引导学生学会学习,自觉提升语文学科核心素养。传统课程评价重在甄别、选拔,所以只关注教育对象的外在结果。而新课程倡导的是以促进学生发展的素质教育,应对学生发展全过程不断关注,因而在语文教育教学中,评价要伴随和贯穿于教育教学活动的每一个环节。语文教师要善于观察、善于分析,对学生的学习兴趣、学习方法、心理状况、思想认识和审美情趣等内在品质给予恰当评价,多多表扬、激励,及时纠正不足。通过搜集学生在语文实践活动中产生的各类材料,如测试试卷、读书笔记、文学作品、小组研讨成果、调查报告、体验性表演活动和个人反思日志等,评价学生在各项任务群和各种学习活动中表现出的个性品质和精神态度。

(八)在评价者与被评价者的关系上,强调平等、互动和互惠

传统评价中评价与被评价者是“检查与被检查”的关系,挑毛病成了评价者的主要任务,掩盖问题则成了某些被评价者的举措。新课程的评价理念中,评价者与被评价者都是具有主体性的人,两者之间是平等、互动、互惠的友好关系。课程评价是评价者与被评价者、教师与学生共同建构意义的过程。语文教师和学生在评价过程中是一种交互主体的关系。教师可以评价学生,学生也可以评价教师。师生之间要沟通、理解和协作,让被评价者最大限度地接受评价结果,并根据评价结果作出改进,获得发展。语文教师要给予学生以足够的关怀和关注;要注意让学生自我评价,通过自我激励、自我改进,形成健全人格;还要倾听学生的意见,以此改进自己的教学。评价既促进学生个体发展,又促进教师改进工作。这种师生和谐的关系是“以人为本”和“以学生为主体”理念在语文课程评价中的具体表现。

二、语文课程评价的原则

语文课程评价的原则是在课程评价过程中应遵循的基本要求，是教育评价主要经验的总结和概括，具有主观和客观双重属性，既体现了教育活动的客观规律，又体现了教育评价的价值取向。只有遵循评价原则，才能保障评价功能的充分发挥。根据语文课程评价的特点和基本理论，总结评价经验，确定出以下评价原则。

（一）发展性原则

语文课程评价发展性原则有两层含义：一是教学评价以促进学生和教师的发展为宗旨。[①]评价只是一种教学的手段，运用这一手段的目的，是要肯定学生学习和教师教学的成绩、指出其存在的问题，帮助学生和教师及时纠正，以促进学生和教师的不断进步。所有的批评和鼓励都是为了师生的发展，语文教师的评价重点不在评定，而是在于指正，即通过评价帮助被评价者认识不足，并引导其如何提高。也正因为这样，旨在发现问题的过程性的评价比终结性评价重要，旨在描述问题的质性评价比量化评价重要。评价者要把握好“度”，既要严格要求，又要态度温和；既要立足当下，又要放眼未来；既要指出问题，又要指明方向。二是评价者对评价对象要有发展的眼光和心态。根据终身学习的理念，每个人的学习始终是在路上，我们不能对学生求全责备，他们在学习的过程中有问题、有不足，这是再自然不过的事。评价者要有宽阔的胸怀，包容评价对象的不足；要有发展的眼光，关注评价对象的进步。不能对评价对象有成见，也不能希望值太高。评价要在动态中进行，一切都在发展中，不能固化被评价者。正如孔子所言：“后生可畏，焉知来者之不如今也。”好的教育评价应能促进和激励学生更快、更好地投入学习，帮助教师不断地反思和改进教学，促进教师在专业上不断成长和发展。

---

① 李慧燕：《教学评价》，北京师范大学出版社2013年版，第14页。

（二）全面性原则

语文课程评价的全面性原则也有两层含义：一指评价内容的全面性。这就是指在进行教学评价时要对组成教学活动的各个阶段、各个方面、各项任务进行做多角度、全方位的评价，而不能以点代面，一概而论。由于语文课程的综合性和教学任务的多样化，使得语文教学具有复杂性，教学质量往往从不同的侧面反映出来，表现为一个由多因素组成的综合体。因此，为了反映真实的语文教学过程和效果，必须进行全面性的评价。对学生语文学习的评价不能只针对认识领域的目标，还必须关注学生在情感和技能方面的发展；即便是只针对认识领域的目标进行评价，也不能只针对低层次的认知领域，忽视对高层次思维和理解的评价；命题应通过综合性语言实践活动，全面考查学生语文学习的能力和水平，避免以单纯的知识点和能力点设计考题。对教师的教育工作进行评价，只评价学生书本知识掌握得如何，不看学生智力发展得怎样；只看学生考分的高低，不看学生人格、个性发展是否健全，都不能全面反映教育效果和教师的水平，这样的课程评价只能误导教育。二是评价对象的全面性。这就是指评价者要关注所有的学生和所有的教师，因为任何一位学生和教师都是在成长中，都需要给予指导和帮助。无论是优秀的学生还是普通的学生，尤其是对发展有困难的学生，都要给予恰当的评价。教师对全体学生要做到，教学无死角，评价全覆盖。

（三）客观性原则

任何评价都是基于客观事实的价值判断，评价要公正客观，不能有偏见。所有的有效评价都必须以事实为依据，以“标准”为准绳，尽量减少评价者个人主观因素或外界因素对评价的干扰与影响，防止评价者把自己的个人偏见带入评价过程。教育评价重在给学生的学和教师的教以客观的价值判断，以不断改进教学，促进发展，如果缺乏客观性就失去了评价意义，甚至会导致教学决策的错误。语文课程评价的客观性原则是指在进行语文教学评价时，从评价的标准和方法到评价者所持有的态度，特别是最终的评价结果，都应该符合客观实际，不能主观臆断或参入个人情感[①]。学生语文学科核心素养是在具体的阅读与鉴赏、表达与交流、梳理与探究等语文实践活动中形成与发展，并通过具体、多样的实践活动表现、展示出来的。课程评价过程在某种意义上是学生价值属性的还原，学生的价值属性是一种客观的存在。[②]语文教师要深入了解学生的学习情况，掌握第一手材料，注意搜集学生在语文实践活动中产生的各类材料，如测试试卷、读书笔记、文学作品、小组研讨成果、调查报告、体验性表演活动和个人反思日志等。通过这些材料了解学生在任务群学习中表现出的个性品质和精神态度，建立完整的学习档案，全面记录学生核心素质的发展轨迹。只有客观公正的评价才能促进师生的不断进步，否则会给评价的双方造成伤害。

（四）差异性原则

语文课程评价差异性原则基于三个原因：第一，学生固有的差异性。由于学生家庭出身、生活环境、成长经历等各不相同，其兴趣爱好、个性品质、理想追求也各不一样，以致学习语文的方法、习惯、基础和成就也差别明显，语文教师要尊重学生这个学习主体，就要承认学生在学习和发展的过程中差异性的客观存在，在评价中不搞"一刀切"，不用一个标准衡量所有学生。第二，课程设置的差异性。高中语文课程由必修、选择性必修和选修课程三部分组成，教师要允许学生有不同的学习选择，教师评价就要在关注共同基础的前提下，突出差异性和层次性，以促进学生的个性发展。第三，文本解读和语言表达的差异性。语文学习除了基础知识外，在阅读与鉴赏、表达与交流、梳理与探究等学习活动中很少有标准统一的答案。这也是语文学科工具性与人文性统一特点在教学中的一个鲜明表征，语文教学无论是对文本的理解，还是对作业的完成，都不能强求统一，学生的认识和回答都存在明显的差异。对文本的理解和赏析往往是仁者见仁，智者见智，呈现多元解读的态势，对学生不同的理解，只要能自圆其说，合乎道理，教师都要给予肯定；在写作和口语交际中，更是异彩纷呈，对于同一个话题或题目，学生会用不同的文体、语言表达不同的思想内容，对于个性鲜

① 朱家存、李福华主编：《中学教育基础》，安徽师范大学出版社2016年1版，第263页。

② 杨道宇：《以事为本的课程理论》，中央编译出版社2013年版，第50页。

明、有创意的作文，语文教师应给予表扬。语文课程评价只有贯彻差异性的原则，才能尊重学生主体，发展学生个性。

第四节　语文课程评价的方式和方法

语文教师应该具备课程评价能力，熟练掌握多种评价方式和方法，在语文课程的实施中，根据教育教学和学生发展的具体情况灵活恰当地选用，以使课程评价发挥最佳效果，促进学生语文素养的全面提高。课程评价的方式和方法的分类标准有多种，类型也多种多样，目前国内外尚无统一的规定。下面介绍几组在语文教育实践中常见的评价方式和几种常用的方法。

一、语文课程评价的方式

语文课程评价的方式很多，每种评价都有各自的特色和优势，也都有相应的不足之处。

（一）诊断性评价、形成性评价与终结性评价

这是根据语文课程评价目的不同、时机不同而采用的不同评价方式。

1.诊断性评价

诊断性评价又称准备性评价，是在语文教育活动开始之前或教育活动进行之中对学生的学习准备情况或特殊困难进行诊断的评价。它主要是对语文学习的背景、存在的问题及其原因作出诊断，以便“对症下药”，以此为进一步开展语文教学活动做好准备。备课前的学情调查就属于诊断性评价，据此进行语文教育设计。诊断的内容主要有：学生此前语文知识储备的数量和质量，语言和思维能力状况；学生对学习任务的相关内容了解情况；学生对语文学习的态度；学生学习语文的方法和能力等。

诊断性评价的作用有：①明确学生发展的起点水平，为语文教学活动提供设计的依据；②识别学生的发展差异，以便因材施教；③诊断个别学生在

发展上的特殊障碍,以便采取补救措施。

语文教师对学生进行诊断性评价具体方法有:查看以前的相关成绩记录、摸底测验、智力测验、调查、观察、访谈等。如某语文教师刚接手一个新班级或是新学期开始时,可以采用诊断性评价来了解学生学习语文的兴趣和态度、口语交际及写作水平等情况。

2.形成性评价

形成性评价又称过程性评价,是在语文教育过程中为调节和完善教学活动、引导教育过程正确而高效地进行,对语文学习过程中学生的各种状况进行及时的评价。"形成性评价就是在课程编制、教学和学习的过程中使用系统性评价,以便对这三个过程中的任何一个过程加以改进。"①形成性评价要在发现问题时及时进行,注意反馈,并做到常态化。评价的内容一是每个形成性单元的语文教学内容和目标,二是学生学习过程中所反映出的问题。

形成性评价的作用有:①围绕教学目标,把控学生的语文学习方向;②经常肯定已有的学习成果,强化学生的语文学习行为;③及时发现学生语文学习中的问题,并提供矫正的处方。

形成性评价的具体方法有:课堂提问、布置并检查作业、日常观察和形成性测验等。形成性评价是现代教育发展趋势之一,已为各科教师广泛运用。如在语文教学过程中对学生朗读水平、写作能力、听课态度等方面一次次鼓励或指正就是典型的形成性评价。

3.终结性评价

终结性评价又称总结性评价,是在一个相对完整的语文教学阶段结束后对整个教学目标的达成程度作出的评价。它以预先设定的语文教学目标为基准,考查学生目标是否达到。"目的则是对整个教程或其某个重要部分上所取得的较大成果进行更为全面的评定。"②在整个教学过程中终结性评价的次数比较少,一般在学期或学年结束时进行。期中、期末考查或考试及毕业会考等均属此类。终结性评价应全面考核学生的语言、思维、审美、文化等语文核心素养。

---

① [美]B·S·布卢姆等著:《教育评价》,华东师范大学出版社1987年版,第228页。

② [美]B·S·布卢姆等著:《教育评价》,华东师范大学出版社1987年版,第100页。

终结性评价的作用有：①总体把握学生语文知识、语文能力的掌握程度，为教师和学生确定后续教学起点提供依据；②可考查学生群体或每个学生整体的语文水平，为各种评优、评选提供参考依据；③评定某一课程设置或教学改革的有效性。

终结性评价的方法一般都是考试，评价的内容应全面。教师要注意考后的讲评，要用动态、发展的眼光看学生，不要仅凭一次或几次偶然性的终结性评价就对学生妄下结论。

在语文教学中用得最多的是诊断性评价和形成性评价，这两种评价经常交互使用，语文教师常常在教学的过程中综合运用诊断性评价和形成性评价。

（二）相对评价、绝对评价与个体内相对评价

这是根据语文课程评价的参照标准不同而采用的不同评价方式。

1.相对评价

相对评价是在评价对象的群体中，为了解每个个体在群体中所处的相对位置作出区分而进行的评价，也有人称为教育常模参照评价。实施这种评价，需要从评价对象集合中选取一个对象（如考试中的平均分）作为基准，将评价对象的学生与基准做横向比较，从而排出名次、确定优劣。按语文考试成绩对学生进行排队，评出各同学在班级内处于何水平就是一种相对评价。

相对评价作用有：①在群体中的横向比较可作为选拔和甄别的依据；②可使学生在相互比较中判断自己的位置，找到差距，激发学生的竞争意识，增强学生学习动力。

相对评价只能在小范围了解学生的语文水平，可能使少数水平较好学生盲目乐观，而给另一些学习暂有困难的学生造成伤害，所以语文教师要谨慎使用此法。

2.绝对评价

绝对评价是以语文课程标准为基准，对每一个学生达到目标的程度做出的判断，有人称之为教育目标参照评价。它是以课程标准的某一阶段或

某几个方面的要求作为客观标准，然后将每一个学生的发展状况与之比较，以判断其达到此标准的程度。

绝对评价可以明确学生发展状况与语文课程标准之间有无差距，差距多大，从而把教师和学生的注意力吸引到实现教育目标上来，也可避免学生之间、教师之间因为相互攀比而造成的精力浪费和精神压力。

绝对评价在语文教学中应用较多，如普通话达标、目标教学中的测试、期末或毕业考试都要运用这种评价方式。但是，达标标准的确定却是绝对评价的最大难题，目前我国尚未建立起统一的、权威的、相对稳定的语文测试标准。《普通高中语文课程标准（2017年版）》中的对语文学习做了五个等级“学业质量水平”的描述，可作为参考标准。

3.个体内相对评价

个体内相对评价是以评价对象自身语文学习状况为基准，就自身的不同时期的发展情况进行纵向或不同方面的成绩与能力差异进行横向比较而作出价值判断的过程。也有人称之为个人发展参照评价。在这种评价中，评价对象只是与自身的状况进行比较，包括自身现在与过去的纵向比较，也包括自身若干个不同侧面之间的横向比较。例如某学生语文考试成绩上次60分，这次70分，教师可以作出该生进步的评价。又如将其考试成绩与课堂发言进行比较，就可对其知识与能力发展是否均衡作出评价。

个体内差异评价是依据尊重个性、发展个性的观点提出来的，充分地照顾了学生的个别差异，有利于减轻学生的心理负担，增强自信心，强化学习动力。但是，这种评价没有外在的客观标准和参考对象，评价结果不能确定达成教育目标的程度，也不能反映个体间的差异。教师应将此法与绝对评价、相对评价结合使用。

上述三种评价并非截然对立、互相排斥，在实际应用中，可以互相融合使用。[①]

（三）定量评价与定性评价

这是根据不同的情况，采用不同手段，呈现不同的评价结果的两种评价方式。

① 袁振国:《当代教育学》，教育科学出版社2010年第4版，第231页。

1.定量评价

定量评价又称量化评价，是语文教师把复杂的语文教育现象简化为数量，通过测验、测量的方法获得材料，进而从数量的分析与比较中评价学生的语文学习成效。定量评价主要对学生的学习情况进行量化评价。长期以来，定量评价一直占据评价领域的主导地位，成为检测、甄别和选拔的常用工具。

定量评价具有简单、明了的特点，可操作性比较强，能够直接反映评价对象的情况，可以为评价学生的语文水平乃至语文教学现象和问题提供具有说服力的证据。定量评价适应于某些简单、单纯的语文学习评价。标准化测试题是定量评价中最有代表性的方法，它往往把教学目标分解为小的测量项目或编制成具体的技能测试。特别是对于要求识记的语文基础知识（如词语、诗句、文学常识等）的掌握情况，可以做到客观、直观、准确的测评。

定量评价不能准确地反映复杂的语文教育现象，如语文中的情感、态度和价值观就难以量化。过多地运用定量评价容易造成学生激烈竞争，以至形成两极分化。

2.定性评价

定性评价又称质性评价，是语文教师通过调查、观察等途径，检查学生与既定目标之间有无差距，在掌握大量信息后，全面充分地揭示和描述学生的语文素养的程度和存在的问题，侧重于质的分析。定性评价是为了更逼真地反映教育现实。

定性评价具有全面、深刻的特点，是语文教师对语文教学现象的一种解读方式，适应于评价复杂的教育现象。定性评价能够真实地反映教育现象，再现学生的个性特点，发现个体的发展潜质，激励全体学生向着既定目标奋进，最终促进学生语文素养的全面提高。因此，我们在语文教学中要多采用定性评价方式。定性评价可以根据实际需要采取多样的呈现方式。最常用的有两种：一是等级，即按“优秀”“良好”“合格”“不合格”四个等级（对于“不合格”等级，也可用“暂不合格”“将合格”等延缓评价，以催促学生进步），再采取等级标准对照评价。二是评语，评语可以是激励性的，也可以是指导性的，它具有针对性强、表达明确的特点，有利于帮助学生发现问题、激励学生不断努力，如作文评语、对学生问答后的评论等。但定性评价操作起来比较麻烦，评价的结论比较粗糙、模糊。

从实践出发的语文课程评价应该将定量评价与定性评价有效地结合起来，按照评价目的的不同要求、评价对象的不同特点，选择适当的评价方法，以获得全面、准确的评价信息。

（四）他人评价与自我评价

这是在教育活动中因评价主体多元化而出现的不同评价方式。

1. 他人评价

他人评价是指由除评价对象以外的其他有关人员对评价对象所实施的评价。评价对象的性质不同，他人评价的主体就不同，对于学生来说，他人评价的主体主要是教师，同时同学、领导、家长及邻居等其他有关人员也可参与对学生的评价。

“他人”作为学生的积极旁观者，一般来说能作出较客观的评价。在鉴定语文水平和选拔淘汰的评价中一般都用这种评价方式。在语文教学中经常使用的就是这种评价，但如果没有形成良好的师生关系，他人评价的结果也往往受到被评价者的抵制和排斥，也就不可能发挥激励、发展的评价功能。因此，能否建立和谐的师生关系，是决定他人评价成效的关键。

2. 自我评价

自我评价是指被评价者自己参照语文课程标准对自己的活动状况或发展程度进行自我鉴定。其实质就是评价对象自我认识、自我分析、自我提高的过程。“它是建立在对评价对象信任基础上的，能激发被评价者自尊心、自信心，使之自觉地、主动地接受评价。”[①]如学生学习语文的自我小结、对自己发言或作文的自我评价等。

自我评价让评价对象积极参与到评价活动中来，不仅是对学生的高度尊重和信任，激发他们的热情，促使他们发现自己的问题并及时改进，而且可以消除师生之间对立情绪，融洽师生关系，使评价结论更容易为评价对象所接受。在主体取向价值评价的理念指导下，倡导评价主体之间双向互

① 吴钢：《现代教育评价基础》，学林出版社2004年第2版，第17页。

动、相互理解，自我评价越来越被人们所重视。

(五)学业成绩评价与表现性评价

这是根据评价的侧重点不同而出现的两种评价方式。

1.学业成绩评价

学业成绩评价是传统的教学评价方式，它是通过测验、考试的成绩对学生做终结性的评价，把学生的成绩从整个教育中、从学生完整的学校生活中、从语文课程中游离出来，单独进行评价。如每次语文测验或考试后语文教师对全班同学排定名次或是考后的总结就是典型的学业成绩评价。定量评价大多属于学业成绩评价。

学业成绩评价长于测验学生对语文知识和技能的识记、了解和简单运用的情况，关注低水平、孤立的知识和技能。对于学生综合运用知识和技能、在真实的世界中运用知识解决实际问题的实践能力和创新能力及复杂的心智技能难以检查和评价，对于学生的情感、态度和价值观的测评更难以为力。这种评价虽便于操作，但不能全面地评价学生语文素养。

2.表现性评价

表现性评价是语文教师让学生在真实或模拟的生活情境中，以自己的行为、作品、表演、操作等真实的表现来展示自身内在的智能和情感态度，教师通过观察整个过程中真实表现来评价学生的发展。不仅评价学生的知识技能的掌握情况，还要评价学生的创新能力、实践能力、与人合作的能力以及健康的情感、积极的态度、科学的价值观等方面的发展情况。如通过观察学生的日常口语交际来评价学生言语能力，通过开展班级活动来评价学生的集体观念和参与意识，通过表演课文剧来评价学生的创造能力和审美意识。①

表现性评价重视过程，注重质性，尊重教育目标的整体性和广泛性，有助于测查学生综合运用所学知识解决实际问题的能力和高级思维能力，可以让学生更充分地、多方位地表现自己。正因为如此，在新的课程改革中，特别倡导表现性评价。但这种评价比较费时费力、主观性较强、信度较低，

① 周卫勇主编：《走向发展性课程评价》，北京大学出版社2002年版，第49页。

也应引起语文教师的注意。

二、语文课程评价的方法

评价是手段，也是行为，必须通过真实的操作才能实现，无能运用何种类型的评价，最终都要运用具体的评价方法。在语文课程评价的实施中，根据评价的对象和内容，可采用不同的评价方法。语文课程评价方法主要有以下六种。

（一）纸笔测试法

纸笔测试法就是通过教师命题、学生运用纸笔作答的形式来获知学生语文学习状况，对此加以评价的一种方法。在诊断性评价和终结性评价中常用此法，定量评价和学业成绩评价也大多是凭借这种方法。这是语文和各科教学最传统、最常见的评价法。期末考试、毕业考试及升学考试一直使用此方法。

纸笔测试要求语文教师事先要命题，这是整个测评的前提和关键。命题要对照语文课程标准的要求，不能超出此范围；试题覆盖面要广，题量应适当多一些；试题要有难度和区分度，但也不能出偏题、怪题；题目语言表达要明确，题与题之间排列要合理。纸笔测试的题型有客观题和主观题两大类：

客观题是因为评分客观而得名，它的答案在测试前就已准备好。适用于评价学生对语文知识的掌握、理解和简单应用几个层次的目标达成程度。命题范围涉及汉语基础知识、现代文阅读、文言文阅读和文学及文化常识诸领域。典型的客观题型有：①填空题；②选择题；③判断题；④匹配题；⑤翻译题；⑥排列题；⑦归类题；⑧填表题；⑨填图题等。客观题取样广泛，覆盖面大，题量多，可以提高评价的信度；答案简短，标准统一，省时省力，评价可操作性强。客观题评价法是语文课程评价中常用的方法，可以评价学生从简单到复杂、从低级到高级的广泛的语文学习结果。但这种评价也有明显的不足，主要是难于有效地、直接地测评学生在语言表达、思维分析过程中以及创造技能方面的高级学习成就，尤其是情感、思想方面的进步与否难以测评。

主观题没有标准答案，答题由学生自由发挥。适合于评价学生的分析能力、综合能力、表达能力、创造能力和审美能力等高级心智活动状况。命题范围涉及对文章和词语的理解、对文学作品的欣赏、对社会和人生的认识、对事物和现象的评价、对写作技法的运用等方面。常见的主观题型有：①诠释词语；②解说句义；③回答问题；④文学鉴赏；⑤阅读理解；⑥作文等。主观题命题简便；注重读写知识和能力的考核；将记忆、理解和运用相结合，学生思维空间大，可衡量学生高级思维水平；教师能获得较为丰富的解答及反映过程资料，便于分析学生的技能、创意、策略及知识缺陷。用主观题来评价也有种种弊端，试题覆盖面较窄，评价往往会出现偏差；答卷、阅卷时间较长；从命题到评分都有较大的随意性。

主观题评价和客观题评价各有利弊，一方不足的地方正是另一方的长处所在，二者结合可以互相补充。

纸笔测试的结果就是教师对学生的答卷优劣程度做出数字的评定。我国常以百分制记分法（即满分为100分，60分为及格分）和等级制记分法（即将成绩分为甲、乙、丙、丁，或优秀、良好、及格、不及格，或5、4、3、2四级）的形式显示学生的语文学习水平。这种结果往往成为教师、学校、家长乃至社会衡量教师教和学生学之效果的重要依据，应该给予重视。语文教师评定结果务必要认真细致，做到公正、客观、准确、宽严适度，尽量避免主观因素的影响。

评定纸笔测试结果还不是课程评价工作的结束，语文教师还需要对测试结果及试卷作出认真的分析。通过分析，可以明确学生答卷中的错误所在，找出问题出现的原因，从而对整个教学起到检查和推动作用。这项工作可以是书面的试卷分析，也可以是口头的试卷评讲。

纸笔测试评价的优点是：试题覆盖面广，题量大，题型多，测评有较好的信度和效度；大批学生同时参加一次测试，效率高；评分较客观；试卷可作为资料保存。但是，纸笔测试评价不能测评口头表达能力和非认知方面的品质，也为极少数学生的猜题和作弊提供可能。

（二）口头测验法

口头测验法是通过口试或答辩，对学生的有关知识、能力及思想认识的发展作出评价的方法。在现代社会生活中，口头表达技能和听力特别重要，语文教学要注重口语交际能力的培养，所以口头测验法尤为重要，应在语文教学中经常使用。

口头测验法可在下列领域评价学生：口头表达时逻辑思维及概括能力；知识理解的广度和深度；阐述观点并为自己的观点作解释与辩护的能力；综合有关信息，提出问题的能力；态度、气质与感情方面的特殊表现。

口头测验法既可用于课堂中的考核提问，又可用于招生面试，具体操作的方法如下：①高声朗读；②口头答问；③专题发言；④小组讨论；⑤情境交流；⑥根据图片情境讲故事；⑦角色扮演，如课文剧等。

口头测验法的优点是：能够考查学生对知识掌握的全面熟练程度、思维的敏捷性、口头表达能力及非认知方面的品质；可连续提问，提高考查的深度和清晰度；学生当面回答，可杜绝欺骗行为。不足之处是：对每位同学只能提少量问题，考查取样少，其信度和效度降低；不能对全体学生同时进行，耗时多，效率不高；评分也难以做到客观准确。

（三）作业法

作业，即教师给学生布置的功课，是学生形成和发展语文素质的有效载体。“作业已成为学生成长的履历，激发学生形成积极情感、态度、价值观的凭借，每一次作业都成为学生成长的生长点。”“作业将是具有学生鲜明的价值追求、理想、愿望的活动，作业应当成为学生课外、校外的一种生活过程和生活方式。”[①]在各课程教学中，作业都是一个不可缺少的重要环节，它不仅是学生巩固知识、训练技能的一个有效方式，也是教师获得反馈、给予学生及时而又正确评价的极好途径。几乎每节语文课，教师都要或多或少地布置作业，这就使得运用作业法进行语文课程评价成为一种常用的方法。

① 潘永庆 等著：《多元评价创新教育的有效机制》，山东教育出版社2005年版，第194、200页。

运用作业法有两个前提,一是教师精心设计、布置作业,一是学生各自完成作业。作业分书面作业和口头作业,也可分单项作业和综合作业,还可分课内作业和课外作业。教师设计布置作业也要形式多样,多方面地训练学生,多角度地考查学生。

作业法评价可以是口头评说,如教师当面指正学生作业中的错误及原因并指导其订正;也可以是书面评语,如教师在作业本和作文本上书写评语。作业法可以是个别评价,如教师针对少数作业存在严重问题的同学一一分析纠正;也可以是集中评价,如教师在全班进行作文评讲,分析这次作文的成败得失。采用作业法评价的策略是:①分层评价,鼓励为主;②亮点评价,激励当先;③多向评价,共同参与;④多次评价,体验成功。

作业法要求有时效性,检查、批改和评价都要及时,布置作业与评价作业之间的时间越短越好;要求突出重点,不可每次作业都面面俱到;还要求多肯定,少指责,从而鼓励、疏导学生,促进他们自我调整。

作业法评价针对性强,成效快,好操作,使用灵活,运用面广,语文教师每次课后都可采用此法来进行评价。

(四)观察法

观察,是指人们对周围存在的现象和过程的认识,是一种有目的、有意识的感性认识活动,属于认知论范畴。观察的重要特点就是让观察对象处于“自然发生”的条件下而不加任何干预控制。语文课程评价中的观察法是指语文教师有目的有计划地通过感官和辅助设备对处于自然状态下的学生进行系统考察,以此获取事实材料,从而对学生的现实状况和语文学习情况加以评价的一种方法。我们经常说某某同学表现好或某某同学表现差,就是对观察法的运用。观察法也是一种基本的评价方法,随着现代科学技术的发展,观察的技术手段也在不断提高,如录音、摄像设备的运用。

观察法可用于智育评价,又可用于德育评价,在评价学生非智力因素时,尤其适用观察法。比如,观察学生在课堂上的坐姿、眼神,可了解其学习语文的态度和兴趣;观察学生如何使用教材、如何做练习,可了解学生的学习过程和方法是否恰当;观察学生在语文活动中的表现,不仅可了解学生的语文基础知识和基本能力掌握状况，还可了解学生的情感、态度和价值观的正确与否。

观察法分为两种：一种是课堂观察，指教师对学生在课堂上的一言一行给予关注并加以评说。如观察学生听课或答问时的表情，以评价其知识储备、学习态度和接受能力等。一种是日常观察，指教师对学生在日常生活中的各种表现给予关注并加以评说。如观察学生在下课或集体活动中的表现，以评价其兴趣、爱好和秉性。两种观察法互为补充，则可对学生作出较为全面的评价。

运用观察法，语文教师对学生学习及其活动情况进行全面、细致和深入的观察，获得比较充实、比较客观的事实材料，可以进行科学地分析和说明，使得评价更为客观和准确，减少评价主体的盲目性和主观性，从而使评价更具说服力。观察法最好是在各种教学情境中进行实地的观察，以收集有关个体行为方面的资料。观察法的不足是：单凭观察所得的经验，决不能充分证明其必然性，不能判断“为什么”这一类因果关系的问题，只能说明“有什么”和“是什么”的问题；由于受观察时间和观察情境的限制，在人数多且分散的情况下难以运用观察法。

（五）访谈法

访谈，即访问、交谈。语文课程评价中的访谈法是指教师走近学生或其相关人员，以口头交流的形式获取学生的材料，从而对此加以评价的一种方法。当发现学生有思维或心理障碍时，发现学生言行有不良表现而又不知其因时，特别适用访谈法。

访谈法有几种类型：有正式的，也有非正式的；有个别访谈，也可以开小型座谈会。

运用访谈法关键是要准备好谈话的计划，包括谈话的时间、地点和方式，重要问题的措辞及谈话对象所做回答的分类方法。访谈前尽可能收集有关被访者的材料，对其家庭、经历、兴趣、个性等情况有所了解。访谈时要注意自己的态度和举止，做好心理调控，要以诚相待，热情、谦虚、有礼貌，面谈双方要情感融洽；掌握好发问技术，提问要简单明了，易于回答，同时给学生说明问题的机会;要考虑对方的年龄特征,善于洞察被访者的心理变化,随机应变;谈话内容要及时记录。评价时要根据访谈材料具体问题具体分析。

访谈法比较容易,方便可行,具有较好的灵活性和适应性。特别是团体访谈,不仅可节约时间,还可让访谈对象在发言中互相启发,有利于促进问题的深入。但访谈法也有缺点,面对面的交谈,往往使得访谈对象受到访谈主体的某些影响(如角色特点、表情态度、交往方式等),不能如实的获得访谈结果,也就难以做出客观的评价;如果是逐一个别访谈,则需要教师付出较多的人力、物力和时间,增加评价的前期投入。

(六)成长袋评价法

成长袋又称为成长记录,成长袋评价法是一种动态的发展性评价,又是注重过程的形成性评价,也是一种典型的质性评价,它是新课程所倡导的一种新式课程评价方法。所谓成长袋评价法,就是根据教育目标,有意识地将学生的语文作业、试卷、作文草稿和作文等材料收集起来,通过学生自我解释与反思,语文教师的分析与总结,反映学生在学习与发展过程中的优势与不足,反映学生在达到目标过程中付出的努力与进步,从而鼓励和促进学生取得更高的成绩。

这种评价法首先要做的工作是创建成长记录袋,用以展现学生的努力、成就与进步,捕获学生的问题,描绘学生学习的过程与结果。学生作品是重要的信息来源,是构成成长记录内容的主体。它不同于传统意义上的学生档案,学生档案收集的只是一般信息和学生的奖惩记录、学习成绩、教师评语等终结性材料,而成长袋收集的是学生的各种原始作品,全面、客观、深入、细致地反映学生学习与发展的过程。它也不是无所不包的大口袋,而是有选择地有重点地收集学生迈向语文课程目标的与成长和发展相关的部分材料。在这项工作中,教师主要是起指导作用,激发并帮助学生制作成长袋,不可“越俎代庖”,增加自我负担,应发挥学生的自主性,让学生负责自己成长记录内容的收集、整理和保存等具体工作。

以入选材料的性质不同,可以把学生的成长袋分为三种:

第一，最佳成果型：收集最佳语文家庭作业、最佳语文测验、最佳作文、最佳设计等。

第二，精选型：比上类成长袋内容要多，除以上材料外，还收集语文学习中经典的文章、典型的例题及经一番努力而取得的成果等。

第三，过程型：收集语文学习发展性成果证据，而不是终结性成果。也就是将语文学习过程中广泛的材料加以收集。如作文课中的写作材料、提纲、草稿、修改稿及最终作品都宜收入成长袋。

语文教师可以根据具体情况指导学生采用其中某一种。成长袋材料通常主要有三个部分组成：作品产生过程的说明、系列作品以及学生的反思。

成长袋建成后不是用来装潢，也不是仅用来收藏，而是要发挥它的评价作用。在成长袋的应用过程中语文教师需要做的是和学生一起浏览和回顾其中收藏的资料，欣赏学生的努力、进步和成就，分析学生存在的优势和不足，并提出具体的改进建议，发挥咨询、指导和服务作用。成长袋不仅是为教师对学生的评价提供方便，更重要的是提高学生的自我评价、自我反省能力，因而要让学生自己积极参与成长袋的评价，让学生依据语文课程标准评价自己行为和作品，反思自己的学习过程，从而发现自己的优势和不足，明确改进的目标和途径，增进学习信心和勇气。

成长袋评价法符合课程评价改革发展中以人为本、追求发展的趋势和特点，有许多优势和作用，其好处如下：①能够促进语文教学和评价的有机结合；②重视学生发展的全过程，记录学生的成长历程；③能够提供丰富多样的评价材料，提供学生学习和发展的证据；④能开放地、多层面地、全面地评价学生，反映学生的“完整”面貌；⑤能够个性化地关注学生的成长，促进学生的差异发展；⑥能够使学生体验成功，感受成长与进步，并从中受到激励；⑦能够让学生参与评价、自我负责，有利于提高学生的自我评价、自我反思的能力；⑧能够让语文教师获得关于学生学习得失的大量信息，以改进语文教学；⑨能够增强学生与教师的合作与理解，有利于改进师生关系；⑩便于向家长展示孩子的努力和进步，有助于家庭教育。

成长袋评价法在语文课程评价中尚为新生事物，尽管新课程大力倡导，但真正实施起来还需要有一个不断完善的过程；它本身有一定的局限性，在使用中也出现了一些问题。其弊端是：①工作量过大，教师负担过重；②费时费力，甚至让学生产生厌倦情绪；③内容过多，标准化程度低，不好整理、分析；④长期组建成长袋，容易走形式，走过场；⑤主观性强，很难保证公平、公正。①

思考与练习

1. 传统的语文课程评价有哪些弊端？
2. 教育评价、课程评价和教学评价有什么区别和联系？
3. 语文课程评价有些什么意义和特点？
4. 语文课程评价有哪些功能？该如何发挥这些功能？
5. 语文课程评价应具有哪些理念和原则？
6. 常见的语文课程评价方式有哪些？
7. 常见的语文课程评价方法有哪些？
8. 成长袋评价有哪些好处？

① 周卫勇主编：《走向发展性课程评价》，北京大学出版社2002年版，第64—74页。

第十章　语文教学主体

语文教学主体一度是语文教育理论界颇具争议的问题，争议的焦点即一个主体(学生)还是两个主体(学生和教师)，争议的结果形成了所谓的"单主体论"和"双主体论"。语文教学理论发展到今天，这两种主体论究竟孰对孰错，已经没有必要再去讨论了。在此，本书把作为语文学习者的学生和作为语文教学设计者、语文学习引导者和评价者的语文教师都作为语文教学的主体，理由有两个：其一，语文教学是"学"与"教"的对立统一，学与教既有联系又有区别。从学语文的角度看，学生无疑是语文学习的主体；从教语文的角度看，教师无疑是语文教学的主体；从学与教的统一看，学生与教师相互依赖，相互作用，相辅相成，不存在谁是主体谁是客体的问题，两者皆为语文教学活动的主体。其二，从主体的本质含义来看，所谓主体即与客体相对的具有认识能力与实践能力的人。从这个角度看，作为语文学习者的学生和作为语文学习引导者的语文教师，具有不同的认识和实践功能，可以称学生为"语文学习的主体"，称语文教师为"语文教学的主体""专业发展的主体"等。

第一节　语文学习者

"学生"是一个教育学概念，具体到各门课程中的教学活动，"学生"这一概念将会赋予不同的角色特征，这就如同"男人"是一个性别视角的概念，具体到不同年龄段的男人会有不同角色特征，如男孩、小伙子、老翁等等。在语文课程中，作为语文学习主体的“学生”被赋予“语文学习者”这一特定角色。

一、语文学习者的含义

何谓语文学习者？通俗地讲，语文学习者就是以获取和提高语文素养为目的任务、以学习语文为生涯特征的人。语文素养并非与生俱来的东西，而是通过特定的学习行为获得的性能。这种特定的学习行为就是“语文学习”，或者叫作“旨在获取和提高语文素养的学习行为”。语文学习是人们学习活动中的一种，是个体在一定的环境中因言语经验的习得而导致言语行为、能力和态度改变的过程，其本质是一种问题解决过程，是学习者发现、分析和解决语文问题的过程。[①]这一概念包括以下几方面含义：

其一，语文学习与人的言语经验密切相关。所谓言语经验就是人们在展开言语活动时获得的心理体验和主观感受。也就是说，语文学习是基于言语活动的学习或者说是通过言语活动展开的学习。通过“语文运用”学语文是语文学习的重要特征。在以往语文教学中，有些教师大兴“讲课”之风，把“语文课”变成了“讲文课”，学生的精力用于听讲，缺乏与言语作品接触对话的机会，缺乏获得言语经验的机会，实际上就是剥夺了学生作为语文学习者的权力和功能。

其二，语文学习是在特定的学习环境中展开的。这种学习环境通常由三个系统构成：①言语系统。语文学习的对象即“语”和“文”，这都是人们言语活动的结晶，或者叫作言语作品，这种言语作品除了具有社会交际特征之外，还应具备“学习”的特征——适合学习者学习，能够促进学习者能力、态度等方面的发展。②支持系统。语文学习环境与一般言语交际环境的最大区别就在于此。一般言语交际环境只要有交际任务、交际主体即可，而语文学习由于存在一定的问题空间，学习者通常需要借助一定的工具（如课文、字典、参考书等）和其他手段（如教师的点拨、讲解，同学的启

① Smith,E.E,Adams,N.,&Schorr,D.(1978).Fact retrieval and the paradox of interference. Cognitive Psychology,10.

发、帮助等)才能顺利解决问题。这种支持系统是语文学习的物质保障。③心理系统。语文学习是一种复杂的认知、情感活动过程,这一过程的能否顺利展开与学习者的原有知识、技能以及学习动机等有一定的关系。同样一个文本对不同知识经验水平的学习者来说“学”的可能性是不同的。例如,李白的《静夜思》对古典文学研究生来说最多只能是个“读本”,而对于小学生来说则是个“学本”,根源在于这两类学习者的知识结构、能力结构存在很大差异。

其三,语文学习与个体“语文性能(即素养)”的变化密不可分。判断个体是在进行“言语活动”还是在进行“语文学习活动”唯一的标准就是看其语文性能有无变化。所谓语文性能,就是通过语文学习获得的心理品质包括言语行为、言语能力和内在倾向等。语文性能是语文学习顺利展开的条件也是语文学习的结果。如果个体通过言语活动使自身的言语行为、言语能力、言语倾向(动机、态度)三个方面或者某个方面发生了一定程度的变化,如朗读行为变得更加流畅、句子理解更加准确,或者更加喜欢阅读某类题材、体裁或某个作家的作品等,这就表明这个人所从事的活动是语文学习活动,而非一般的言语活动。如果某个读者尽管非常专注地阅读,接受了文本的信息,获取了一定知识,而阅读性能没有任何变化,这表明这个读者只是在从事阅读活动,或者是通过阅读从事相关的学习活动(如学历史、学地理、学科学知识等),而没有从事语文学习活动。

从事语文学习活动的个体,虽然也是言语活动者,但他的言语活动与一般人的言语活动有着本质的区别。他(她)不是《红楼梦》里那位痴迷于王维、杜甫的香菱,也不是遨游于网络文学世界的文学少年,更不是每天查阅大量研究资料的大学教授,而是教育学意义上的“被塑造者”,“被培养者”,这种言语活动者我们可以称之为语文学习者。从这个意义上讲,所谓语文学习者是指以语文素养提升为目的、以言语活动为途径,通过言语活动使自身的言语行为、能力和倾向等方面产生变化的个体和群体,其基本角色特征是一个学习者。所谓学习者就是以学习为目的、从事特定的学习活动并使自身在行为、知识、能力、态度、品质、个性、习惯等方面产生稳定而持久变化的人。判定一个人是不是一个学习者,可以从为什么学(学习目的)、学什么(学习内容)、怎么学(学习方法)、学得怎样(学习评价)等维度入手。同样,我们也可以从这四个维度来认识语文学习者。

第一,从学习目的上看,语文学习者旨在获取和提高语文素养。一般学习者是以语言为手段获取信息的人,他们也有明确的学习目的,但他们的学习目的是获取某方面信息或知识,如公务员学习上级文件,学生阅读历史课本;或是提高某方面能力,如学习驾驶的人看驾驶技术方面的书训练驾驶技能。唯独语文学习者把获取和提高言语活动能力和动机作为言语活动的目的。

第二,从学习内容上看,从事学习活动的学习者可以分为两类:一是“通过言语展开学习的人”,二是“通过言语学习语言的人”。前者指的是把言语作为手段或途径获取相关知识、技能、价值观等。其学习内容为特定领域的知识、技能和价值。如通过阅读历史教材学习历史的人,其学习内容为历史知识和对特定历史人物、历史事件应有的态度,可以称之为“历史学习者”。通过阅读地理课本学习地理的人,其学习内容为地理知识和运用地理知识解决实际问题的技能,可以称之为“地理学习者”等;后者把“学习言语”作为核心学习内容。所谓学习言语就如学习驾驶一样,是学习做事的能力和本领。要学习驾驶,就要学驾驶的方法、技术,明确驾驶应注意的问题。学习言语也是重在学习言语的方法、技巧、路径、要领等,这种学习者即语文学习者。也就是说,从学习内容上看,判定一个人是否属于语文学习者,不是看他从言语中获得了什么东西,而是看他通过言语活动是否获得了顺利展开言语活动的本领。

第三,从学习方法上看,与言语活动相关的学习者也可以分为两类:一类为“言说法”,一类为“学说法”。“言说法”重在“言”,即学习者把言语作为一种特定的学习方式,或者说把言语作为获取知识能力的一种途径或手段。当然,学习者除了运用言语这一手段之外,可能还会运用其他的学习方式,如听课、做笔记、讨论、实地观摩等;“学说法”重在“学”,即学习者把“说”作为学的对象,而至于如何学则可能采用多种方法,如听老师范读、查字典扫除生字障碍、与同学交流阅读技巧、写阅读心得,当然也包括采用朗读、默读等方法。这就是说,作为语文学习者,他与一般学习者的不同之处在于:一般学习者把言语作为一种学习方法,而语文学习者把言语作为一种学习对象。

第四,从学习评价上看,对一般学习者的评价重在考察“通过言语学了什么”,对语文学习者的评价重在考量“言语学得怎样”。“通过言语学了什么”核心是评估信息的获取情况,包括获取信息的数量和质量,如懂了什么道理,接受了什么知识以及接受了多少知识等;“言语学得怎样”核心是评估是否能够运用言语进行交际,如是否能够认读字词,是否能够理解句意,是否能够分段、概括段意,是否能够概括中心,是否能够分析和鉴赏文本的结构、写作手法、语言特色等。

二、语文学习者的语文素养

语文学习者与一般学习者或其他学科的学习者的最大区别就是以获取和提升语文素养为学习目的。科学认识语文素养的结构、功能和特征,既是认识语文学习者的前提和基础,也是科学分析语文学习者特征和功能的有效途径,还是语文教师分析学生的“学情”的重要依据和路径。

(一)语文素养的先天遗传基础

现代认知心理学的研究结果表明:个体的语文素养与其先天遗传基础有一定的关系,个体的先天遗传基础对其获得和运用语言的整个过程都产生很大的影响。在这方面最有影响的研究成果是以乔姆斯基(A.N.Chomsky)为代表的先天语言能力说。

乔姆斯基在研究语言中发现,有许多现象是结构主义语法和行为主义心理学所解释不了的。例如,一个儿童一般在五六岁时就可以掌握母语;这个年龄的儿童的智力还很不发达,学习其他知识(如数学,物理)还相当困难,而学习语言却相当容易。在这么短的时间内,母亲或周围的人都不可能对儿童进行系统的语言训练,至少没有课堂上的那种系统的讲授和操练,母亲也绝不像教师那样不厌其烦地去纠正儿童的言语错误。儿童在五六年之内所接触的话语是有限的,然而,儿童学到的句子却是无限的,儿童可以说出从来没有说过的句子，也可以听懂从来没有听到过的句子，这种语言的“创造”现象，用“白板说”或“刺激—反应”说都是解释不通的。

不仅如此，儿童在学习其他知识时常常表现出天赋方面的差别，有人善于学习数学，有人善于学习操作技术。在学习母语上，这种差别却十分少见，五六岁儿童的语言水平基本相仿。此外，儿童的生活环境虽然是千差万别的，物质上和精神上的经验也各不相同，而这种差别却并不影响他们对母语的习得，环境悬殊很大的儿童达到的语言水平也大致相同。最后，儿童学习母语显得非常容易，就像学走路一样，似乎根本不用学，但即使让最高级的动物学会人类的语言也是根本办不到的事。根据种种现象，乔姆斯基说：“很难令人相信，一个生来对语言基本性质毫无所知的机体可以学会语言的结构。”[①]他认为，儿童天生有一种学习语言的能力即先天“语言习得机制”（language acquisition device，简称LAD），它使一切正常儿童，只要稍许接触语言材料，就能在几年之内习得母语。人脑的初始状态包括了人类一切语言共同具有的特点，可称为“普遍语法”（universal grammar）或“语言普遍现象”（linguistic universals）。“普遍语法是构成语言学习者的‘初始状态’的一组特性、条件和其他东西，所以是语言知识发展的基础。”[②]普遍现象有两种：形式普遍现象（formal universals）和实体普遍现象（substantive universals）。前者指的是描写世界各种语言必须使用的有关音位、句法或语义的范畴，后者指的是出现在语法中的规则的性质，以及它们之间发生联系的途径。比如一切语法的句法部分都要包括转换规则，使深层结构的意义表达于表层结构之中。

乔姆斯基的研究在一定程度上启示我们：人的语言行为有特定的先天机制或遗传基础。皮亚杰也承认先天语言机制的存在，但他认为这种机制是一般的加工能力，或“先天Schema（图式）”，它适用于包括语言活动在内的一切认知活动。斯诺宾在1971年对这种先天图式做了具体解释：“儿童大脑的先天构造是这样的，它可以加工、整理构成人类语言特点的那些结构……这并不是说语法体系本身是先天知识，但是儿童有先天的办法来加

① N.Chomsky, Aspects of the Theory of Syntax,The MIT Press,Cambridge,Masschusetts,1965, p.58 .

② N.Chomsky, Rules and Representations, Cambridge University Press Cambridge, Massachusetts ,1980, p.69.

工材料，组成内在结构。”①在此基础上，信息加工心理学对这种内在机制做了进一步的揭示：从信息输入来看，人的视觉敏锐度和听觉敏锐度是受遗传制约的，它们直接影响人的阅读能力和听话能力；从信息的内部加工来看，个体的工作记忆容量是由遗传决定的，一般都在7－2到7＋2之间，这表明个体在某一时刻记忆的语言信息有限，同时也说明个体之间的工作记忆水平存在差异；从信息的输出来看，个体提取语言信息的速度受到遗传的制约，如，作文中“挤牙膏”和“倚马可待”的鲜明对比，就在一定程度上反映了学生提取速度的先天差异。对于这些和其他由遗传决定的学生的品质，教学的目的不是通过学习去改变它们，相反，应“避免超越人类潜能（Capacities）”。

（二）语文素养的发展基础

构成语文学习者语文素养中的一些成分是其身心自然发展的结果。哈佛医学院的心理学家伦内伯格（E.H.Lenneberg）在1967年发表的重要著作《语言的生物学基础》（The Biological Foundation of Language）一书中对此进行了论述。他提出儿童语言获得是一个受发音器官和大脑等神经机制制约的自然发展过程，并且与运动发展有一定的对应关系。例如，儿童的口腔肌肉和手腕肌肉如果没有发育成熟到一定水平，进行说话和书写活动是难以想象的。以此为出发点，许多心理学家进一步研究了大脑成熟与语言发展的关系。研究结果表明在人的大脑中与语言有关的自然发展的神经机制主要有三种因素：

1.智力（IQ）

智力，是指智力测量所测得的结果。斯腾伯格把它定义为指向于有目的地适应、选择和改造与自己的生活有密切关系的现实世界的心理活动。他认为智力有三项因素：解决问题能力、言语能力和社会胜任能力(Social competence)。其中言语能力即我们所说的语文素养，它指的是：说话清晰，言语流利，善于交谈，阅读中达到高度理解，写作无困难，有效地与人交往，接受社会规范，尝试新事物等。有许多心理学家用不同方法在个体身

① 转引自李宇明著：《儿童语言的发展》，华中师范大学出版社1995年版，第50页。

上测量到了“流体智力”与“晶体智力”，后者是通过阅读理解和词汇等测验项目测量到的，这指的就是发展中形成的语文素养。

智力无疑是影响学习的一个重要因素。近一个世纪以来，人们几乎一致公认，在传统的教学条件下，智力是学习成绩的一个可靠的预测指标。也就是说，学生的智商越高，学习成绩就越好，而且他们将来接受的教育水平也越高。当然，学习成绩与智商分数之间的相关程度，在不同的年级是有区别的。两者的相关系数在小学阶段为0.6—0.7，中学阶段为0.5—0.6，大学阶段则为0.4—0.5。这种区别很可能与不同学习阶段的淘汰率有关。其次，智力对学习的影响与学科的性质有着密切的关系。阅读、作文等成绩与智商的相关最高（中学阶段为0.6—0.7），数学和自然科学次之（约为0.4—0.5），写字、手工、画图和体育的成绩与智商的相关最低（约为0.2）。学习内容越是要求学生对信息作复杂的认知加工，则智力与学习总量的相关程度越高。这也就意味着，倘若改进教学方法，使教学对学生认知加工的要求降低，则智力与学习总量之间的相关便下降。最后，智力并不影响学习是否发生，即智力不是影响某一知识是否能被学生学会的因素。它主要影响学生学习的速度、数量、巩固程度和学习的迁移，进而影响学习成绩的。

2. 言语风格

言语风格是指个体对某种特定言语活动方式的喜好，它是认知风格的具体表现。认知风格，又称认知方式（cognitive style），是指个体知觉、记忆、思维和解决问题等认知活动中加工和组织信息时所显示出来的独特而稳定的偏好。学生之间的认知方式差异可以分为场独立（field independence）与场依存（field dependence）两种。一般而言，场独立型认知方式的人，常常利用自己内部的参照来判断客观事物，不易受外来因素的影响和干扰，认知独立于周围的背景，倾向于在更抽象的和分析的水平进行加工，独立对事物作出判断。场依存认知方式的人则倾向于以外部参照作为信息加工的依据，他们的态度和自我知觉更容易受周围的人们，特别是权威人士的影响和干扰，善于察言观色，注意并记忆言语信息中的社会内容。具有这两种认知风格的人加工语文信息的方式有很大区别的。如在写作活动中，场依存型的人倾向于依赖范文和其他材料，更易受他人暗示，甚至人云亦云；而场独立型的人则偏向于在自己长时记忆中搜寻材料，能够独立思考，作品中“时出惊人之语”。①在阅读活动中，场独立型的学生常常根据自己的原有观点来解释课文，而且能够“见人所未见”；场依存型的学生则偏重于对作者观点的接受。

必须指出，言语风格只是学生对信息加工方式的某种习惯性偏好，言语风格不同的人，可以取得同样好的学习结果，这表明言语风格没有优劣好坏之分，它主要影响学生所采取的学习方式。另外，言语风格还影响学生对学习内容组织程度的偏好。一般而言，场依存型的学生喜欢别人向他们提供结构严谨的教学指导，而场独立型的学生则讨厌“菜单式”的指导，爱自由自在的学习，较易适应结构不严密的教学。沉思型的学生比较适宜于学习需要详细分析的学习材料，冲动型的学生则比较适宜于不太需要注意细节或应急的学习任务。

3. 人格特质

人格特质是心理测验所揭示出的个体加工信息的内在倾向，包括焦虑、动机、性格等。人格特质虽然不是语文能力的组成部分，但是它往往通过语文能力的运用表现出来。如从听说活动来看，性格外向的学生，通常喜欢与人交往，经常在他人面前发表自己的见解，相反，性格内向的学生则较少向他人表露自己的意见；在写作过程中，性格急躁的学生常常拿笔就写、一气呵成，而性格和缓的学生则倾向于左思右想、不紧不慢；阅读时，动机强的学生往往有“一睹为快”的念头，读起来一目十行，动机弱的学生则偏向于咬文嚼字、细加品味。

（三）语文素养的习得机制

语文素养虽然与先天遗传和后天发展有关，但是，从根本上看还是个体通过语文学习获得的，是一种学习结果。根据现代学习论中的学习结果分类理论，我们将语文学习结果分为如下四类：

1. 语文知识

语文知识有广义和狭义之分。广义的语文知识指语文课程所包含的所

① 何更生：《写作的个性差异与因材施教》，《教学月刊》1999年第5期。

有语文信息，包括语音知识、汉字知识、语法知识、修辞知识、文学知识、文章知识、社会生活知识和科学文化知识等。狭义的语文知识本质属于陈述性知识或言语信息，指关于事物名称、状态、性质、特征、功用及事物之间关系的知识，或者说是关于世界“是什么”和“为什么”的知识。陈述性知识有两个显著特点：一是在长时记忆中通过表象、命题和命题网络等方式表征，二是有明晰的提取线索并能够被人用语言加以陈述。由于语文学习具有鲜明的情境性或语境性，因而，学生通过语文学习获得的陈述性知识在记忆系统并非彼此孤立存在，而是相互联系并能够围绕一定的主题组成一个个具有一定结构性和层次性的知识单元即图式，因此，作为语文学习结果的语文知识就是语文图式。语文图式总体上可以分为语文内容图式和语文形式图式，前者是关于语文所传递的信息的意义，即言语“说了什么”或文本“写了什么”的知识；后者是关于语文本身的名称、形态、特征、功能等方面，即“语文是什么”或“语文怎么样”的知识。语文内容图式因主题不同可以分为不同的亚图式，诸如事物图式、人物图式、事理图式、事件图式、场景图式等。其中，每类图式还可以进一步分为更多类别、更多层次的亚图式。如人物图式可以因人的年龄、性别、职业、学识等的不同分成不同的亚图式，如女大学生图式、老中医图式、新手教师图式等。需要指出的是，语文内容图式中有相当多的成分与生活知识和其他学科知识有关。例如，学生从鲁迅小说《祝福》一文中习得的“祥林嫂图式”——有关旧社会受压迫受摧残“这一类”劳动妇女形象的知识，就包含着他们在生活中习得的各种与中年妇女相关的知识；再如，学生学习说明文《中国石拱桥》所建构的石拱桥图式，既包含着他们通过生活经验、各种影像媒体获取的有关石拱桥的表象知识，也包含他们从历史、地理、物理等其他学科中获得的有关石拱桥的命题和命题网络知识。语文形式图式包括语体图式和文体图式两大类别。前者是有关语言的名称、类别、性质、特点、功能等方面的知识。例如，文言虚词图式，就包含文言虚词的本质和特点（是什么）、种类（有哪些）和作用（怎么样）等方面的知识；后者是有关文本的名称、性质、特点、功能作用等方面的知识。如散文图式就是个体有关散文名称、本质、特点、类别、作用等方面的知识。同样，语文形式图式也包括各种不同层次的亚图式,如诗歌图式包括抒情诗图式、叙事诗图式、格律诗图式等亚图式,其中格律诗图式还可以分为五绝、五律、七绝、七律、排律等多种亚图式。这里必须强调是,作为语文知识的语文形式图式与构成语文技能的语文概念和规则是有区别的,两者的区别在于:前者通过语言(陈述)提取,后者通过做事(阅读、写作、口语交际)提取。例如,如果学生能够说出文言虚词有什么特点、有哪些作用等,表明他习得的是文言虚词图式;如果他在阅读一篇文言文时能够理解某些虚词的意思或分析它们在文本中的作用则表明他习得的是一些语文概念和规则,即语文技能。

这里需要指出的是,语文形式图式是语文课程的基本内容,也是语文教学内容的重要组成部分;语文内容图式是生活教育的基本内容和其他课程如思想品德课、政治课、历史课、地理课、数学课、物理课、化学课等的基本内容。在语文课程没有作为独立的课程存在之前,语文形式图式和语文内容图式往往是融合在一门课程之中,以综合课程的形式存在的;自从20世纪初语文课程独立设科之后,语文课程只承担语文形式图式的教学任务,语文内容图式的教学任务由其他课程承担。

2.语文技能

语文技能从本质上讲属于程序性知识,是指个体习得的运用语文概念和语文规则在一定的言语情境中进行交际(听说读写)的能力。在现行语文教育理论与语文教育实践中,人们往往用语文能力代替语文技能。在科学心理学看来,能力与技能是有区别的。能力既包含习得的成分,也包含先天遗传和后天自然发展的成分。如某个人口语能力强,既与他(她)通过学习获得了一定的语言知识和口语技能有关,也与他的遗传基础和所处的年龄阶段有关。试想一个先天哑巴或结巴或者一个没有满周的婴儿再怎么学习也不可能有很强的口语能力的。由此可见,语文技能就是特指通过语文学习获得的听说读写能力,其本质就是运用通过语文学习获得的语文概念和语文规则能够对外办事——处理外部言语环境中的交际问题的能力。

现代认知心理学根据程序性知识在提取时是否需要意识的监控,将技能分为可自动化的基本技能和需要意识监控的高级技能。据此,语文技能也可作如下分类。

(1)语文基本技能

它指的是个体习得的在一定的语言情境中能够自动化运用语文概念和语文规则进行听说读写的能力。具体包括以下几种:一是语音辨别技能,即运用汉语语音规则感知、识别汉语语音的能力;二是发音技能,本质属于动作技能,是一套汉字发音规则支配口腔、咽喉和气管等部位肌肉协调活动的能力;三是说话、朗读技能,是流畅运用词汇、词法、句法、韵律等规则进行口头表达的能力;四是书写技能,指运用一套汉字书写规则支配手指和手腕的肌肉协调活动的能力,其表现形式是写字和打字,也属于动作技能;五是语感技能,是指运用汉字、词汇、语法、修辞、逻辑等语言概念和规则自动化地进行言语理解和语言表达的能力,包括汉字识别技能、词汇理解和运用技能、句子理解和表达技能等。

(2)语文高级技能

它是指在一定的言语交际情境中,个体根据交际任务综合运用相关语文概念和语文规则能够解决言语交际问题的能力,其心理机制是使个体通过符号或观念的使用同自身的言语环境相互作用的过程。具体可分两种类型,一是句子理解和产生技能。作为高级技能的句子理解和产生技能不同于作为基本技能的语感技能之处是:个体在运用概念和规则进行言语理解和表达时,需要通过注意、记忆和思维活动有意识地对句子进行加工,要在一定的语境中联系上下文对句子内容和形式作周密的考量,明确接受或表达什么及如何接受和表达。例如,宋代诗人王安石在创作诗句“春风又绿江南岸”时就曾经对本句是用“绿”还是用“到”进行反复推敲,这种句子产生能力就是典型的高级技能。二是语篇理解和表达技能。指根据篇章(围绕一定主题而组织的语句)组织的若干规则对语句、语段进行理解分析和安排布局的能力。语文学习中的段落分析、段意概括、主题思想和写作手法的分析、写作思路的分析等属于语篇理解技能;写作中的审题、立意、选材、组材、剪裁、过渡照应和开头结尾等以及口语交际中对表达内容和形式的构思等属于语篇表达技能。

3.语文策略

语文策略又称为语文认知策略或语文策略性知识,是一种特殊的程序性知识。其实质是个体运用一套通过语文学习获得的、旨在提高言语交际活动或语文学习活动质量和效益的认知方法来监控认知过程的能力(或性能)。具体可分为以下两大类:其一,语文认知方法或语文学习方法。语文认知方法指个体习得的在言语活动或听说读写活动中提高记忆、注意和思维等效益的一套方法。包括言语感知方法(如“兼听则明偏信则暗”)、言语记忆方法(如思路记忆法)、言语注意方法(如跳读法)和言语思维方法(如逆向思维法)等。国内外语文教育界人士总结出来的各种听说读写方法中很多都属于这类学习结果,如阅读方面的“四遍八步读书法”“SQ3R 读书法”,写作方面的“开门见山法”“伏笔照应法”“卒章显志法”,口语交际方面的“看人说话”“看场合说话”“逢人只说三分话”等方法。语文学习方法也称语文学习策略,是个体习得的一套专门用于控制语文学习活动中的认知过程的方法,如预习法、浏览法、评点法、比较法、圈点勾画法、熟读精思法等。学生如果习得了这些方法,并且能够有意识地运用这些方法来改进自己的语文学习活动,提高语文学习效率,这便说明学生获得了语文学习策略。其二,语文监控能力。即对自己言语活动与语文学习优、缺点的意识和监控水平。认知心理学研究表明:个体在言语活动和语文学习活动的整个过程中都需要对认知过程实施监控,这种监控具体包括以下几方面:①对言语活动或语文学习活动目的意义的控制,如为什么要阅读古诗词,为什么要预习课文等;②对言语活动或语文学习任务难度的认知,如认识到读先秦作品比读通俗小说难度大,学认字比学写作文容易等;③对言语活动或语文学习过程的控制,如用什么方法赏析古诗词,用什么方法学剧本,什么时间读武侠小说等;④对言语活动或语文学习效果的控制。如一堂语文课结束后对学习情况进行自我反思和评价等。

在此需要指出的是,在语文教育实践中,对语文策略这一类的学习结果,人们习惯于用“方法”表述。其实,在科学心理学看来,“方法”的本质属于陈述性知识;而“策略”是个体对“方法”与任务情境关系认知的技能即程序性知识。例如,从芜湖到北京有很多方法——可以乘汽车、绿皮火车或高铁,也可以骑自行车,甚至可以步行。如果个体学习的不是这些方法本身,而是学习用什么样的方法有助于特定目的任务的达成即对这些方法功能的认知——如果目的任务是尽快到达目的地，那就应该乘高铁；如果目的是锻炼身体那就应该骑自行车或步行等，这就表明学生学到的是“策略”。显然，要让学生通过语文学习提高语文核心素养，不能只让学生习得各种听说读写的方法，更要让学生能够灵活运用有效的听说读写方法来解决复杂言语交际情境中的各种实际问题，这就需要学生习得对听说读写方法与交际任务情境关系的认知的技能。因此作为与语文知识（包括听说读写方法）相对应的语文学习结果应该是语文策略。

4.语文态度

语文学习是认知活动与情意活动的有机统一，语文学习结果中也必然具有情意学习的因素，态度就属于该类学习结果。关于态度，心理学界有过很多定义，目前学术界公认较好的定义有两个：一是弗里德曼（Freedman）的定义，认为态度是个体对某一特定事物、观念或他人稳固的由认知、情感和行为倾向三个成分构成的心理倾向；二是阿尔波特（Allport）的定义，主张态度是心理的和神经中枢的准备状态，是个体通过经验而组织的、对有关对象或情境的反应。这两个定义具有如下共同的教育含义：其一，态度是行为反应的内部准备状态，它能够使某些行为的出现成为可能，而不是行为反应的本身。例如一位语文学习态度认真的学生，在课堂教学中总是能够认真听课，课外总是能够认真做作业，至于听课是否理解、作业水平如何则与能力有关。其二，态度与情感密切相关。心理学研究表明，态度与认知的最大区别在于：其表现形式是对外界事物的内在感受（如美感、道德感、理智感等）、情绪活动（即“喜欢-厌恶”“爱-恨”等）和意向活动（如期望、企图、心向等），而非对外界事物的认识或心理加工。其三，态度是通过后天的经验组织或学习获得的，不是先天遗传的。明确这一点对厘清错误的认识是非常重要的。在语文教育界，人们习惯于用“情感”而不用态度，从科学心理学来讲是有问题的，正是因为忽视了两者与学习的关系：态度是习得的；情感有的是习得的，有的是先天遗传的或发展中形成的。比如，一个小伙子在公交车上乍见到一个漂亮的女孩感到可爱舒心，后来看见这个女孩欺负一个老年人便感到很讨厌甚至很愤怒。两种情况都是情感活动，但前者是本能的情绪使然；后者是习得的态度使然。这就是说，通过学习获得的对事物特定的情绪体验(是积极还是消极、是正面还是负面)是态度。再如,学生学习杜甫的《登高》时,感受到了诗中的"孤独"之情。人们往往认为学生学到了孤独的情感。其实,这种孤独情感本身与本能情绪和生活经验有关,而非在本诗中习得。试想,一个缺乏七情六欲或从未体验过孤独为何物的人绝对不可能因为学了《登高》一下子便变成了一个"有情人"了。这就是说,学生在诗中学到的不是孤独的情感,而是对作者所表达的孤独情感的态度:是感同身受或满怀同情(正面,肯定)还是无动于衷甚至嗤之以鼻(负面,否定)。

所以,语文态度就是通过语文学习获得的、决定选择某种言语活动或言语学习行为的内在倾向。主要包括两个方面:一是对语文学习的态度,即对学习语文或语文学习活动是喜欢还是讨厌,是趋向还是背离等。如对于学习写作文,有的学生情有独钟,趋之若鹜;有的学生则望而生畏。语文教育界一度流行的"中学生有三怕:一怕文言文,二怕周树人,三怕写作文"即指此类态度。需要指出的是,这类态度与教育心理学所讲的学习动机有关联。但是,学习动机不完全是学习结果。例如,为了得到家长的奖赏,孩子增强了学习动机。这并不意味着孩子的学习态度有本质改变——家长一旦不给奖赏了,孩子可能又会厌烦学习。二是对语文内容的态度,即对言语作品中的人、事、物、观点等是喜爱、肯定、赞成还是厌恶、否定、反对。这类态度与构成一般情感的美感、道德感、价值感等密切相关,因而可以称之为语文情感态度。例如,学生学习朱自清散文的《背影》,对文中身体肥胖艰难爬过铁路为儿子买橘子的父亲形象,有的学生觉得可笑,有的学生则感到可敬,之所以会有如此差异,是因为学生的道德感不同或审美观、价值观存在差别。

第二节 语文教师

教师作为一种专业人员已成为社会各界的共识,语文教师作为教师队伍中人数最多、对学生影响最大的专业人员,富有特殊的专业素养要求,明确这些要求无论对职前语文教师培养,还是对职后语文教师专业发展都是至关重要的。

一、语文教师的专业素养

语文教师专业素养有广义和狭义之分,广义的语文教师专业素养指一个语文教师在专业知识、专业技能、专业品格等方面所具备的特征或达到的水准;狭义的语文教师专业素养则特指一个合格或者称职的语文教师在顺利从事语文教育教学工作方面应该具有的知识结构、能力水平和师德师风等。本书采用的是狭义专业素养。那么,要成为一名合格的或称职的语文教师应该具备怎样的专业素养呢?

(一)语文教师的专业知识

教师专业知识是指教师对与教育教学工作和所任教课程相关的各类知识的掌握程度以及知识之间的结构关系。作为知识分子队伍中的一员,语文教师必须具有一定知识水平;作为专业技术人员的一分子,语文教师必须具有与其他职业不同的专业知识。那么,语文教师应该具备怎样的专业知识呢?对此,目前学术界尚没有完全一致的认识。但近30多年来世界各国教育科研人员有关这一问题的研究成果十分丰硕,比较一致的看法有:广博的一般科学文化知识、扎实的语文学科知识和厚实的教育理论知识。

1.一般科学文化知识

一般科学文化知识也称为基础性知识是指教师作为一名不同于普通民众的知识分子应该掌握的富有“普适性”的文化和科学技术知识,例如,哲学、历史学、政治学、社会学、自然科学、信息技术、通信技术等相关学科的知识。在新课程改革背景下,一名称职的语文教师尤其要具备如下知识:

(1)优秀传统文化知识

这是语文教师作为一个“文化人”必须具备的知识结构,也是语文教师落实立德树人根本任务必备的知识基础。向学生传承优秀传统文化,树立文化自信,达到“以文化人”教育目的,是当代语文教师的光荣使命。要完成这一使命，语文教师自身必须具备广博深厚的优秀传统文化知识，能够通晓洞悉中华民族五千年文明历史，能够对近三千年文化史中优秀中华文化经典如数家珍，即使不能达到“精熟”水平，也决不能挂一漏万、一知半解。

(2)现代信息科学知识

这是语文教师作为一个“新时代”教育工作者必须掌握基础知识。当今的语文教学绝对不会也不能回到传统“刀耕火种”的“原始”时代，那种“一张嘴、一本书、一支粉笔”就可以教好语文的幻想是绝对不现实的。一个对现代信息科学和技术十分陌生或者浅薄的教师，绝对不是一个当今社会的合格教师。因此，语文教师要掌握基本的信息科学知识如人工智能、网络技术、通信技术等，能够将信息科学知识运用到语文课程之中和语文教学之中，要不断学习，与时俱进，关注教育信息技术的发展。

(3)人文科学基础知识

这是语文教师作为一名人文学科教育工作者应该具备的知识基础。人文科学包括很多学科，对语文教师来说，尤其要学一些哲学知识、社会学知识和历史学知识。哲学既是世界观又是方法论，掌握哲学知识对语文教师认识世界、改造世界具有重要指导作用；社会学是人们认识社会的工具。语文教学活动从某种意义上说就是一种社会活动，只有把握社会活动规律和学校社会活动特点，才能把语文教学活动开展得富有成效；“文史不分家”，精通历史知识有助于促进语文知识的学习。语文教师如果对历史知识一窍不通是很难胜任语文教学工作的。

2.语文学科知识

语文学科知识也称为本体性知识，主要包括文字学、语言学、文学、文章学、文艺学、写作学、美学等学科知识，是语文教师从事语文教学工作的基本凭借，也是语文教师在知识结构方面区别于其他学科教师的标志所在。对当今语文教师来说，尤其要具备如下语文学科知识：

(1)语言学知识

语言学包括语音学、文字学、现代汉语、古代汉语和语言学概论等，是构成语文教师“看家本领”的重要因素。语文教师作为一名语言工作者工作、学习和生活中要运用语言，作为一名语文教育工作者更要引导学生学习语言;如果一个语文教师和普通人一样,只会用语言交际或工作而不知道其中的道理,知其然不知所以然,是不能扮演好语文教育工作者这一重要角色的。例如,教学现代文不懂语法知识和修辞知识,教学文言文不懂文言实词、虚词、通假字、省略句、判断句等古代汉语知识,教师自己也许可以因文"悟道",但绝对无法向学生"释道"和"传道",也就不能有效指导学生解读文本。

(2)文学知识

文学知识由古代文学、现当代文学、外国文学和文学概论等学科知识构成。文学作品在中小学语文教材中占据"半壁江山",而文学作品的教学离不开文学知识的教学。例如,语文教师教学鲁迅的短篇小说《祝福》,如果对作家知识、作品知识、小说文体知识(如情节、人物、环境等知识)一无所知,就会出现把这篇课文上成"讲故事"课或"语言积累"课。同样,教学曹禺戏剧《雷雨》,教师缺乏戏剧文学知识,对台词、潜台词、对白、自白、矛盾冲突等概念毫无所知,也会把剧本阅读课上得面目全非。

(3)文章学、写作学知识

在中小学语文教材中很多选文都是体裁各异的文章,包括记叙文、说明文、议论文、应用文等,每一种体裁的文章都蕴含着特定的文体知识,语文教师只有引导学生掌握和运用这些知识才能准确解读"这一类"文本。例如,教学《拿来主义》,必须按照议论文或说理文的特点,引导学生分析文章的论点、论据和论证方法才能把握这篇课文的精髓。这就要求语文教师必须具备较为扎实、深厚的文章学理论知识。此外,语文教师指导学生写作,一方面要依据各类文章的"体式特点",另一方面要依据审题、命题、选材、组材、构思、布局谋篇、遣词造句、修改完善等写作规律,其中都涉及各种写作学知识。

3.教育理论知识

教育理论知识也称为条件性知识,包括教育学理论知识和心理学理论知识,是语文教师进行教学设计、引导学生展开语文学习以及进行语文教学评价的思想武器,是语文教师展开语文教学研究的理论依据,也是语文教师实现专业发展的重要基础和条件。教育学理论包括教育原理、教育史、课程论、教学论和学科教学论等，其中，对语文教师专业发展来说，最重要的是语文教学论理论知识，本书对此已做了全面系统阐述，在此不作论述了。

语文教师还必须掌握一定的心理学理论知识。现代心理学在认识的发生发展方面、在能力结构及其发展方面、在疲劳研究、记忆原理、心理语言以及暗示和潜能研究等方面都取得了很多重要成果，将这些成果应用到语文教学之中会有效提高教学质量和效益。遗憾的是，有的教师在教学过程中，往往凭个人主观经验办事，不按照学生心理活动规律展开语文教学，甚至对心理科学的新成果持怀疑态度；有的语文教师常常用"题海"战术或让学生抄几十甚至上百遍的词语、句子甚至课文等来加深学生的记忆，这样做增加学生的负担，影响学生健康发展，而且会引起学生的厌烦情绪，导致学生厌学怕学。如果语文教师掌握了一定的心理学知识就会出现截然不同的状况。例如，心理学的研究表明，学生超额学习的量以比刚能达到掌握的学习量增加50%为宜，过少容易遗忘，过量又可能引起厌烦情绪。针对这一特点，教师应不断变化教学形式，尽量做到既保持适量过度的学习，又使学生不至感到单调和厌烦，这样做可以收到较好的教学效果。此外，语文教师掌握了扎实的心理学知识，就可以认识学生的个性差异和特征，采用有针对性的教育方法和手段，因材施教，达到充分发展学生个性的目的。每一个学生由于所生活环境的不同，或者由于先天遗传的因素，心理品质千差万别。教师只有在了解学生的心理特征后，才能采取有针对性的教学策略。如多血质型学生在学习中显得不知疲倦，对学习新的、难度大的教材感兴趣，思维敏捷，能迅速回答问题，但下课后不能积极复习，作业马虎；抑郁质型学生学习易疲劳，对学习难度大的新教材颇感困难，反应缓慢，然而课后能花时间复习，作业认真，能深入思考。因此，两种不同心理品质的学生都有取得优异成绩的可能，教师必须仔细观察学生的个性心理特点，尊重学生的个性，才能使教育教学工作收到预期的效果。

（二）语文教师的专业能力

教书育人是语文教师的工作职责也是语文教师的工作内容，要做好这项工作语文教师必须具备“教书育人”的能力。对不同学科的教师而言，教书育人能力的内涵是不同的；教师在语文课程中顺利完成教书育人任务必须具备的能力就是语文教师的专业能力，主要包括以下几个方面：

1.语文能力

提高学生语文核心素养是语文教师肩负的重要使命；而语文能力是构成语文核心素养的关键能力，因此，培养学生语文能力是提高学生语文核心素养的不二法门。要培养学生语文能力，语文教师自身必须具有较高的语文能力，这是不证自明的。何谓语文能力？说白了，语文能力就是运用语文进行听说读写的能力包括阅读能力、写作能力和口语能力三个方面。语文教师这三个方面的能力都要达到较高的水准。

(1)阅读能力

叶圣陶说过：“唯有老师善于读书，深有所得才能教好读书。只教学生读书，而自己少读书，或者不读书，不容易收到成效。”语文教师的阅读能力应包括较强的认读能力、理解能力、记忆能力、信息筛选能力，分析综合能力和鉴赏评价能力，这些基本能力是语文教师解读教材、教参、学生作文等各类教学文本所必须具备的能力。此外，语文教师还应具有选择阅读材料能力、灵活运用工具书能力、批判性阅读和创造性阅读能力，这是语文教师进行教学设计、教学研究和专业提升必备的能力。

(2)写作能力

语文教师的写作能力包括：①作文写作能力。这里的作文能力特指能够写作中小学生平时练习的作文的能力。语文教师不仅要善于指导学生写作文还要能写、会写“下水”作文，能从理论和实践方面给学生以有效的评价和指导。②教学应用文写作能力。教学应用文包括教学设计、作业评语、教学工作总结、导学案等。语文教师要能够按照教学应用文的格式和要求熟练地展开写作活动。③教学研究报告写作能力。这里的教学研究报告包括课题研究报告、教育叙事、教学案例、教学反思、教研论文等，语文教师要善于进行这些研究报告的写作；具备这方面能力是实现教师专业发展的基础和条件。

(3)口语能力

苏霍姆林斯基说:“教师的语言修养在很大程度上,决定着学生在课堂上的脑力劳动效率。”语文教师是通过言语活动引导学生学习言语作品,因而口语能力更加重要。与一般人的口语相比,语文教师口语应该突出以下特点:①规范性。说普通话是语文教师口语的基本要求,发音,用词、造句、组织语段等必须符合现代汉语语法规范。②科学性。语文教师的话语内容必须正确、准确、科学,具有严密的逻辑性和鲜明的条理性,每一句话都要提示一定的真理,都闪耀着思想和智慧的火花,对学生具有启迪和教育作用。③文学性。语文教师的口语要“诗意栖居”,措辞富有文采,句式灵活多样,声情并茂,生动形象,幽默风趣,富有感染力。④和谐性。语文教师的口语要有一定的响亮度和节奏感,声音高低适中,节奏快慢适宜,语音、语调、句调富于变化,抑扬顿挫,铿锵悦耳。⑤交流性。语文教师的话语不但要让学生接受,而且要学生反馈;不仅要讲读,还要问答讨论,师生双方相互交流,合作对话。所以语文教师的口语要亲切自然,热情明快,活泼而不庸俗,文雅而不晦涩。

2. 语文教学能力

教师的职业活动和特征就是教学,能够教学、善于教学、胜任教学是当教师的基本条件。要胜任教学工作必须具备教学能力,这就和要与人交际必须具备交际能力是一样简单的道理。所谓语文教学能力是指教师诱发、引导和指导学生学习语文以提高学生语文核心素养的能力,是语文教师能力素养中最重要、最关键的能力,具体包括以下能力:

(1)语文教学设计能力

语文教学是在语文课程标准和语文课程目标指导下展开的有目的、有计划、有组织的活动,要保证语文教学活动在朝着语文课程目标有效达成的轨道上运行,语文教师事先必须进行有效的教学设计,具备一定的教学设计能力。语文教学设计有多种层次和类型,相应的教学设计能力也就有诸多层次和类型。宏观上有语文教学目标设计能力、语文学习任务群教学设计能力、语文教学内容设计能力、语文教学过程和教学方法设计能力、语文教学评价设计能力等。中观上有阅读教学设计、写作教学设计、口语交际教学设计、语文综合性学习和研究性学习指导设计、语文选修课教学设计、语文课外学习指导设计等能力。微观上有小说教学设计、散文教学设计、诗歌教学设计、议论文教学设计、说明文教学设计、文言文教学设计、演说词教学设计、导语设计、板书设计、课件设计、提问设计、课堂练习设计、语文试题设计等能力。

(2)课堂语文教学能力

能上课、上好课是教师的基本要求,因此,语文教师必须具备课堂教学能力。课堂教学能力含义深广,包括课程方案与教学设计执行能力、教学资源利用能力尤其是语文教材使用能力和教学媒体操作能力、与学生合作对话能力等。此外,语文教师还要具备一定的教学组织能力和课堂教学应变能力。教学组织能力是教师协调课堂教学中的各种因素保证教学正常进行的能力。在教学过程中,语文教师要善于调动学生学习的积极性,及时吸收学生的反馈信息,变换教学节奏,组织学生开展课堂讨论、课堂练习、角色扮演等各种活动。教学应变能力是教师教育机智的体现。语文教师要随时随地发现和果断处理课堂教学中的各种矛盾和问题,在复杂的、突发的矛盾和问题面前处变不惊并能及时应对,化平庸为奇巧,出人意料之外又在情理之中。

(3)课外语文学习指导能力

课外语文学习是语文教学的重要组成部分,组织、指导学生开展丰富多彩的课外语文学习活动是语文教师职责与任务,要完成好这项任务,语文教师必须具备课外语文学习指导能力。课外语文学习指导能力包括课外语文学习规划或方案制定指导能力、课外语文阅读读物选择指导能力、课外语文学习活动组织与指导能力、课外语文学习评价指导能力等。与此相关的能力还有:课外语文课程资源开发与利用指导能力、家庭语文学习资源开发与利用指导能力、社会语文学习资源开发与利用指导能力、与学校领导及同事协作沟通的能力,与家长协作沟通的能力,与社会有关人员协作沟通的能力等。具体涉及学生各种课外语文学习活动的组织与指导能力则更多,如诗歌朗诵指导能力、课外写作指导能力、文学社团活动指导能力、课外网络学习指导能力、书法学习指导能力,等等。

(4)语文教学评改能力

教学评改能力指的是对教学活动和学生的学习活动开展的过程与结果总结、评价、修改、完善的能力,包括评教能力和评学能力两个方面。语文教师的评教能力主要体现在对课堂教学的评价能力即观课评课能力。对于什么样的课是一堂好课,实践中有多种标准,但从学理上看,一堂好课应该是依据课程标准理念、课程目标、教材实际和学生实际组织和指导学生有效展开学习活动,顺利达成教学目标的课。语文教师能够根据这个标准准确、全面、客观地评价他人或自己的语文课堂教学即表明具备了观课评课能力。语文教师评学能力主要体现在对学生的语文学习情况作出有针对性的科学评价并指导学生对学习中的不足或错误进行完善或矫正的能力,也叫语文评改能力,包括对学生语文课堂行为表现的评改能力、对学生语文书面作业的评改能力、对学生课外语文学习行为的评改能力等,具体而言,有对学生的答问评改、朗读评改、发言评改、表演评改、练习评改、作文评改、语文试卷评改、语文研究性学习成果评改等能力。

3.语文教研能力

语文新课程的实施要求教师应该成为研究者,成为勇于创新的研究型教师,这就需要语文教师具备一定的教学研究能力。

(1)教学反思能力

教学反思是教师专业发展的主要方式之一。美国教育家杜威认为:"反思是问题解决的一种特殊形式,它是对于任何信念或假设性的知识,按其所依据的基础和进一步结论而进行的主动的连续的和周密的思考。"教学反思是指教师对自己的教育教学过程、已有的观念和行为以及由此产生的结果进行审视和分析的过程。语文教师的教学反思是指语文教师对自己的语文教育观念、语文教学设计、语文教学行为、语文教学内容和方式方法等进行的自主判别和全面审视,尤其是对自己的语文教学实践进行系统回顾和深刻反省的一系列内在认知活动,是改进语文教师教学行为,提高语文教学质量和效益,实现自身专业发展的有效途径。

(2)课题研究能力

语文教学时时处处存在问题,语文教师要善于发现问题,并能够运用教育教学理论知识和自身语文教学实践经验分析问题和解决问题。这就要求语文教师应该具备一定的课题研究能力。在语文教学过程中,语文教师要以研究者敏锐眼光去发现教育、教学活动的新动向、新问题,把教学实际和科学研究结合起来,认真研究语文课程、语文教学和学生语文学习的特点和规律。在科学理论和方法指导下,逐渐提高教学研究能力,形成富有个性的教学风格。

(三)语文教师的专业品格

身教胜于言教,教师人格和人品的教育价值是巨大的、永恒的。对此,许多教育家有过精辟的论述。俄国著名教育家乌申斯基说:“教师的人格对于年轻的心灵来说,是任何东西都不能代替的、有益于发展的阳光。教育者的人格是教育事业的一切。只有人格才能影响人格的发展和形成,只有性格才能形成性格。”日本著名教育家小原国芳强调:“事实上,教师的成功来自人格感化的占十中之九。”因此,语文教师必须加强自身的人格修养。具体说来,语文教师的人格素养有以下几方面。

1.语文教师的品德素养

语文教师的品德素养是指语文教师在语文教学过程中所体现的道德品质和性格特征。立德树人是语文教学的根本任务,语文教师只有具备高尚的师德,才能从根本是保证立德树人在语文教学中的有效落实。

(1)高尚的师德

师德为先,每个教师要有高尚的道德品质和崇高的精神境界,这是教师职业的基本要求。学为人师,行为世范,为人师表,教师在思想、态度、品德、为人处世、一言一行各个方面都应成为学生的表率。正如加里宁所说:“教师的世界观、他的品德、他的生活、他对每一现象的态度都这样那样地影响全体学生。”教育是一种培养人的活动,作为人才培养者,语文教师不仅要通过自己掌握的知识影响学生,还要通过自己的人格和道德的力量,通过自己的言传身教去影响和感染学生。语文教师要认识到自己劳动的重要性,并以此来激励自己更好的投入到语文教育事业中去。

语文教师的师德含义深广,包括职业道德、社会公德、家庭美德、个人品德等方方面面；同时，语文教师的师德又有特定内涵，如下几个方面尤为重要：其一，对语文教育事业的责任意识、担当意识，求真务实的态度和无私奉献精神。其二，对祖国语言文字和中华优秀文化的深厚感情和传播、弘扬中华优秀文化的使命感和责任感；对语文教育事业和语文教学研究事业的挚爱、献身和执着追求。其三，对学生亲人般的关心、关怀和关爱，对促进学生健康成长的全身心付出，对学生语文素养提高的责无旁贷、辛勤工作和无私奉献。其四，对语文课程改革和教学改革事业的热爱和献身，等等。

(2)善良的品质

语文教师还应具有善良的品质，时时怀抱一颗善心。教师除了具有一般人应该具有的同情之心、关爱之心，还应该是一个具有悲悯情怀的人。他应该对他的国家、民族、人民甚至整个人类、自然，对历史对未来等，都有着比较深沉的思考。这样的人培养出来的学生才可能是关注“人与人”“人与社会”“人与自然”的“大写”的人。教师在教学中表现出来的恻隐之心、善良品质会影响学生，在学生心中潜移默化地建立起真善美的标准，引导学生追求生活中真的、善的、美的事物。语文教师只有永远保持一颗善心，才能以一种负责任的态度对待自己的工作和生活，才会积极愉快地投入到语文教育事业和自身专业发展之中去。

2.语文教师的情感素养

首先，从宏观上来说，语文教师应该具备高尚的情感和情操，包括热爱祖国，忠诚人民语文教育事业；热爱母语，对祖国语言文字“爱得深沉”；热爱学生，对学生“视若己出”或“情同手足”；热爱语文教学工作，对语文教学事业有一种自豪感、荣誉感、使命感和幸福感。此外，语文教师还应该酷爱读书，可谓嗜书如命；酷爱写作，近乎如醉如痴；酷爱教研，几近废寝忘食……

其次，从微观上来说，语文教师在语文教学中要具备特定的情绪和情感。一般而言，语文教师要有激情飞扬的情绪特征。因为，语文课堂教学效果与语文教师的情绪特征紧密相关，如果语文教师情感体验迟钝，即使是最能打动读者的作品，也不能很好地激发学生的情感体验；相反，如果语文教师上课时感情奔放，能够做到“快者掀髯，愤者扼腕，悲者掩泣，羡者色飞”，学生的内心也会随之产生和谐共振。事实上，中小学生向往的就是这样的语文课。一些中学生在给李镇西老师的信中说:"我总希望我们的语文老师多一点激情,多一点热情奔放或义愤填膺","我特别佩服我初中时的语文老师,她上课特别有感染力,学《背影》这一课时,讲到文章结尾'我在晶莹的泪光中……',她的眼里也闪着晶莹的泪光,当时我也忍不住流下了眼泪。"因此,语文教师应重视情绪体验与表达方面的修养,这样才会激发学生建构大欢喜大悲悯大憎恨的博大情怀。

3.语文教师的人文素养

人文素养是教师人格素养的重要方面,对语文教师来说尤其如此。语文学科有着丰富的人文内涵,它最影响人的精神世界;而语文教师自身的人文素养和文化积淀在充分发挥语文课程育人功能上起着至关重要的作用。语文教师的人文素养包括人文知识、人文精神、人文历史、人文科学等各方面的素养,其中最关键的是树立以人为本的思想,落实以人为本的理念。

以人为本的核心就是对人的关切,是对普通人、平民、小人物的命运和心灵的关切,对人的身心发展、人格完善、个性健全的关切。教师工作的对象是人,是一群有头脑有思想有血肉的活生生的人,是一群正处在人生黄金年华的生龙活虎的人。这一事实决定了语文教师必须特别需要具备以人为本的理念、原则和情怀。在教学实际中,一些语文教师过多关注的是教材、试卷、教学任务和考试分数,把课堂教学等同于流水线,把学生等同于"考试机器人",语文教学抽去了最具语文味的内核,变成了一种物质化的简单运作,少了精神活动,多了机械活动,程式化、模式化和工具化愈演愈烈。这样的语文教学根源在于教师"目中无人"。在新课程改革背景下,语文教师不仅在学问上要广闻博知,而且在情感上也应多方涉猎,在各种事物面前都能引发自己的喜怒哀乐,做到"一枝一叶总关情",尤其对学生,要注意对他们的一言一行、一喜一忧都要郑重地表明自己的情感态度。对学生的任何点滴变化都应有所感触,见微知著,真情关切,倾情呵护。

此外,文化底蕴是语文教师人文素养的深层根基。语文教师的文化根基不仅要扎实,更要深广,对人类文化的各个领域,各个层面都要有所涉猎。知晓诸子百家、精通经史子集,熟记唐诗宋词,博览明清小说,略知天文地理,留心古今中外,音乐美术书法舞蹈都能知其一二,油盐酱醋茶乃至中医中药、中华武术也能“说三道四”。这样的语文教师，在语文课堂上必然能够带领学生与孔子一起“周游列国”，与李白携手走过名山大川，必然能够让学生“思接千载”“视通万里”“耳闻四面”“心游八方”，学生的语文素养就会在这样的语文教师的熏陶之下潜滋暗长，逐步提升。

4.语文教师的创新素养

与过去的语文课程相比，新的语文课程体系在课程功能、结构、内容、实施、评价和管理等方面都有较大的创新和突破。但是必须明确指出的是，语文教师既是语文课程的实施者，也是语文课程的开发者和评价者。语文课程设计得再好，离开了语文教师富有创造性的教学实践，一切将会变成空中楼阁或镜花水月。从这个意义上讲，教师的创新素质关涉到整个语文课程的落实，事关整个语文课程改革的成败。

语文教师的创新素养内涵丰富，涉及面广，包括教学理念的创新、教学设计的创新、教学内容的创新、教学过程的创新、教学方法的创新等，其中最重要的是教学设计创新和教学方法创新。语文教学设计创新表现在诸多方面，首先表现在能够依据语文课程标准和语文课程目标，结合教学对象和语文教材的实际与特点，对语文教材进行“二度开发”，对语文教学内容进行“开放性”设计。在语文教学实际中，有些语文教师在教学设计时盲目照搬语文“课标”提出的目标与要求，机械套用有关专家、语文教参对语文教材的解读，奉专家和教参为圭臬，不敢越雷池一步。长此以往，势必造成思维的惰性，丧失主体性人格，严重制约、阻碍了专业素养的提升。语文教学方法创新是指语文教师能够根据学生的语文“学情”、语文学习规律和特点，根据儿童和青少年身心活动特点，根据每个学生的个性特点，根据课堂语文教学活动的实际需要和实际情况，根据自身的语文教学风格和教学个性，采取灵活多样的教学方式和方法，运用形式活泼且富有成效的教学手段，既无“定法”，又合“定规”。自20世纪80年代初改革开放以来，语文教育界出现了百花齐放百家争鸣的大好局面，一些优秀语文教师能够按照教育规律办事，从实际出发，创造性地展开语文教学改革和语文教学实践活动，产生了各种各样既符合语文教育规律又富有鲜明个性和创造性的语文教学方法，如钱梦龙的“语文导读法”、魏书生的“课堂教学六步法”、张富的“五环节教学法”、蔡澄清的“语文点拨法”、钟德赣的“语文反刍式教学法”、余映潮的“语文板块式教学法”、李吉林的“情境教学法”、窦桂梅的“主题教学法”、丁有宽的“读写结合教学法”,等等,这些教学方法的背后所蕴含的就是这些语文名师的创新精神和创新能力。然而,不可否认的是,在语文教学实际中,也有很多教师在教学方法使用上,或固步自封,因循守旧,用一种方法教所有的课文,用一种套路教所有的学生;或照搬名师,直接套用语文名师的某种“法”、某种“式”、某种“招”,乐此不疲,不知“山外有山”“天外有天”。这样一来,教学实践方面必然出现全国语文课改“轰轰烈烈”,个人语文教学“面孔依然”,提高学生语文核心素养的新理念、语文学习任务群的新要求无法得到有效的落实;在专业发展方面,这些语文教师或原地踏步,最终成为名副其实的“教书匠”,或“鹦鹉学舌”,最终成为“学名师而不像名师”的“木偶”。

二、语文教师的专业发展

语文教师专业发展是指语文教师通过专业知识学习、语文教学实践和反思以及语文教学研究等路径提高自身的专业素养的过程,是一个专业知识水平不断提高,语文教学能力不断增长,道德品质与人格修养不断完善的过程,也是一个贯穿语文教师整个职业生涯的漫长过程。为此,语文教师需要加强提升素养的自觉性,掌握提升素养的原则和必要的途径,善于学习、开拓创新,做一个学习型社会中学习型教师的典范,并以此给学生形成良好的示范作用。

(一)语文教师专业发展的原则

教师专业发展的原则是指教师在提升自身专业素养过程中应当遵循的总体要求和准则。原则是对规律的主观反映,制定语文教师专业发展的原则必须建立在对语文教师专业发展规律深刻认识和准确把握的基础之上。基于对语文教师专业发展规律的认识,结合我国城乡各级各类学校中小学语文教师专业发展的实际需要和特点,可以制定如下语文教师专业发展的原则：

1. 目的性原则

语文教师专业发展有多重目的，最根本的目的就是成为一名优秀的语文教育工作者或者叫语文教育家。对于什么是优秀的语文教育工作者，教育理论界有不同界定，教育实践中也可以有很多具体案例作出生动阐释。概括起来，主要有这样几点：①语文教育实践家。一个优秀的语文教师一定是一个教育实干家，终生献身语文教育事业，踏实开展语文教学工作，有丰富、先进的语文教学实践经验，在语文教学实践中有所建树、表现突出，成绩斐然。②语文教育改革家。一个优秀的语文教师一定会努力学习，不断创新，积极投身语文课程与教学改革，勇立教育改革潮头，与时俱进，常教常新。③语文教育思想家。一个优秀的语文教师一定是学识广博，学养深厚，善于独立思考，善于发现、分析和解决语文教育实际问题的人。优秀语文教师一定会充分运用自身丰富的学识和语文教育经验研究学生、研究教材、研究语文课程、研究语文教学目标、内容、过程、方式、方法和评价等，并有丰硕的研究成果。④语文教育科学家。一个优秀的语文教师一定有一个科学家的头脑，有科学的语文教育理念，掌握了科学的语文教育理论；有科学家的智慧，按照语文教育规律办事，运用科学的教育教学方法和教育研究方法开展工作；有科学家的胆识，勇于探索，敢于担当，坚持真理，锐意进取。

2. 过程性原则

语文教师专业发展是一个贯穿语文教师整个教育生涯的漫长过程，绝非一朝一夕之事，指望一夜之间就可成名成家实现专业发展目标是不切实际的，也是万万不可能的。心理学界有关专家和新手对比研究的成果表明，语文教师专业发展通常要经历“新手—熟手—能手—高手”的循序渐进过程，其中的每一个过程都要经历“学习—实践—探索—反思”等不同阶段，并且需要付出一定的时间和精力作为代价。例如，从一个语文教育新手变成语文教育熟手至少要经过三年左右的历练，从语文教育熟手到语文教育能手通常要经过五到八年的艰苦磨炼，从熟手到高手（语文教育家）则要经过更加漫长的实践和探索历程。有的教师甚至终生也不能达到语文教育高手的境界。

3.自主性原则

所谓“自主”依据《现代汉语词典》的解释就是“自己做主”的意思。对教师专业发展来说,“自主”是指教师能够自我主宰自己的专业发展过程,对为什么发展、怎样发展以及发展得怎么样等问题有明确的自我认知,在专业发展过程中能够有意识地制定发展方案或计划,设置和调整发展目标,监控自我发展过程,采用切实可行、符合自身实际的发展路径、方式和方法,并且对自身专业发展状况不断进行有针对性的自我反思。那种完全依赖别人如学校领导、教育专家设计好发展路径并不断通过各种行政手段的干涉、干扰来实现教师专业发展的做法与教师专业发展的规律是相违背的,这种做法不仅对促进教师专业发展没有实际的效果,往往事倍功半,甚至有时会事与愿违,产生负面效应。

4.实效性原则

语文教师专业发展一定要切合实际,讲求实效,实事求是。首先,要切合语文教育工作实际。语文教育实践是语文教师专业发展的依托;而语文教育工作是一种特殊的教育活动。与数学、物理等自然科学和历史、地理等人文科学相比,语文教育工作的本身就是一个“教学相长”尤为鲜明的活动。例如,教学一个数学公式或者教学一个历史事件,从教师专业知识来说都是教师已知已会的;而教学一个语文文本例如李白的诗歌《静夜思》,不同水平的语文教师都会从中获得新的收获。因此,语文教师专业发展完全可以在语文教育实践过程中实现。其次,要切合语文教师实际。不同地区、不同阶段、不同年龄段、不同学历水平、不同性别的语文教师个体,专业发展的实际情况都存在非常大的差异,专业发展要因人而异,因人“施策”。例如,在国家“全面二孩”政策背景下,在语文教师队伍中占据相当比重的中青年女性语文教师有很多都生育了“二宝”,作为两个孩子的母亲和几十个学生的老师,其精神负担之重是可以想象的。因此,她们的专业发展就不能完全沿袭独生子女时代老教师的做法。再如,一些偏远山区学校的语文教师,相对于国内一二线城市学校的教师,在专业发展的条件上是不可同日而语的。此外,近年来有很多语文课程与教学论研究生和语文学科教学专业研究生进入中小学语文教师队伍，他们专业发展的起点相对于本科毕业甚至专科毕业的新手语文教师要高得多，两者专业发展的路径也就存在很大差异。总之，语文教师专业发展是每一个语文教师个体从现有水平向更高水平提升的特定过程。只要“这一个”语文教师“想发展”“能发展”并且“努力发展”，就是一个好教师；千万不要一视同仁，一概而论。

（二）语文教师专业发展的途径

语文教师实现专业发展的路径有很多，如脱产进修，攻读教育硕士或教育博士学位，参加校本研修，参加各类教研活动，开展课题研究等。但是，无论采取什么样的路径或方式，语文教师要实现专业发展归根结底都得靠自己有意识的学习和实践。因此，语文教师专业发展主要途径可以概括为以下两条：

1.在自主学习中实现专业发展

基础教育课程改革的新形势要求每个教师必须适应新课程的需要，努力学习，不断探索，提高自身专业素养，在与学生平等对话的合作互动中，实现教学相长。树立专业自主发展意识是实现语文教师专业发展的前提和基础。尽管教师专业发展需要一定的外部条件，但是，专业发展毕竟是教师自己的事，外在的因素很难强迫教师去学习，去转变和发展；语文教师只有把自己看作自身专业发展的规划者、执行者和评价者，专业发展才能真正得到落实。后现代主义学者认为，教师的专业发展不是一种被动、被迫、被卷入的状态，而是一个自觉主动地改造和构建自我与世界、他人、自身内部的精神世界的过程。

语文教师自主专业发展可通过以下两条途径：

其一是自主阅读和自主写作。语文教师一定要养成良好的阅读习惯，酷爱读书、善于读书应该是语文教师的必备品质。首先，要博览群书，博观约取。古人说“观千剑而后识器，操千曲而后晓声”，语文教师的阅读面应该力求广泛，包括教育理论经典、古典文史书籍、教育报刊、中外文学经典作品以及反映中学生生活的文献等。其次，要深度阅读，深入思考。阅读包括精读、研读、略读、泛读和浏览等多种方式，概括起来可以分为蜻蜓点水、浮光掠影式的“浅阅读”和字句推敲、深入挖掘式的“深阅读”两大类。对语文教师来说，这两大类阅读方式当然都可以采用。对于语文教材、文化经典、教育理论著作和优秀语文教研论文等要静下心来，心无旁骛，进行精读和研读为主的“深阅读”与系统化阅读；工作之余看看报、上上网、读读小说当然可以采用“浅阅读”的方式。但是，总体上说，凡是与语文教师专业发展相关的阅读一定是“深阅读”。因为，只有通过“深阅读”才能使教师“磨脑子”——形成认知冲突，而只有形成认知冲突才能改变或重整认知结构，从而实现认知发展；轻轻松松、舒舒服服阅读活动的背后是认知活动的低水平运作，是不能提高人的认知水平的；而认知水平原地踏步，专业水平是不可能迈上更高台阶的。可是，在网络阅读已经成为主要阅读方式的当下，有一些语文教师越来越不善于读书或者说越来越不愿意进行“深阅读”，浅阅读、碎片式阅读、消遣式阅读已经成为很多语文教师的阅读生存状态；平时备课，主要依赖网络资源，设计教案、课件、试卷乃至写教学总结、教学反思和教学论文都在网上搜索下载，然后略作改动；不去进行文本研读、文献比较等“深度”阅读探索活动，没有自己的想法，更没有自己的思想。课堂中讲的是别人“咀嚼过的”东西，缺乏自己的阅读体验和阅读感受，成了别人思想的“传声筒”。长此以往，专业能力很难得到有效的提升。另外，写作也应成为语文教师的一种生活方式，因为写作必然伴随着实践、阅读与思考，写作过程就是反思、审视、总结、提炼、升华自己教育实践的过程。一些语文名师往往是著作等身的写作大家，他们的成长经历也充分说明了写作对于语文教师专业发展的重要作用。语文教师的写作主要包括：①教学写作。最常见的就是写语文教学设计、语文导学案、“下水作文”、作文评语、教育随笔、教学工作总结等。②教研写作。包括课题研究报告、语文教研论文、语文教育叙事、语文教学反思等。③文学创作。有很多语文教师本身就是文学爱好者甚至是作家，例如叶圣陶、朱自清等老一代语文教育家当年在中学当语文教师时同时也是著名作家。语文教师的写作要突出“自主”二字。一般而言，写作活动是一种高度复杂的认知和情感相结合的活动，是一种“劳心”“伤神”的心理活动。缺乏一定的自主性和自觉性，人们一般是不愿意写作的，厌写怕写是人之常情。但是，语文教师要实现自身专业发展必须沉下心来认真写作，形成勤于动笔、“不动笔墨不读书”“板凳要坐十年冷”等良好的写作习惯，以写促读，以写作促专业发展。

其二，要关注语文教育理论的新发展和新动态。著名语文特级教师于漪曾经提出，语文教师有“教书匠”“教学专家”和“教育学者”等多种层次水平的区别，教育学者是语文教师队伍中层次和水平最高的教师。所谓教育学者也就掌握了深厚扎实的教育理论知识并且能够运用教育理论开展语文教学研究的学者型语文教师。由此可见，教育理论不仅对教育教学活动具有重要指导作用，对语文教师专业发展也是不可或缺的。语文教师要不断学习，深入钻研，时刻关注国内外语文教育研究界产生的新思想，新理论，把握语文教学研究的新动态；要将先进的教育理论和教育思想与自身的语文教学实际和教育个性结合起来，将所学的教育理论、教育思想和先进的语文教学经验融入自己的观念体系之中，进而形成自己的语文教育思想和语文教学经验。要积极参加各种在职学习、培训和进修，认真参加各种教学研讨会、学术交流会，积极参加或主动开展教育教学课题研究，主动和同事、专业人员交流与合作，取他人之长，补自己之短，活到老，学到老，发展到老。

2.在自主反思中实现专业发展

反思是促进语文教师专业素养提升的有效手段，也是语文教师专业发展成功的保证。教师在个人反思或集体反思过程中，可以拓宽专业视野，提升专业水平。反思这一概念有两重含义：其一是指一种认知过程。人们从这个角度根据反思是被动展开的还是主动进行的，将反思分为“自主反思”与“他主反思”两种。家庭生活中孩子犯了错误家长往往要求孩子“认真反思”，这就是属于他主反思；而促进教师专业发展的反思则属于自主反思。所谓自主反思就是对要不要反思、反思什么、怎样反思、反思得怎么样等皆由自己做主。从心理学上讲，自主反思才是“真反思”。因为反思的过程其实就是反省认知的过程，即对自己的认知过程、思维过程进行系统检视和审察。要进行这种反省认知，个体必须有明确的意识，同时还要有监控意识活动过程的方法。其二是指一种认知结果。指人们用书面文字反映的自身反省认知的过程和结果，通常也叫“教学反思”，是一种特定体式的教育文本。教学反思形式灵活多样，可以是对一堂课教学活动的总结和评价，也可以是对某个教学环节的点评，还可以是对教学设计如教学目标设计、教学内容设计的自我评价。与语文教师专业发展相关的反思应该涵盖这两重含义，也就是说，语文教师要实现专业发展必须通过有意识的反省认知“反思”自身的教学实践，在此基础上运用书面语言将反思的内容和结果按照“教学反思”的文本体式写成语文教学反思——文本。那么，语文教师应该如何展开自主反思呢？

荷兰学者Korthagen在研究中提出了教师如何在反思中成长的ALACT模式，这一模式明确地揭示出教师在反思中发展的机制（Korthagen,1985）。他认为，教育过程中理想的教师反思包括5个阶段：①行动；②对行动反思；③意识到关键所在；④提出其他行动方法；⑤尝试——其本身又是一种新的行动故而实际上成为新一轮循环的起点。根据这一研究，结合国际上一些行之有效的做法，我们可以提出如下语文教师自主反思的实践建议：

第一，记录教育教学事件尤其是关键事件，为教学反思提供依据。现代教学论主张，语文教学就是语文教师引发和促进学生顺利展开语文学习活动的一系列事件，在这些事件之中，有的事件在促进学生语文素养提升中发挥着至关重要的作用，这些事件称为语文教学中的“关键事件”。语文教学中哪些事件是关键事件？其实，对于语文教师来说是很难当即断定的。“不识庐山真面目，只缘身在此山中”“当局者迷旁观者清”，任何事件或人物本身是无法呈现自身“意义”的，只有在他人的眼中或者事后自己的反思中才能断定所经历的事件是否是“关键事件”，因此，语文教师对自身经历的各种教育教学事件要及时加以记录，使自己教学生涯中的每一步都能够留下清晰的印记。随时随地记录对自己发展影响较大的关键事件，不仅可以为事后回顾、反思自己的专业发展历程提供基本的原始素材，而且可以以此为依据对自己教学经历进行有针对性的归纳、概括、反思、评价和再理解，由零散的、感性的认知提高到系统的理性的认知，从而识别、断定哪些教学事件是关键事件。

第二，将反思作为一种生活方式，渗透于日常生活的方方面面。当父母亲的都有这样的感受：养育孩子的工作是最琐碎、最繁重的工作。而一个普通中小学教师每天都要面对几十个孩子，工作任务的繁重是可想而知的。正因为如此，在中小学教育实际中，很多教师尤其是语文教师整天忙于上课、批改作业、维持班级纪律、与各种类型的学生和家长周旋等，可谓疲于奔命。工作之余还要为生计奔波，一些贫困地区的农村教师还要担负扶贫重任。这样一来，系统的专业学习就成了纸上谈兵的事情。因此，对大部分语文教师来说，通过反思促进专业发展是最现实的途径。与专业学习不同，专业反思可以渗透到教师日常生活的方方面面。备课时可以反思，上课时可以反思，回家途中可以反思，饭桌上可以反思，睡觉之前也可以对全天的教学情况进行全面反思。语文教师一旦形成良好的反思习惯，就会把反思作为自己生活的一种状态或生存方式，反思就成为自己工作、生活、交往中不可或缺的组成部分，也就会形成一种“在反思中教学，在教学中反思；在反思中生活，在生活中反思；在反思中发展，在发展中反思”的良性循环。

第三，建立专业成长档案袋，实现反思的系统化和常规化。教师专业成长档案袋的应用始于1980年，它对教师的专业成长有重要意义：它可以帮助教师认真检核、反思自己的教学实践；档案袋中提供的案例也可以为教师以后研究提供基本素材；它还可以给教师提供一个向别人展示自己专业进步的机会；此外，它还可以为教师深入思考自己的教育目标、教育哲学、专业发展目标与所在学校规划之间一致性等问题提供机会。一般来说，教师专业成长档案袋的内容主要有:①基本信息（简历、教师和教学的基本信息、教育理念和教学目标）；②反映一个时期以来教学活动的教学资料和反思记录（教育理念和教育目标、单元目标和教学方案简介、教学中所用资料清单、课时计划、教学录像、学生作业精选、对学生作业的评价、教师的反思性评价、其他必要的附加作业等）；③专业信息（参加专业活动的清单、今后发展建议和正式评价等）；④与其他教师合作、交流的情况。语文教师可以将这些内容列成清单，每天按时根据清单项目记录自己专业反思的情况并及时放入记录袋中。教师要按照记录袋的内容将教学实践中的点点滴滴及时记录，长年坚持，持之以恒。一个阶段之后，记录袋的内容就会成为教师专业发展的轨迹，换句话说，成长记录袋真实反映了语文教师的反思之路和专业发展的之路。

思考与练习

1. 何谓语文学习者？语文学习者有哪些特征？
2. 新课程背景下教师的知识结构应该有哪些变化？
3. 教师的职业道德在市场经济背景下遇到了哪些挑战？如何加以解决？
4. 语文教师专业发展的原则有哪些？
5. 结合个人实际谈谈如何实现专业发展。

主要参考文献

[1]中华人民共和国教育部制定:《全日制义务教育语文课程标准(2011年版)》,人民教育出版社2011年版。
[2]中华人民共和国教育部制定:《普通高中语文课程标准(2017年版)》,人民教育出版社2018年版。
[3]叶圣陶:《叶圣陶语文教育论集》,教育科学出版社1980年版。
[4]张鸿苓主编:《语文教育学》,北京师范大学出版社1993年版。
[5]张志公:《张志公语文教育论集》,人民教育出版社1994年版。
[6]闫立钦主编:《语文教育学引论》,高等教育出版社1997年版。
[7]张华:《课程与教学论》,上海教育出版社2000年版。
[8]苏立康:《中学语文教学研究》,中央广播电视大学出版社2003年版。
[9]李景阳编著:《语文教学论》,陕西师范大学出版社2003年版。
[10]何更生等著:《语文学习与教学设计》(中学卷),上海教育出版社2004年版。
[11]朱绍禹主编:《中学语文课程与教学论》,高等教育出版社2005年版。
[12]倪文锦主编:《新编语文课程与教学论》,华东师范大学出版社2006年版。
[13]王文彦、蔡明主编:《语文课程与教学论》,高等教育出版社2006年版。
[14]何更生主编:《语文教学论》,安徽师范大学出版社2013年版。
[15]朱绍禹主编:《语文课程与教学论》,中国社会科学出版社2007年版。
[16]皮连生主编:《教学设计》(第二版),高等教育出版社2009年版。
[17]贡如云主编:《语文教学论》,高等教育出版社2012年版。
[18]何更生:《新课程语文怎么教》,安徽师范大学出版社2013年版。
[19]王荣生:《语文科课程论基础》,教育科学出版社2014年版。
[20]张心科:《语文课程论》,福建教育出版社2014年版。

后 记

《语文教学论》是高师院校汉语言文学教育专业(语文教师教育专业)本科生的专业理论必修课程“语文教学论”(也称作“语文课程与教学论”)教材,是为适应基础教育语文课程改革和高等院校教师教育体制改革需要,为满足培养基础教育课程改革所需的合格中小学语文教师要求而编写的专业理论教材。本书是在综合运用学校教育学、教育心理学、学习心理学、课程论、教学论等学科的一般原理和教育科学研究的新成果,并结合基础教育语文课程改革和语文教学实际的基础上编写而成的。它集理论性与应用性、学术性与实践性于一身,将对提高大学生语文课程与教学理论水平、提高大学生语文教育教学基本技能,使大学生树立科学的语文教育理念,掌握扎实的语文教学理论知识,形成初步的语文教育教学研究能力等发挥重要影响和促进作用。

本书的出版得到了安徽师范大学教务处领导和安徽师范大学文学领导的关心和支持,获得了安徽师范大学教务处教材出版基金的资助和安徽师范大学文学院“创新团队”建设基金的资助,得到了安徽师范大学出版社领导和责任编辑胡志恒先生的大力支持。在此,一并表示衷心感谢!

本书各章节编写人员是:

何更生:第一章、第二章第一节、第四章第一节、第五章、第六章、第七章、第十章

龚孟伟:第二章第二节

刘彩霞:第三章第一节

任　强:第三章第二节

吴云云:第四章第二节

林肖永:第四章第三节

马长安:第八章

夏家顺:第九章

全书由何更生作整体框架构思设计和最后统稿。

书中引用了部分专家的研究成果和优秀语文教师的教学案例,在此致以崇高敬意和衷心感谢!

本书虽然是编写者近十多年来深入思考、不断研究的结果,但不足之处仍然在所难免,敬请广大读者批评指正。

何更生

2018年6月于安徽师范大学文津花园